企业会计准则汇编
2021

财政部会计司编写组　编

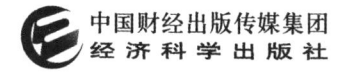

中国财经出版传媒集团
经济科学出版社

图书在版编目（CIP）数据

企业会计准则汇编.2021/财政部会计司编写组编.
—北京：经济科学出版社，2021.2
ISBN 978-7-5218-2371-4

Ⅰ.①企… Ⅱ.①财… Ⅲ.①企业会计-会计准则-中国　Ⅳ.①F279.23

中国版本图书馆 CIP 数据核字（2021）第 025327 号

责任编辑：宋学军　黎子民
责任校对：隗立娜
责任印制：王世伟

企业会计准则汇编2021

财政部会计司编写组　编
经济科学出版社出版、发行　新华书店经销
社址：北京市海淀区阜成路甲 28 号　邮编：100142
总编部电话：010-88191217　发行部电话：010-88191522
网址：www.esp.com.cn
电子邮箱：esp@esp.com.cn
天猫网店：经济科学出版社旗舰店
网址：http://jjkxcbs.tmall.com
北京时捷印刷有限公司印装
787×1092　16 开　35 印张　600000 字
2021 年 4 月第 1 版　2021 年 4 月第 1 次印刷
ISBN 978-7-5218-2371-4　定价：105.00 元
（图书出现印装问题，本社负责调换。电话：010-88191510）
（版权所有　侵权必究　打击盗版　举报热线：010-88191661
QQ：2242791300　营销中心电话：010-88191537
电子邮箱：dbts@esp.com.cn）

诚信为本
操守为重
坚持准则
不做假账

序

企业会计准则是企业开展会计活动、生成会计信息的基本依据，是国际国内资本市场通用的商业规则和技术语言，更是国家统一的会计制度的重要组成部分。我国企业会计准则体系自2006年正式发布以来，财政部始终在坚持国际趋同和服务国内实践的基础上，不断健全完善准则体系，目前已形成由基本准则、具体准则、准则解释和会计处理规定构成的基本制度安排。我国企业会计准则体系建设突出以下特征：

一是坚持国际趋同，体现国际会计规则的最新成果。21世纪初中国企业会计准则体系建设启动时，就以适应经济发展进程、完善市场经济体制、服务对外开放大局作为出发点，充分借鉴国际财务报告准则和会计国际惯例，实现高质量的国际趋同。2014年以来，根据实务发展需要和国际准则制定进展，我国对金融工具、收入、租赁等准则进行了一系列的全面修订，及时引入国际最新的会计理论和实务成果，以真实公允反映企业经营活动成果，改进会计信息质量。例如在修订金融工具准则时引入预期信用损失模型，要求企业基于过去、现在和前瞻性信息，按照"预期损失法"计提金融资产减值准备，推动企业建立以信用数据和评价为基础的信用风险管理体系，提升应对信用风险事件和信用损失的能力，提高风险识别、计量、防范和控制能力。

二是坚持与时俱进，适应我国市场经济发展的需要。我国企业会计准则在2006年发布之初，基于对我国经济社会发展状况等的综合研判，对一些暂不适宜我国的会计理念方法，采取了适度谨慎引入态度，并持续关注我国市场经济发展情况，适时"升级"。例如对于公允价值这一会计计量属性，当时根据我国资本市场蓬勃发展，股票、债券等金融产品的交易已经形成较为活跃的市场的客观实际，在金融工具准则中引入公允价值计量；对投资性房地产等，则规定只有在公允价值能够取得并可靠计量的情况下方可采用，以避免公允价值计量不可靠、甚至借机人为操纵利润的不良后果。2014年，又通过修订《企业会计准则——基本准则》和制定专门的公允价值计量准则，对公允价值的定义、适用范围、估值技术的应用等及时改进，以适应市场经济发展进程，规范公允价值在相关经济业务中的应用。

三是坚持务实管用，体现中国元素、中国特色。我国企业会计准则不仅是会计审计工作使用的技术规范，更是具有普遍约束力的财经领域基础性制度供给。为此，我国企业会计准则不仅关注微观领域经济效果，更注重对我国经济社会发展的整体效应，始终坚持围绕改革发展需要，致力于推动发挥财政作为国家治理的基础和重要支柱作用。例如，对于关联方的认定，我国企业会计准则并未简单照搬国际准则、将同受国家控制的企业均视为关联方，而是基于我国国有企业均为独立市场主体的实际情况，明确坚持仅仅同受国家控制而不存在其他关联方关系的企业不构成关联方，从而限定了国家控制企业关联方的范围，大大降低了企业的披露成本，这一做法不仅得到国际会计准则理事会的认同，还被国际准则借鉴吸收，目前已经成为国际通行做法。又如，对于国际准则未予规定的非持续经营事项，专门制定了《企业破产清算有关会计处理规定》，解决国内实务问题，弥补国际趋同的不足。

在健全完善我国企业会计准则体系的同时，财政部高度重视准则的贯彻实施工作，通过应用指南、案例解析、问题答复等方式，持续加强会计实务指导，推动准则落地见效。目前，我国企业会计准则体系已在上市公司、金融机构以及大部分大中型国有企业范围内得到较好实施，在提高会计信息质量、提升企业管理水平和服务宏观经济治理等方面，起到了积极作用：

一是企业会计准则为投资者获取决策有用信息、进而维护自身合法权益提供了重要制度保证。我国资本市场全面深化改革，特别是股票发行注册制改革坚持以信息披露为核心，以财务会计报告为载体的会计信息则是信息披露的重要内容。上市公司依据企业会计准则进行确认、计量，生成真实、可靠的财务会计报告，投资者据此进行价值判断与作出投资决策。为此，企业会计准则高质量建设与实施有助于促进资本市场优化资源配置，有助于充分保护广大投资者的权益。

二是企业会计准则为包容经济发展、加强经济治理提供了重要工具。近年，新业态、新经济、新模式迅速发展，这对传统的会计核算产生了挑战，而企业会计准则的建设与发展为核算新的商业模式等提供了标尺，使其可计量、可核算，如对于电商等平台企业销售返点等，新收入准则作出了规定，有利于新的商业模式等在国内蓬勃发展。在经济治理方面，根据企业会计准则生成的会计数据是国民经济数据统计的基础性数据，企业收入、利润等指标是宏观经济决策的重要依据，以高质量会计信息反映政策效果，支持促进有关部门增强宏观调控的前瞻性、针对性、协同性。而且，国有资产管理部门、行业主管部门设置考评指标、加强企业考核，更多依托会计信息，促进与加强经济治理。

三是企业会计准则为加强财会监督职能、维护财经法纪提供了重要准绳尺度。企业会计准则是国家统一的会计制度的重要组成内容，是国务院财政部门依法履行会计管理职能、开展会计监督的重要依据，更是党和国家财经纪律在会计领域的具体体现。企业会计准则体系的持续健全完善，既不断促进企业提升会计信息质量，也为深化财会监督提供了更加科学有效的评判准绳。近年来，各级财政部门通过会计信息质量检查，发现和查处了一批经济违法案件，遵循准则权威、严格执行准则的理念不断深入人心。

四是企业会计准则为企业计划运筹经济资源、组织开展业务活动提供了重要管理工具。企业作为经济主体，要对自己掌握的资源心中有数、精打细算。我国企业会计准则体系适应经济活动日益复杂化、高级化的需要，不断改进会计确认、计量和报告要求，既有利于企业正确评价所掌握的资源状况、自身资产质量及盈利能力等，也为企业实施精细化管理创造了条件。如新收入准则要求对合同的交易价格分摊至各单项履约义务，有利于实现收入与成本费用的配比，为实现更加精细化的管理打下会计确认计量的基础，促进提升管理水平。为此，企业会计准则的建设与实施，可以促进企业提高经营效率、实现价值创造。

五是企业会计准则为提高国际双向投资水平、促进国内国际双循环提供了重要规则标准。当前，要加快构建以国内大循环为主体、国内国际双循环相互促进的新发展格局，会计准则是国际通用的商业语言，也是促进国内国际贸易和资金畅通、实现共同发展的重要的"基础设施"。目前，我国企业会计准则实现与中国香港、欧盟等地区的等效，为我国企业降低海外上市融资成本、"走出去"更好地利用国际资本市场提供了基础条件支持，也为我国进一步提升参与会计准则国际治理能力、推动中国会计标准"走出去"，积累了宝贵经验。

在取得上述成绩的同时，也应该看到，我国企业会计准则体系仍面临一些问题：一是准则体系建设是一个动态持续的过程。2014年以来先后修订14项准则、新制定4项准则；同时，部分会计处理规定等作为阶段性政策完成历史任务、已经失效。如不做及时的整理汇编，会使现行实务工作者特别是新从事会计审计工作的人员可能会面临对现行有效准则找不到、找不全的问题，迫切需要获取准则文件的权威途径。二是会计准则规定分布分散。22项准则自2006

年发布以来，尚未统一全面修订，而是通过发布准则解释的方式"小修小补"，导致准则有效规定分散在不同文件中，长期积累下来，存在准则本身条款规定不全面的问题。如固定资产准则先后3次通过准则解释进行补充，导致关于固定资产准则的完整规定目前分布于4个文件中，这给实务工作者带来许多困难，需要多次查找、对照多个准则文件，容易出现混淆与差错。三是准则之间还有不衔接的地方。准则规定存在相互引用的情况，例如企业合并准则会涉及长期股权投资准则，而长期股权投资准则本身的修订应当及时得到相应体现与引用，否则将影响准则的准确性。

财政部高度重视企业会计准则体系建设与实施工作，注重加强准则体系制度建设与顶层设计，切实维护准则体系的权威性、准确性与实用性。会计司组织力量编写了《企业会计准则汇编2021》（以下简称《汇编》）。《汇编》工作体现了以下三个特点：

一是以"汇"为起点，全面收录准则文件。《汇编》收录了企业会计准则体系的各项准则法规文件，是有关各方执行企业会计准则的根本遵循。主要包括1项基本准则、42项具体准则、《企业会计准则——应用指南》（财会〔2006〕18号）中仍然有效的18项具体准则应用指南、14项企业会计准则解释中仍然有效的41项内容、3项报表格式文件以及近年来发布的10项会计处理规定。《汇编》"一站式"展现中国企业会计准则体系，未来还将根据修订完善情况定期更新，为实务工作者学习、理解和执行准则提供权威完整的制度法规，真正起到《汇编》作为法规集合的"基本面""压舱石"作用。

二是以"编"为重点，系统梳理、统一体例。《汇编》在全面收录准则文件的基础上，本着务实管用的原则，按照不同的准则议题进一步有机整合：在整体结构上，维持准则体系对不同业务事项分别作出规范的特点，将42项具体准则分别作为单独议题，贴合实务工作者的使用习惯；在每个具体议题下，以"具体准则—应用指南—准则解释"的层次，对涉及同一议题、但来源于不同文件的有关条款内容集中列示，克服了准则文件体例庞杂、分布于不同文件的不足。

需要说明的是，汇编过程中最大可能地考虑了准则之间的关联性。对于某项准则解释涉及若干项准则的情形，将该解释涉及的某项准则内容放入相关准则议题项目下，便于实务中执行准则，如企业合并、长期股权投资等。同时，将有关的会计处理规定作为《汇编》附录，便于实务使用和检索。按照上述体例，读者在具体实务中遇到问题时，通过《汇编》的对应议题，可以清晰明了、系统全面地了解该准则的有关规定，真正起到《汇编》作为会计准则的"数据库"作用。

三是以"注"为补充，加强体系协调衔接。《汇编》在根据议题分门别类的基础上，进一步对需要关注说明的问题，以注释方式进行细化解释：说明性注释指出了相关具体准则或准则条款的更新变动情况，并指明了现行有效规定。包括（1）部分准则失效导致其他相关准则条款的变动，例如原建造合同准则已经被新收入准则所替代，则对其他准则中涉及原建造合同准则的部分条款进行注释，说明应当按照新收入准则执行；（2）部分准则修订导致其他相关准则条款的变动，例如新金融工具准则关于金融资产分类等的修订，则对其他准则关于原四分类下金融资产的部分条款进行注释，说明应当按照新的三分类方式进行会计处理。提示性注释对分步实施安排、新旧衔接、追溯调整等规定进行提示强调，有助于实务中全面理解和严格落实准则的规定，避免因其散落在准则文件的发文通知、正文附则条款、或贯彻实施通知等之中不易查找。《汇编》共作出67条说明性和提示性注释，强化企业会计准则体系的内在协调统一，有助于读者清晰掌握和透彻理解现行规定的要求，真正起到《汇编》作为实务工具的"指南针"作用。

2021年是"十四五"规划开局之年，我国会计改革与发展即将进入以变革融合、提质增效为特征的新阶段,《汇编》的出版是健全企业会计准则体系、促进准则高质量实施的一项重要举措。企业和会计审计实务工作者要以《汇编》为基础,扎实学习准则、深刻理解准则、严格执行准则,向财务会计报告使用者交出高质量的会计信息答卷。广大投资者要以《汇编》为工具,增进对会计信息的认识理解,提高科学投资决策水平,共同增强财务信息披露和资本市场资源配置功能的有效性。有关部门要以《汇编》为伙伴,提升运用会计基础信息、加强宏观经济治理的能力,并推动准则在本领域的贯彻实施。

财政部作为准则制定与实施机构,将立足新发展阶段、贯彻新发展理念、服务新发展格局,以《汇编》出版作为新起点,进一步凝聚各方力量,持续推动我国企业会计准则体系高质量建设与实施,在全面建设社会主义现代化国家新征程上发挥更加积极的作用。

财政部副部长

2021 年 3 月 26 日

目 录

基本准则 ·· 1
 企业会计准则——基本准则 ·· 1
存货准则 ·· 8
 企业会计准则第 1 号——存货 ··· 8
 《企业会计准则第 1 号——存货》应用指南 ·· 11
长期股权投资准则 ·· 13
 企业会计准则第 2 号——长期股权投资 ·· 13
 企业会计准则解释中与长期股权投资准则相关的内容 ······························ 18
投资性房地产准则 ·· 24
 企业会计准则第 3 号——投资性房地产 ·· 24
 《企业会计准则第 3 号——投资性房地产》应用指南 ······························· 27
固定资产准则 ·· 30
 企业会计准则第 4 号——固定资产 ·· 30
 《企业会计准则第 4 号——固定资产》应用指南 ····································· 34
 企业会计准则解释中与固定资产准则相关的内容 ····································· 35
生物资产准则 ·· 38
 企业会计准则第 5 号——生物资产 ··· 38
 《企业会计准则第 5 号——生物资产》应用指南 ····································· 43
无形资产准则 ·· 46
 企业会计准则第 6 号——无形资产 ··· 46
 《企业会计准则第 6 号——无形资产》应用指南 ····································· 50
 企业会计准则解释中与无形资产准则相关的内容 ····································· 53

非货币性资产交换准则 ·· 55
企业会计准则第 7 号——非货币性资产交换 ·············· 55

资产减值准则 ·· 60
企业会计准则第 8 号——资产减值 ··························· 60
《企业会计准则第 8 号——资产减值》应用指南 ········ 69

职工薪酬准则 ·· 72
企业会计准则第 9 号——职工薪酬 ··························· 72
企业会计准则解释中与职工薪酬准则相关的内容 ······· 79

企业年金基金准则 ·· 80
企业会计准则第 10 号——企业年金基金 ·················· 80
《企业会计准则第 10 号——企业年金基金》应用指南 ··· 85

股份支付准则 ·· 89
企业会计准则第 11 号——股份支付 ························· 89
《企业会计准则第 11 号——股份支付》应用指南 ······ 92
企业会计准则解释中与股份支付准则相关的内容 ······· 94

债务重组准则 ·· 99
企业会计准则第 12 号——债务重组 ························· 99

或有事项准则 ·· 103
企业会计准则第 13 号——或有事项 ······················· 103
《企业会计准则第 13 号——或有事项》应用指南 ···· 106
企业会计准则解释中与或有事项准则相关的内容 ····· 108

收入准则 ·· 110
企业会计准则第 14 号——收入 ······························ 110
企业会计准则解释中与收入准则相关的内容 ············ 123

政府补助准则 ··· 127
企业会计准则第 16 号——政府补助 ······················· 127
企业会计准则解释中与政府补助准则相关的内容 ····· 130

借款费用准则 ··· 131
企业会计准则第 17 号——借款费用 ······················· 131
《企业会计准则第 17 号——借款费用》应用指南 ···· 134

所得税准则 ··· 137
企业会计准则第 18 号——所得税 ··························· 137

《企业会计准则第 18 号——所得税》应用指南 ······ 141
企业会计准则解释中与所得税准则相关的内容 ······ 144

外币折算准则 ······ 145
企业会计准则第 19 号——外币折算 ······ 145
《企业会计准则第 19 号——外币折算》应用指南 ······ 148

企业合并准则 ······ 151
企业会计准则第 20 号——企业合并 ······ 151
《企业会计准则第 20 号——企业合并》应用指南 ······ 156
企业会计准则解释中与企业合并准则相关的内容 ······ 159

租赁准则 ······ 164
企业会计准则第 21 号——租赁 ······ 164
企业会计准则解释中与租赁准则相关的内容 ······ 179

金融工具确认和计量准则 ······ 183
企业会计准则第 22 号——金融工具确认和计量 ······ 183
企业会计准则解释中与金融工具确认和计量准则相关的内容 ······ 206

金融资产转移准则 ······ 214
企业会计准则第 23 号——金融资产转移 ······ 214
企业会计准则解释中与金融资产转移准则相关的内容 ······ 224

套期会计准则 ······ 225
企业会计准则第 24 号——套期会计 ······ 225

保险合同准则 ······ 238
企业会计准则第 25 号——保险合同（2020） ······ 238
企业会计准则第 25 号——原保险合同（2006） ······ 266
企业会计准则第 26 号——再保险合同（2006） ······ 271
企业会计准则解释中与保险合同准则相关的内容 ······ 275

石油天然气开采准则 ······ 277
企业会计准则第 27 号——石油天然气开采 ······ 277
《企业会计准则第 27 号——石油天然气开采》应用指南 ······ 282

会计政策、会计估计变更和差错更正准则 ······ 284
企业会计准则第 28 号——会计政策、会计估计变更和差错更正 ······ 284
《企业会计准则第 28 号——会计政策、会计估计变更和差错更正》
应用指南 ······ 287

　　　　企业会计准则解释中与会计政策、会计估计变更和差错更正
　　　　　　准则相关的内容 ………………………………………………… 288
资产负债表日后事项准则 …………………………………………………… 289
　　　　企业会计准则第29号——资产负债表日后事项 ……………… 289
财务报表列报准则 ………………………………………………………… 292
　　　　企业会计准则第30号——财务报表列报 …………………… 292
　　　　一般企业财务报表格式 ………………………………………… 302
现金流量表准则 …………………………………………………………… 320
　　　　企业会计准则第31号——现金流量表 ……………………… 320
　　　　《企业会计准则第31号——现金流量表》应用指南 ………… 324
中期财务报告准则 ………………………………………………………… 335
　　　　企业会计准则第32号——中期财务报告 …………………… 335
合并财务报表准则 ………………………………………………………… 339
　　　　企业会计准则第33号——合并财务报表 …………………… 339
　　　　企业会计准则解释中与合并财务报表准则相关的内容 ……… 351
　　　　合并财务报表格式 ……………………………………………… 356
每股收益准则 ……………………………………………………………… 371
　　　　企业会计准则第34号——每股收益 ………………………… 371
　　　　《企业会计准则第34号——每股收益》应用指南 …………… 374
　　　　企业会计准则解释中与每股收益准则相关的内容 …………… 376
分部报告准则 ……………………………………………………………… 380
　　　　企业会计准则第35号——分部报告 ………………………… 380
　　　　企业会计准则解释中与分部报告准则相关的内容 …………… 384
关联方披露准则 …………………………………………………………… 386
　　　　企业会计准则第36号——关联方披露 ……………………… 386
　　　　企业会计准则解释中与关联方披露准则相关的内容 ………… 389
金融工具列报准则 ………………………………………………………… 391
　　　　企业会计准则第37号——金融工具列报 …………………… 391
　　　　企业会计准则解释中与金融工具列报准则相关的内容 ……… 421
　　　　金融企业财务报表格式 ………………………………………… 428
首次执行企业会计准则 …………………………………………………… 445
　　　　企业会计准则第38号——首次执行企业会计准则 ………… 445

《企业会计准则第38号——首次执行企业会计准则》应用指南 …… 449

企业会计准则解释中与首次执行企业会计准则相关的内容 …… 453

公允价值计量准则 …… 455

企业会计准则第39号——公允价值计量 …… 455

合营安排准则 …… 469

企业会计准则第40号——合营安排 …… 469

在其他主体中权益的披露准则 …… 474

企业会计准则第41号——在其他主体中权益的披露 …… 474

持有待售的非流动资产、处置组和终止经营准则 …… 481

企业会计准则第42号——持有待售的非流动资产、处置组和终止经营 …… 481

附 录

保险合同相关会计处理规定 …… 488

规范"三去一降一补"有关业务的会计处理规定 …… 493

增值税会计处理规定 …… 497

企业破产清算有关会计处理规定 …… 506

关于保险公司执行新金融工具相关会计准则有关过渡办法的通知 …… 520

知识产权相关会计信息披露规定 …… 526

永续债相关会计处理的规定 …… 529

碳排放权交易有关会计处理暂行规定 …… 532

新冠肺炎疫情相关租金减让会计处理规定 …… 535

关于进一步贯彻落实新金融工具相关会计准则的通知 …… 539

基本准则

企业会计准则
——基本准则

（财政部令第 33 号发布 2006 年 2 月 15 日
财政部令第 76 号修改 2014 年 7 月 23 日）

第一章 总 则

第一条 为了规范企业会计确认、计量和报告行为，保证会计信息质量，根据《中华人民共和国会计法》和其他有关法律、行政法规，制定本准则。

第二条 本准则适用于在中华人民共和国境内设立的企业（包括公司，下同）。

第三条 企业会计准则包括基本准则和具体准则，具体准则的制定应当遵循本准则。

第四条 企业应当编制财务会计报告（又称"财务报告"，下同）。财务会计报告的目标是向财务会计报告使用者提供与企业财务状况、经营成果和现金流量等有关的会计信息，反映企业管理层受托责任履行情况，有助于财务会计报告使用者作出经济决策。

财务会计报告使用者包括投资者、债权人、政府及其有关部门和社会公众等。

第五条 企业应当对其本身发生的交易或者事项进行会计确认、计量和报告。

第六条 企业会计确认、计量和报告应当以持续经营为前提。

第七条　企业应当划分会计期间，分期结算账目和编制财务会计报告。

会计期间分为年度和中期。中期是指短于一个完整的会计年度的报告期间。

第八条　企业会计应当以货币计量。

第九条　企业应当以权责发生制为基础进行会计确认、计量和报告。

第十条　企业应当按照交易或者事项的经济特征确定会计要素。会计要素包括资产、负债、所有者权益、收入、费用和利润。

第十一条　企业应当采用借贷记账法记账。

第二章　会计信息质量要求

第十二条　企业应当以实际发生的交易或者事项为依据进行会计确认、计量和报告，如实反映符合确认和计量要求的各项会计要素及其他相关信息，保证会计信息真实可靠、内容完整。

第十三条　企业提供的会计信息应当与财务会计报告使用者的经济决策需要相关，有助于财务会计报告使用者对企业过去、现在或者未来的情况作出评价或者预测。

第十四条　企业提供的会计信息应当清晰明了，便于财务会计报告使用者理解和使用。

第十五条　企业提供的会计信息应当具有可比性。

同一企业不同时期发生的相同或者相似的交易或者事项，应当采用一致的会计政策，不得随意变更。确需变更的，应当在附注中说明。

不同企业发生的相同或者相似的交易或者事项，应当采用规定的会计政策，确保会计信息口径一致、相互可比。

第十六条　企业应当按照交易或者事项的经济实质进行会计确认、计量和报告，不应仅以交易或者事项的法律形式为依据。

第十七条　企业提供的会计信息应当反映与企业财务状况、经营成果和现金流量等有关的所有重要交易或者事项。

第十八条　企业对交易或者事项进行会计确认、计量和报告应当保持应有的谨慎，不应高估资产或者收益、低估负债或者费用。

第十九条　企业对于已经发生的交易或者事项，应当及时进行会计确认、计量和报告，不得提前或者延后。

第三章 资 产

第二十条 资产是指企业过去的交易或者事项形成的、由企业拥有或者控制的、预期会给企业带来经济利益的资源。

前款所指的企业过去的交易或者事项包括购买、生产、建造行为或其他交易或者事项。预期在未来发生的交易或者事项不形成资产。

由企业拥有或者控制，是指企业享有某项资源的所有权，或者虽然不享有某项资源的所有权，但该资源能被企业所控制。

预期会给企业带来经济利益，是指直接或者间接导致现金和现金等价物流入企业的潜力。

第二十一条 符合本准则第二十条规定的资产定义的资源，在同时满足以下条件时，确认为资产：

（一）与该资源有关的经济利益很可能流入企业；

（二）该资源的成本或者价值能够可靠地计量。

第二十二条 符合资产定义和资产确认条件的项目，应当列入资产负债表；符合资产定义、但不符合资产确认条件的项目，不应当列入资产负债表。

第四章 负 债

第二十三条 负债是指企业过去的交易或者事项形成的、预期会导致经济利益流出企业的现时义务。

现时义务是指企业在现行条件下已承担的义务。未来发生的交易或者事项形成的义务，不属于现时义务，不应当确认为负债。

第二十四条 符合本准则第二十三条规定的负债定义的义务，在同时满足以下条件时，确认为负债：

（一）与该义务有关的经济利益很可能流出企业；

（二）未来流出的经济利益的金额能够可靠地计量。

第二十五条 符合负债定义和负债确认条件的项目，应当列入资产负债表；符合负债定义、但不符合负债确认条件的项目，不应当列入资产负债表。

第五章　所有者权益

第二十六条　所有者权益是指企业资产扣除负债后由所有者享有的剩余权益。

公司的所有者权益又称为股东权益。

第二十七条　所有者权益的来源包括所有者投入的资本、直接计入所有者权益的利得和损失、留存收益等。

直接计入所有者权益的利得和损失，是指不应计入当期损益、会导致所有者权益发生增减变动的、与所有者投入资本或者向所有者分配利润无关的利得或者损失。

利得是指由企业非日常活动所形成的、会导致所有者权益增加的、与所有者投入资本无关的经济利益的流入。

损失是指由企业非日常活动所发生的、会导致所有者权益减少的、与向所有者分配利润无关的经济利益的流出。

第二十八条　所有者权益金额取决于资产和负债的计量。

第二十九条　所有者权益项目应当列入资产负债表。

第六章　收　　入

第三十条　收入是指企业在日常活动中形成的、会导致所有者权益增加的、与所有者投入资本无关的经济利益的总流入。

第三十一条　收入只有在经济利益很可能流入从而导致企业资产增加或者负债减少、且经济利益的流入额能够可靠计量时才能予以确认。

第三十二条　符合收入定义和收入确认条件的项目，应当列入利润表。

第七章　费　　用

第三十三条　费用是指企业在日常活动中发生的、会导致所有者权益减少的、与向所有者分配利润无关的经济利益的总流出。

第三十四条　费用只有在经济利益很可能流出从而导致企业资产减少或者负债增加、且经济利益的流出额能够可靠计量时才能予以确认。

第三十五条 企业为生产产品、提供劳务等发生的可归属于产品成本、劳务成本等的费用，应当在确认产品销售收入、劳务收入等时，将已销售产品、已提供劳务的成本等计入当期损益。

企业发生的支出不产生经济利益的，或者即使能够产生经济利益但不符合或者不再符合资产确认条件的，应当在发生时确认为费用，计入当期损益。

企业发生的交易或者事项导致其承担了一项负债而又不确认为一项资产的，应当在发生时确认为费用，计入当期损益。

第三十六条 符合费用定义和费用确认条件的项目，应当列入利润表。

第八章 利 润

第三十七条 利润是指企业在一定会计期间的经营成果。利润包括收入减去费用后的净额、直接计入当期利润的利得和损失等。

第三十八条 直接计入当期利润的利得和损失，是指应当计入当期损益、会导致所有者权益发生增减变动的、与所有者投入资本或者向所有者分配利润无关的利得或者损失。

第三十九条 利润金额取决于收入和费用、直接计入当期利润的利得和损失金额的计量。

第四十条 利润项目应当列入利润表。

第九章 会 计 计 量

第四十一条 企业在将符合确认条件的会计要素登记入账并列报于会计报表及其附注（又称财务报表，下同）时，应当按照规定的会计计量属性进行计量，确定其金额。

第四十二条 会计计量属性主要包括：

（一）历史成本。在历史成本计量下，资产按照购置时支付的现金或者现金等价物的金额，或者按照购置资产时所付出的对价的公允价值计量。负债按照因承担现时义务而实际收到的款项或者资产的金额，或者承担现时义务的合同金额，或者按照日常活动中为偿还负债预期需要支付的现金或者现金等价物的金额计量。

（二）重置成本。在重置成本计量下，资产按照现在购买相同或者相似资产所需支付的现金或者现金等价物的金额计量。负债按照现在偿付该项债务所需支付的现金或者现金等价物的金额计量。

（三）可变现净值。在可变现净值计量下，资产按照其正常对外销售所能收到现金或者现金等价物的金额扣减该资产至完工时估计将要发生的成本、估计的销售费用以及相关税费后的金额计量。

（四）现值。在现值计量下，资产按照预计从其持续使用和最终处置中所产生的未来净现金流入量的折现金额计量。负债按照预计期限内需要偿还的未来净现金流出量的折现金额计量。

（五）公允价值。在公允价值计量下，资产和负债按照市场参与者在计量日发生的有序交易中，出售资产所能收到或者转移负债所需支付的价格计量。

第四十三条　企业在对会计要素进行计量时，一般应当采用历史成本，采用重置成本、可变现净值、现值、公允价值计量的，应当保证所确定的会计要素金额能够取得并可靠计量。

第十章　财务会计报告

第四十四条　财务会计报告是指企业对外提供的反映企业某一特定日期的财务状况和某一会计期间的经营成果、现金流量等会计信息的文件。

财务会计报告包括会计报表及其附注和其他应当在财务会计报告中披露的相关信息和资料。会计报表至少应当包括资产负债表、利润表、现金流量表等报表。

小企业编制的会计报表可以不包括现金流量表。

第四十五条　资产负债表是指反映企业在某一特定日期的财务状况的会计报表。

第四十六条　利润表是指反映企业在一定会计期间的经营成果的会计报表。

第四十七条　现金流量表是指反映企业在一定会计期间的现金和现金等价物流入和流出的会计报表。

第四十八条　附注是指对在会计报表中列示项目所作的进一步说明，以及对未能在这些报表中列示项目的说明等。

第十一章　附　　则

第四十九条　本准则由财政部负责解释。

第五十条　本准则自 2007 年 1 月 1 日起施行。

存货准则

企业会计准则第 1 号
——存货

(财会〔2006〕3 号　2006 年 2 月 15 日)

第一章　总　　则

第一条　为了规范存货的确认、计量和相关信息的披露，根据《企业会计准则——基本准则》，制定本准则。

第二条　下列各项适用其他相关会计准则：

(一) 消耗性生物资产，适用《企业会计准则第 5 号——生物资产》。

(二) 通过建造合同归集的存货成本，适用《企业会计准则第 15 号——建造合同》。①

第二章　确　　认

第三条　存货，是指企业在日常活动中持有以备出售的产成品或商品、处在生产过程中的在产品、在生产过程或提供劳务过程中耗用的材料和物料等。

第四条　存货同时满足下列条件的，才能予以确认：

(一) 与该存货有关的经济利益很可能流入企业。

(二) 该存货的成本能够可靠地计量。

---

① 《企业会计准则第 15 号——建造合同》(财会〔2006〕3 号) 已被《企业会计准则第 14 号——收入》(财会〔2017〕22 号) 取代。

第三章 计 量

第五条 存货应当按照成本进行初始计量。存货成本包括采购成本、加工成本和其他成本。

第六条 存货的采购成本，包括购买价款、相关税费、运输费、装卸费、保险费以及其他可归属于存货采购成本的费用。

第七条 存货的加工成本，包括直接人工以及按照一定方法分配的制造费用。

制造费用，是指企业为生产产品和提供劳务而发生的各项间接费用。企业应当根据制造费用的性质，合理地选择制造费用分配方法。

在同一生产过程中，同时生产两种或两种以上的产品，并且每种产品的加工成本不能直接区分的，其加工成本应当按照合理的方法在各种产品之间进行分配。

第八条 存货的其他成本，是指除采购成本、加工成本以外的，使存货达到目前场所和状态所发生的其他支出。

第九条 下列费用应当在发生时确认为当期损益，不计入存货成本：

（一）非正常消耗的直接材料、直接人工和制造费用。

（二）仓储费用（不包括在生产过程中为达到下一个生产阶段所必需的费用）。

（三）不能归属于使存货达到目前场所和状态的其他支出。

第十条 应计入存货成本的借款费用，按照《企业会计准则第17号——借款费用》处理。

第十一条 投资者投入存货的成本，应当按照投资合同或协议约定的价值确定，但合同或协议约定价值不公允的除外。

第十二条 收获时农产品的成本、非货币性资产交换、债务重组和企业合并取得的存货的成本，应当分别按照《企业会计准则第5号——生物资产》、《企业会计准则第7号——非货币性资产交换》、《企业会计准则第12号——债务重组》和《企业会计准则第20号——企业合并》确定。

第十三条 企业提供劳务的，所发生的从事劳务提供人员的直接人工和其他直接费用以及可归属的间接费用，计入存货成本。

第十四条 企业应当采用先进先出法、加权平均法或者个别计价法确定发出存货的实际成本。

对于性质和用途相似的存货，应当采用相同的成本计算方法确定发出存货的成本。

对于不能替代使用的存货、为特定项目专门购入或制造的存货以及提供的劳务，通常采用个别计价法确定发出存货的成本。

对于已售存货，应当将其成本结转为当期损益，相应的存货跌价准备也应当予以结转。

第十五条 资产负债表日，存货应当按照成本与可变现净值孰低计量。

存货成本高于其可变现净值的，应当计提存货跌价准备，计入当期损益。

可变现净值，是指在日常活动中，存货的估计售价减去至完工时估计将要发生的成本、估计的销售费用以及相关税费后的金额。

第十六条 企业确定存货的可变现净值，应当以取得的确凿证据为基础，并且考虑持有存货的目的、资产负债表日后事项的影响等因素。

为生产而持有的材料等，用其生产的产成品的可变现净值高于成本的，该材料仍然应当按照成本计量；材料价格的下降表明产成品的可变现净值低于成本的，该材料应当按照可变现净值计量。

第十七条 为执行销售合同或者劳务合同而持有的存货，其可变现净值应当以合同价格为基础计算。

企业持有存货的数量多于销售合同订购数量的，超出部分的存货的可变现净值应当以一般销售价格为基础计算。

第十八条 企业通常应当按照单个存货项目计提存货跌价准备。

对于数量繁多、单价较低的存货，可以按照存货类别计提存货跌价准备。

与在同一地区生产和销售的产品系列相关、具有相同或类似最终用途或目的，且难以与其他项目分开计量的存货，可以合并计提存货跌价准备。

第十九条 资产负债表日，企业应当确定存货的可变现净值。以前减记存货价值的影响因素已经消失的，减记的金额应当予以恢复，并在原已计提的存货跌价准备金额内转回，转回的金额计入当期损益。

第二十条 企业应当采用一次转销法或者五五摊销法对低值易耗品和包装物进行摊销，计入相关资产的成本或者当期损益。

第二十一条 企业发生的存货毁损，应当将处置收入扣除账面价值和相关税费后的金额计入当期损益。存货的账面价值是存货成本扣减累计跌价准备后的金额。

存货盘亏造成的损失，应当计入当期损益。

第四章　披　　露

第二十二条　企业应当在附注中披露与存货有关的下列信息：

（一）各类存货的期初和期末账面价值。

（二）确定发出存货成本所采用的方法。

（三）存货可变现净值的确定依据，存货跌价准备的计提方法，当期计提的存货跌价准备的金额，当期转回的存货跌价准备的金额，以及计提和转回的有关情况。

（四）用于担保的存货账面价值。

《企业会计准则第1号——存货》应用指南

（财会〔2006〕18号　2006年10月30日）

一、商品存货的成本

本准则第六条规定，存货的采购成本，包括购买价款、相关税费、运输费、装卸费、保险费以及其他可归属于存货采购成本的费用。

企业（商品流通）在采购商品过程中发生的运输费、装卸费、保险费以及其他可归属于存货采购成本的费用等进货费用，应当计入存货采购成本，也可以先进行归集，期末根据所购商品的存销情况进行分摊。对于已售商品的进货费用，计入当期损益；对于未售商品的进货费用，计入期末存货成本。企业采购商品的进货费用金额较小的，可以在发生时直接计入当期损益。

二、周转材料的处理

周转材料，是指企业能够多次使用、逐渐转移其价值但仍保持原有形态不确认为固定资产的材料，如包装物和低值易耗品，应当采用一次转销法或者五五摊销法进行摊销；企业（建造承包商）的钢模板、木模板、脚手架和其他周转材料等，可以采用一次转销法、五五摊销法或者分次摊销法进行摊销。

三、存货的可变现净值

（一）可变现净值的特征

可变现净值的特征表现为存货的预计未来净现金流量，而不是存货的售价或合同价。

企业预计的销售存货现金流量，并不完全等于存货的可变现净值。存货在销售过程中可能发生的销售费用和相关税费，以及为达到预定可销售状态还可能发生的加工成本等相关支出，构成现金流入的抵减项目。企业预计的销售存货现金流量，扣除这些抵减项目后，才能确定存货的可变现净值。

（二）以确凿证据为基础计算确定存货的可变现净值

存货可变现净值的确凿证据，是指对确定存货的可变现净值有直接影响的客观证明，如产成品或商品的市场销售价格、与产成品或商品相同或类似商品的市场销售价格、销货方提供的有关资料和生产成本资料等。

（三）不同存货可变现净值的确定

1. 产成品、商品和用于出售的材料等直接用于出售的商品存货，在正常生产经营过程中，应当以该存货的估计售价减去估计的销售费用和相关税费后的金额，确定其可变现净值。

2. 需要经过加工的材料存货，在正常生产经营过程中，应当以所生产的产成品的估计售价减去至完工时估计将要发生的成本、估计的销售费用和相关税费后的金额，确定其可变现净值。

3. 资产负债表日，同一项存货中一部分有合同价格约定、其他部分不存在合同价格的，应当分别确定其可变现净值，并与其相对应的成本进行比较，分别确定存货跌价准备的计提或转回的金额。

长期股权投资准则

企业会计准则第 2 号
——长期股权投资

(财会〔2014〕14 号 2014 年 3 月 13 日)

第一章 总 则

第一条 为了规范长期股权投资的确认、计量,根据《企业会计准则——基本准则》,制定本准则。

第二条 本准则所称长期股权投资,是指投资方对被投资单位实施控制、重大影响的权益性投资,以及对其合营企业的权益性投资。

在确定能否对被投资单位实施控制时,投资方应当按照《企业会计准则第 33 号——合并财务报表》的有关规定进行判断。投资方能够对被投资单位实施控制的,被投资单位为其子公司。投资方属于《企业会计准则第 33 号——合并财务报表》规定的投资性主体且子公司不纳入合并财务报表的情况除外。

重大影响,是指投资方对被投资单位的财务和经营政策有参与决策的权力,但并不能够控制或者与其他方一起共同控制这些政策的制定。在确定能否对被投资单位施加重大影响时,应当考虑投资方和其他方持有的被投资单位当期可转换公司债券、当期可执行认股权证等潜在表决权因素。投资方能够对被投资单位施加重大影响的,被投资单位为其联营企业。

在确定被投资单位是否为合营企业时,应当按照《企业会计准则第 40 号——合营安排》的有关规定进行判断。

第三条 下列各项适用其他相关会计准则:

（一）外币长期股权投资的折算，适用《企业会计准则第 19 号——外币折算》。

（二）风险投资机构、共同基金以及类似主体持有的、在初始确认时按照《企业会计准则第 22 号——金融工具确认和计量》的规定以公允价值计量且其变动计入当期损益的金融资产，投资性主体对不纳入合并财务报表的子公司的权益性投资，以及本准则未予规范的其他权益性投资，适用《企业会计准则第 22 号——金融工具确认和计量》。

第四条 长期股权投资的披露，适用《企业会计准则第 41 号——在其他主体中权益的披露》。

第二章 初始计量

第五条 企业合并形成的长期股权投资，应当按照下列规定确定其初始投资成本：

（一）同一控制下的企业合并，合并方以支付现金、转让非现金资产或承担债务方式作为合并对价的，应当在合并日按照被合并方所有者权益在最终控制方合并财务报表中的账面价值的份额作为长期股权投资的初始投资成本。长期股权投资初始投资成本与支付的现金、转让的非现金资产以及所承担债务账面价值之间的差额，应当调整资本公积；资本公积不足冲减的，调整留存收益。

合并方以发行权益性证券作为合并对价的，应当在合并日按照被合并方所有者权益在最终控制方合并财务报表中的账面价值的份额作为长期股权投资的初始投资成本。按照发行股份的面值总额作为股本，长期股权投资初始投资成本与所发行股份面值总额之间的差额，应当调整资本公积；资本公积不足冲减的，调整留存收益。

（二）非同一控制下的企业合并，购买方在购买日应当按照《企业会计准则第 20 号——企业合并》的有关规定确定的合并成本作为长期股权投资的初始投资成本。

合并方或购买方为企业合并发生的审计、法律服务、评估咨询等中介费用以及其他相关管理费用，应当于发生时计入当期损益。

第六条 除企业合并形成的长期股权投资以外，其他方式取得的长期股权投资，应当按照下列规定确定其初始投资成本：

（一）以支付现金取得的长期股权投资，应当按照实际支付的购买价款作为初始投资成本。初始投资成本包括与取得长期股权投资直接相关的费用、税金及其他必要支出。

（二）以发行权益性证券取得的长期股权投资，应当按照发行权益性证券的公允价值作为初始投资成本。与发行权益性证券直接相关的费用，应当按照《企业会计准则第 37 号——金融工具列报》的有关规定确定。

（三）通过非货币性资产交换取得的长期股权投资，其初始投资成本应当按照《企业会计准则第 7 号——非货币性资产交换》的有关规定确定。

（四）通过债务重组取得的长期股权投资，其初始投资成本应当按照《企业会计准则第 12 号——债务重组》的有关规定确定。

第三章　后　续　计　量

第七条　投资方能够对被投资单位实施控制的长期股权投资应当采用成本法核算。

第八条　采用成本法核算的长期股权投资应当按照初始投资成本计价。追加或收回投资应当调整长期股权投资的成本。被投资单位宣告分派的现金股利或利润，应当确认为当期投资收益。

第九条　投资方对联营企业和合营企业的长期股权投资，应当按照本准则第十条至第十三条规定，采用权益法核算。

投资方对联营企业的权益性投资，其中一部分通过风险投资机构、共同基金、信托公司或包括投连险基金在内的类似主体间接持有的，无论以上主体是否对这部分投资具有重大影响，投资方都可以按照《企业会计准则第 22 号——金融工具确认和计量》的有关规定，对间接持有的该部分投资选择以公允价值计量且其变动计入损益，并对其余部分采用权益法核算。

第十条　长期股权投资的初始投资成本大于投资时应享有被投资单位可辨认净资产公允价值份额的，不调整长期股权投资的初始投资成本；长期股权投资的初始投资成本小于投资时应享有被投资单位可辨认净资产公允价值份额的，其差额应当计入当期损益，同时调整长期股权投资的成本。

被投资单位可辨认净资产的公允价值，应当比照《企业会计准则第 20 号——企业合并》的有关规定确定。

第十一条　投资方取得长期股权投资后，应当按照应享有或应分担的被投资单位实现的净损益和其他综合收益的份额,分别确认投资收益和其他综合收益,同时调整长期股权投资的账面价值;投资方按照被投资单位宣告分派的利润或现金股利计算应享有的部分,相应减少长期股权投资的账面价值;投资方对于被投资单位除净损益、其他综合收益和利润分配以外所有者权益的其他变动,应当调整长期股权投资的账面价值并计入所有者权益。

投资方在确认应享有被投资单位净损益的份额时,应当以取得投资时被投资单位可辨认净资产的公允价值为基础,对被投资单位的净利润进行调整后确认。

被投资单位采用的会计政策及会计期间与投资方不一致的,应当按照投资方的会计政策及会计期间对被投资单位的财务报表进行调整,并据以确认投资收益和其他综合收益等。

第十二条 投资方确认被投资单位发生的净亏损,应当以长期股权投资的账面价值以及其他实质上构成对被投资单位净投资的长期权益减记至零为限,投资方负有承担额外损失义务的除外。

被投资单位以后实现净利润的,投资方在其收益分享额弥补未确认的亏损分担额后,恢复确认收益分享额。

第十三条 投资方计算确认应享有或应分担被投资单位的净损益时,与联营企业、合营企业之间发生的未实现内部交易损益按照应享有的比例计算归属于投资方的部分,应当予以抵销,在此基础上确认投资收益。

投资方与被投资单位发生的未实现内部交易损失,按照《企业会计准则第8号——资产减值》等的有关规定属于资产减值损失的,应当全额确认。

第十四条[①] 投资方因追加投资等原因能够对被投资单位施加重大影响或实施共同控制但不构成控制的,应当按照《企业会计准则第22号——金融工具确认和计量》确定的原持有的股权投资的公允价值加上新增投资成本之和,作为改按权益法核算的初始投资成本。原持有的股权投资分类为可供出售金融资产的,其公允价值与账面价值之间的差额,以及原计入其他综合收益的累计公允价值变动应当转入改按权益法核算的当期损益。

投资方因追加投资等原因能够对非同一控制下的被投资单位实施控制的,在编制个别财务报表时,应当按照原持有的股权投资账面价值加上新增投资成本之和,作为改按成本法核算的初始投资成本。购买日之前持有的股权投资因

[①] 《企业会计准则第22号——金融工具确认和计量》(财会〔2017〕7号)对金融工具的确认和计量进行了修订。

采用权益法核算而确认的其他综合收益，应当在处置该项投资时采用与被投资单位直接处置相关资产或负债相同的基础进行会计处理。购买日之前持有的股权投资按照《企业会计准则第22号——金融工具确认和计量》的有关规定进行会计处理的，原计入其他综合收益的累计公允价值变动应当在改按成本法核算时转入当期损益。在编制合并财务报表时，应当按照《企业会计准则第33号——合并财务报表》的有关规定进行会计处理。

第十五条 投资方因处置部分股权投资等原因丧失了对被投资单位的共同控制或重大影响的，处置后的剩余股权应当改按《企业会计准则第22号——金融工具确认和计量》核算，其在丧失共同控制或重大影响之日的公允价值与账面价值之间的差额计入当期损益。原股权投资因采用权益法核算而确认的其他综合收益，应当在终止采用权益法核算时采用与被投资单位直接处置相关资产或负债相同的基础进行会计处理。

投资方因处置部分权益性投资等原因丧失了对被投资单位的控制的，在编制个别财务报表时，处置后的剩余股权能够对被投资单位实施共同控制或施加重大影响的，应当改按权益法核算，并对该剩余股权视同自取得时即采用权益法核算进行调整；处置后的剩余股权不能对被投资单位实施共同控制或施加重大影响的，应当改按《企业会计准则第22号——金融工具确认和计量》的有关规定进行会计处理，其在丧失控制之日的公允价值与账面价值间的差额计入当期损益。在编制合并财务报表时，应当按照《企业会计准则第33号——合并财务报表》的有关规定进行会计处理。

第十六条 对联营企业或合营企业的权益性投资全部或部分分类为持有待售资产的，投资方应当按照《企业会计准则第4号——固定资产》的有关规定处理，对于未划分为持有待售资产的剩余权益性投资，应当采用权益法进行会计处理。[①]

已划分为持有待售的对联营企业或合营企业的权益性投资，不再符合持有待售资产分类条件的，应当从被分类为持有待售资产之日起采用权益法进行追溯调整。分类为持有待售期间的财务报表应当作相应调整。

第十七条 处置长期股权投资，其账面价值与实际取得价款之间的差额，应当计入当期损益。采用权益法核算的长期股权投资，在处置该项投资时，采

[①] 对联营企业或合营企业的权益性投资全部或部分分类为持有待售资产的，投资方应当按照《企业会计准则第42号——持有待售的非流动资产、处置组和终止经营》（财会〔2017〕13号）的有关规定处理。

用与被投资单位直接处置相关资产或负债相同的基础，按相应比例对原计入其他综合收益的部分进行会计处理。

第十八条 投资方应当关注长期股权投资的账面价值是否大于享有被投资单位所有者权益账面价值的份额等类似情况。出现类似情况时，投资方应当按照《企业会计准则第 8 号——资产减值》对长期股权投资进行减值测试，可收回金额低于长期股权投资账面价值的，应当计提减值准备。

第四章 衔 接 规 定

第十九条 在本准则施行日之前已经执行企业会计准则的企业，应当按照本准则进行追溯调整，追溯调整不切实可行的除外。

第五章 附 则

第二十条 本准则自 2014 年 7 月 1 日起施行。

企业会计准则解释中与长期股权投资准则相关的内容

一、企业在确认由联营企业及合营企业投资产生的投资收益时，对于与联营企业及合营企业发生的内部交易损益应当如何处理？首次执行日对联营企业及合营企业投资存在股权投资借方差额的，计算投资损益时如何进行调整？企业在首次执行日前持有对子公司的长期股权投资，取得子公司分派现金股利或利润如何处理？（《企业会计准则解释第 1 号》第七项）

答：（一）企业持有的对联营企业及合营企业的投资，按照《企业会计准则第 2 号——长期股权投资》的规定，应当采用权益法核算，在按持股比例等计算确认应享有或应分担被投资单位的净损益时，应当考虑以下因素：

投资企业与联营企业及合营企业之间发生的内部交易损益按照持股比例计算归属于投资企业的部分，应当予以抵销，在此基础上确认投资损益。投资企业与被投资单位发生的内部交易损失，按照《企业会计准则第8号——资产减值》等规定属于资产减值损失的，应当全额确认。投资企业对于纳入其合并范围的子公司与其联营企业及合营企业之间发生的内部交易损益，也应当按照上述原则进行抵销，在此基础上确认投资损益。

投资企业对于首次执行日之前已经持有的对联营企业及合营企业的长期股权投资，如存在与该投资相关的股权投资借方差额，还应扣除按原剩余期限直线摊销的股权投资借方差额，确认投资损益。

投资企业在被投资单位宣告发放现金股利或利润时，按照规定计算应分得的部分确认应收股利，同时冲减长期股权投资的账面价值。

（二）企业在首次执行日以前已经持有的对子公司长期股权投资，应在首次执行日进行追溯调整，视同该子公司自最初即采用成本法核算。执行新会计准则后，应当按照子公司宣告分派现金股利或利润中应分得的部分，确认投资收益。

二、企业在股权分置改革过程中持有的限售股权如何进行处理？（《企业会计准则解释第1号》第八项）

答：企业在股权分置改革过程中持有对被投资单位在重大影响以上的股权，应当作为长期股权投资，视对被投资单位的影响程度分别采用成本法或权益法核算；企业在股权分置改革过程中持有对被投资单位不具有控制、共同控制或重大影响的股权，应当划分为可供出售金融资产[①]，其公允价值与账面价值的差额，在首次执行日应当追溯调整，计入资本公积。

三、企业改制过程中的资产、负债，应当如何进行确认和计量？（《企业会计准则解释第1号》第十项）

答：企业引入新股东改制为股份有限公司，相关资产、负债应当按照公允价值计量，并以改制时确定的公允价值为基础持续核算的结果并入控股股东的合并财务报表。改制企业的控股股东在确认对股份有限公司的长期股权投资时，初始投资成本为投出资产的公允价值及相关费用之和。

---

① 《企业会计准则第22号——金融工具确认和计量》（财会〔2017〕7号）对金融工具的确认和计量进行了修订。

四、采用成本法核算的长期股权投资，投资企业取得被投资单位宣告发放的现金股利或利润，应当如何进行会计处理？[①]（《企业会计准则解释第3号》第一项）

答：采用成本法核算的长期股权投资，除取得投资时实际支付的价款或对价中包含的已宣告但尚未发放的现金股利或利润外，投资企业应当按照享有被投资单位宣告发放的现金股利或利润确认投资收益，不再划分是否属于投资前和投资后被投资单位实现的净利润。

企业按照上述规定确认自被投资单位应分得的现金股利或利润后，应当考虑长期股权投资是否发生减值。在判断该类长期股权投资是否存在减值迹象时，应当关注长期股权投资的账面价值是否大于享有被投资单位净资产（包括相关商誉）账面价值的份额等类似情况。出现类似情况时，企业应当按照《企业会计准则第8号——资产减值》对长期股权投资进行减值测试，可收回金额低于长期股权投资账面价值的，应当计提减值准备。

五、企业接受非控股股东（或非控股股东的子公司）直接或间接代为偿债、债务豁免或捐赠的，应如何进行会计处理？[②]（《企业会计准则解释第5号》第六项）

答：企业接受代为偿债、债务豁免或捐赠，按照企业会计准则规定符合确认条件的，通常应当确认为当期收益；但是，企业接受非控股股东（或非控股股东的子公司）直接或间接代为偿债、债务豁免或捐赠，经济实质表明属于非控股股东对企业的资本性投入，应当将相关利得计入所有者权益（资本公积）。

企业发生破产重整，其非控股股东因执行人民法院批准的破产重整计划，通过让渡所持有的该企业部分股份向企业债权人偿债的，企业应将非控股股东所让渡股份按照其在让渡之日的公允价值计入所有者权益（资本公积），减少所豁免债务的账面价值，并将让渡股份公允价值与被豁免的债务账面价值之间的差额计入当期损益。控股股东按照破产重整计划让渡了所持有的部分该企业股权向企业债权人偿债的，该企业也按此原则处理。

---

①② 本条款不要求追溯调整。

六、投资方因其他投资方对其子公司增资而导致本投资方持股比例下降，从而丧失控制权但能实施共同控制或施加重大影响的，投资方应如何进行会计处理?[①]（《企业会计准则解释第 7 号》第一项）

答：该问题主要涉及《企业会计准则第 2 号——长期股权投资》《企业会计准则第 33 号——合并财务报表》等准则。

投资方应当区分个别财务报表和合并财务报表进行相关会计处理：

（一）在个别财务报表中，应当对该项长期股权投资从成本法转为权益法核算。首先，按照新的持股比例确认本投资方应享有的原子公司因增资扩股而增加净资产的份额，与应结转持股比例下降部分所对应的长期股权投资原账面价值之间的差额计入当期损益；然后，按照新的持股比例视同自取得投资时即采用权益法核算进行调整。

（二）在合并财务报表中，应当按照《企业会计准则第 33 号——合并财务报表》的有关规定进行会计处理。

七、母公司直接控股的全资子公司改为分公司的，该母公司应如何进行会计处理?[②]（《企业会计准则解释第 7 号》第四项）

答：母公司直接控股的全资子公司改为分公司的（不包括反向购买形成的子公司改为分公司的情况），应按以下规定进行会计处理：

（一）原母公司（即子公司改为分公司后的总公司）应当对原子公司（即子公司改为分公司后的分公司）的相关资产、负债，按照原母公司自购买日所取得的该原子公司各项资产、负债的公允价值（如为同一控制下企业合并取得的原子公司则为合并日账面价值）以及购买日（或合并日）计算的递延所得税负债或递延所得税资产持续计算至改为分公司日的各项资产、负债的账面价值确认。在此基础上，抵销原母公司与原子公司内部交易形成的未实现损益，并调整相关资产、负债，以及相应的递延所得税负债或递延所得税资产。此外，某些特殊项目按如下原则处理：

1. 原为非同一控制下企业合并取得的子公司改为分公司的，原母公司购买原子公司时产生的合并成本小于合并中取得的可辨认净资产公允价值份额的差额，应计入留存收益；原母公司购买原子公司时产生的合并成本大于合并中取得

[①][②] 本条款不要求追溯调整。

的可辨认净资产公允价值份额的差额，应按照原母公司合并该原子公司的合并财务报表中商誉的账面价值转入原母公司的商誉。原为同一控制下企业合并取得的子公司改为分公司的，原母公司在合并财务报表中确认的最终控制方收购原子公司时形成的商誉，按其在合并财务报表中的账面价值转入原母公司的商誉。

2. 原子公司提取但尚未使用的安全生产费或一般风险准备，分别情况处理：原为非同一控制下企业合并取得的子公司改为分公司的，按照购买日起开始持续计算至改为分公司日的原子公司安全生产费或一般风险准备的账面价值，转入原母公司的专项储备或一般风险准备；原为同一控制下企业合并取得的子公司改为分公司的，按照合并日原子公司安全生产费或一般风险准备账面价值持续计算至改为分公司日的账面价值，转入原母公司的专项储备或一般风险准备。

3. 原为非同一控制下企业合并取得的子公司改为分公司的，应将购买日至改为分公司日原子公司实现的净损益，转入原母公司留存收益；原为同一控制下企业合并取得的子公司改为分公司的，应将合并日至改为分公司日原子公司实现的净损益，转入原母公司留存收益。这里，将原子公司实现的净损益转入原母公司留存收益时，应当按购买日（或合并日）所取得的原子公司各项资产、负债公允价值（或账面价值）为基础计算，并且抵销原母子公司内部交易形成的未实现损益。

原子公司实现的其他综合收益和权益法下核算的其他所有者权益变动等，应参照上述原则计算调整，并相应转入原母公司权益项下其他综合收益和资本公积等项目。

4. 原母公司对该原子公司长期股权投资的账面价值与按上述原则将原子公司的各项资产、负债等转入原母公司后形成的差额，应调整资本公积；资本公积不足冲减的，调整留存收益。

（二）除上述情况外，原子公司改为分公司过程中，由于其他原因产生的各项资产、负债的入账价值与其计税基础不同所产生的暂时性差异，按照《企业会计准则第18号——所得税》的有关规定进行会计处理。

（三）其他方式取得的子公司改为分公司的，应比照上述（一）和（二）原则进行会计处理。

八、关于权益法下有关投资净损失的会计处理（《企业会计准则解释第9号》）

（一）涉及的主要准则

该问题主要涉及《企业会计准则第2号——长期股权投资》（财会

〔2014〕14 号，以下简称第 2 号准则）。

（二）涉及的主要问题

第 2 号准则第十二条规定，投资方确认被投资单位发生的净亏损，应以长期股权投资的账面价值以及其他实质上构成对被投资单位净投资的长期权益（简称其他长期权益）冲减至零为限，投资方负有承担额外损失义务的除外。被投资单位以后实现净利润的，投资方在其收益分享额弥补未确认的亏损分担额后，恢复确认收益分享额。

根据上述规定，投资方在权益法下因确认被投资单位发生的其他综合收益减少净额而产生未确认投资净损失的，是否按照上述原则处理？

（三）会计确认、计量和列报要求

投资方按权益法确认应分担被投资单位的净亏损或被投资单位其他综合收益减少净额，将有关长期股权投资冲减至零并产生了未确认投资净损失的，被投资单位在以后期间实现净利润或其他综合收益增加净额时，投资方应当按照以前确认或登记有关投资净损失时的相反顺序进行会计处理，即依次减记未确认投资净损失金额、恢复其他长期权益和恢复长期股权投资的账面价值，同时，投资方还应当重新复核预计负债的账面价值，有关会计处理如下：

1. 投资方当期对被投资单位净利润和其他综合收益增加净额的分享额小于或等于前期未确认投资净损失的，根据登记的未确认投资净损失的类型，弥补前期未确认的应分担的被投资单位净亏损或其他综合收益减少净额等投资净损失。

2. 投资方当期对被投资单位净利润和其他综合收益增加净额的分享额大于前期未确认投资净损失的，应先按照以上 1 的规定弥补前期未确认投资净损失；对于前者大于后者的差额部分，依次恢复其他长期权益的账面价值和恢复长期股权投资的账面价值，同时按权益法确认该差额。

投资方应当按照《企业会计准则第 13 号——或有事项》的有关规定，对预计负债的账面价值进行复核，并根据复核后的最佳估计数予以调整。

（四）生效日期和新旧衔接

本解释自 2018 年 1 月 1 日起施行。本解释施行前的有关业务未按照以上规定进行处理的，应进行追溯调整，追溯调整不切实可行的除外。本解释施行前已处置或因其他原因终止采用权益法核算的长期股权投资，无需追溯调整。

投资性房地产准则

企业会计准则第3号
——投资性房地产

(财会〔2006〕3号 2006年2月15日)

第一章 总 则

第一条 为了规范投资性房地产的确认、计量和相关信息的披露,根据《企业会计准则——基本准则》,制定本准则。

第二条 投资性房地产,是指为赚取租金或资本增值,或两者兼有而持有的房地产。

投资性房地产应当能够单独计量和出售。

第三条 本准则规范下列投资性房地产:

(一) 已出租的土地使用权。

(二) 持有并准备增值后转让的土地使用权。

(三) 已出租的建筑物。

第四条 下列各项不属于投资性房地产:

(一) 自用房地产,即为生产商品、提供劳务或者经营管理而持有的房地产。

(二) 作为存货的房地产。

第五条 下列各项适用其他相关会计准则:

（一）企业代建的房地产，适用《企业会计准则第 15 号——建造合同》。①

（二）投资性房地产的租金收入和售后租回，适用《企业会计准则第 21 号——租赁》。

第二章　确认和初始计量

第六条　投资性房地产同时满足下列条件的，才能予以确认：

（一）与该投资性房地产有关的经济利益很可能流入企业。

（二）该投资性房地产的成本能够可靠地计量。

第七条　投资性房地产应当按照成本进行初始计量。

（一）外购投资性房地产的成本，包括购买价款、相关税费和可直接归属于该资产的其他支出。

（二）自行建造投资性房地产的成本，由建造该项资产达到预定可使用状态前所发生的必要支出构成。

（三）以其他方式取得的投资性房地产的成本，按照相关会计准则的规定确定。

第八条　与投资性房地产有关的后续支出，满足本准则第六条规定的确认条件的，应当计入投资性房地产成本；不满足本准则第六条规定的确认条件的，应当在发生时计入当期损益。

第三章　后　续　计　量

第九条　企业应当在资产负债表日采用成本模式对投资性房地产进行后续计量，但本准则第十条规定的除外。

采用成本模式计量的建筑物的后续计量，适用《企业会计准则第 4 号——固定资产》。

采用成本模式计量的土地使用权的后续计量，适用《企业会计准则第 6 号——无形资产》。

第十条　有确凿证据表明投资性房地产的公允价值能够持续可靠取得的，可以对投资性房地产采用公允价值模式进行后续计量。

---

① 《企业会计准则第 15 号——建造合同》（财会〔2006〕3 号）已被《企业会计准则第 14 号——收入》（财会〔2017〕22 号）取代。

采用公允价值模式计量的,应当同时满足下列条件:

(一)投资性房地产所在地有活跃的房地产交易市场。

(二)企业能够从房地产交易市场上取得同类或类似房地产的市场价格及其他相关信息,从而对投资性房地产的公允价值作出合理的估计。

第十一条　采用公允价值模式计量的,不对投资性房地产计提折旧或进行摊销,应当以资产负债表日投资性房地产的公允价值为基础调整其账面价值,公允价值与原账面价值之间的差额计入当期损益。

第十二条　企业对投资性房地产的计量模式一经确定,不得随意变更。成本模式转为公允价值模式的,应当作为会计政策变更,按照《企业会计准则第28号——会计政策、会计估计变更和差错更正》处理。

已采用公允价值模式计量的投资性房地产,不得从公允价值模式转为成本模式。

第四章　转　　换

第十三条　企业有确凿证据表明房地产用途发生改变,满足下列条件之一的,应当将投资性房地产转换为其他资产或者将其他资产转换为投资性房地产:

(一)投资性房地产开始自用。

(二)作为存货的房地产,改为出租。

(三)自用土地使用权停止自用,用于赚取租金或资本增值。

(四)自用建筑物停止自用,改为出租。

第十四条　在成本模式下,应当将房地产转换前的账面价值作为转换后的入账价值。

第十五条　采用公允价值模式计量的投资性房地产转换为自用房地产时,应当以其转换当日的公允价值作为自用房地产的账面价值,公允价值与原账面价值的差额计入当期损益。

第十六条　自用房地产或存货转换为采用公允价值模式计量的投资性房地产时,投资性房地产按照转换当日的公允价值计价,转换当日的公允价值小于原账面价值的,其差额计入当期损益;转换当日的公允价值大于原账面价值的,其差额计入所有者权益。

第五章 处　　置

第十七条 当投资性房地产被处置，或者永久退出使用且预计不能从其处置中取得经济利益时，应当终止确认该项投资性房地产。

第十八条 企业出售、转让、报废投资性房地产或者发生投资性房地产毁损，应当将处置收入扣除其账面价值和相关税费后的金额计入当期损益。

第六章 披　　露

第十九条 企业应当在附注中披露与投资性房地产有关的下列信息：

（一）投资性房地产的种类、金额和计量模式。

（二）采用成本模式的，投资性房地产的折旧或摊销，以及减值准备的计提情况。

（三）采用公允价值模式的，公允价值的确定依据和方法，以及公允价值变动对损益的影响。

（四）房地产转换情况、理由，以及对损益或所有者权益的影响。

（五）当期处置的投资性房地产及其对损益的影响。

《企业会计准则第3号——投资性房地产》应用指南

（财会〔2006〕18号　2006年10月30日）

一、投资性房地产的范围

根据本准则第二条和第三条规定，投资性房地产是指为赚取租金或资本增值，或两者兼有而持有的房地产，包括已出租的土地使用权、持有并准备增值后转让的土地使用权、已出租的建筑物。

（一）已出租的土地使用权和已出租的建筑物，是指以经营租赁方式出租的土地使用权和建筑物。其中，用于出租的土地使用权是指企业通过出让或转让方式取得的土地使用权；用于出租的建筑物是指企业拥有产权的建筑物。

（二）持有并准备增值后转让的土地使用权，是指企业取得的、准备增值后转让的土地使用权。

按照国家有关规定认定的闲置土地，不属于持有并准备增值后转让的土地使用权。

（三）某项房地产，部分用于赚取租金或资本增值、部分用于生产商品、提供劳务或经营管理，能够单独计量和出售的、用于赚取租金或资本增值的部分，应当确认为投资性房地产；不能够单独计量和出售的、用于赚取租金或资本增值的部分，不确认为投资性房地产。

（四）企业将建筑物出租，按租赁协议向承租人提供的相关辅助服务在整个协议中不重大的，如企业将办公楼出租并向承租人提供保安、维修等辅助服务，应当将该建筑物确认为投资性房地产。

企业拥有并自行经营的旅馆饭店，其经营目的主要是通过提供客房服务赚取服务收入，该旅馆饭店不确认为投资性房地产。

二、投资性房地产的后续计量

企业通常应当采用成本模式对投资性房地产进行后续计量，也可采用公允价值模式对投资性房地产进行后续计量。但同一企业只能采用一种模式对所有投资性房地产进行后续计量，不得同时采用两种计量模式。

（一）采用成本模式对投资性房地产进行后续计量

在成本模式下，应当按照《企业会计准则第4号——固定资产》和《企业会计准则第6号——无形资产》的规定，对投资性房地产进行计量，计提折旧或摊销；存在减值迹象的，应当按照《企业会计准则第8号——资产减值》的规定进行处理。

（二）采用公允价值模式对投资性房地产进行后续计量

根据本准则第十条规定，只有存在确凿证据表明投资性房地产的公允价值能够持续可靠取得的，才可以采用公允价值模式计量。

采用公允价值模式计量的投资性房地产，应当同时满足下列条件：

1. 投资性房地产所在地有活跃的房地产交易市场。

所在地，通常是指投资性房地产所在的城市。对于大中型城市，应当为投资性房地产所在的城区。

2. 企业能够从活跃的房地产交易市场上取得同类或类似房地产的市场价格及其他相关信息，从而对投资性房地产的公允价值作出合理的估计。

同类或类似的房地产，对建筑物而言，是指所处地理位置和地理环境相同、性质相同、结构类型相同或相近、新旧程度相同或相近、可使用状况相同或相近的建筑物；对土地使用权而言，是指同一城区、同一位置区域、所处地理环境相同或相近、可使用状况相同或相近的土地。

三、投资性房地产的转换

（一）转换日的确定。

1. 投资性房地产开始自用，是指投资性房地产转为自用房地产。其转换日为房地产达到自用状态，企业开始将房地产用于生产商品、提供劳务或者经营管理的日期。

2. 作为存货的房地产改为出租，或者自用建筑物、自用土地使用权停止自用改为出租，其转换日为租赁期开始日。

（二）自用房地产或存货转换为采用公允价值模式计量的投资性房地产。

自用房地产或存货转换为采用公允价值模式计量的投资性房地产，该项投资性房地产应当按照转换日的公允价值计量。

转换日的公允价值小于原账面价值的，其差额计入当期损益。

转换日的公允价值大于原账面价值的，其差额作为资本公积（其他资本公积)[①]，计入所有者权益。处置该项投资性房地产时，原计入所有者权益的部分应当转入处置当期损益。

[①] 根据《企业会计准则第30号——财务报表列报》（财会〔2014〕7号），自用房地产或作为存货的房地产转换为以公允价值模式计量的投资性房地产在转换日公允价值大于账面价值部分计入其他综合收益；待该投资性房地产处置时，将该部分转入当期损益等。

固定资产准则

企业会计准则第 4 号
——固定资产

(财会〔2006〕3 号　2006 年 2 月 15 日)

第一章　总　　则

第一条　为了规范固定资产的确认、计量和相关信息的披露,根据《企业会计准则——基本准则》,制定本准则。

第二条　下列各项适用其他相关会计准则:

(一) 作为投资性房地产的建筑物,适用《企业会计准则第 3 号——投资性房地产》。

(二) 生产性生物资产,适用《企业会计准则第 5 号——生物资产》。

第二章　确　　认

第三条　固定资产,是指同时具有下列特征的有形资产:

(一) 为生产商品、提供劳务、出租或经营管理而持有的。

(二) 使用寿命超过一个会计年度。

使用寿命,是指企业使用固定资产的预计期间,或者该固定资产所能生产产品或提供劳务的数量。

第四条　固定资产同时满足下列条件的,才能予以确认:

(一) 与该固定资产有关的经济利益很可能流入企业。

（二）该固定资产的成本能够可靠地计量。

第五条　固定资产的各组成部分具有不同使用寿命或者以不同方式为企业提供经济利益，适用不同折旧率或折旧方法的，应当分别将各组成部分确认为单项固定资产。

第六条　与固定资产有关的后续支出，符合本准则第四条规定的确认条件的，应当计入固定资产成本；不符合本准则第四条规定的确认条件的，应当在发生时计入当期损益。

第三章　初始计量

第七条　固定资产应当按照成本进行初始计量。

第八条　外购固定资产的成本，包括购买价款、相关税费、使固定资产达到预定可使用状态前所发生的可归属于该项资产的运输费、装卸费、安装费和专业人员服务费等。

以一笔款项购入多项没有单独标价的固定资产，应当按照各项固定资产公允价值比例对总成本进行分配，分别确定各项固定资产的成本。

购买固定资产的价款超过正常信用条件延期支付，实质上具有融资性质的，固定资产的成本以购买价款的现值为基础确定。实际支付的价款与购买价款的现值之间的差额，除按照《企业会计准则第 17 号——借款费用》应予资本化的以外，应当在信用期间内计入当期损益。

第九条　自行建造固定资产的成本，由建造该项资产达到预定可使用状态前所发生的必要支出构成。

第十条　应计入固定资产成本的借款费用，按照《企业会计准则第 17 号——借款费用》处理。

第十一条　投资者投入固定资产的成本，应当按照投资合同或协议约定的价值确定，但合同或协议约定价值不公允的除外。

第十二条　非货币性资产交换、债务重组、企业合并和融资租赁[①]取得的固定资产的成本，应当分别按照《企业会计准则第 7 号——非货币性资产交换》《企业会计准则第 12 号——债务重组》《企业会计准则第 20 号——企业合并》和《企业会计准则第 21 号——租赁》确定。

---

①　《企业会计准则第 21 号——租赁》（财会〔2018〕35 号）对承租人的会计处理进行了修订。

第十三条 确定固定资产成本时，应当考虑预计弃置费用因素。

第四章 后续计量

第十四条 企业应当对所有固定资产计提折旧。但是，已提足折旧仍继续使用的固定资产和单独计价入账的土地除外。

折旧，是指在固定资产使用寿命内，按照确定的方法对应计折旧额进行系统分摊。

应计折旧额，是指应当计提折旧的固定资产的原价扣除其预计净残值后的金额。已计提减值准备的固定资产，还应当扣除已计提的固定资产减值准备累计金额。

预计净残值，是指假定固定资产预计使用寿命已满并处于使用寿命终了时的预期状态，企业目前从该项资产处置中获得的扣除预计处置费用后的金额。

第十五条 企业应当根据固定资产的性质和使用情况，合理确定固定资产的使用寿命和预计净残值。

固定资产的使用寿命、预计净残值一经确定，不得随意变更。但是，符合本准则第十九条规定的除外。

第十六条 企业确定固定资产使用寿命，应当考虑下列因素：

（一）预计生产能力或实物产量。

（二）预计有形损耗和无形损耗。

（三）法律或者类似规定对资产使用的限制。

第十七条 企业应当根据与固定资产有关的经济利益的预期实现方式，合理选择固定资产折旧方法。

可选用的折旧方法包括年限平均法、工作量法、双倍余额递减法和年数总和法等。

固定资产的折旧方法一经确定，不得随意变更。但是，符合本准则第十九条规定的除外。

第十八条 固定资产应当按月计提折旧，并根据用途计入相关资产的成本或者当期损益。

第十九条 企业至少应当于每年年度终了，对固定资产的使用寿命、预计净残值和折旧方法进行复核。

使用寿命预计数与原先估计数有差异的，应当调整固定资产使用寿命。

预计净残值预计数与原先估计数有差异的,应当调整预计净残值。

与固定资产有关的经济利益预期实现方式有重大改变的,应当改变固定资产折旧方法。

固定资产使用寿命、预计净残值和折旧方法的改变应当作为会计估计变更。

第二十条 固定资产的减值,应当按照《企业会计准则第 8 号——资产减值》处理。

第五章 处 置

第二十一条 固定资产满足下列条件之一的,应当予以终止确认:

(一)该固定资产处于处置状态。

(二)该固定资产预期通过使用或处置不能产生经济利益。

第二十二条 企业持有待售的固定资产,应当对其预计净残值进行调整。

第二十三条 企业出售、转让、报废固定资产或发生固定资产毁损,应当将处置收入扣除账面价值和相关税费后的金额计入当期损益。固定资产的账面价值是固定资产成本扣减累计折旧和累计减值准备后的金额。

固定资产盘亏造成的损失,应当计入当期损益。

第二十四条 企业根据本准则第六条的规定,将发生的固定资产后续支出计入固定资产成本的,应当终止确认被替换部分的账面价值。

第六章 披 露

第二十五条 企业应当在附注中披露与固定资产有关的下列信息:

(一)固定资产的确认条件、分类、计量基础和折旧方法。

(二)各类固定资产的使用寿命、预计净残值和折旧率。

(三)各类固定资产的期初和期末原价、累计折旧额及固定资产减值准备累计金额。

(四)当期确认的折旧费用。

(五)对固定资产所有权的限制及其金额和用于担保的固定资产账面价值。

(六)准备处置的固定资产名称、账面价值、公允价值、预计处置费用和预计处置时间等。

《企业会计准则第4号
——固定资产》应用指南

(财会〔2006〕18号 2006年10月30日)

一、固定资产的折旧

（一）固定资产应当按月计提折旧，当月增加的固定资产，当月不计提折旧，从下月起计提折旧；当月减少的固定资产，当月仍计提折旧，从下月起不计提折旧。

固定资产提足折旧后，不论能否继续使用，均不再计提折旧；提前报废的固定资产，也不再补提折旧。提足折旧，是指已经提足该项固定资产的应计折旧额。应计折旧额，是指应当计提折旧的固定资产的原价扣除其预计净残值后的金额。已计提减值准备的固定资产，还应当扣除已计提的固定资产减值准备累计金额。

（二）已达到预定可使用状态但尚未办理竣工决算的固定资产，应当按照估计价值确定其成本，并计提折旧；待办理竣工决算后，再按实际成本调整原来的暂估价值，但不需要调整原已计提的折旧额。

二、固定资产的后续支出

固定资产的后续支出是指固定资产在使用过程中发生的更新改造支出、修理费用等。

固定资产的更新改造等后续支出，满足本准则第四条规定确认条件的，应当计入固定资产成本，如有被替换的部分，应扣除其账面价值；不满足本准则第四条规定确认条件的固定资产修理费用等，应当在发生时计入当期损益。

三、固定资产的弃置费用

弃置费用通常是指根据国家法律和行政法规、国际公约等规定，企业承担的环境保护和生态恢复等义务所确定的支出，如核电站核设施等的弃置和恢复环境义务等。企业应当根据《企业会计准则第 13 号——或有事项》的规定，按照现值计算确定应计入固定资产成本的金额和相应的预计负债。油气资产的弃置费用，应当按照《企业会计准则第 27 号——石油天然气开采》及其应用指南的规定处理。

不属于弃置义务的固定资产报废清理费，应当在发生时作为固定资产处置费用处理。

四、备品备件和维修设备

备品备件和维修设备通常确认为存货，但符合固定资产定义和确认条件的，如企业（民用航空运输）的高价周转件等，应当确认为固定资产。

五、经营租入固定资产改良①

企业以经营租赁方式租入的固定资产发生的改良支出，应予资本化，作为长期待摊费用，合理进行摊销。

企业会计准则解释中与固定资产准则相关的内容

一、高危行业企业提取的安全生产费，应当如何进行会计处理？（《企业会计准则解释第 3 号》第三项）

答：高危行业企业按照国家规定提取的安全生产费，应当计入相关产品的成本或当期损益，同时记入"4301 专项储备"科目。

企业使用提取的安全生产费时，属于费用性支出的，直接冲减专项储备。企业使用提取的安全生产费形成固定资产的，应当通过"在建工程"科目归集所发生的支出，待安全项目完工达到预定可使用状态时确认为固定资产；同

---

① 《企业会计准则第 21 号——租赁》（财会〔2018〕35 号）对承租人的会计处理进行了修订。

时，按照形成固定资产的成本冲减专项储备，并确认相同金额的累计折旧。该固定资产在以后期间不再计提折旧。

"专项储备"科目期末余额在资产负债表所有者权益项下"减：库存股"和"盈余公积"之间增设"专项储备"项目反映。

企业提取的维简费和其他具有类似性质的费用，比照上述规定处理。

本解释发布前未按上述规定处理的，应当进行追溯调整。

二、企业因固定资产弃置费用确认的预计负债发生变动的，应当如何进行会计处理？[①]（《企业会计准则解释第6号》第一项）

答：企业应当进一步规范关于固定资产弃置费用的会计核算，根据《企业会计准则第4号——固定资产》应用指南的规定，对固定资产的弃置费用进行会计处理。

本解释所称的弃置费用形成的预计负债在确认后，按照实际利率法计算的利息费用应当确认为财务费用；由于技术进步、法律要求或市场环境变化等原因，特定固定资产的履行弃置义务可能发生支出金额、预计弃置时点、折现率等变动而引起的预计负债变动，应按照以下原则调整该固定资产的成本：

（1）对于预计负债的减少，以该固定资产账面价值为限扣减固定资产成本。如果预计负债的减少额超过该固定资产账面价值，超出部分确认为当期损益。

（2）对于预计负债的增加，增加该固定资产的成本。

按照上述原则调整的固定资产，在资产剩余使用年限内计提折旧。一旦该固定资产的使用寿命结束，预计负债的所有后续变动应在发生时确认为损益。

三、关于以使用固定资产产生的收入为基础的折旧方法（《企业会计准则解释第10号》）

（一）涉及的主要准则

该问题主要涉及《企业会计准则第4号——固定资产》（财会〔2006〕3号，以下简称第4号准则）。

（二）涉及的主要问题

第4号准则第十七条规定，企业应当根据与固定资产有关的经济利益的预

[①] 本条款不要求追溯调整。

期实现方式，合理选择固定资产折旧方法。可选用的折旧方法包括年限平均法、工作量法、双倍余额递减法和年数总和法等。

根据上述规定，企业能否以包括使用固定资产在内的经济活动产生的收入为基础计提折旧？

（三）会计确认、计量和列报要求

企业在按照第4号准则的上述规定选择固定资产折旧方法时，应当根据与固定资产有关的经济利益的预期消耗方式做出决定。由于收入可能受到投入、生产过程、销售等因素的影响，这些因素与固定资产有关经济利益的预期消耗方式无关，因此，企业不应以包括使用固定资产在内的经济活动所产生的收入为基础进行折旧。

（四）生效日期和新旧衔接

本解释自2018年1月1日起施行，不要求追溯调整。本解释施行前已确认的相关固定资产未按本解释进行会计处理的，不调整以前各期折旧金额，也不计算累积影响数，自施行之日起在未来期间根据重新评估后的折旧方法计提折旧。

生物资产准则

企业会计准则第5号
——生物资产

(财会〔2006〕3号 2006年2月15日)

第一章 总 则

第一条 为了规范与农业生产相关的生物资产的确认、计量和相关信息的披露，根据《企业会计准则——基本准则》，制定本准则。

第二条 生物资产，是指有生命的动物和植物。

第三条 生物资产分为消耗性生物资产、生产性生物资产和公益性生物资产。

消耗性生物资产，是指为出售而持有的、或在将来收获为农产品的生物资产，包括生长中的大田作物、蔬菜、用材林以及存栏待售的牲畜等。

生产性生物资产，是指为产出农产品、提供劳务或出租等目的而持有的生物资产，包括经济林、薪炭林、产畜和役畜等。

公益性生物资产，是指以防护、环境保护为主要目的的生物资产，包括防风固沙林、水土保持林和水源涵养林等。

第四条 下列各项适用其他相关会计准则：

（一）收获后的农产品，适用《企业会计准则第1号——存货》。

（二）与生物资产相关的政府补助，适用《企业会计准则第16号——政府补助》。

第二章　确认和初始计量

第五条　生物资产同时满足下列条件的，才能予以确认：

（一）企业因过去的交易或者事项而拥有或者控制该生物资产；

（二）与该生物资产有关的经济利益或服务潜能很可能流入企业；

（三）该生物资产的成本能够可靠地计量。

第六条　生物资产应当按照成本进行初始计量。

第七条　外购生物资产的成本，包括购买价款、相关税费、运输费、保险费以及可直接归属于购买该资产的其他支出。

第八条　自行栽培、营造、繁殖或养殖的消耗性生物资产的成本，应当按照下列规定确定：

（一）自行栽培的大田作物和蔬菜的成本，包括在收获前耗用的种子、肥料、农药等材料费、人工费和应分摊的间接费用等必要支出。

（二）自行营造的林木类消耗性生物资产的成本，包括郁闭前发生的造林费、抚育费、营林设施费、良种试验费、调查设计费和应分摊的间接费用等必要支出。

（三）自行繁殖的育肥畜的成本，包括出售前发生的饲料费、人工费和应分摊的间接费用等必要支出。

（四）水产养殖的动物和植物的成本，包括在出售或入库前耗用的苗种、饲料、肥料等材料费、人工费和应分摊的间接费用等必要支出。

第九条　自行营造或繁殖的生产性生物资产的成本，应当按照下列规定确定：

（一）自行营造的林木类生产性生物资产的成本，包括达到预定生产经营目的前发生的造林费、抚育费、营林设施费、良种试验费、调查设计费和应分摊的间接费用等必要支出。

（二）自行繁殖的产畜和役畜的成本，包括达到预定生产经营目的（成龄）前发生的饲料费、人工费和应分摊的间接费用等必要支出。

达到预定生产经营目的，是指生产性生物资产进入正常生产期，可以多年连续稳定产出农产品、提供劳务或出租。

第十条　自行营造的公益性生物资产的成本，应当按照郁闭前发生的造林费、抚育费、森林保护费、营林设施费、良种试验费、调查设计费和应分摊的间接费用等必要支出确定。

第十一条　应计入生物资产成本的借款费用，按照《企业会计准则第17号——借款费用》处理。消耗性林木类生物资产发生的借款费用，应当在郁闭时停止资本化。

第十二条　投资者投入生物资产的成本，应当按照投资合同或协议约定的价值确定，但合同或协议约定价值不公允的除外。

第十三条　天然起源的生物资产的成本，应当按照名义金额确定。

第十四条　非货币性资产交换、债务重组和企业合并取得的生物资产的成本，应当分别按照《企业会计准则第7号——非货币性资产交换》《企业会计准则第12号——债务重组》和《企业会计准则第20号——企业合并》确定。

第十五条　因择伐、间伐或抚育更新性质采伐而补植林木类生物资产发生的后续支出，应当计入林木类生物资产的成本。

生物资产在郁闭或达到预定生产经营目的后发生的管护、饲养费用等后续支出，应当计入当期损益。

第三章　后续计量

第十六条　企业应当按照本准则第十七条至第二十一条的规定对生物资产进行后续计量，但本准则第二十二条规定的除外。

第十七条　企业对达到预定生产经营目的的生产性生物资产，应当按期计提折旧，并根据用途分别计入相关资产的成本或当期损益。

第十八条　企业应当根据生产性生物资产的性质、使用情况和有关经济利益的预期实现方式，合理确定其使用寿命、预计净残值和折旧方法。可选用的折旧方法包括年限平均法、工作量法、产量法等。

生产性生物资产的使用寿命、预计净残值和折旧方法一经确定，不得随意变更。但是，符合本准则第二十条规定的除外。

第十九条　企业确定生产性生物资产的使用寿命，应当考虑下列因素：

（一）该资产的预计产出能力或实物产量；

（二）该资产的预计有形损耗，如产畜和役畜衰老、经济林老化等；

（三）该资产的预计无形损耗，如因新品种的出现而使现有的生产性生物资产的产出能力和产出农产品的质量等方面相对下降、市场需求的变化使生产性生物资产产出的农产品相对过时等。

第二十条 企业至少应当于每年年度终了对生产性生物资产的使用寿命、预计净残值和折旧方法进行复核。

使用寿命或预计净残值的预期数与原先估计数有差异的，或者有关经济利益预期实现方式有重大改变的，应当作为会计估计变更，按照《企业会计准则第28号——会计政策、会计估计变更和差错更正》处理，调整生产性生物资产的使用寿命或预计净残值或者改变折旧方法。

第二十一条 企业至少应当于每年年度终了对消耗性生物资产和生产性生物资产进行检查，有确凿证据表明由于遭受自然灾害、病虫害、动物疫病侵袭或市场需求变化等原因，使消耗性生物资产的可变现净值或生产性生物资产的可收回金额低于其账面价值的，应当按照可变现净值或可收回金额低于账面价值的差额，计提生物资产跌价准备或减值准备，并计入当期损益。上述可变现净值和可收回金额，应当分别按照《企业会计准则第1号——存货》和《企业会计准则第8号——资产减值》确定。

消耗性生物资产减值的影响因素已经消失的，减记金额应当予以恢复，并在原已计提的跌价准备金额内转回，转回的金额计入当期损益。

生产性生物资产减值准备一经计提，不得转回。

公益性生物资产不计提减值准备。

第二十二条 有确凿证据表明生物资产的公允价值能够持续可靠取得的，应当对生物资产采用公允价值计量。

采用公允价值计量的，应当同时满足下列条件：

（一）生物资产有活跃的交易市场；

（二）能够从交易市场上取得同类或类似生物资产的市场价格及其他相关信息，从而对生物资产的公允价值作出合理估计。

第四章 收获与处置

第二十三条 对于消耗性生物资产，应当在收获或出售时，按照其账面价值结转成本。结转成本的方法包括加权平均法、个别计价法、蓄积量比例法、轮伐期年限法等。

第二十四条 生产性生物资产收获的农产品成本，按照产出或采收过程中发生的材料费、人工费和应分摊的间接费用等必要支出计算确定，并采用加权平均法、个别计价法、蓄积量比例法、轮伐期年限法等方法，将其账面价值结转为农产品成本。

收获之后的农产品，应当按照《企业会计准则第1号——存货》处理。

第二十五条 生物资产改变用途后的成本，应当按照改变用途时的账面价值确定。

第二十六条 生物资产出售、盘亏或死亡、毁损时，应当将处置收入扣除其账面价值和相关税费后的余额计入当期损益。

第五章 披 露

第二十七条 企业应当在附注中披露与生物资产有关的下列信息：

（一）生物资产的类别以及各类生物资产的实物数量和账面价值。

（二）各类消耗性生物资产的跌价准备累计金额，以及各类生产性生物资产的使用寿命、预计净残值、折旧方法、累计折旧和减值准备累计金额。

（三）天然起源生物资产的类别、取得方式和实物数量。

（四）用于担保的生物资产的账面价值。

（五）与生物资产相关的风险情况与管理措施。

第二十八条 企业应当在附注中披露与生物资产增减变动有关的下列信息：

（一）因购买而增加的生物资产；

（二）因自行培育而增加的生物资产；

（三）因出售而减少的生物资产；

（四）因盘亏或死亡、毁损而减少的生物资产；

（五）计提的折旧及计提的跌价准备或减值准备；

（六）其他变动。

《企业会计准则第5号
——生物资产》应用指南

(财会〔2006〕18号　2006年10月30日)

一、生物资产与农产品

本准则规范的农业，包括种植业、畜牧养殖业、林业和水产业等。

有生命的动物和植物具有生物转化的能力，这种能力导致生物资产质量或数量发生变化，通常表现为生长、蜕化、生产和繁殖等。生物资产的形态、价值以及产生经济利益的方式，随其出生、成长、衰老、死亡等自然规律和生产经营活动的变化而变化。企业从事农业生产的目的，主要是增强生物资产的生物转化能力，最终获得更多的符合市场需要的农产品。

农产品与生物资产密不可分，当其附在生物资产上时，构成生物资产的一部分。收获的农产品从生物资产这一母体分离开始，不再具有生命和生物转化能力、或者其生命和生物转化能力受到限制，应当作为存货处理，比如，从用材林中采伐的木材、奶牛产出的牛奶、绵羊产出的羊毛、肉猪宰杀后的猪肉、收获后的蔬菜、从果树上采摘的水果等。

二、林木类消耗性生物资产

(一) 郁闭通常指林木类消耗性生物资产的郁闭度达0.20以上(含0.20)。郁闭度是指森林中乔木树冠遮蔽地面的程度，是反映林分密度的指标，以林地树冠垂直投影面积与林地面积之比表示，完全覆盖地面为1。

不同林种、不同林分等对郁闭度指标的要求有所不同，比如，生产纤维原料的工业原材料林一般要求郁闭度相对较高；以培育珍贵大径材为主要目标的林木一般要求郁闭度相对较低。企业应当结合历史经验数据和自身实际情况，确定林木类消耗性生物资产的郁闭度及是否达到郁闭。各类林木类消耗性生物资产的郁闭度一经确定，不得随意变更。

（二）郁闭之前的林木类消耗性生物资产处在培植阶段，需要发生较多的造林费、抚育费、营林设施费、良种试验费、调查设计费等相关支出，这些支出应当予以资本化计入林木成本；郁闭之后的林木类消耗性生物资产基本上可以比较稳定地成活，一般只需要发生较少的管护费用，应当计入当期费用。

因择伐、间伐或抚育更新等生产性采伐而进行补植所发生的支出，应当予以资本化。

三、消耗性和生产性生物资产的减值迹象

根据本准则第二十一条规定，企业至少应当于每年年度终了对消耗性和生产性生物资产进行检查，有确凿证据表明生物资产发生减值的，应当计提消耗性生物资产跌价准备或生产性生物资产减值准备。

生物资产存在下列情形之一的，通常表明该生物资产发生了减值：

（一）因遭受火灾、旱灾、水灾、冻灾、台风、冰雹等自然灾害，造成消耗性或生产性生物资产发生实体损坏，影响该资产的进一步生长或生产，从而降低其产生经济利益的能力。

（二）因遭受病虫害或动物疫病侵袭，造成消耗性或生产性生物资产的市场价格大幅度持续下跌，并且在可预见的未来无回升的希望。

（三）因消费者偏好改变而使企业消耗性或生产性生物资产收获的农产品的市场需求发生变化，导致市场价格逐渐下跌。

（四）因企业所处经营环境，如动植物检验检疫标准等发生重大变化，从而对企业产生不利影响，导致消耗性或生产性生物资产的市场价格逐渐下跌。

（五）其他足以证明消耗性或生产性生物资产实质上已经发生减值的情形。

四、天然起源的生物资产

天然林等天然起源的生物资产，有确凿证据表明企业能够拥有或者控制时，才能予以确认。

企业拥有或控制的天然起源的生物资产，通常并未进行相关的农业生产，如企业从土地、河流湖泊中取得的天然生长的天然林、水生动植物等。

根据本准则第十三条规定，企业应当按照名义金额确定天然起源的生物资产的成本，同时计入当期损益，名义金额为1元。

五、生物资产的后续计量

根据本准则规定，生物资产通常按照成本计量，但有确凿证据表明其公允

价值能够持续可靠取得的除外。采用公允价值计量的生物资产，应当同时满足下列两个条件：

一是生物资产有活跃的交易市场。活跃的交易市场，是指同时具有下列特征的市场：（1）市场内交易的对象具有同质性；（2）可以随时找到自愿交易的买方和卖方；（3）市场价格的信息是公开的。

二是能够从交易市场上取得同类或类似生物资产的市场价格及其他相关信息，从而对生物资产的公允价值作出合理估计。同类或类似，是指生物资产的品种相同或类似、质量等级相同或类似、生长时间相同或类似、所处气候和地理环境相同或类似。

无形资产准则

企业会计准则第 6 号
——无形资产

(财会〔2006〕3 号　2006 年 2 月 15 日)

第一章　总　　则

第一条　为了规范无形资产的确认、计量和相关信息的披露,根据《企业会计准则——基本准则》,制定本准则。

第二条　下列各项适用其他相关会计准则:

(一) 作为投资性房地产的土地使用权,适用《企业会计准则第 3 号——投资性房地产》。

(二) 企业合并中形成的商誉,适用《企业会计准则第 8 号——资产减值》和《企业会计准则第 20 号——企业合并》。

(三) 石油天然气矿区权益,适用《企业会计准则第 27 号——石油天然气开采》。

第二章　确　　认

第三条　无形资产,是指企业拥有或者控制的没有实物形态的可辨认非货币性资产。

资产满足下列条件之一的,符合无形资产定义中的可辨认性标准:

(一) 能够从企业中分离或者划分出来,并能单独或者与相关合同、资产或负债一起，用于出售、转移、授予许可、租赁或者交换。

（二）源自合同性权利或其他法定权利，无论这些权利是否可以从企业或其他权利和义务中转移或者分离。

第四条　无形资产同时满足下列条件的，才能予以确认：

（一）与该无形资产有关的经济利益很可能流入企业。

（二）该无形资产的成本能够可靠地计量。

第五条　企业在判断无形资产产生的经济利益是否很可能流入时，应当对无形资产在预计使用寿命内可能存在的各种经济因素作出合理估计，并且应当有明确证据支持。

第六条　企业无形项目的支出，除下列情形外，均应于发生时计入当期损益：

（一）符合本准则规定的确认条件、构成无形资产成本的部分。

（二）非同一控制下企业合并中取得的、不能单独确认为无形资产、构成购买日确认的商誉的部分。

第七条　企业内部研究开发项目的支出，应当区分研究阶段支出与开发阶段支出。

研究是指为获取并理解新的科学或技术知识而进行的独创性的有计划调查。

开发是指在进行商业性生产或使用前，将研究成果或其他知识应用于某项计划或设计，以生产出新的或具有实质性改进的材料、装置、产品等。

第八条　企业内部研究开发项目研究阶段的支出，应当于发生时计入当期损益。

第九条　企业内部研究开发项目开发阶段的支出，同时满足下列条件的，才能确认为无形资产：

（一）完成该无形资产以使其能够使用或出售在技术上具有可行性。

（二）具有完成该无形资产并使用或出售的意图。

（三）无形资产产生经济利益的方式，包括能够证明运用该无形资产生产的产品存在市场或无形资产自身存在市场，无形资产将在内部使用的，应当证明其有用性。

（四）有足够的技术、财务资源和其他资源支持，以完成该无形资产的开发，并有能力使用或出售该无形资产。

（五）归属于该无形资产开发阶段的支出能够可靠地计量。

第十条 企业取得的已作为无形资产确认的正在进行中的研究开发项目，在取得后发生的支出应当按照本准则第七条至第九条的规定处理。

第十一条 企业自创商誉以及内部产生的品牌、报刊名等，不应确认为无形资产。

第三章 初始计量

第十二条 无形资产应当按照成本进行初始计量。

外购无形资产的成本，包括购买价款、相关税费以及直接归属于使该项资产达到预定用途所发生的其他支出。

购买无形资产的价款超过正常信用条件延期支付，实质上具有融资性质的，无形资产的成本以购买价款的现值为基础确定。实际支付的价款与购买价款的现值之间的差额，除按照《企业会计准则第 17 号——借款费用》应予资本化的以外，应当在信用期间内计入当期损益。

第十三条 自行开发的无形资产，其成本包括自满足本准则第四条和第九条规定后至达到预定用途前所发生的支出总额，但是对于以前期间已经费用化的支出不再调整。

第十四条 投资者投入无形资产的成本，应当按照投资合同或协议约定的价值确定，但合同或协议约定价值不公允的除外。

第十五条 非货币性资产交换、债务重组、政府补助和企业合并取得的无形资产的成本，应当分别按照《企业会计准则第 7 号——非货币性资产交换》、《企业会计准则第 12 号——债务重组》、《企业会计准则第 16 号——政府补助》和《企业会计准则第 20 号——企业合并》确定。

第四章 后续计量

第十六条 企业应当于取得无形资产时分析判断其使用寿命。

无形资产的使用寿命为有限的，应当估计该使用寿命的年限或者构成使用寿命的产量等类似计量单位数量；无法预见无形资产为企业带来经济利益期限的，应当视为使用寿命不确定的无形资产。

第十七条 使用寿命有限的无形资产，其应摊销金额应当在使用寿命内系统合理摊销。

企业摊销无形资产，应当自无形资产可供使用时起，至不再作为无形资产确认时止。

企业选择的无形资产摊销方法，应当反映与该项无形资产有关的经济利益的预期实现方式。无法可靠确定预期实现方式的，应当采用直线法摊销。

无形资产的摊销金额一般应当计入当期损益，其他会计准则另有规定的除外。

第十八条　无形资产的应摊销金额为其成本扣除预计残值后的金额。已计提减值准备的无形资产，还应扣除已计提的无形资产减值准备累计金额。使用寿命有限的无形资产，其残值应当视为零，但下列情况除外：

（一）有第三方承诺在无形资产使用寿命结束时购买该无形资产。

（二）可以根据活跃市场得到预计残值信息，并且该市场在无形资产使用寿命结束时很可能存在。

第十九条　使用寿命不确定的无形资产不应摊销。

第二十条　无形资产的减值，应当按照《企业会计准则第 8 号——资产减值》处理。

第二十一条　企业至少应当于每年年度终了，对使用寿命有限的无形资产的使用寿命及摊销方法进行复核。无形资产的使用寿命及摊销方法与以前估计不同的，应当改变摊销期限和摊销方法。

企业应当在每个会计期间对使用寿命不确定的无形资产的使用寿命进行复核。如果有证据表明无形资产的使用寿命是有限的，应当估计其使用寿命，并按本准则规定处理。

第五章　处置和报废

第二十二条　企业出售无形资产，应当将取得的价款与该无形资产账面价值的差额计入当期损益。

第二十三条　无形资产预期不能为企业带来经济利益的，应当将该无形资产的账面价值予以转销。

第六章　披　　露

第二十四条　企业应当按照无形资产的类别在附注中披露与无形资产有关

的下列信息：

（一）无形资产的期初和期末账面余额、累计摊销额及减值准备累计金额。

（二）使用寿命有限的无形资产，其使用寿命的估计情况；使用寿命不确定的无形资产，其使用寿命不确定的判断依据。

（三）无形资产的摊销方法。

（四）用于担保的无形资产账面价值、当期摊销额等情况。

（五）计入当期损益和确认为无形资产的研究开发支出金额。

《企业会计准则第6号——无形资产》应用指南

（财会〔2006〕18号　2006年10月30日）

一、本准则不规范商誉的处理

本准则第三条规定，无形资产是指企业拥有或控制的没有实物形态的可辨认非货币性资产。

无形资产主要包括专利权、非专利技术、商标权、著作权、土地使用权、特许权等。

商誉的存在无法与企业自身分离，不具有可辨认性，不在本准则规范。

二、研究阶段与开发阶段

本准则将研究开发项目区分为研究阶段与开发阶段。企业应当根据研究与开发的实际情况加以判断。

（一）研究阶段

研究阶段是探索性的，为进一步开发活动进行资料及相关方面的准备，已进行的研究活动将来是否会转入开发、开发后是否会形成无形资产等均具有较大的不确定性。

比如，意在获取知识而进行的活动，研究成果或其他知识的应用研究、评价和最终选择，材料、设备、产品、工序、系统或服务替代品的研究，新的或经改进的材料、设备、产品、工序、系统或服务的可能替代品的配制、设计、评价和最终选择等，均属于研究活动。

（二）开发阶段

相对于研究阶段而言，开发阶段应当是已完成研究阶段的工作，在很大程度上具备了形成一项新产品或新技术的基本条件。

比如，生产前或使用前的原型和模型的设计、建造和测试，不具有商业性生产经济规模的试生产设施的设计、建造和运营等，均属于开发活动。

三、开发支出的资本化

根据本准则第八条和第九条规定，企业内部研究开发项目研究阶段的支出，应当于发生时计入当期损益；开发阶段的支出，同时满足下列条件的，才能确认为无形资产：

（一）完成该无形资产以使其能够使用或出售在技术上具有可行性。

判断无形资产的开发在技术上是否具有可行性，应当以目前阶段的成果为基础，并提供相关证据和材料，证明企业进行开发所需的技术条件等已经具备，不存在技术上的障碍或其他不确定性。比如，企业已经完成了全部计划、设计和测试活动，这些活动是使资产能够达到设计规划书中的功能、特征和技术所必需的活动，或经过专家鉴定等。

（二）具有完成该无形资产并使用或出售的意图。

企业能够说明其开发无形资产的目的。

（三）无形资产产生经济利益的方式。

无形资产是否能够为企业带来经济利益，应当对运用该无形资产生产产品的市场情况进行可靠预计，以证明所生产的产品存在市场并能够带来经济利益，或能够证明市场上存在对该无形资产的需求。

（四）有足够的技术、财务资源和其他资源支持，以完成该无形资产的开发，并有能力使用或出售该无形资产。

企业能够证明可以取得无形资产开发所需的技术、财务和其他资源，以及获得这些资源的相关计划。企业自有资金不足以提供支持的，应能够证明存在外部其他方面的资金支持，如银行等金融机构声明愿意为该无形资产的开发提供所需资金等。

（五）归属于该无形资产开发阶段的支出能够可靠地计量。

企业对研究开发的支出应当单独核算，比如，直接发生的研发人员工资、材料费，以及相关设备折旧费等。同时从事多项研究开发活动的，所发生的支出应当按照合理的标准在各项研究开发活动之间进行分配；无法合理分配的，应当计入当期损益。

四、估计无形资产使用寿命应当考虑的相关因素

根据本准则第十七条和第十九条规定，使用寿命有限的无形资产应当摊销，使用寿命不确定的无形资产不予摊销。

（一）企业持有的无形资产，通常来源于合同性权利或其他法定权利，且合同规定或法律规定有明确的使用年限。

来源于合同性权利或其他法定权利的无形资产，其使用寿命不应超过合同性权利或其他法定权利的期限；合同性权利或其他法定权利在到期时因续约等延续、且有证据表明企业续约不需要付出大额成本的，续约期应当计入使用寿命。合同或法律没有规定使用寿命的，企业应当综合各方面因素判断，以确定无形资产能为企业带来经济利益的期限。比如，与同行业的情况进行比较、参考历史经验，或聘请相关专家进行论证等。

按照上述方法仍无法合理确定无形资产为企业带来经济利益期限的，该项无形资产应作为使用寿命不确定的无形资产。

（二）企业确定无形资产使用寿命通常应当考虑的因素。

1. 运用该资产生产的产品通常的寿命周期、可获得的类似资产使用寿命的信息；

2. 技术、工艺等方面的现阶段情况及对未来发展趋势的估计；

3. 以该资产生产的产品或提供服务的市场需求情况；

4. 现在或潜在的竞争者预期采取的行动；

5. 为维持该资产带来经济利益能力的预期维护支出，以及企业预计支付有关支出的能力；

6. 对该资产控制期限的相关法律规定或类似限制，如特许使用期、租赁期等；

7. 与企业持有其他资产使用寿命的关联性等。

五、无形资产的摊销

根据本准则第十七条规定，无形资产的摊销金额一般应当计入当期损益。

某项无形资产包含的经济利益通过所生产的产品或其他资产实现的，其摊销金额应当计入相关资产的成本。

六、土地使用权的处理

企业取得的土地使用权通常应确认为无形资产，但改变土地使用权用途，用于赚取租金或资本增值的，应当将其转为投资性房地产。

自行开发建造厂房等建筑物，相关的土地使用权与建筑物应当分别进行处理。外购土地及建筑物支付的价款应当在建筑物与土地使用权之间进行分配；难以合理分配的，应当全部作为固定资产。

企业（房地产开发）取得土地用于建造对外出售的房屋建筑物，相关的土地使用权账面价值应当计入所建造的房屋建筑物成本。

企业会计准则解释中与无形资产准则相关的内容

关于以使用无形资产产生的收入为基础的摊销方法（《企业会计准则解释第11号》）

（一）涉及的主要准则

该问题主要涉及《企业会计准则第6号——无形资产》（财会〔2006〕3号，以下简称第6号准则）。

（二）涉及的主要问题

第6号准则第十七条规定，企业选择的无形资产摊销方法，应当反映与该无形资产有关的经济利益的预期实现方式。无法可靠确定预期实现方式的，应当采用直线法摊销。

根据上述规定，企业能否以包括使用无形资产在内的经济活动产生的收入为基础进行摊销？

（三）会计确认、计量和列报要求

企业在按照第6号准则的上述规定选择无形资产摊销方法时，应根据与无形资产有关的经济利益的预期消耗方式做出决定。由于收入可能受到投入、生产过程和销售等因素的影响，这些因素与无形资产有关经济利益的预期消耗方式无关，因此，企业通常不应以包括使用无形资产在内的经济活动所产生的收入为基础进行摊销，但是，下列极其有限的情况除外：

1. 企业根据合同约定确定无形资产固有的根本性限制条款（如无形资产的使用时间、使用无形资产生产产品的数量或因使用无形资产而应取得固定的收入总额）的，当该条款为因使用无形资产而应取得的固定的收入总额时，取得的收入可以成为摊销的合理基础，如企业获得勘探开采黄金的特许权，且合同明确规定该特许权在销售黄金的收入总额达到某固定的金额时失效。

2. 有确凿的证据表明收入的金额和无形资产经济利益的消耗是高度相关的。

企业采用车流量法对高速公路经营权进行摊销的，不属于以包括使用无形资产在内的经济活动产生的收入为基础的摊销方法。

（四）生效日期和新旧衔接

本解释自 2018 年 1 月 1 日起施行，不要求追溯调整。本解释施行前已确认的无形资产未按本解释进行会计处理的，不调整以前各期摊销金额，也不计算累积影响数，自施行之日起在未来期间根据重新评估后的摊销方法计提摊销。

非货币性资产交换准则

企业会计准则第7号
——非货币性资产交换

(财会〔2019〕8号 2019年5月9日)

第一章 总 则

第一条 为了规范非货币性资产交换的确认、计量和相关信息的披露,根据《企业会计准则——基本准则》,制定本准则。

第二条 非货币性资产交换,是指企业主要以固定资产、无形资产、投资性房地产和长期股权投资等非货币性资产进行的交换。该交换不涉及或只涉及少量的货币性资产(即补价)。

货币性资产,是指企业持有的货币资金和收取固定或可确定金额的货币资金的权利。

非货币性资产,是指货币性资产以外的资产。

第三条 本准则适用于所有非货币性资产交换,但下列各项适用其他相关会计准则:

(一)企业以存货换取客户的非货币性资产的,适用《企业会计准则第14号——收入》。

(二)非货币性资产交换中涉及企业合并的,适用《企业会计准则第20号——企业合并》、《企业会计准则第2号——长期股权投资》和《企业会计准则第33号——合并财务报表》。

（三）非货币性资产交换中涉及由《企业会计准则第 22 号——金融工具确认和计量》规范的金融资产的，金融资产的确认、终止确认和计量适用《企业会计准则第 22 号——金融工具确认和计量》和《企业会计准则第 23 号——金融资产转移》。

（四）非货币性资产交换中涉及由《企业会计准则第 21 号——租赁》规范的使用权资产或应收融资租赁款等的，相关资产的确认、终止确认和计量适用《企业会计准则第 21 号——租赁》。

（五）非货币性资产交换的一方直接或间接对另一方持股且以股东身份进行交易的，或者非货币性资产交换的双方均受同一方或相同的多方最终控制，且该非货币性资产交换的交易实质是交换的一方向另一方进行了权益性分配或交换的一方接受了另一方权益性投入的，适用权益性交易的有关会计处理规定。

第二章 确　　认

第四条 企业应当分别按照下列原则对非货币性资产交换中的换入资产进行确认，对换出资产终止确认：

（一）对于换入资产，企业应当在换入资产符合资产定义并满足资产确认条件时予以确认；

（二）对于换出资产，企业应当在换出资产满足资产终止确认条件时终止确认。

第五条 换入资产的确认时点与换出资产的终止确认时点存在不一致的，企业在资产负债表日应当按照下列原则进行处理：

（一）换入资产满足资产确认条件，换出资产尚未满足终止确认条件的，在确认换入资产的同时将交付换出资产的义务确认为一项负债。

（二）换入资产尚未满足资产确认条件，换出资产满足终止确认条件的，在终止确认换出资产的同时将取得换入资产的权利确认为一项资产。

第三章 以公允价值为基础计量

第六条 非货币性资产交换同时满足下列条件的，应当以公允价值为基础计量：

（一）该项交换具有商业实质；

（二）换入资产或换出资产的公允价值能够可靠地计量。

换入资产和换出资产的公允价值均能够可靠计量的，应当以换出资产的公允价值为基础计量，但有确凿证据表明换入资产的公允价值更加可靠的除外。

第七条 满足下列条件之一的非货币性资产交换具有商业实质：

（一）换入资产的未来现金流量在风险、时间分布或金额方面与换出资产显著不同。

（二）使用换入资产所产生的预计未来现金流量现值与继续使用换出资产不同，且其差额与换入资产和换出资产的公允价值相比是重大的。

第八条 以公允价值为基础计量的非货币性资产交换，对于换入资产，应当以换出资产的公允价值和应支付的相关税费作为换入资产的成本进行初始计量；对于换出资产，应当在终止确认时，将换出资产的公允价值与其账面价值之间的差额计入当期损益。

有确凿证据表明换入资产的公允价值更加可靠的，对于换入资产，应当以换入资产的公允价值和应支付的相关税费作为换入资产的初始计量金额；对于换出资产，应当在终止确认时，将换入资产的公允价值与换出资产账面价值之间的差额计入当期损益。

第九条 以公允价值为基础计量的非货币性资产交换，涉及补价的，应当按照下列规定进行处理：

（一）支付补价的，以换出资产的公允价值，加上支付补价的公允价值和应支付的相关税费，作为换入资产的成本，换出资产的公允价值与其账面价值之间的差额计入当期损益。

有确凿证据表明换入资产的公允价值更加可靠的，以换入资产的公允价值和应支付的相关税费作为换入资产的初始计量金额，换入资产的公允价值减去支付补价的公允价值，与换出资产账面价值之间的差额计入当期损益。

（二）收到补价的，以换出资产的公允价值，减去收到补价的公允价值，加上应支付的相关税费，作为换入资产的成本，换出资产的公允价值与其账面价值之间的差额计入当期损益。

有确凿证据表明换入资产的公允价值更加可靠的，以换入资产的公允价值和应支付的相关税费作为换入资产的初始计量金额，换入资产的公允价值加上收到补价的公允价值，与换出资产账面价值之间的差额计入当期损益。

第十条 以公允价值为基础计量的非货币性资产交换，同时换入或换出多

项资产的,应当按照下列规定进行处理:

(一)对于同时换入的多项资产,按照换入的金融资产以外的各项换入资产公允价值相对比例,将换出资产公允价值总额(涉及补价的,加上支付补价的公允价值或减去收到补价的公允价值)扣除换入金融资产公允价值后的净额进行分摊,以分摊至各项换入资产的金额,加上应支付的相关税费,作为各项换入资产的成本进行初始计量。

有确凿证据表明换入资产的公允价值更加可靠的,以各项换入资产的公允价值和应支付的相关税费作为各项换入资产的初始计量金额。

(二)对于同时换出的多项资产,将各项换出资产的公允价值与其账面价值之间的差额,在各项换出资产终止确认时计入当期损益。

有确凿证据表明换入资产的公允价值更加可靠的,按照各项换出资产的公允价值的相对比例,将换入资产的公允价值总额(涉及补价的,减去支付补价的公允价值或加上收到补价的公允价值)分摊至各项换出资产,分摊至各项换出资产的金额与各项换出资产账面价值之间的差额,在各项换出资产终止确认时计入当期损益。

第四章 以账面价值为基础计量

第十一条 不满足本准则第六条规定条件的非货币性资产交换,应当以账面价值为基础计量。对于换入资产,企业应当以换出资产的账面价值和应支付的相关税费作为换入资产的初始计量金额;对于换出资产,终止确认时不确认损益。

第十二条 以账面价值为基础计量的非货币性资产交换,涉及补价的,应当按照下列规定进行处理:

(一)支付补价的,以换出资产的账面价值,加上支付补价的账面价值和应支付的相关税费,作为换入资产的初始计量金额,不确认损益。

(二)收到补价的,以换出资产的账面价值,减去收到补价的公允价值,加上应支付的相关税费,作为换入资产的初始计量金额,不确认损益。

第十三条 以账面价值为基础计量的非货币性资产交换,同时换入或换出多项资产的,应当按照下列规定进行处理:

(一)对于同时换入的多项资产,按照各项换入资产的公允价值的相对比例,将换出资产的账面价值总额(涉及补价的,加上支付补价的账面价值或减去收到补价的公允价值）分摊至各项换入资产，加上应支付的相关税费，作为各项换入资产的初始计量金额。换入资产的公允价值不能够可靠计量的，可以按照各项换入资产的原账面价值的相对比例或其他合理的比例对换出资产的账面价值进行分摊。

（二）对于同时换出的多项资产，各项换出资产终止确认时均不确认损益。

第五章　披　　露

第十四条　企业应当在附注中披露与非货币性资产交换有关的下列信息：
（一）非货币性资产交换是否具有商业实质及其原因。
（二）换入资产、换出资产的类别。
（三）换入资产初始计量金额的确定方式。
（四）换入资产、换出资产的公允价值以及换出资产的账面价值。
（五）非货币性资产交换确认的损益。

第六章　衔　接　规　定

第十五条　企业对2019年1月1日至本准则施行日之间发生的非货币性资产交换，应根据本准则进行调整。企业对2019年1月1日之前发生的非货币性资产交换，不需要按照本准则的规定进行追溯调整。

第七章　附　　则

第十六条　本准则自2019年6月10日起施行。
第十七条　2006年2月15日财政部印发的《财政部关于印发〈企业会计准则第1号——存货〉等38项具体准则的通知》（财会〔2006〕3号）中的《企业会计准则第7号——非货币性资产交换》同时废止。

财政部此前发布的有关非货币性资产交换会计处理规定与本准则不一致的，以本准则为准。

资产减值准则

企业会计准则第8号
——资产减值

(财会〔2006〕3号 2006年2月15日)

第一章 总 则

第一条 为了规范资产减值的确认、计量和相关信息的披露，根据《企业会计准则——基本准则》，制定本准则。

第二条 资产减值，是指资产的可收回金额低于其账面价值。

本准则中的资产，除了特别规定外，包括单项资产和资产组。

资产组，是指企业可以认定的最小资产组合，其产生的现金流入应当基本上独立于其他资产或者资产组产生的现金流入。

第三条 下列各项适用其他相关会计准则：

(一) 存货的减值，适用《企业会计准则第1号——存货》。

(二) 采用公允价值模式计量的投资性房地产的减值，适用《企业会计准则第3号——投资性房地产》。

(三) 消耗性生物资产的减值，适用《企业会计准则第5号——生物资产》。

(四) 建造合同形成的资产的减值，适用《企业会计准则第15号——建造合同》。[①]

[①] 《企业会计准则第15号——建造合同》(财会〔2006〕3号) 已被《企业会计准则第14号——收入》(财会〔2017〕22号) 取代。

（五）递延所得税资产的减值，适用《企业会计准则第 18 号——所得税》。

（六）融资租赁中出租人未担保余值的减值，适用《企业会计准则第 21 号——租赁》。

（七）《企业会计准则第 22 号——金融工具确认和计量》规范的金融资产的减值，适用《企业会计准则第 22 号——金融工具确认和计量》。

（八）未探明石油天然气矿区权益的减值，适用《企业会计准则第 27 号——石油天然气开采》。

第二章　可能发生减值资产的认定

第四条　企业应当在资产负债表日判断资产是否存在可能发生减值的迹象。

因企业合并所形成的商誉和使用寿命不确定的无形资产，无论是否存在减值迹象，每年都应当进行减值测试。

第五条　存在下列迹象的，表明资产可能发生了减值：

（一）资产的市价当期大幅度下跌，其跌幅明显高于因时间的推移或者正常使用而预计的下跌。

（二）企业经营所处的经济、技术或者法律等环境以及资产所处的市场在当期或者将在近期发生重大变化，从而对企业产生不利影响。

（三）市场利率或者其他市场投资报酬率在当期已经提高，从而影响企业计算资产预计未来现金流量现值的折现率，导致资产可收回金额大幅度降低。

（四）有证据表明资产已经陈旧过时或者其实体已经损坏。

（五）资产已经或者将被闲置、终止使用或者计划提前处置。

（六）企业内部报告的证据表明资产的经济绩效已经低于或者将低于预期，如资产所创造的净现金流量或者实现的营业利润（或者亏损）远远低于（或者高于）预计金额等。

（七）其他表明资产可能已经发生减值的迹象。

第三章　资产可收回金额的计量

第六条　资产存在减值迹象的，应当估计其可收回金额。

可收回金额应当根据资产的公允价值减去处置费用后的净额与资产预计未来现金流量的现值两者之间较高者确定。

处置费用包括与资产处置有关的法律费用、相关税费、搬运费以及为使资产达到可销售状态所发生的直接费用等。

第七条 资产的公允价值减去处置费用后的净额与资产预计未来现金流量的现值，只要有一项超过了资产的账面价值，就表明资产没有发生减值，不需再估计另一项金额。

第八条 资产的公允价值减去处置费用后的净额，应当根据公平交易中销售协议价格减去可直接归属于该资产处置费用的金额确定。

不存在销售协议但存在资产活跃市场的，应当按照该资产的市场价格减去处置费用后的金额确定。资产的市场价格通常应当根据资产的买方出价确定。

在不存在销售协议和资产活跃市场的情况下，应当以可获取的最佳信息为基础，估计资产的公允价值减去处置费用后的净额，该净额可以参考同行业类似资产的最近交易价格或者结果进行估计。

企业按照上述规定仍然无法可靠估计资产的公允价值减去处置费用后的净额的，应当以该资产预计未来现金流量的现值作为其可收回金额。

第九条 资产预计未来现金流量的现值，应当按照资产在持续使用过程中和最终处置时所产生的预计未来现金流量，选择恰当的折现率对其进行折现后的金额加以确定。

预计资产未来现金流量的现值，应当综合考虑资产的预计未来现金流量、使用寿命和折现率等因素。

第十条 预计的资产未来现金流量应当包括下列各项：

（一）资产持续使用过程中预计产生的现金流入。

（二）为实现资产持续使用过程中产生的现金流入所必需的预计现金流出（包括为使资产达到预定可使用状态所发生的现金流出）。该现金流出应当是可直接归属于或者可通过合理和一致的基础分配到资产中的现金流出。

（三）资产使用寿命结束时，处置资产所收到或者支付的净现金流量。该现金流量应当是在公平交易中，熟悉情况的交易双方自愿进行交易时，企业预期可从资产的处置中获取或者支付的、减去预计处置费用后的金额。

第十一条 预计资产未来现金流量时，企业管理层应当在合理和有依据的基础上对资产剩余使用寿命内整个经济状况进行最佳估计。

预计资产的未来现金流量，应当以经企业管理层批准的最近财务预算或者预测数据，以及该预算或者预测期之后年份稳定的或者递减的增长率为基础。企业管理层如能证明递增的增长率是合理的，可以以递增的增长率为基础。

建立在预算或者预测基础上的预计现金流量最多涵盖5年，企业管理层如能证明更长的期间是合理的，可以涵盖更长的期间。

在对预算或者预测期之后年份的现金流量进行预计时，所使用的增长率除了企业能够证明更高的增长率是合理的之外，不应当超过企业经营的产品、市场、所处的行业或者所在国家或者地区的长期平均增长率，或者该资产所处市场的长期平均增长率。

第十二条 预计资产的未来现金流量，应当以资产的当前状况为基础，不应当包括与将来可能会发生的、尚未作出承诺的重组事项或者与资产改良有关的预计未来现金流量。

预计资产的未来现金流量也不应当包括筹资活动产生的现金流入或者流出以及与所得税收付有关的现金流量。

企业已经承诺重组的，在确定资产的未来现金流量的现值时，预计的未来现金流入和流出数，应当反映重组所能节约的费用和由重组所带来的其他利益，以及因重组所导致的估计未来现金流出数。其中重组所能节约的费用和由重组所带来的其他利益，通常应当根据企业管理层批准的最近财务预算或者预测数据进行估计；因重组所导致的估计未来现金流出数应当根据《企业会计准则第13号——或有事项》所确认的因重组所发生的预计负债金额进行估计。

第十三条 折现率是反映当前市场货币时间价值和资产特定风险的税前利率。该折现率是企业在购置或者投资资产时所要求的必要报酬率。

在预计资产的未来现金流量时已经对资产特定风险的影响作了调整的，估计折现率不需要考虑这些特定风险。如果用于估计折现率的基础是税后的，应当将其调整为税前的折现率。

第十四条 预计资产的未来现金流量涉及外币的，应当以该资产所产生的未来现金流量的结算货币为基础，按照该货币适用的折现率计算资产的现值；然后将该外币现值按照计算资产未来现金流量现值当日的即期汇率进行折算。

第四章 资产减值损失的确定

第十五条 可收回金额的计量结果表明，资产的可收回金额低于其账面价值的，应当将资产的账面价值减记至可收回金额，减记的金额确认为资产减值损失，计入当期损益，同时计提相应的资产减值准备。

第十六条 资产减值损失确认后，减值资产的折旧或者摊销费用应当在未来期间作相应调整，以使该资产在剩余使用寿命内，系统地分摊调整后的资产账面价值（扣除预计净残值）。

第十七条 资产减值损失一经确认，在以后会计期间不得转回。

第五章 资产组的认定及减值处理

第十八条 有迹象表明一项资产可能发生减值的，企业应当以单项资产为基础估计其可收回金额。企业难以对单项资产的可收回金额进行估计的，应当以该资产所属的资产组为基础确定资产组的可收回金额。

资产组的认定，应当以资产组产生的主要现金流入是否独立于其他资产或者资产组的现金流入为依据。同时，在认定资产组时，应当考虑企业管理层管理生产经营活动的方式（如是按照生产线、业务种类还是按照地区或者区域等）和对资产的持续使用或者处置的决策方式等。

几项资产的组合生产的产品（或者其他产出）存在活跃市场的，即使部分或者所有这些产品（或者其他产出）均供内部使用，也应当在符合前款规定的情况下，将这几项资产的组合认定为一个资产组。如果该资产组的现金流入受内部转移价格的影响，应当按照企业管理层在公平交易中对未来价格的最佳估计数来确定资产组的未来现金流量。

资产组一经确定，各个会计期间应当保持一致，不得随意变更。如需变更，企业管理层应当证明该变更是合理的，并根据本准则第二十七条的规定在附注中作相应说明。

第十九条 资产组账面价值的确定基础应当与其可收回金额的确定方式相一致。

资产组的账面价值包括可直接归属于资产组与可以合理和一致地分摊至资产组的资产账面价值，通常不应当包括已确认负债的账面价值，但如不考虑该负债金额就无法确定资产组可收回金额的除外。

资产组的可收回金额应当按照该资产组的公允价值减去处置费用后的净额与其预计未来现金流量的现值两者之间较高者确定。

资产组在处置时如要求购买者承担一项负债（如环境恢复负债等）、该负债金额已经确认并计入相关资产账面价值，而且企业只能取得包括上述资产和负债在内的单一公允价值减去处置费用后的净额的，为了比较资产组的账面价值和可收回金额，在确定资产组的账面价值及其预计未来现金流量的现值时，应当将已确认的负债金额从中扣除。

第二十条 企业总部资产包括企业集团或其事业部的办公楼、电子数据处理设备等资产。总部资产的显著特征是难以脱离其他资产或者资产组产生独立的现金流入，而且其账面价值难以完全归属于某一资产组。

有迹象表明某项总部资产可能发生减值的，企业应当计算确定该总部资产所归属的资产组或者资产组组合的可收回金额，然后将其与相应的账面价值相比较，据以判断是否需要确认减值损失。

资产组组合，是指由若干个资产组组成的最小资产组组合，包括资产组或者资产组组合，以及按合理方法分摊的总部资产部分。

第二十一条 企业对某一资产组进行减值测试，应当先认定所有与该资产组相关的总部资产，再根据相关总部资产能否按照合理和一致的基础分摊至该资产组分别下列情况处理。

（一）对于相关总部资产能够按照合理和一致的基础分摊至该资产组的部分，应当将该部分总部资产的账面价值分摊至该资产组，再据以比较该资产组的账面价值（包括已分摊的总部资产的账面价值部分）和可收回金额，并按照本准则第二十二条的规定处理。

（二）对于相关总部资产中有部分资产难以按照合理和一致的基础分摊至该资产组的，应当按照下列步骤处理：

首先，在不考虑相关总部资产的情况下，估计和比较资产组的账面价值和可收回金额，并按照本准则第二十二条的规定处理。

其次，认定由若干个资产组组成的最小的资产组组合，该资产组组合应当包括所测试的资产组与可以按照合理和一致的基础将该部分总部资产的账面价值分摊其上的部分。

最后，比较所认定的资产组组合的账面价值（包括已分摊的总部资产的账面价值部分）和可收回金额，并按照本准则第二十二条的规定处理。

第二十二条 资产组或者资产组组合的可收回金额低于其账面价值的（总部资产和商誉分摊至某资产组或者资产组组合的，该资产组或者资产组组合的账面价值应当包括相关总部资产和商誉的分摊额），应当确认相应的减值损失。

减值损失金额应当先抵减分摊至资产组或者资产组组合中商誉的账面价值，再根据资产组或者资产组组合中除商誉之外的其他各项资产的账面价值所占比重，按比例抵减其他各项资产的账面价值。

以上资产账面价值的抵减，应当作为各单项资产（包括商誉）的减值损失处理，计入当期损益。抵减后的各资产的账面价值不得低于以下三者之中最高者：该资产的公允价值减去处置费用后的净额（如可确定的）、该资产预计未来现金流量的现值（如可确定的）和零。因此而导致的未能分摊的减值损失金额，应当按照相关资产组或者资产组组合中其他各项资产的账面价值所占比重进行分摊。

第六章　商誉减值的处理

第二十三条　企业合并所形成的商誉，至少应当在每年年度终了进行减值测试。商誉应当结合与其相关的资产组或者资产组组合进行减值测试。

相关的资产组或者资产组组合应当是能够从企业合并的协同效应中受益的资产组或者资产组组合，不应当大于按照《企业会计准则第35号——分部报告》所确定的报告分部。

第二十四条　企业进行资产减值测试，对于因企业合并形成的商誉的账面价值，应当自购买日起按照合理的方法分摊至相关的资产组；难以分摊至相关的资产组的，应当将其分摊至相关的资产组组合。

在将商誉的账面价值分摊至相关的资产组或者资产组组合时，应当按照各资产组或者资产组组合的公允价值占相关资产组或者资产组组合公允价值总额的比例进行分摊。公允价值难以可靠计量的，按照各资产组或者资产组组合的账面价值占相关资产组或者资产组组合账面价值总额的比例进行分摊。

企业因重组等原因改变了其报告结构，从而影响到已分摊商誉的一个或者若干个资产组或者资产组组合构成的，应当按照与本条前款规定相似的分摊方法，将商誉重新分摊至受影响的资产组或者资产组组合。

第二十五条　在对包含商誉的相关资产组或者资产组组合进行减值测试时，如与商誉相关的资产组或者资产组组合存在减值迹象的，应当先对不包含商誉的资产组或者资产组组合进行减值测试，计算可收回金额，并与相关账面价值相比较，确认相应的减值损失。再对包含商誉的资产组或者资产组组合进行减值测试，比较这些相关资产组或者资产组组合的账面价值（包括所分摊的商誉的账面价值部分）与其可收回金额，如相关资产组或者资产组组合的可收回金额低于其账面价值的，应当确认商誉的减值损失，按照本准则第二十二条的规定处理。

第七章　披　　露

第二十六条　企业应当在附注中披露与资产减值有关的下列信息：

（一）当期确认的各项资产减值损失金额。

（二）计提的各项资产减值准备累计金额。

（三）提供分部报告信息的，应当披露每个报告分部当期确认的减值损失金额。

第二十七条　发生重大资产减值损失的，应当在附注中披露导致每项重大资产减值损失的原因和当期确认的重大资产减值损失的金额。

（一）发生重大减值损失的资产是单项资产的，应当披露该单项资产的性质。提供分部报告信息的，还应披露该项资产所属的主要报告分部。

（二）发生重大减值损失的资产是资产组（或者资产组组合，下同）的，应当披露：

1. 资产组的基本情况。

2. 资产组中所包括的各项资产于当期确认的减值损失金额。

3. 资产组的组成与前期相比发生变化的，应当披露变化的原因以及前期和当期资产组组成情况。

第二十八条　对于重大资产减值，应当在附注中披露资产（或者资产组，下同）可收回金额的确定方法。

（一）可收回金额按资产的公允价值减去处置费用后的净额确定的，还应当披露公允价值减去处置费用后的净额的估计基础。

（二）可收回金额按资产预计未来现金流量的现值确定的，还应当披露估计其现值时所采用的折现率，以及该资产前期可收回金额也按照其预计未来现金流量的现值确定的情况下，前期所采用的折现率。

第二十九条　第二十六条（一）、（二）和第二十七条（二）第 2 项信息应当按照资产类别予以披露。资产类别应当以资产在企业生产经营活动中的性质或者功能是否相同或者相似为基础确定。

第三十条 分摊到某资产组的商誉（或者使用寿命不确定的无形资产，下同）的账面价值占商誉账面价值总额的比例重大的，应当在附注中披露下列信息：

（一）分摊到该资产组的商誉的账面价值。

（二）该资产组可收回金额的确定方法。

1. 可收回金额按照资产组公允价值减去处置费用后的净额确定的，还应当披露确定公允价值减去处置费用后的净额的方法。资产组的公允价值减去处置费用后的净额不是按照市场价格确定的，应当披露：

（1）企业管理层在确定公允价值减去处置费用后的净额时所采用的各关键假设及其依据。

（2）企业管理层在确定各关键假设相关的价值时，是否与企业历史经验或者外部信息来源相一致；如不一致，应当说明理由。

2. 可收回金额按照资产组预计未来现金流量的现值确定的，应当披露：

（1）企业管理层预计未来现金流量的各关键假设及其依据。

（2）企业管理层在确定各关键假设相关的价值时，是否与企业历史经验或者外部信息来源相一致；如不一致，应当说明理由。

（3）估计现值时所采用的折现率。

第三十一条 商誉的全部或者部分账面价值分摊到多个资产组、且分摊到每个资产组的商誉的账面价值占商誉账面价值总额的比例不重大的，企业应当在附注中说明这一情况以及分摊到上述资产组的商誉合计金额。

商誉账面价值按照相同的关键假设分摊到上述多个资产组、且分摊的商誉合计金额占商誉账面价值总额的比例重大的，企业应当在附注中说明这一情况，并披露下列信息：

（一）分摊到上述资产组的商誉的账面价值合计。

（二）采用的关键假设及其依据。

（三）企业管理层在确定各关键假设相关的价值时，是否与企业历史经验或者外部信息来源相一致；如不一致，应当说明理由。

《企业会计准则第8号
——资产减值》应用指南

(财会〔2006〕18号 2006年10月30日)

一、估计资产可收回金额应当遵循重要性要求

企业应当在资产负债表日判断资产是否存在可能发生减值的迹象。资产存在减值迹象的，应当进行减值测试，估计资产的可收回金额。在估计资产可收回金额时，应当遵循重要性要求。

（一）以前报告期间的计算结果表明，资产可收回金额显著高于其账面价值，之后又没有发生消除这一差异的交易或者事项的，资产负债表日可以不重新估计该资产的可收回金额。

（二）以前报告期间的计算与分析表明，资产可收回金额相对于某种减值迹象反应不敏感，在本报告期间又发生了该减值迹象的，可以不因该减值迹象的出现而重新估计该资产的可收回金额。比如，当期市场利率或市场投资报酬率上升，对计算资产未来现金流量现值采用的折现率影响不大的，可以不重新估计资产的可收回金额。

二、预计资产未来现金流量应当考虑的因素和采用的方法

（一）预计资产未来现金流量应当考虑的主要因素

1. 预计资产未来现金流量和折现率，应当在一致的基础上考虑因一般通货膨胀而导致物价上涨等因素的影响。如果折现率考虑了这一影响因素，资产预计未来现金流量也应当考虑；折现率没有考虑这一影响因素的，预计未来现金流量则不予考虑。

2. 预计资产未来现金流量，应当分析以前期间现金流量预计数与实际数的差异情况，以评判预计当期现金流量所依据的假设的合理性。通常应当确保当期预计现金流量所依据假设与前期实际结果相一致。

3. 预计资产未来现金流量应当以资产的当前状况为基础，不应包括与将来可能会发生的、尚未作出承诺的重组事项有关或者与资产改良有关的预计未来现金流量。未来发生的现金流出是为了维持资产正常运转或者原定正常产出水平所必需的，预计资产未来现金流量时应当将其考虑在内。

4. 预计在建工程、开发过程中的无形资产等的未来现金流量，应当包括预期为使该资产达到预定可使用或可销售状态而发生的全部现金流出。

5. 资产的未来现金流量受内部转移价格影响的，应当采用在公平交易前提下企业管理层能够达成的最佳价格估计数进行预计。

（二）预计资产未来现金流量的方法

预计资产未来现金流量，通常应当根据资产未来期间最有可能产生的现金流量进行预测。采用期望现金流量法更为合理的，应当采用期望现金流量法预计资产未来现金流量。

采用期望现金流量法，资产未来现金流量应当根据每期现金流量期望值进行预计，每期现金流量期望值按照各种可能情况下的现金流量乘以相应的发生概率加总计算。

三、折现率的确定方法

折现率的确定通常应当以该资产的市场利率为依据。无法从市场获得的，可以使用替代利率估计折现率。

替代利率可以根据加权平均资金成本、增量借款利率或者其他相关市场借款利率作适当调整后确定。调整时，应当考虑与资产预计未来现金流量有关的特定风险以及其他有关货币风险和价格风险等。

估计资产未来现金流量现值时，通常应当使用单一的折现率；资产未来现金流量的现值对未来不同期间的风险差异或者利率的期限结构反应敏感的，应当使用不同的折现率。

四、资产组的认定

资产组是企业可以认定的最小资产组合，其产生的现金流入应当基本上独立于其他资产或者资产组。资产组应当由创造现金流入相关的资产组成。

（一）认定资产组最关键的因素是该资产组能否独立产生现金流入。企业的某一生产线、营业网点、业务部门等，如果能够独立于其他部门或者单位等形成收入、产生现金流入，或者其形成的收入和现金流入绝大部分独立于其他部门或者单位、且属于可认定的最小资产组合的，通常应将该生产线、营业网点、业务部门等认定为一个资产组。

几项资产的组合生产的产品（或者其他产出）存在活跃市场的，无论这些产品（或者其他产出）是用于对外出售还是仅供企业内部使用，均表明这几项资产的组合能够独立产生现金流入，应当将这些资产的组合认定为资产组。

（二）企业对生产经营活动的管理或者监控方式、以及对资产使用或者处置的决策方式等，也是认定资产组应考虑的重要因素。

比如，某服装企业有童装、西装、衬衫三个工厂，每个工厂在核算、考核和管理等方面都相对独立，在这种情况下，每个工厂通常为一个资产组。

再如，某家具制造商有 A 车间和 B 车间，A 车间专门生产家具部件（该家具部件不存在活跃市场），生产完后由 B 车间负责组装，该企业对 A 车间和 B 车间资产的使用和处置等决策是一体的，在这种情况下，A 车间和 B 车间通常应当认定为一个资产组。

五、存在少数股东权益情况下的商誉减值测试

根据《企业会计准则第 20 号——企业合并》的规定，在合并财务报表中反映的商誉，不包括子公司归属于少数股东权益的商誉。但对相关的资产组（或者资产组组合，下同）进行减值测试时，应当将归属于少数股东权益的商誉包括在内，调整资产组的账面价值，然后根据调整后的资产组账面价值与其可收回金额进行比较，以确定资产组（包括商誉）是否发生了减值。

上述资产组发生减值的，应当按照本准则第二十二条规定进行处理，但由于根据上述步骤计算的商誉减值损失包括了应由少数股东权益承担的部分，应当将该损失在可归属于母公司和少数股东权益之间按比例进行分摊，以确认归属于母公司的商誉减值损失。

职工薪酬准则

企业会计准则第9号
——职工薪酬

(财会〔2014〕8号 2014年1月27日)

第一章 总 则

第一条 为了规范职工薪酬的确认、计量和相关信息的披露,根据《企业会计准则——基本准则》,制定本准则。

第二条 职工薪酬,是指企业为获得职工提供的服务或解除劳动关系而给予的各种形式的报酬或补偿。职工薪酬包括短期薪酬、离职后福利、辞退福利和其他长期职工福利。企业提供给职工配偶、子女、受赡养人、已故员工遗属及其他受益人等的福利,也属于职工薪酬。

短期薪酬,是指企业在职工提供相关服务的年度报告期间结束后十二个月内需要全部予以支付的职工薪酬,因解除与职工的劳动关系给予的补偿除外。短期薪酬具体包括:职工工资、奖金、津贴和补贴,职工福利费,医疗保险费、工伤保险费和生育保险费等社会保险费,住房公积金,工会经费和职工教育经费,短期带薪缺勤,短期利润分享计划,非货币性福利以及其他短期薪酬。

带薪缺勤,是指企业支付工资或提供补偿的职工缺勤,包括年休假、病假、短期伤残、婚假、产假、丧假、探亲假等。利润分享计划,是指因职工提供服务而与职工达成的基于利润或其他经营成果提供薪酬的协议。

离职后福利,是指企业为获得职工提供的服务而在职工退休或与企业解除劳动关系后，提供的各种形式的报酬和福利，短期薪酬和辞退福利除外。

辞退福利，是指企业在职工劳动合同到期之前解除与职工的劳动关系，或者为鼓励职工自愿接受裁减而给予职工的补偿。

其他长期职工福利，是指除短期薪酬、离职后福利、辞退福利之外所有的职工薪酬，包括长期带薪缺勤、长期残疾福利、长期利润分享计划等。

第三条 本准则所称职工，是指与企业订立劳动合同的所有人员，含全职、兼职和临时职工，也包括虽未与企业订立劳动合同但由企业正式任命的人员。

未与企业订立劳动合同或未由其正式任命，但向企业所提供服务与职工所提供服务类似的人员，也属于职工的范畴，包括通过企业与劳务中介公司签订用工合同而向企业提供服务的人员。

第四条 下列各项适用其他相关会计准则：

（一）企业年金基金，适用《企业会计准则第10号——企业年金基金》。

（二）以股份为基础的薪酬，适用《企业会计准则第11号——股份支付》。

第二章　短　期　薪　酬

第五条 企业应当在职工为其提供服务的会计期间，将实际发生的短期薪酬确认为负债，并计入当期损益，其他会计准则要求或允许计入资产成本的除外。

第六条 企业发生的职工福利费，应当在实际发生时根据实际发生额计入当期损益或相关资产成本。职工福利费为非货币性福利的，应当按照公允价值计量。

第七条 企业为职工缴纳的医疗保险费、工伤保险费、生育保险费等社会保险费和住房公积金，以及按规定提取的工会经费和职工教育经费，应当在职工为其提供服务的会计期间，根据规定的计提基础和计提比例计算确定相应的职工薪酬金额，并确认相应负债，计入当期损益或相关资产成本。

第八条 带薪缺勤分为累积带薪缺勤和非累积带薪缺勤。企业应当在职工提供服务从而增加了其未来享有的带薪缺勤权利时，确认与累积带薪缺勤相关的职工薪酬，并以累积未行使权利而增加的预期支付金额计量。企业应当在职工实际发生缺勤的会计期间确认与非累积带薪缺勤相关的职工薪酬。

累积带薪缺勤，是指带薪缺勤权利可以结转下期的带薪缺勤，本期尚未用完的带薪缺勤权利可以在未来期间使用。

非累积带薪缺勤，是指带薪缺勤权利不能结转下期的带薪缺勤，本期尚未用完的带薪缺勤权利将予以取消，并且职工离开企业时也无权获得现金支付。

第九条 利润分享计划同时满足下列条件的，企业应当确认相关的应付职工薪酬：

（一）企业因过去事项导致现在具有支付职工薪酬的法定义务或推定义务；

（二）因利润分享计划所产生的应付职工薪酬义务金额能够可靠估计。属于下列三种情形之一的，视为义务金额能够可靠估计：

1. 在财务报告批准报出之前企业已确定应支付的薪酬金额。
2. 该短期利润分享计划的正式条款中包括确定薪酬金额的方式。
3. 过去的惯例为企业确定推定义务金额提供了明显证据。

第十条 职工只有在企业工作一段特定期间才能分享利润的，企业在计量利润分享计划产生的应付职工薪酬时，应当反映职工因离职而无法享受利润分享计划福利的可能性。

如果企业在职工为其提供相关服务的年度报告期间结束后十二个月内，不需要全部支付利润分享计划产生的应付职工薪酬，该利润分享计划应当适用本准则其他长期职工福利的有关规定。

第三章　离职后福利

第十一条 企业应当将离职后福利计划分类为设定提存计划和设定受益计划。

离职后福利计划，是指企业与职工就离职后福利达成的协议，或者企业为向职工提供离职后福利制定的规章或办法等。其中，设定提存计划，是指向独立的基金缴存固定费用后，企业不再承担进一步支付义务的离职后福利计划；设定受益计划，是指除设定提存计划以外的离职后福利计划。

第十二条 企业应当在职工为其提供服务的会计期间，将根据设定提存计划计算的应缴存金额确认为负债，并计入当期损益或相关资产成本。

根据设定提存计划，预期不会在职工提供相关服务的年度报告期结束后十二个月内支付全部应缴存金额的，企业应当参照本准则第十五条规定的折现率，将全部应缴存金额以折现后的金额计量应付职工薪酬。

第十三条 企业对设定受益计划的会计处理通常包括下列四个步骤：

（一）根据预期累计福利单位法，采用无偏且相互一致的精算假设对有关人口统计变量和财务变量等作出估计，计量设定受益计划所产生的义务，并确定相关义务的归属期间。企业应当按照本准则第十五条规定的折现率将设定受益计划所产生的义务予以折现，以确定设定受益计划义务的现值和当期服务成本。

（二）设定受益计划存在资产的，企业应当将设定受益计划义务现值减去设定受益计划资产公允价值所形成的赤字或盈余确认为一项设定受益计划净负债或净资产。

设定受益计划存在盈余的，企业应当以设定受益计划的盈余和资产上限两项的孰低者计量设定受益计划净资产。其中，资产上限，是指企业可从设定受益计划退款或减少未来对设定受益计划缴存资金而获得的经济利益的现值。

（三）根据本准则第十六条的有关规定，确定应当计入当期损益的金额。

（四）根据本准则第十六条和第十七条的有关规定，确定应当计入其他综合收益的金额。

在预期累计福利单位法下，每一服务期间会增加一个单位的福利权利，并且需对每一个单位单独计量，以形成最终义务。企业应当将福利归属于提供设定受益计划的义务发生的期间。这一期间是指从职工提供服务以获取企业在未来报告期间预计支付的设定受益计划福利开始，至职工的继续服务不会导致这一福利金额显著增加之日为止。

第十四条 企业应当根据预期累计福利单位法确定的公式将设定受益计划产生的福利义务归属于职工提供服务的期间，并计入当期损益或相关资产成本。

当职工后续年度的服务将导致其享有的设定受益计划福利水平显著高于以前年度时，企业应当按照直线法将累计设定受益计划义务分摊确认于职工提供服务而导致企业第一次产生设定受益计划福利义务至职工提供服务不再导致该福利义务显著增加的期间。在确定该归属期间时，不应考虑仅因未来工资水平提高而导致设定受益计划义务显著增加的情况。

第十五条 企业应当对所有设定受益计划义务予以折现，包括预期在职工提供服务的年度报告期间结束后的十二个月内支付的义务。折现时所采用的折现率应当根据资产负债表日与设定受益计划义务期限和币种相匹配的国债或活跃市场上的高质量公司债券的市场收益率确定。

第十六条 报告期末,企业应当将设定受益计划产生的职工薪酬成本确认为下列组成部分:

(一)服务成本,包括当期服务成本、过去服务成本和结算利得或损失。其中,当期服务成本,是指职工当期提供服务所导致的设定受益计划义务现值的增加额;过去服务成本,是指设定受益计划修改所导致的与以前期间职工服务相关的设定受益计划义务现值的增加或减少。

(二)设定受益计划净负债或净资产的利息净额,包括计划资产的利息收益、设定受益计划义务的利息费用以及资产上限影响的利息。

(三)重新计量设定受益计划净负债或净资产所产生的变动。

除非其他会计准则要求或允许职工福利成本计入资产成本,上述第(一)项和第(二)项应计入当期损益;第(三)项应计入其他综合收益,并且在后续会计期间不允许转回至损益,但企业可以在权益范围内转移这些在其他综合收益中确认的金额。

第十七条 重新计量设定受益计划净负债或净资产所产生的变动包括下列部分:

(一)精算利得或损失,即由于精算假设和经验调整导致之前所计量的设定受益计划义务现值的增加或减少。

(二)计划资产回报,扣除包括在设定受益计划净负债或净资产的利息净额中的金额。

(三)资产上限影响的变动,扣除包括在设定受益计划净负债或净资产的利息净额中的金额。

第十八条 在设定受益计划下,企业应当在下列日期孰早日将过去服务成本确认为当期费用:

(一)修改设定受益计划时。

(二)企业确认相关重组费用或辞退福利时。

第十九条 企业应当在设定受益计划结算时,确认一项结算利得或损失。设定受益计划结算,是指企业为了消除设定受益计划所产生的部分或所有未来义务进行的交易,而不是根据计划条款和所包含的精算假设向职工支付福利。设定受益计划结算利得或损失是下列两项的差额:

(一)在结算日确定的设定受益计划义务现值。

(二)结算价格,包括转移的计划资产的公允价值和企业直接发生的与结算相关的支付。

第四章 辞退福利

第二十条 企业向职工提供辞退福利的，应当在下列两者孰早日确认辞退福利产生的职工薪酬负债，并计入当期损益：

（一）企业不能单方面撤回因解除劳动关系计划或裁减建议所提供的辞退福利时。

（二）企业确认与涉及支付辞退福利的重组相关的成本或费用时。

第二十一条 企业应当按照辞退计划条款的规定，合理预计并确认辞退福利产生的应付职工薪酬。辞退福利预期在其确认的年度报告期结束后十二个月内完全支付的，应当适用短期薪酬的相关规定；辞退福利预期在年度报告期结束后十二个月内不能完全支付的，应当适用本准则关于其他长期职工福利的有关规定。

第五章 其他长期职工福利

第二十二条 企业向职工提供的其他长期职工福利，符合设定提存计划条件的，应当适用本准则第十二条关于设定提存计划的有关规定进行处理。

第二十三条 除上述第二十二条规定的情形外，企业应当适用本准则关于设定受益计划的有关规定，确认和计量其他长期职工福利净负债或净资产。在报告期末，企业应当将其他长期职工福利产生的职工薪酬成本确认为下列组成部分：

（一）服务成本。

（二）其他长期职工福利净负债或净资产的利息净额。

（三）重新计量其他长期职工福利净负债或净资产所产生的变动。

为简化相关会计处理，上述项目的总净额应计入当期损益或相关资产成本。

第二十四条 长期残疾福利水平取决于职工提供服务期间长短的，企业应当在职工提供服务的期间确认应付长期残疾福利义务，计量时应当考虑长期残疾福利支付的可能性和预期支付的期限；长期残疾福利与职工提供服务期间长短无关的，企业应当在导致职工长期残疾的事件发生的当期确认应付长期残疾福利义务。

第六章 披 露

第二十五条 企业应当在附注中披露与短期职工薪酬有关的下列信息：

（一）应当支付给职工的工资、奖金、津贴和补贴及其期末应付未付金额。

（二）应当为职工缴纳的医疗保险费、工伤保险费和生育保险费等社会保险费及其期末应付未付金额。

（三）应当为职工缴存的住房公积金及其期末应付未付金额。

（四）为职工提供的非货币性福利及其计算依据。

（五）依据短期利润分享计划提供的职工薪酬金额及其计算依据。

（六）其他短期薪酬。

第二十六条 企业应当披露所设立或参与的设定提存计划的性质、计算缴费金额的公式或依据，当期缴费金额以及期末应付未付金额。

第二十七条 企业应当披露与设定受益计划有关的下列信息：

（一）设定受益计划的特征及与之相关的风险。

（二）设定受益计划在财务报表中确认的金额及其变动。

（三）设定受益计划对企业未来现金流量金额、时间和不确定性的影响。

（四）设定受益计划义务现值所依赖的重大精算假设及有关敏感性分析的结果。

第二十八条 企业应当披露支付的因解除劳动关系所提供辞退福利及其期末应付未付金额。

第二十九条 企业应当披露提供的其他长期职工福利的性质、金额及其计算依据。

第七章 衔接规定

第三十条 对于本准则施行日存在的离职后福利计划、辞退福利、其他长期职工福利，除本准则三十一条规定外，应当按照《企业会计准则第28号——会计政策、会计估计变更和差错更正》的规定采用追溯调整法处理。

第三十一条 企业比较财务报表中披露的本准则施行之前的信息与本准则要求不一致的，不需要按照本准则的规定进行调整。

第八章 附　　则

第三十二条　本准则自 2014 年 7 月 1 日起施行。

企业会计准则解释中与职工薪酬准则相关的内容

重新计量设定受益计划净负债或者净资产所产生的变动应计入其他综合收益，后续会计期间应如何进行会计处理?[①]（《企业会计准则解释第 7 号》第二项）

答：该问题主要涉及《企业会计准则第 9 号——职工薪酬》等准则。重新计量设定受益计划净负债或者净资产的变动计入其他综合收益，在后续会计期间不允许转回至损益，在原设定受益计划终止时应当在权益范围内将原计入其他综合收益的部分全部结转至未分配利润。计划终止，指该计划已不存在，即本企业已解除该计划所产生的所有未来义务。

---

① 本条款不要求追溯调整。

企业年金基金准则

企业会计准则第 10 号
——企业年金基金

(财会〔2006〕3 号 2006 年 2 月 15 日)

第一章 总 则

第一条 为了规范企业年金基金的确认、计量和财务报表列报,根据《企业会计准则——基本准则》,制定本准则。

第二条 企业年金基金,是指根据依法制订的企业年金计划筹集的资金及其投资运营收益形成的企业补充养老保险基金。

第三条 企业年金基金应当作为独立的会计主体进行确认、计量和列报。

委托人、受托人、托管人、账户管理人、投资管理人和其他为企业年金基金管理提供服务的主体,应当将企业年金基金与其固有资产和其他资产严格区分,确保企业年金基金的安全。

第二章 确认和计量

第四条 企业年金基金应当分别资产、负债、收入、费用和净资产进行确认和计量。

第五条 企业年金基金缴费及其运营形成的各项资产包括:货币资金、应收证券清算款、应收利息、买入返售证券、其他应收款、债券投资、基金投资、股票投资、其他投资等。

第六条 企业年金基金在运营中根据国家规定的投资范围取得的国债、信用等级在投资级以上的金融债和企业债、可转换债、投资性保险产品、证券投资基金、股票等具有良好流动性的金融产品，其初始取得和后续估值应当以公允价值计量：

（一）初始取得投资时，应当以交易日支付的成交价款作为其公允价值。发生的交易费用直接计入当期损益。

（二）估值日对投资进行估值时，应当以其公允价值调整原账面价值，公允价值与原账面价值的差额计入当期损益。

投资公允价值的确定，适用《企业会计准则第22号——金融工具确认和计量》。

第七条 企业年金基金运营形成的各项负债包括：应付证券清算款、应付受益人待遇、应付受托人管理费、应付托管人管理费、应付投资管理人管理费、应交税金、卖出回购证券款、应付利息、应付佣金和其他应付款等。

第八条 企业年金基金运营形成的各项收入包括：存款利息收入、买入返售证券收入、公允价值变动收益、投资处置收益和其他收入。

第九条 收入应当按照下列规定确认和计量：

（一）存款利息收入，按照本金和适用的利率确定。

（二）买入返售证券收入，在融券期限内按照买入返售证券价款和协议约定的利率确定。

（三）公允价值变动收益，在估值日按照当日投资公允价值与原账面价值（即上一估值日投资公允价值）的差额确定。

（四）投资处置收益，在交易日按照卖出投资所取得的价款与其账面价值的差额确定。

（五）风险准备金补亏等其他收入，按照实际发生的金额确定。

第十条 企业年金基金运营发生的各项费用包括：交易费用、受托人管理费、托管人管理费、投资管理人管理费、卖出回购证券支出和其他费用。

第十一条 费用应当按照下列规定确认和计量：

（一）交易费用，包括支付给代理机构、咨询机构、券商的手续费和佣金及其他必要支出，按照实际发生的金额确定。

（二）受托人管理费、托管人管理费和投资管理人管理费，根据相关规定按实际计提的金额确定。

（三）卖出回购证券支出，在融资期限内按照卖出回购证券价款和协议约定的利率确定。

（四）其他费用，按照实际发生的金额确定。

第十二条 企业年金基金的净资产，是指企业年金基金的资产减去负债后的余额。资产负债表日，应当将当期各项收入和费用结转至净资产。

净资产应当分别企业和职工个人设置账户，根据企业年金计划按期将运营收益分配计入各账户。

第十三条 净资产应当按照下列规定确认和计量：

（一）向企业和职工个人收取的缴费，按照收到的金额增加净资产。

（二）向受益人支付的待遇，按照应付的金额减少净资产。

（三）因职工调入企业而发生的个人账户转入金额，增加净资产。

（四）因职工调离企业而发生的个人账户转出金额，减少净资产。

第三章　列　　报

第十四条　企业年金基金的财务报表包括资产负债表、净资产变动表和附注。

第十五条　资产负债表反映企业年金基金在某一特定日期的财务状况，应当按照资产、负债和净资产分类列示。

第十六条　资产类项目至少应当列示下列信息：

（一）货币资金；

（二）应收证券清算款；

（三）应收利息；

（四）买入返售证券；

（五）其他应收款；

（六）债券投资；

（七）基金投资；

（八）股票投资；

（九）其他投资；

（十）其他资产。

第十七条　负债类项目至少应当列示下列信息：

（一）应付证券清算款；

（二）应付受益人待遇；

（三）应付受托人管理费；

（四）应付托管人管理费；

（五）应付投资管理人管理费；

（六）应交税金；

（七）卖出回购证券款；

（八）应付利息；

（九）应付佣金；

（十）其他应付款。

第十八条　净资产类项目列示企业年金基金净值。

第十九条　净资产变动表反映企业年金基金在一定会计期间的净资产增减变动情况，应当列示下列信息：

（一）期初净资产。

（二）本期净资产增加数，包括本期收入、收取企业缴费、收取职工个人缴费、个人账户转入。

（三）本期净资产减少数，包括本期费用、支付受益人待遇、个人账户转出。

（四）期末净资产。

第二十条　附注应当披露下列信息：

（一）企业年金计划的主要内容及重大变化。

（二）投资种类、金额及公允价值的确定方法。

（三）各类投资占投资总额的比例。

（四）可能使投资价值受到重大影响的其他事项。

附录：

资产负债表

会年金01表

编制单位：　　　　　　　　　　年　月　日　　　　　　　　　　单位：元

资产	行次	年初数	期末数	负债和净资产	行次	年初数	期末数
资产：				负债：			
货币资金				应付证券清算款			

续表

资产	行次	年初数	期末数	负债和净资产	行次	年初数	期末数
应收证券清算款				应付受益人待遇			
应收利息				应付受托人管理费			
买入返售证券				应付托管人管理费			
其他应收款				应付投资管理人管理费			
债券投资				应交税金			
基金投资				卖出回购证券款			
股票投资				应付利息			
其他投资				应付佣金			
其他资产				其他应付款			
				负债合计			
				净资产:			
				企业年金基金净值			
资产总计				负债和净资产总计			

净资产变动表

会年金02表

编制单位：　　　　　　　　　年　月　　　　　　　　　单位：元

项目	行次	本月数	本年累计数
一、期初净资产			
二、本期净资产增加数			
（一）本期收入			
1. 存款利息收入			
2. 买入返售证券收入			
3. 公允价值变动收益			
4. 投资处置收益			
5. 其他收入			
（二）收取企业缴费			
（三）收取职工个人缴费			
（四）个人账户转入			

续表

项目	行次	本月数	本年累计数
三、本期净资产减少数			
（一）本期费用			
1. 交易费用			
2. 受托人管理费			
3. 托管人管理费			
4. 投资管理人管理费			
5. 卖出回购证券支出			
6. 其他费用			
（二）支付受益人待遇			
（三）个人账户转出			
四、期末净资产			

《企业会计准则第10号 ——企业年金基金》应用指南

（财会〔2006〕18号　2006年10月30日）

一、企业年金基金是独立的会计主体

本准则第二条规定，企业年金基金是指根据依法制定的企业年金计划筹集的资金及其投资运营收益形成的企业补充养老保险基金。

企业年金是指企业及其职工在依法参加基本养老保险的基础上，自愿建立的补充养老保险制度。企业年金基金由企业缴费、职工个人缴费和企业年金基金投资运营收益组成，实行完全积累，采用个人账户方式进行管理。企业缴费属于职工薪酬的范围，适用《企业会计准则第9号——职工薪酬》。

企业年金基金作为一种信托财产，独立于委托人、受托人、账户管理人、托管人、投资管理人等的固有资产及其他资产，应当存入企业年金基金专户，作为独立的会计主体进行确认、计量和列报。

二、企业年金基金管理各方当事人

企业年金基金管理各方当事人包括：委托人、受托人、账户管理人、托管人、投资管理人和中介服务机构等。

（一）委托人，是指设立企业年金基金的企业及其职工。委托人应当与受托人签订书面合同。

（二）受托人，是指受托管理企业年金基金的企业年金理事会或符合国家规定的养老金管理公司等法人受托机构。受托人根据信托合同，负责编报企业年金基金财务报表等。受托人是编报企业年金基金财务报表的法定责任人。

（三）账户管理人，是指受托管理企业年金基金账户的专业机构。账户管理人根据账户管理合同负责建立企业年金基金的企业账户和个人账户，记录企业缴费、职工个人缴费以及企业年金基金投资运营收益情况，计算企业年金待遇，提供账户查询和报告活动等。

（四）托管人，是指受托保管企业年金基金财产的商业银行或专业机构。托管人根据托管合同负责企业年金基金会计处理和估值，复核、审查投资管理人计算的基金财产净值，定期向受托人提交企业年金基金财务报表等。

（五）投资管理人，是指受托管理企业年金基金投资的专业机构。投资管理人根据投资管理合同负责对企业年金基金财产进行投资，及时与托管人核对企业年金基金会计处理和估值结果等。

（六）中介服务机构，是指为企业年金基金管理提供服务的投资顾问公司、信用评估公司、精算咨询公司、会计师事务所、律师事务所等。

三、企业年金基金的投资

企业年金基金投资运营应当遵循谨慎、分散风险的原则，充分考虑企业年金基金财产的安全性和流动性。企业年金基金应当严格按照国家相关规定进行投资。

根据本准则第六条规定，企业年金基金投资公允价值的确定，适用《企业会计准则第22号——金融工具确认和计量》[①]。

[①]《企业会计准则第22号——金融工具确认和计量》（财会〔2006〕3号）中有关公允价值计量的规定已被《企业会计准则第39号——公允价值计量》（财会〔2014〕6号）取代。

初始取得投资时，应当以交易日支付的价款（不含支付的价款中所包含的、已到付息期但尚未领取的利息或已宣告但尚未发放的现金股利）计入投资的成本。发生的交易费用及相关税费直接计入当期损益。支付的价款中所包含的、已到付息期但尚未领取的利息或已宣告但尚未发放的现金股利，分别计入应收利息或应收股利。

投资持有期间被投资单位宣告发放的现金股利，或资产负债表日按债券票面利率计算的利息收入，应确认为投资收益。

企业年金基金的投资应当按日估值，或至少按周进行估值。估值日对投资进行估值时，应当以估值日的公允价值计量，公允价值与上一估值日公允价值的差额，计入当期损益（公允价值变动损益）。

投资处置时，应在交易日按照卖出投资所取得的价款与其账面价值（买入价）的差额，确定为投资损益。

四、企业年金基金投资管理风险准备金补亏

企业年金基金按规定向投资管理人支付的管理费，应当按照应付的金额计入当期损益（投资管理人管理费），同时确认为负债（应付投资管理人管理费）。

企业年金基金取得投资管理人风险准备金补亏时，应当按照收到或应收的金额计入其他收入。

五、企业年金基金的账务处理和财务报表的编报

（一）受托人、托管人、投资管理人应当参照《企业会计准则——应用指南》（会计科目和主要账务处理）设置相应会计科目和账簿，对企业年金基金发生的交易或者事项进行会计处理。

（二）企业年金基金财务报表包括资产负债表、净资产变动表和附注。

受托人应当按照本准则的规定，定期向委托人、受益人等提交企业年金基金财务报表。

托管人应当按照本准则的规定，定期向受托人提交企业年金基金财务报表。

（三）企业年金基金财务报表附注，除按本准则第二十条的规定进行披露外，还应当披露以下内容：（1）财务报表的编制基础。（2）重要会计政策和会计估计变更及差错更正的说明。（3）报表重要项目的说明，包括：货币资

金、买入返售证券、债券投资、基金投资、股票投资、其他投资、卖出回购证券款、收取企业缴费、收取职工个人缴费、个人账户转入、支付受益人待遇、个人账户转出等。(4) 企业年金基金净收入,包括本期收入、本期费用的构成。(5) 资产负债表日后事项、关联方关系及其交易的说明等。(6) 企业年金基金投资组合情况、风险管理政策等。

股份支付准则

企业会计准则第 11 号
——股份支付

(财会〔2006〕3 号　2006 年 2 月 15 日)

第一章　总　　则

第一条　为了规范股份支付的确认、计量和相关信息的披露，根据《企业会计准则——基本准则》，制定本准则。

第二条　股份支付，是指企业为获取职工和其他方提供服务而授予权益工具或者承担以权益工具为基础确定的负债的交易。

股份支付分为以权益结算的股份支付和以现金结算的股份支付。

以权益结算的股份支付，是指企业为获取服务以股份或其他权益工具作为对价进行结算的交易。

以现金结算的股份支付，是指企业为获取服务承担以股份或其他权益工具为基础计算确定的交付现金或其他资产义务的交易。

本准则所指的权益工具是企业自身权益工具。

第三条　下列各项适用其他相关会计准则：

（一）企业合并中发行权益工具取得其他企业净资产的交易，适用《企业会计准则第 20 号——企业合并》。

（二）以权益工具作为对价取得其他金融工具等交易，适用《企业会计准则第 22 号——金融工具确认和计量》。

第二章 以权益结算的股份支付

第四条 以权益结算的股份支付换取职工提供服务的,应当以授予职工权益工具的公允价值计量。

权益工具的公允价值,应当按照《企业会计准则第 22 号——金融工具确认和计量》确定。

第五条 授予后立即可行权的换取职工服务的以权益结算的股份支付,应当在授予日按照权益工具的公允价值计入相关成本或费用,相应增加资本公积。

授予日,是指股份支付协议获得批准的日期。

第六条 完成等待期内的服务或达到规定业绩条件才可行权的换取职工服务的以权益结算的股份支付,在等待期内的每个资产负债表日,应当以对可行权权益工具数量的最佳估计为基础,按照权益工具授予日的公允价值,将当期取得的服务计入相关成本或费用和资本公积。

在资产负债表日,后续信息表明可行权权益工具的数量与以前估计不同的,应当进行调整,并在可行权日调整至实际可行权的权益工具数量。

等待期,是指可行权条件得到满足的期间。

对于可行权条件为规定服务期间的股份支付,等待期为授予日至可行权日的期间;对于可行权条件为规定业绩的股份支付,应当在授予日根据最可能的业绩结果预计等待期的长度。

可行权日,是指可行权条件得到满足、职工和其他方具有从企业取得权益工具或现金的权利的日期。

第七条 企业在可行权日之后不再对已确认的相关成本或费用和所有者权益总额进行调整。

第八条 以权益结算的股份支付换取其他方服务的,应当分别下列情况处理:

(一) 其他方服务的公允价值能够可靠计量的,应当按照其他方服务在取得日的公允价值,计入相关成本或费用,相应增加所有者权益。

(二) 其他方服务的公允价值不能可靠计量但权益工具公允价值能够可靠计量的,应当按照权益工具在服务取得日的公允价值,计入相关成本或费用,相应增加所有者权益。

第九条　在行权日，企业根据实际行权的权益工具数量，计算确定应转入实收资本或股本的金额，将其转入实收资本或股本。

行权日，是指职工和其他方行使权利、获取现金或权益工具的日期。

第三章　以现金结算的股份支付

第十条　以现金结算的股份支付，应当按照企业承担的以股份或其他权益工具为基础计算确定的负债的公允价值计量。

第十一条　授予后立即可行权的以现金结算的股份支付，应当在授予日以企业承担负债的公允价值计入相关成本或费用，相应增加负债。

第十二条　完成等待期内的服务或达到规定业绩条件以后才可行权的以现金结算的股份支付，在等待期内的每个资产负债表日，应当以对可行权情况的最佳估计为基础，按照企业承担负债的公允价值金额，将当期取得的服务计入成本或费用和相应的负债。

在资产负债表日，后续信息表明企业当期承担债务的公允价值与以前估计不同的，应当进行调整，并在可行权日调整至实际可行权水平。

第十三条　企业应当在相关负债结算前的每个资产负债表日以及结算日，对负债的公允价值重新计量，其变动计入当期损益。

第四章　披　　露

第十四条　企业应当在附注中披露与股份支付有关的下列信息：

（一）当期授予、行权和失效的各项权益工具总额。

（二）期末发行在外的股份期权或其他权益工具行权价格的范围和合同剩余期限。

（三）当期行权的股份期权或其他权益工具以其行权日价格计算的加权平均价格。

（四）权益工具公允价值的确定方法。

企业对性质相似的股份支付信息可以合并披露。

第十五条　企业应当在附注中披露股份支付交易对当期财务状况和经营成果的影响，至少包括下列信息：

（一）当期因以权益结算的股份支付而确认的费用总额。
（二）当期因以现金结算的股份支付而确认的费用总额。
（三）当期以股份支付换取的职工服务总额及其他方服务总额。

《企业会计准则第 11 号 ——股份支付》应用指南

（财会〔2006〕3 号 2006 年 10 月 30 日）

一、股份支付的含义

本准则第二条规定，股份支付是指企业为获取职工和其他方提供服务而授予权益工具或者承担以权益工具为基础确定的负债的交易。

企业授予职工期权、认股权证等衍生工具或其他权益工具，对职工进行激励或补偿，以换取职工提供的服务，实质上属于职工薪酬的组成部分，但由于股份支付是以权益工具的公允价值为计量基础，因此由本准则进行规范。

二、股份支付的处理

股份支付的确认和计量，应当以真实、完整、有效的股份支付协议为基础。

（一）授予日

除了立即可行权的股份支付外，无论权益结算的股份支付或者现金结算的股份支付，企业在授予日都不进行会计处理。

授予日是指股份支付协议获得批准的日期。其中"获得批准"，是指企业与职工或其他方就股份支付的协议条款和条件已达成一致，该协议获得股东大会或类似机构的批准。

（二）等待期内的每个资产负债表日

股份支付在授予后通常不可立即行权，一般需要在职工或其他方履行一定期限的服务或在企业达到一定业绩条件之后才可行权。

业绩条件分为市场条件和非市场条件。市场条件是指行权价格、可行权条件以及行权可能性与权益工具的市场价格相关的业绩条件,如股份支付协议中关于股价至少上升至何种水平才可行权的规定。非市场条件是指除市场条件之外的其他业绩条件,如股份支付协议中关于达到最低盈利目标或销售目标才可行权的规定。

等待期长度确定后,业绩条件为非市场条件的,如果后续信息表明需要调整等待期长度,应对前期确定的等待期长度进行修改;业绩条件为市场条件的,不应因此改变等待期长度。对于可行权条件为业绩条件的股份支付,在确定权益工具的公允价值时,应考虑市场条件的影响,只要职工满足了其他所有非市场条件,企业就应当确认已取得的服务。

1. 等待期内每个资产负债表日,企业应将取得的职工提供的服务计入成本费用,计入成本费用的金额应当按照权益工具的公允价值计量。

对于权益结算的涉及职工的股份支付,应当按照授予日权益工具的公允价值计入成本费用和资本公积(其他资本公积),不确认其后续公允价值变动;对于现金结算的涉及职工的股份支付,应当按照每个资产负债表日权益工具的公允价值重新计量,确定成本费用和应付职工薪酬。

对于授予的存在活跃市场的期权等权益工具,应当按照活跃市场中的报价确定其公允价值。对于授予的不存在活跃市场的期权等权益工具,应当采用期权定价模型等确定其公允价值,选用的期权定价模型至少应当考虑以下因素:(1)期权的行权价格;(2)期权的有效期;(3)标的股份的现行价格;(4)股价预计波动率;(5)股份的预计股利;(6)期权有效期内的无风险利率。

2. 等待期内每个资产负债表日,企业应当根据最新取得的可行权职工人数变动等后续信息作出最佳估计,修正预计可行权的权益工具数量。在可行权日,最终预计可行权权益工具的数量应当与实际可行权数量一致。

根据上述权益工具的公允价值和预计可行权的权益工具数量,计算截至当期累计应确认的成本费用金额,再减去前期累计已确认金额,作为当期应确认的成本费用金额。

(三)可行权日之后

1. 对于权益结算的股份支付,在可行权日之后不再对已确认的成本费用和所有者权益总额进行调整。企业应在行权日根据行权情况,确认股本和股本溢价,同时结转等待期内确认的资本公积(其他资本公积)。

2. 对于现金结算的股份支付，企业在可行权日之后不再确认成本费用，负债（应付职工薪酬）公允价值的变动应当计入当期损益（公允价值变动损益）。

三、回购股份进行职工期权激励

企业以回购股份形式奖励本企业职工的，属于权益结算的股份支付，应当进行以下处理：

（一）回购股份

企业回购股份时，应当按照回购股份的全部支出作为库存股处理，同时进行备查登记。

（二）确认成本费用

按照本准则对职工权益结算股份支付的规定，企业应当在等待期内每个资产负债表日按照权益工具在授予日的公允价值，将取得的职工服务计入成本费用，同时增加资本公积（其他资本公积）。

（三）职工行权

企业应于职工行权购买本企业股份收到价款时，转销交付职工的库存股成本和等待期内资本公积（其他资本公积）累计金额，同时，按照其差额调整资本公积（股本溢价）。

企业会计准则解释中与股份支付准则相关的内容

一、在股份支付的确认和计量中，应当如何正确运用可行权条件和非可行权条件?[①]（《企业会计准则解释第3号》第五项）

答：企业根据国家有关规定实行股权激励的，股份支付协议中确定的相关

---

① 本条款不要求追溯调整。

条件，不得随意变更。其中，可行权条件是指能够确定企业是否得到职工或其他方提供的服务、且该服务使职工或其他方具有获取股份支付协议规定的权益工具或现金等权利的条件；反之，为非可行权条件。可行权条件包括服务期限条件或业绩条件。服务期限条件是指职工或其他方完成规定服务期限才可行权的条件。业绩条件是指职工或其他方完成规定服务期限且企业已经达到特定业绩目标才可行权的条件，具体包括市场条件和非市场条件。

企业在确定权益工具授予日的公允价值时，应当考虑股份支付协议规定的可行权条件中的市场条件和非可行权条件的影响。股份支付存在非可行权条件的，只要职工或其他方满足了所有可行权条件中的非市场条件（如服务期限等），企业应当确认已得到服务相对应的成本费用。

在等待期内如果取消了授予的权益工具①，企业应当对取消所授予的权益性工具作为加速行权处理，将剩余等待期内应确认的金额立即计入当期损益，同时确认资本公积。职工或其他方能够选择满足非可行权条件但在等待期内未满足的，企业应当将其作为授予权益工具的取消处理。

二、企业集团内涉及不同企业的股份支付交易应当如何进行会计处理？

（《企业会计准则解释第4号》第七项）

答：企业集团（由母公司和其全部子公司构成）内发生的股份支付交易，应当按照以下规定进行会计处理：

（一）结算企业以其本身权益工具结算的，应当将该股份支付交易作为权益结算的股份支付处理；除此之外，应当作为现金结算的股份支付处理。

结算企业是接受服务企业的投资者的，应当按照授予日权益工具的公允价值或应承担负债的公允价值确认为对接受服务企业的长期股权投资，同时确认资本公积（其他资本公积）或负债。

（二）接受服务企业没有结算义务或授予本企业职工的是其本身权益工具的，应当将该股份支付交易作为权益结算的股份支付处理。

接受服务企业具有结算义务且授予本企业职工的是企业集团内其他企业权益工具的，应当将该股份支付交易作为现金结算的股份支付处理。

本解释发布前股份支付交易未按上述规定处理的，应当进行追溯调整，追溯调整不切实可行的除外。

---

① 因未满足可行权条件而被取消的除外。

三、对于授予限制性股票的股权激励计划，企业应如何进行会计处理？等待期内企业应如何考虑限制性股票对每股收益计算的影响？（《企业会计准则解释第 7 号》第五项）

答：该问题主要涉及《企业会计准则第 11 号——股份支付》、《企业会计准则第 22 号——金融工具确认和计量》、《企业会计准则第 34 号——每股收益》和《企业会计准则第 37 号——金融工具列报》等准则。

（一）授予限制性股票的会计处理

上市公司实施限制性股票的股权激励安排中，常见做法是上市公司以非公开发行的方式向激励对象授予一定数量的公司股票，并规定锁定期和解锁期，在锁定期和解锁期内，不得上市流通及转让。达到解锁条件，可以解锁；如果全部或部分股票未被解锁而失效或作废，通常由上市公司按照事先约定的价格立即进行回购。

对于此类授予限制性股票的股权激励计划，向职工发行的限制性股票按有关规定履行了注册登记等增资手续的，上市公司应当根据收到职工缴纳的认股款确认股本和资本公积（股本溢价），按照职工缴纳的认股款，借记"银行存款"等科目，按照股本金额，贷记"股本"科目，按照其差额，贷记"资本公积——股本溢价"科目；同时，就回购义务确认负债（作收购库存股处理），按照发行限制性股票的数量以及相应的回购价格计算确定的金额，借记"库存股"科目，贷记"其他应付款——限制性股票回购义务"（包括未满足条件而须立即回购的部分）等科目。

上市公司应当综合考虑限制性股票锁定期和解锁期等相关条款，按照《企业会计准则第 11 号——股份支付》相关规定判断等待期，进行与股份支付相关的会计处理。对于因回购产生的义务确认的负债，应当按照《企业会计准则第 22 号——金融工具确认和计量》相关规定进行会计处理。上市公司未达到限制性股票解锁条件而需回购的股票，按照应支付的金额，借记"其他应付款——限制性股票回购义务"等科目，贷记"银行存款"等科目；同时，按照注销的限制性股票数量相对应的股本金额，借记"股本"科目，按照注销的限制性股票数量相对应的库存股的账面价值，贷记"库存股"科目，按其差额，借记"资本公积——股本溢价"科目。上市公司达到限制性股票解锁条件而无须回购的股票，按照解锁股票相对应的负债的账面价值，借记"其他应付款——限制性股票回购义务"等科目，按照解锁股票相对应的库存股的账面价值，贷记"库存股"科目，如有差额，则借记或贷记"资本公积——股本溢价"科目。

（二）等待期内发放现金股利的会计处理和基本每股收益的计算

上市公司在等待期内发放现金股利的会计处理及基本每股收益的计算，应视其发放的现金股利是否可撤销采取不同的方法：

1. 现金股利可撤销，即一旦未达到解锁条件，被回购限制性股票的持有者将无法获得（或需要退回）其在等待期内应收（或已收）的现金股利。

等待期内，上市公司在核算应分配给限制性股票持有者的现金股利时，应合理估计未来解锁条件的满足情况，该估计与进行股份支付会计处理时在等待期内每个资产负债表日对可行权权益工具数量进行的估计应当保持一致。对于预计未来可解锁限制性股票持有者，上市公司应分配给限制性股票持有者的现金股利应当作为利润分配进行会计处理，借记"利润分配——应付现金股利或利润"科目，贷记"应付股利——限制性股票股利"科目；同时，按分配的现金股利金额，借记"其他应付款——限制性股票回购义务"等科目，贷记"库存股"科目；实际支付时，借记"应付股利——限制性股票股利"科目，贷记"银行存款"等科目。对于预计未来不可解锁限制性股票持有者，上市公司应分配给限制性股票持有者的现金股利应当冲减相关的负债，借记"其他应付款——限制性股票回购义务"等科目，贷记"应付股利——限制性股票股利"科目；实际支付时，借记"应付股利——限制性股票股利"科目，贷记"银行存款"等科目。后续信息表明不可解锁限制性股票的数量与以前估计不同的，应当作为会计估计变更处理，直到解锁日预计不可解锁限制性股票的数量与实际未解锁限制性股票的数量一致。

等待期内计算基本每股收益时，分子应扣除当期分配给预计未来可解锁限制性股票持有者的现金股利；分母不应包含限制性股票的股数。

2. 现金股利不可撤销，即不论是否达到解锁条件，限制性股票持有者仍有权获得（或不得被要求退回）其在等待期内应收（或已收）的现金股利。

等待期内，上市公司在核算应分配给限制性股票持有者的现金股利时，应合理估计未来解锁条件的满足情况，该估计与进行股份支付会计处理时在等待期内每个资产负债表日对可行权权益工具数量进行的估计应当保持一致。对于预计未来可解锁限制性股票持有者，上市公司应分配给限制性股票持有者的现金股利应当作为利润分配进行会计处理，借记"利润分配——应付现金股利或利润"科目，贷记"应付股利——限制性股票股利"科目；实际支付时，借记"应付股利——限制性股票股利"科目,贷记"银行存款"等科目。对于预计未来不可解锁限制性股票持有者,上市公司应分配给限制性股票持有者的现金股利应当计入当期成本费用,借记"管理费用"等科目,贷记"应付股利——应付限制性股票股利"科目;实际支付时,借记"应付股利——限制性股票股利"科目,贷记"银行存款"等科目。后续信息表明不可解锁限制性股票的数量与以前估计不同的,应当作为会计估计变更处理,直到解锁日预计不可解锁限制性股票的数量与实际未解锁限制性股票的数量一致。

等待期内计算基本每股收益时,应当将预计未来可解锁限制性股票作为同普通股一起参加剩余利润分配的其他权益工具处理,分子应扣除归属于预计未来可解锁限制性股票的净利润;分母不应包含限制性股票的股数。

(三) 等待期内稀释每股收益的计算

等待期内计算稀释每股收益时,应视解锁条件不同采取不同的方法:

1. 解锁条件仅为服务期限条件的,企业应假设资产负债表日尚未解锁的限制性股票已于当期期初(或晚于期初的授予日)全部解锁,并参照《企业会计准则第34号——每股收益》中股份期权的有关规定考虑限制性股票的稀释性。其中,行权价格为限制性股票的发行价格加上资产负债表日尚未取得的职工服务按《企业会计准则第11号——股份支付》有关规定计算确定的公允价值。锁定期内计算稀释每股收益时,分子应加回计算基本每股收益分子时已扣除的当期分配给预计未来可解锁限制性股票持有者的现金股利或归属于预计未来可解锁限制性股票的净利润。

2. 解锁条件包含业绩条件的,企业应假设资产负债表日即为解锁日并据以判断资产负债表日的实际业绩情况是否满足解锁要求的业绩条件。若满足业绩条件的,应当参照上述解锁条件仅为服务期限条件的有关规定计算稀释性每股收益;若不满足业绩条件的,计算稀释性每股收益时不必考虑此限制性股票的影响。

本解释发布前限制性股票未按照上述规定处理的,应当追溯调整,并重新计算各列报期间的每股收益,追溯调整不切实可行的除外。

债务重组准则

企业会计准则第 12 号
——债务重组

(财会〔2019〕9 号　2019 年 5 月 16 日)

第一章　总　　则

第一条　为了规范债务重组的确认、计量和相关信息的披露，根据《企业会计准则——基本准则》，制定本准则。

第二条　债务重组，是指在不改变交易对手方的情况下，经债权人和债务人协定或法院裁定，就清偿债务的时间、金额或方式等重新达成协议的交易。

本准则中的债务重组涉及的债权和债务是指《企业会计准则第 22 号——金融工具确认和计量》规范的金融工具。

第三条　债务重组一般包括下列方式，或下列一种以上方式的组合：

（一）债务人以资产清偿债务；

（二）债务人将债务转为权益工具；

（三）除本条第一项和第二项以外，采用调整债务本金、改变债务利息、变更还款期限等方式修改债权和债务的其他条款，形成重组债权和重组债务。

第四条　本准则适用于所有债务重组，但下列各项适用其他相关会计准则：

（一）债务重组中涉及的债权、重组债权、债务、重组债务和其他金融工具的确认、计量和列报，分别适用《企业会计准则第 22 号——金融工具确认和计量》和《企业会计准则第 37 号——金融工具列报》。

（二）通过债务重组形成企业合并的，适用《企业会计准则第 20 号——

企业合并》。

（三）债权人或债务人中的一方直接或间接对另一方持股且以股东身份进行债务重组的，或者债权人与债务人在债务重组前后均受同一方或相同的多方最终控制，且该债务重组的交易实质是债权人或债务人进行了权益性分配或接受了权益性投入的，适用权益性交易的有关会计处理规定。

第二章 债权人的会计处理

第五条 以资产清偿债务或者将债务转为权益工具方式进行债务重组的，债权人应当在相关资产符合其定义和确认条件时予以确认。

第六条 以资产清偿债务方式进行债务重组的，债权人初始确认受让的金融资产以外的资产时，应当按照下列原则以成本计量：

存货的成本，包括放弃债权的公允价值和使该资产达到当前位置和状态所发生的可直接归属于该资产的税金、运输费、装卸费、保险费等其他成本。

对联营企业或合营企业投资的成本，包括放弃债权的公允价值和可直接归属于该资产的税金等其他成本。

投资性房地产的成本，包括放弃债权的公允价值和可直接归属于该资产的税金等其他成本。

固定资产的成本，包括放弃债权的公允价值和使该资产达到预定可使用状态前所发生的可直接归属于该资产的税金、运输费、装卸费、安装费、专业人员服务费等其他成本。

生物资产的成本，包括放弃债权的公允价值和可直接归属于该资产的税金、运输费、保险费等其他成本。

无形资产的成本，包括放弃债权的公允价值和可直接归属于使该资产达到预定用途所发生的税金等其他成本。

放弃债权的公允价值与账面价值之间的差额，应当计入当期损益。

第七条 将债务转为权益工具方式进行债务重组导致债权人将债权转为对联营企业或合营企业的权益性投资的，债权人应当按照本准则第六条的规定计量其初始投资成本。放弃债权的公允价值与账面价值之间的差额，应当计入当期损益。

第八条 采用修改其他条款方式进行债务重组的，债权人应当按照《企业会计准则第 22 号——金融工具确认和计量》的规定，确认和计量重组债权。

第九条　以多项资产清偿债务或者组合方式进行债务重组的，债权人应当首先按照《企业会计准则第22号——金融工具确认和计量》的规定确认和计量受让的金融资产和重组债权，然后按照受让的金融资产以外的各项资产的公允价值比例，对放弃债权的公允价值扣除受让金融资产和重组债权确认金额后的净额进行分配，并以此为基础按照本准则第六条的规定分别确定各项资产的成本。放弃债权的公允价值与账面价值之间的差额，应当计入当期损益。

第三章　债务人的会计处理

第十条　以资产清偿债务方式进行债务重组的，债务人应当在相关资产和所清偿债务符合终止确认条件时予以终止确认，所清偿债务账面价值与转让资产账面价值之间的差额计入当期损益。

第十一条　将债务转为权益工具方式进行债务重组的，债务人应当在所清偿债务符合终止确认条件时予以终止确认。债务人初始确认权益工具时应当按照权益工具的公允价值计量，权益工具的公允价值不能可靠计量的，应当按照所清偿债务的公允价值计量。所清偿债务账面价值与权益工具确认金额之间的差额，应当计入当期损益。

第十二条　采用修改其他条款方式进行债务重组的，债务人应当按照《企业会计准则第22号——金融工具确认和计量》和《企业会计准则第37号——金融工具列报》的规定，确认和计量重组债务。

第十三条　以多项资产清偿债务或者组合方式进行债务重组的，债务人应当按照本准则第十一条和第十二条的规定确认和计量权益工具和重组债务，所清偿债务的账面价值与转让资产的账面价值以及权益工具和重组债务的确认金额之和的差额，应当计入当期损益。

第四章　披　　露

第十四条　债权人应当在附注中披露与债务重组有关的下列信息：

（一）根据债务重组方式，分组披露债权账面价值和债务重组相关损益。

（二）债务重组导致的对联营企业或合营企业的权益性投资增加额，以及该投资占联营企业或合营企业股份总额的比例。

第十五条　债务人应当在附注中披露与债务重组有关的下列信息：

（一）根据债务重组方式，分组披露债务账面价值和债务重组相关损益。

（二）债务重组导致的股本等所有者权益的增加额。

第五章 衔接规定

第十六条 企业对 2019 年 1 月 1 日至本准则施行日之间发生的债务重组，应根据本准则进行调整。企业对 2019 年 1 月 1 日之前发生的债务重组，不需要按照本准则的规定进行追溯调整。

第六章 附则

第十七条 本准则自 2019 年 6 月 17 日起施行。

第十八条 2006 年 2 月 15 日财政部印发的《财政部关于印发〈企业会计准则第 1 号——存货〉等 38 项具体准则的通知》（财会〔2006〕3 号）中的《企业会计准则第 12 号——债务重组》同时废止。

财政部此前发布的有关债务重组会计处理规定与本准则不一致的，以本准则为准。

或有事项准则

企业会计准则第 13 号
——或有事项

(财会〔2006〕3 号　2006 年 2 月 15 日)

第一章　总　　则

第一条　为了规范或有事项的确认、计量和相关信息的披露，根据《企业会计准则——基本准则》，制定本准则。

第二条　或有事项，是指过去的交易或者事项形成的，其结果须由某些未来事项的发生或不发生才能决定的不确定事项。

第三条　职工薪酬、建造合同、所得税、企业合并、租赁、原保险合同和再保险合同等形成的或有事项，适用其他相关会计准则。

第二章　确认和计量

第四条　与或有事项相关的义务同时满足下列条件的，应当确认为预计负债：

(一) 该义务是企业承担的现时义务；

(二) 履行该义务很可能导致经济利益流出企业；

(三) 该义务的金额能够可靠地计量。

第五条　预计负债应当按照履行相关现时义务所需支出的最佳估计数进行初始计量。

所需支出存在一个连续范围，且该范围内各种结果发生的可能性相同的，最佳估计数应当按照该范围内的中间值确定。

在其他情况下，最佳估计数应当分别下列情况处理：

（一）或有事项涉及单个项目的，按照最可能发生金额确定。

（二）或有事项涉及多个项目的，按照各种可能结果及相关概率计算确定。

第六条 企业在确定最佳估计数时，应当综合考虑与或有事项有关的风险、不确定性和货币时间价值等因素。

货币时间价值影响重大的，应当通过对相关未来现金流出进行折现后确定最佳估计数。

第七条 企业清偿预计负债所需支出全部或部分预期由第三方补偿的，补偿金额只有在基本确定能够收到时才能作为资产单独确认。确认的补偿金额不应当超过预计负债的账面价值。

第八条 待执行合同变成亏损合同的，该亏损合同产生的义务满足本准则第四条规定的，应当确认为预计负债。

待执行合同，是指合同各方尚未履行任何合同义务，或部分地履行了同等义务的合同。

亏损合同，是指履行合同义务不可避免会发生的成本超过预期经济利益的合同。

第九条 企业不应当就未来经营亏损确认预计负债。

第十条 企业承担的重组义务满足本准则第四条规定的，应当确认预计负债。同时存在下列情况时，表明企业承担了重组义务：

（一）有详细、正式的重组计划，包括重组涉及的业务、主要地点、需要补偿的职工人数及其岗位性质、预计重组支出、计划实施时间等；

（二）该重组计划已对外公告。

重组，是指企业制定和控制的，将显著改变企业组织形式、经营范围或经营方式的计划实施行为。

第十一条 企业应当按照与重组有关的直接支出确定预计负债金额。

直接支出不包括留用职工岗前培训、市场推广、新系统和营销网络投入等支出。

第十二条 企业应当在资产负债表日对预计负债的账面价值进行复核。有确凿证据表明该账面价值不能真实反映当前最佳估计数的，应当按照当前最佳估计数对该账面价值进行调整。

第十三条 企业不应当确认或有负债和或有资产。

或有负债，是指过去的交易或者事项形成的潜在义务，其存在须通过未来不确定事项的发生或不发生予以证实；或过去的交易或者事项形成的现时义务，履行该义务不是很可能导致经济利益流出企业或该义务的金额不能可靠计量。

或有资产，是指过去的交易或者事项形成的潜在资产，其存在须通过未来不确定事项的发生或不发生予以证实。

第三章 披 露

第十四条 企业应当在附注中披露与或有事项有关的下列信息：

（一）预计负债。

1. 预计负债的种类、形成原因以及经济利益流出不确定性的说明。

2. 各类预计负债的期初、期末余额和本期变动情况。

3. 与预计负债有关的预期补偿金额和本期已确认的预期补偿金额。

（二）或有负债（不包括极小可能导致经济利益流出企业的或有负债）。

1. 或有负债的种类及其形成原因，包括已贴现商业承兑汇票、未决诉讼、未决仲裁、对外提供担保等形成的或有负债。

2. 经济利益流出不确定性的说明。

3. 或有负债预计产生的财务影响，以及获得补偿的可能性；无法预计的，应当说明原因。

（三）企业通常不应当披露或有资产。但或有资产很可能会给企业带来经济利益的，应当披露其形成的原因、预计产生的财务影响等。

第十五条 在涉及未决诉讼、未决仲裁的情况下，按照本准则第十四条披露全部或部分信息预期对企业造成重大不利影响的，企业无须披露这些信息，但应当披露该未决诉讼、未决仲裁的性质，以及没有披露这些信息的事实和原因。

《企业会计准则第13号
——或有事项》应用指南

（财会〔2006〕18号　2006年10月30日）

一、或有事项的特征

本准则第二条规定，或有事项是指过去的交易或者事项形成的，其结果须由某些未来事项的发生或不发生才能决定的不确定事项。

（一）由过去交易或事项形成，是指或有事项的现存状况是过去交易或事项引起的客观存在。

比如，未决诉讼虽然是正在进行中的诉讼，但该诉讼是企业因过去的经济行为导致起诉其他单位或被其他单位起诉。这是现存的一种状况而不是未来将要发生的事项。未来可能发生的自然灾害、交通事故、经营亏损等，不属于或有事项。

（二）结果具有不确定性，是指或有事项的结果是否发生具有不确定性，或者或有事项的结果预计将会发生，但发生的具体时间或金额具有不确定性。

比如，债务担保事项[①]的担保方到期是否承担和履行连带责任，需要根据债务到期时被担保方能否按时还款加以确定。这一事项的结果在担保协议达成时具有不确定性。

（三）由未来事项决定，是指或有事项的结果只能由未来不确定事项的发生或不发生才能决定。

比如，债务担保事项只有在被担保方到期无力还款时企业（担保方）才

[①] 根据《企业会计准则第22号——金融工具确认和计量》（财会〔2017〕7号）第六条（十一），对于财务担保合同，发行方之前明确表明将此类合同视作保险合同，并且已按照保险合同相关会计准则进行会计处理的，可以适用金融工具相关会计准则或保险合同相关会计准则。该选择可以基于单项合同，但选择一经作出，不得撤销。否则，相关财务担保合同适用本准则。

财务担保合同，是指当特定债务人到期不能按照最初或修改后的债务工具条款偿付债务时，要求发行方向蒙受损失的合同持有人赔付特定金额的合同。

履行连带责任。

常见的或有事项主要包括：未决诉讼或仲裁、债务担保、产品质量保证（含产品安全保证）、承诺、亏损合同、重组义务、环境污染整治等。

二、或有事项相关义务确认为预计负债的条件

本准则第四条规定了或有事项相关义务确认为预计负债应当同时满足的条件：

（一）该义务是企业承担的现时义务。企业没有其他现实的选择，只能履行该义务，如法律要求企业必须履行、有关各方合理预期企业应当履行等。

（二）履行该义务很可能导致经济利益流出企业，通常是指履行与或有事项相关的现时义务时，导致经济利益流出企业的可能性超过50%。

履行或有事项相关义务导致经济利益流出的可能性，通常按照下列情况加以判断：

结果的可能性	对应的概率区间
基本确定	大于95%但小于100%
很可能	大于50%但小于或等于95%
可能	大于5%但小于或等于50%
极小可能	大于0但小于或等于5%

（三）该义务的金额能够可靠地计量。企业计量预计负债金额时，通常应当考虑下列情况：

1. 充分考虑与或有事项有关的风险和不确定性，在此基础上按照最佳估计数确定预计负债的金额。

2. 预计负债的金额通常等于未来应支付的金额，但未来应支付金额与其现值相差较大的，如油气井及相关设施或核电站的弃置费用等，应当按照未来应支付金额的现值确定。

3. 有确凿证据表明相关未来事项将会发生的，如未来技术进步、相关法规出台等，确定预计负债金额时应考虑相关未来事项的影响。

4. 确定预计负债的金额不应考虑预期处置相关资产形成的利得。

三、亏损合同的相关义务确认为预计负债

根据本准则第八条规定，待执行合同变成亏损合同的，该亏损合同产生的义务满足预计负债确认条件的，应当确认为预计负债。在履行合同义务过程

中，发生的成本预期将超过与合同相关的未来流入经济利益的，待执行合同即变成了亏损合同。

企业与其他方签订的尚未履行或部分履行了同等义务的合同，如商品买卖合同、劳务合同、租赁合同等，均属于待执行合同。待执行合同不属于本准则规范的内容，但待执行合同变成亏损合同的，应当作为本准则规范的或有事项。

待执行合同变成亏损合同时，有合同标的资产的，应当先对标的资产进行减值测试并按规定确认减值损失，如预计亏损超过该减值损失，应将超过部分确认为预计负债；无合同标的资产的，亏损合同相关义务满足预计负债确认条件时，应当确认为预计负债。

四、重组事项

本准则第十条规定，重组是指企业制定和控制的，将显著改变企业组织形式、经营范围或经营方式的计划实施行为。属于重组的事项主要包括：

（一）出售或终止企业的部分经营业务。

（二）对企业的组织结构进行较大调整。

（三）关闭企业的部分营业场所，或将营业活动由一个国家或地区迁移到其他国家或地区。

企业会计准则解释中与或有事项准则相关的内容

企业因固定资产弃置费用确认的预计负债发生变动的，应当如何进行会计处理？[①]（《企业会计准则解释第 6 号》第一项）

答：企业应当进一步规范关于固定资产弃置费用的会计核算，根据《企业

[①] 本条款不要求追溯调整。

会计准则第 4 号——固定资产》应用指南的规定，对固定资产的弃置费用进行会计处理。

本解释所称的弃置费用形成的预计负债在确认后，按照实际利率法计算的利息费用应当确认为财务费用；由于技术进步、法律要求或市场环境变化等原因，特定固定资产的履行弃置义务可能发生支出金额、预计弃置时点、折现率等变动而引起的预计负债变动，应按照以下原则调整该固定资产的成本：

（1）对于预计负债的减少，以该固定资产账面价值为限扣减固定资产成本。如果预计负债的减少额超过该固定资产账面价值，超出部分确认为当期损益。

（2）对于预计负债的增加，增加该固定资产的成本。

按照上述原则调整的固定资产，在资产剩余使用年限内计提折旧。一旦该固定资产的使用寿命结束，预计负债的所有后续变动应在发生时确认为损益。

收入准则

企业会计准则第 14 号
——收入

(财会〔2017〕22 号　2017 年 7 月 5 日)

第一章　总　　则

第一条　为了规范收入的确认、计量和相关信息的披露,根据《企业会计准则——基本准则》,制定本准则。

第二条　收入,是指企业在日常活动中形成的、会导致所有者权益增加的、与所有者投入资本无关的经济利益的总流入。

第三条　本准则适用于所有与客户之间的合同,但下列各项除外:

(一) 由《企业会计准则第 2 号——长期股权投资》、《企业会计准则第 22 号——金融工具确认和计量》、《企业会计准则第 23 号——金融资产转移》、《企业会计准则第 24 号——套期会计》、《企业会计准则第 33 号——合并财务报表》以及《企业会计准则第 40 号——合营安排》规范的金融工具及其他合同权利和义务,分别适用《企业会计准则第 2 号——长期股权投资》、《企业会计准则第 22 号——金融工具确认和计量》、《企业会计准则第 23 号——金融资产转移》、《企业会计准则第 24 号——套期会计》、《企业会计准则第 33 号——合并财务报表》以及《企业会计准则第 40 号——合营安排》。

(二) 由《企业会计准则第 21 号——租赁》规范的租赁合同,适用《企业会计准则第 21 号——租赁》。

(三) 由保险合同相关会计准则规范的保险合同,适用保险合同相关会计准则。

本准则所称客户，是指与企业订立合同以向该企业购买其日常活动产出的商品或服务（以下简称"商品"）并支付对价的一方。本准则所称合同，是指双方或多方之间订立有法律约束力的权利义务的协议。合同有书面形式、口头形式以及其他形式。

第二章 确 认

第四条 企业应当在履行了合同中的履约义务，即在客户取得相关商品控制权时确认收入。

取得相关商品控制权，是指能够主导该商品的使用并从中获得几乎全部的经济利益。

第五条 当企业与客户之间的合同同时满足下列条件时，企业应当在客户取得相关商品控制权时确认收入：

（一）合同各方已批准该合同并承诺将履行各自义务；

（二）该合同明确了合同各方与所转让商品或提供劳务（以下简称"转让商品"）相关的权利和义务；

（三）该合同有明确的与所转让商品相关的支付条款；

（四）该合同具有商业实质，即履行该合同将改变企业未来现金流量的风险、时间分布或金额；

（五）企业因向客户转让商品而有权取得的对价很可能收回。

在合同开始日即满足前款条件的合同，企业在后续期间无须对其进行重新评估，除非有迹象表明相关事实和情况发生重大变化。合同开始日通常是指合同生效日。

第六条 在合同开始日不符合本准则第五条规定的合同，企业应当对其进行持续评估，并在其满足本准则第五条规定时按照该条的规定进行会计处理。

对于不符合本准则第五条规定的合同，企业只有在不再负有向客户转让商品的剩余义务，且已向客户收取的对价无须退回时，才能将已收取的对价确认为收入；否则，应当将已收取的对价作为负债进行会计处理。没有商业实质的非货币性资产交换，不确认收入。

第七条 企业与同一客户（或该客户的关联方）同时订立或在相近时间内先后订立的两份或多份合同，在满足下列条件之一时，应当合并为一份合同

进行会计处理:

（一）该两份或多份合同基于同一商业目的而订立并构成一揽子交易。

（二）该两份或多份合同中的一份合同的对价金额取决于其他合同的定价或履行情况。

（三）该两份或多份合同中所承诺的商品（或每份合同中所承诺的部分商品）构成本准则第九条规定的单项履约义务。

第八条 企业应当区分下列三种情形对合同变更分别进行会计处理：

（一）合同变更增加了可明确区分的商品及合同价款，且新增合同价款反映了新增商品单独售价的，应当将该合同变更部分作为一份单独的合同进行会计处理。

（二）合同变更不属于本条（一）规定的情形，且在合同变更日已转让的商品或已提供的服务（以下简称"已转让的商品"）与未转让的商品或未提供的服务（以下简称"未转让的商品"）之间可明确区分的，应当视为原合同终止，同时，将原合同未履约部分与合同变更部分合并为新合同进行会计处理。

（三）合同变更不属于本条（一）规定的情形，且在合同变更日已转让的商品与未转让的商品之间不可明确区分的，应当将该合同变更部分作为原合同的组成部分进行会计处理，由此产生的对已确认收入的影响，应当在合同变更日调整当期收入。

本准则所称合同变更，是指经合同各方批准对原合同范围或价格作出的变更。

第九条 合同开始日，企业应当对合同进行评估，识别该合同所包含的各单项履约义务，并确定各单项履约义务是在某一时段内履行，还是在某一时点履行，然后，在履行了各单项履约义务时分别确认收入。

履约义务，是指合同中企业向客户转让可明确区分商品的承诺。履约义务既包括合同中明确的承诺，也包括由于企业已公开宣布的政策、特定声明或以往的习惯做法等导致合同订立时客户合理预期企业将履行的承诺。企业为履行合同而应开展的初始活动，通常不构成履约义务，除非该活动向客户转让了承诺的商品。

企业向客户转让一系列实质相同且转让模式相同的、可明确区分商品的承诺，也应当作为单项履约义务。

转让模式相同，是指每一项可明确区分商品均满足本准则第十一条规定的、在某一时段内履行履约义务的条件，且采用相同方法确定其履约进度。

第十条 企业向客户承诺的商品同时满足下列条件的，应当作为可明确区分商品：

（一）客户能够从该商品本身或从该商品与其他易于获得资源一起使用中受益；

（二）企业向客户转让该商品的承诺与合同中其他承诺可单独区分。

下列情形通常表明企业向客户转让该商品的承诺与合同中其他承诺不可单独区分：

1. 企业需提供重大的服务以将该商品与合同中承诺的其他商品整合成合同约定的组合产出转让给客户。

2. 该商品将对合同中承诺的其他商品予以重大修改或定制。

3. 该商品与合同中承诺的其他商品具有高度关联性。

第十一条 满足下列条件之一的，属于在某一时段内履行履约义务；否则，属于在某一时点履行履约义务：

（一）客户在企业履约的同时即取得并消耗企业履约所带来的经济利益。

（二）客户能够控制企业履约过程中在建的商品。

（三）企业履约过程中所产出的商品具有不可替代用途，且该企业在整个合同期间内有权就累计至今已完成的履约部分收取款项。

具有不可替代用途，是指因合同限制或实际可行性限制，企业不能轻易地将商品用于其他用途。

有权就累计至今已完成的履约部分收取款项，是指在由于客户或其他方原因终止合同的情况下，企业有权就累计至今已完成的履约部分收取能够补偿其已发生成本和合理利润的款项，并且该权利具有法律约束力。

第十二条 对于在某一时段内履行的履约义务，企业应当在该段时间内按照履约进度确认收入，但是，履约进度不能合理确定的除外。企业应当考虑商品的性质，采用产出法或投入法确定恰当的履约进度。其中，产出法是根据已转移给客户的商品对于客户的价值确定履约进度；投入法是根据企业为履行履约义务的投入确定履约进度。对于类似情况下的类似履约义务，企业应当采用相同的方法确定履约进度。

当履约进度不能合理确定时，企业已经发生的成本预计能够得到补偿的，应当按照已经发生的成本金额确认收入，直到履约进度能够合理确定为止。

第十三条 对于在某一时点履行的履约义务，企业应当在客户取得相关商品控制权时点确认收入。在判断客户是否已取得商品控制权时，企业应当考虑下列迹象：

（一）企业就该商品享有现时收款权利，即客户就该商品负有现时付款义务。

（二）企业已将该商品的法定所有权转移给客户，即客户已拥有该商品的法定所有权。

（三）企业已将该商品实物转移给客户，即客户已实物占有该商品。

（四）企业已将该商品所有权上的主要风险和报酬转移给客户，即客户已取得该商品所有权上的主要风险和报酬。

（五）客户已接受该商品。

（六）其他表明客户已取得商品控制权的迹象。

第三章 计 量

第十四条 企业应当按照分摊至各单项履约义务的交易价格计量收入。

交易价格，是指企业因向客户转让商品而预期有权收取的对价金额。企业代第三方收取的款项以及企业预期将退还给客户的款项，应当作为负债进行会计处理，不计入交易价格。

第十五条 企业应当根据合同条款，并结合其以往的习惯做法确定交易价格。在确定交易价格时，企业应当考虑可变对价、合同中存在的重大融资成分、非现金对价、应付客户对价等因素的影响。

第十六条 合同中存在可变对价的，企业应当按照期望值或最可能发生金额确定可变对价的最佳估计数，但包含可变对价的交易价格，应当不超过在相关不确定性消除时累计已确认收入极可能不会发生重大转回的金额。企业在评估累计已确认收入是否极可能不会发生重大转回时，应当同时考虑收入转回的可能性及其比重。

每一资产负债表日，企业应当重新估计应计入交易价格的可变对价金额。可变对价金额发生变动的，按照本准则第二十四条和第二十五条规定进行会计处理。

第十七条 合同中存在重大融资成分的，企业应当按照假定客户在取得商品控制权时即以现金支付的应付金额确定交易价格。该交易价格与合同对价之间的差额，应当在合同期间内采用实际利率法摊销。

合同开始日，企业预计客户取得商品控制权与客户支付价款间隔不超过一年的，可以不考虑合同中存在的重大融资成分。

第十八条 客户支付非现金对价的，企业应当按照非现金对价的公允价值确定交易价格。非现金对价的公允价值不能合理估计的，企业应当参照其承诺向客户转让商品的单独售价间接确定交易价格。非现金对价的公允价值因对价形式以外的原因而发生变动的，应当作为可变对价，按照本准则第十六条规定进行会计处理。

单独售价，是指企业向客户单独销售商品的价格。

第十九条 企业应付客户（或向客户购买本企业商品的第三方，本条下同）对价的，应当将该应付对价冲减交易价格，并在确认相关收入与支付（或承诺支付）客户对价二者孰晚的时点冲减当期收入，但应付客户对价是为了向客户取得其他可明确区分商品的除外。

企业应付客户对价是为了向客户取得其他可明确区分商品的，应当采用与本企业其他采购相一致的方式确认所购买的商品。企业应付客户对价超过向客户取得可明确区分商品公允价值的，超过金额应当冲减交易价格。向客户取得的可明确区分商品公允价值不能合理估计的，企业应当将应付客户对价全额冲减交易价格。

第二十条 合同中包含两项或多项履约义务的，企业应当在合同开始日，按照各单项履约义务所承诺商品的单独售价的相对比例，将交易价格分摊至各单项履约义务。企业不得因合同开始日之后单独售价的变动而重新分摊交易价格。

第二十一条 企业在类似环境下向类似客户单独销售商品的价格，应作为确定该商品单独售价的最佳证据。单独售价无法直接观察的，企业应当综合考虑其能够合理取得的全部相关信息，采用市场调整法、成本加成法、余值法等方法合理估计单独售价。在估计单独售价时，企业应当最大限度地采用可观察的输入值，并对类似的情况采用一致的估计方法。

市场调整法，是指企业根据某商品或类似商品的市场售价考虑本企业的成本和毛利等进行适当调整后，确定其单独售价的方法。

成本加成法，是指企业根据某商品的预计成本加上其合理毛利后的价格，确定其单独售价的方法。

余值法，是指企业根据合同交易价格减去合同中其他商品可观察的单独售价后的余值，确定某商品单独售价的方法。

第二十二条 企业在商品近期售价波动幅度巨大，或者因未定价且未曾单独销售而使售价无法可靠确定时，可采用余值法估计其单独售价。

第二十三条 对于合同折扣，企业应当在各单项履约义务之间按比例分摊。

有确凿证据表明合同折扣仅与合同中一项或多项（而非全部）履约义务相关的，企业应当将该合同折扣分摊至相关一项或多项履约义务。

合同折扣仅与合同中一项或多项（而非全部）履约义务相关，且企业采用余值法估计单独售价的，应当首先按照前款规定在该一项或多项（而非全部）履约义务之间分摊合同折扣，然后采用余值法估计单独售价。

合同折扣，是指合同中各单项履约义务所承诺商品的单独售价之和高于合同交易价格的金额。

第二十四条 对于可变对价及可变对价的后续变动额，企业应当按照本准则第二十条至第二十三条规定，将其分摊至与之相关的一项或多项履约义务，或者分摊至构成单项履约义务的一系列可明确区分商品中的一项或多项商品。

对于已履行的履约义务，其分摊的可变对价后续变动额应当调整变动当期的收入。

第二十五条 合同变更之后发生可变对价后续变动的，企业应当区分下列三种情形分别进行会计处理：

（一）合同变更属于本准则第八条（一）规定情形的，企业应当判断可变对价后续变动与哪一项合同相关，并按照本准则第二十四条规定进行会计处理。

（二）合同变更属于本准则第八条（二）规定情形，且可变对价后续变动与合同变更前已承诺可变对价相关的，企业应当首先将该可变对价后续变动额以原合同开始日确定的基础进行分摊，然后再将分摊至合同变更日尚未履行履约义务的该可变对价后续变动额以新合同开始日确定的基础进行二次分摊。

（三）合同变更之后发生除本条（一）、（二）规定情形以外的可变对价后续变动的，企业应当将该可变对价后续变动额分摊至合同变更日尚未履行的履约义务。

第四章 合同成本

第二十六条 企业为履行合同发生的成本，不属于其他企业会计准则规范范围且同时满足下列条件的，应当作为合同履约成本确认为一项资产：

（一）该成本与一份当前或预期取得的合同直接相关，包括直接人工、直接材料、制造费用（或类似费用）、明确由客户承担的成本以及仅因该合同而发生的其他成本；

（二）该成本增加了企业未来用于履行履约义务的资源；

（三）该成本预期能够收回。

第二十七条 企业应当在下列支出发生时，将其计入当期损益：

（一）管理费用。

（二）非正常消耗的直接材料、直接人工和制造费用（或类似费用），这些支出为履行合同发生，但未反映在合同价格中。

（三）与履约义务中已履行部分相关的支出。

（四）无法在尚未履行的与已履行的履约义务之间区分的相关支出。

第二十八条 企业为取得合同发生的增量成本预期能够收回的，应当作为合同取得成本确认为一项资产；但是，该资产摊销期限不超过一年的，可以在发生时计入当期损益。

增量成本，是指企业不取得合同就不会发生的成本（如销售佣金等）。

企业为取得合同发生的、除预期能够收回的增量成本之外的其他支出（如无论是否取得合同均会发生的差旅费等），应当在发生时计入当期损益，但是，明确由客户承担的除外。

第二十九条 按照本准则第二十六条和第二十八条规定确认的资产（以下简称"与合同成本有关的资产"），应当采用与该资产相关的商品收入确认相同的基础进行摊销，计入当期损益。

第三十条 与合同成本有关的资产，其账面价值高于下列两项的差额的，超出部分应当计提减值准备，并确认为资产减值损失：

（一）企业因转让与该资产相关的商品预期能够取得的剩余对价；

（二）为转让该相关商品估计将要发生的成本。

以前期间减值的因素之后发生变化，使得前款（一）减（二）的差额高于该资产账面价值的，应当转回原已计提的资产减值准备，并计入当期损益，但转回后的资产账面价值不应超过假定不计提减值准备情况下该资产在转回日的账面价值。

第三十一条 在确定与合同成本有关的资产的减值损失时，企业应当首先对按照其他相关企业会计准则确认的、与合同有关的其他资产确定减值损失；然后，按照本准则第三十条规定确定与合同成本有关的资产的减值损失。

企业按照《企业会计准则第 8 号——资产减值》测试相关资产组的减值情况时,应当将按照前款规定确定与合同成本有关的资产减值后的新账面价值计入相关资产组的账面价值。

第五章　特定交易的会计处理

第三十二条　对于附有销售退回条款的销售,企业应当在客户取得相关商品控制权时,按照因向客户转让商品而预期有权收取的对价金额(即,不包含预期因销售退回将退还的金额)确认收入,按照预期因销售退回将退还的金额确认负债;同时,按照预期将退回商品转让时的账面价值,扣除收回该商品预计发生的成本(包括退回商品的价值减损)后的余额,确认为一项资产,按照所转让商品转让时的账面价值,扣除上述资产成本的净额结转成本。

每一资产负债表日,企业应当重新估计未来销售退回情况,如有变化,应当作为会计估计变更进行会计处理。

第三十三条　对于附有质量保证条款的销售,企业应当评估该质量保证是否在向客户保证所销售商品符合既定标准之外提供了一项单独的服务。企业提供额外服务的,应当作为单项履约义务,按照本准则规定进行会计处理;否则,质量保证责任应当按照《企业会计准则第 13 号——或有事项》规定进行会计处理。在评估质量保证是否在向客户保证所销售商品符合既定标准之外提供了一项单独的服务时,企业应当考虑该质量保证是否为法定要求、质量保证期限以及企业承诺履行任务的性质等因素。客户能够选择单独购买质量保证的,该质量保证构成单项履约义务。

第三十四条　企业应当根据其在向客户转让商品前是否拥有对该商品的控制权,来判断其从事交易时的身份是主要责任人还是代理人。企业在向客户转让商品前能够控制该商品的,该企业为主要责任人,应当按照已收或应收对价总额确认收入;否则,该企业为代理人,应当按照预期有权收取的佣金或手续费的金额确认收入,该金额应当按照已收或应收对价总额扣除应支付给其他相关方的价款后的净额,或者按照既定的佣金金额或比例等确定。

企业向客户转让商品前能够控制该商品的情形包括:

(一)企业自第三方取得商品或其他资产控制权后,再转让给客户。

(二)企业能够主导第三方代表本企业向客户提供服务。

(三)企业自第三方取得商品控制权后,通过提供重大的服务将该商品与其他商品整合成某组合产出转让给客户。

在具体判断向客户转让商品前是否拥有对该商品的控制权时，企业不应仅局限于合同的法律形式，而应当综合考虑所有相关事实和情况，这些事实和情况包括：

（一）企业承担向客户转让商品的主要责任。

（二）企业在转让商品之前或之后承担了该商品的存货风险。

（三）企业有权自主决定所交易商品的价格。

（四）其他相关事实和情况。

第三十五条 对于附有客户额外购买选择权的销售，企业应当评估该选择权是否向客户提供了一项重大权利。企业提供重大权利的，应当作为单项履约义务，按照本准则第二十条至第二十四条规定将交易价格分摊至该履约义务，在客户未来行使购买选择权取得相关商品控制权时，或者该选择权失效时，确认相应的收入。客户额外购买选择权的单独售价无法直接观察的，企业应当综合考虑客户行使和不行使该选择权所能获得的折扣的差异、客户行使该选择权的可能性等全部相关信息后，予以合理估计。

客户虽然有额外购买商品选择权，但客户行使该选择权购买商品时的价格反映了这些商品单独售价的，不应被视为企业向该客户提供了一项重大权利。

第三十六条 企业向客户授予知识产权许可的，应当按照本准则第九条和第十条规定评估该知识产权许可是否构成单项履约义务，构成单项履约义务的，应当进一步确定其是在某一时段内履行还是在某一时点履行。

企业向客户授予知识产权许可，同时满足下列条件时，应当作为在某一时段内履行的履约义务确认相关收入；否则，应当作为在某一时点履行的履约义务确认相关收入：

（一）合同要求或客户能够合理预期企业将从事对该项知识产权有重大影响的活动；

（二）该活动对客户将产生有利或不利影响；

（三）该活动不会导致向客户转让某项商品。

第三十七条 企业向客户授予知识产权许可，并约定按客户实际销售或使用情况收取特许权使用费的，应当在下列两项孰晚的时点确认收入：

（一）客户后续销售或使用行为实际发生；

（二）企业履行相关履约义务。

第三十八条 对于售后回购交易，企业应当区分下列两种情形分别进行会计处理：

（一）企业因存在与客户的远期安排而负有回购义务或企业享有回购权利的，表明客户在销售时点并未取得相关商品控制权，企业应当作为租赁交易或融资交易进行相应的会计处理。其中，回购价格低于原售价的，应当视为租赁交易，按照《企业会计准则第 21 号——租赁》的相关规定进行会计处理；回购价格不低于原售价的，应当视为融资交易，在收到客户款项时确认金融负债，并将该款项和回购价格的差额在回购期间内确认为利息费用等。企业到期未行使回购权利的，应当在该回购权利到期时终止确认金融负债，同时确认收入。

（二）企业负有应客户要求回购商品义务的，应当在合同开始日评估客户是否具有行使该要求权的重大经济动因。客户具有行使该要求权重大经济动因的，企业应当将售后回购作为租赁交易或融资交易，按照本条（一）规定进行会计处理；否则，企业应当将其作为附有销售退回条款的销售交易，按照本准则第三十二条规定进行会计处理。

售后回购，是指企业销售商品的同时承诺或有权选择日后再将该商品（包括相同或几乎相同的商品，或以该商品作为组成部分的商品）购回的销售方式。

第三十九条　企业向客户预收销售商品款项的，应当首先将该款项确认为负债，待履行了相关履约义务时再转为收入。当企业预收款项无须退回，且客户可能会放弃其全部或部分合同权利时，企业预期将有权获得与客户所放弃的合同权利相关的金额的，应当按照客户行使合同权利的模式按比例将上述金额确认为收入；否则，企业只有在客户要求其履行剩余履约义务的可能性极低时，才能将上述负债的相关余额转为收入。

第四十条　企业在合同开始（或接近合同开始）日向客户收取的无须退回的初始费（如俱乐部的入会费等）应当计入交易价格。企业应当评估该初始费是否与向客户转让已承诺的商品相关。该初始费与向客户转让已承诺的商品相关，并且该商品构成单项履约义务的，企业应当在转让该商品时，按照分摊至该商品的交易价格确认收入；该初始费与向客户转让已承诺的商品相关，但该商品不构成单项履约义务的，企业应当在包含该商品的单项履约义务履行时，按照分摊至该单项履约义务的交易价格确认收入；该初始费与向客户转让已承诺的商品不相关的，该初始费应当作为未来将转让商品的预收款，在未来转让该商品时确认为收入。

企业收取了无须退回的初始费且为履行合同应开展初始活动，但这些活动本身并没有向客户转让已承诺的商品的，该初始费与未来将转让的已承诺商品相关，应当在未来转让该商品时确认为收入，企业在确定履约进度时不应考虑这些初始活动；企业为该初始活动发生的支出应当按照本准则第二十六条和第二十七条规定确认为一项资产或计入当期损益。

第六章 列 报

第四十一条 企业应当根据本企业履行履约义务与客户付款之间的关系在资产负债表中列示合同资产或合同负债。企业拥有的、无条件（即，仅取决于时间流逝）向客户收取对价的权利应当作为应收款项单独列示。

合同资产，是指企业已向客户转让商品而有权收取对价的权利，且该权利取决于时间流逝之外的其他因素。如企业向客户销售两项可明确区分的商品，企业因已交付其中一项商品而有权收取款项，但收取该款项还取决于企业交付另一项商品的，企业应当将该收款权利作为合同资产。

合同负债，是指企业已收或应收客户对价而应向客户转让商品的义务。如企业在转让承诺的商品之前已收取的款项。

按照本准则确认的合同资产的减值的计量和列报应当按照《企业会计准则第22号——金融工具确认和计量》和《企业会计准则第37号——金融工具列报》的规定进行会计处理。

第四十二条 企业应当在附注中披露与收入有关的下列信息：

（一）收入确认和计量所采用的会计政策、对于确定收入确认的时点和金额具有重大影响的判断以及这些判断的变更，包括确定履约进度的方法及采用该方法的原因、评估客户取得所转让商品控制权时点的相关判断，在确定交易价格、估计计入交易价格的可变对价、分摊交易价格以及计量预期将退还给客户的款项等类似义务时所采用的方法、输入值和假设等。

（二）与合同相关的下列信息：

1. 与本期确认收入相关的信息，包括与客户之间的合同产生的收入、该收入按主要类别（如商品类型、经营地区、市场或客户类型、合同类型、商品转让的时间、合同期限、销售渠道等）分解的信息以及该分解信息与每一报告分部的收入之间的关系等。

2. 与应收款项、合同资产和合同负债的账面价值相关的信息，包括与客户之间的合同产生的应收款项、合同资产和合同负债的期初和期末账面价值、对上述应收款项和合同资产确认的减值损失、在本期确认的包括在合同负债期初账面价值中的收入、前期已经履行（或部分履行）的履约义务在本期调整的收入、履行履约义务的时间与通常的付款时间之间的关系以及此类因素对合同资产和合同负债账面价值的影响的定量或定性信息、合同资产和合同负债的账面价值在本期内发生的重大变动情况等。

3. 与履约义务相关的信息，包括履约义务通常的履行时间、重要的支付条款、企业承诺转让的商品的性质（包括说明企业是否作为代理人）、企业承担的预期将退还给客户的款项等类似义务、质量保证的类型及相关义务等。

4. 与分摊至剩余履约义务的交易价格相关的信息，包括分摊至本期末尚未履行（或部分未履行）履约义务的交易价格总额、上述金额确认为收入的预计时间的定量或定性信息、未包括在交易价格的对价金额（如可变对价）等。

（三）与合同成本有关的资产相关的信息，包括确定该资产金额所做的判断、该资产的摊销方法、按该资产主要类别（如为取得合同发生的成本、为履行合同开展的初始活动发生的成本等）披露的期末账面价值以及本期确认的摊销及减值损失金额等。

（四）企业根据本准则第十七条规定因预计客户取得商品控制权与客户支付价款间隔未超过一年而未考虑合同中存在的重大融资成分，或者根据本准则第二十八条规定因合同取得成本的摊销期限未超过一年而将其在发生时计入当期损益的，应当披露该事实。

第七章 衔接规定

第四十三条 首次执行本准则的企业，应当根据首次执行本准则的累积影响数，调整首次执行本准则当年年初留存收益及财务报表其他相关项目金额，对可比期间信息不予调整。企业可以仅对在首次执行日尚未完成的合同的累积影响数进行调整。同时，企业应当在附注中披露，与收入相关会计准则制度的原规定相比，执行本准则对当期财务报表相关项目的影响金额，如有重大影响的，还需披露其原因。

已完成的合同，是指企业按照与收入相关会计准则制度的原规定已完成合同中全部商品的转让的合同。尚未完成的合同，是指除已完成的合同之外的其他合同。

第四十四条 对于最早可比期间期初之前或首次执行本准则当年年初之前发生的合同变更,企业可予以简化处理,即无须按照本准则第八条规定进行追溯调整,而是根据合同变更的最终安排,识别已履行的和尚未履行的履约义务、确定交易价格以及在已履行的和尚未履行的履约义务之间分摊交易价格。

企业采用该简化处理方法的,应当对所有合同一致采用,并且在附注中披露该事实以及在合理范围内对采用该简化处理方法的影响所作的定性分析。

第八章 附 则

第四十五条 本准则自 2018 年 1 月 1 日起施行。

企业会计准则解释中与收入准则相关的内容

一、企业自行建造或通过分包商建造房地产,应当遵循哪项会计准则确认与房地产建造协议相关的收入?[①](《企业会计准则解释第 3 号》第六项)

答:企业自行建造或通过分包商建造房地产,应当根据房地产建造协议条款和实际情况,判断确认收入应适用的会计准则。

房地产购买方在建造工程开始前能够规定房地产设计的主要结构要素,或者能够在建造过程中决定主要结构变动的,房地产建造协议符合建造合同定义,企业应当遵循《企业会计准则第 15 号——建造合同》[②] 确认收入。

房地产购买方影响房地产设计的能力有限(如仅能对基本设计方案做微小变动)的,企业应当遵循《企业会计准则第 14 号——收入》中有关商品销售

---

① 本条款不要求追溯调整。
② 《企业会计准则第 15 号——建造合同》(财会〔2006〕3 号)已被《企业会计准则第 14 号——收入》(财会〔2017〕22 号)取代。

收入的原则确认收入。

二、关于社会资本方对政府和社会资本合作（PPP）项目合同的会计处理？①（《企业会计准则解释第 14 号》第一项）

该问题主要涉及《企业会计准则第 6 号——无形资产》《企业会计准则第 13 号——或有事项》《企业会计准则第 14 号——收入》《企业会计准则第 17 号——借款费用》《企业会计准则第 22 号——金融工具确认和计量》等准则。

本解释所称 PPP 项目合同，是指社会资本方与政府方依法依规就 PPP 项目合作所订立的合同，该合同应当同时符合下列特征（以下简称"双特征"）：（1）社会资本方在合同约定的运营期间内代表政府方使用 PPP 项目资产提供公共产品和服务；（2）社会资本方在合同约定的期间内就其提供的公共产品和服务获得补偿。

本解释所称社会资本方，是指与政府方签署 PPP 项目合同的社会资本或项目公司；政府方，是指政府授权或指定的 PPP 项目实施机构；PPP 项目资产，是指 PPP 项目合同中确定的用来提供公共产品和服务的资产。

本解释规范的 PPP 项目合同应当同时符合下列条件（以下简称"双控制"）：（1）政府方控制或管制社会资本方使用 PPP 项目资产必须提供的公共产品和服务的类型、对象和价格；（2）PPP 项目合同终止时，政府方通过所有权、收益权或其他形式控制 PPP 项目资产的重大剩余权益。

对于运营期占项目资产全部使用寿命的 PPP 项目合同，即使项目合同结束时项目资产不存在重大剩余权益，如果该项目合同符合前述"双控制"条件中的（1）项，则仍然适用本解释。除上述情况外，不同时符合本解释"双特征"和"双控制"的 PPP 项目合同，社会资本方应当根据其业务性质按照相关企业会计准则进行会计处理。

（一）相关会计处理

1. 社会资本方提供建造服务（含建设和改扩建，下同）或发包给其他方等，应当按照《企业会计准则第 14 号——收入》确定其身份是主要责任人还是代理人，并进行会计处理，确认合同资产。

2. 社会资本方根据 PPP 项目合同约定，提供多项服务（如既提供 PPP 项

---

① 本条款自 2021 年 1 月 26 日起施行。2021 年 1 月 1 日至本条款施行日新增的本条款规定的业务，企业应当根据本条款进行调整。《企业会计准则解释第 2 号》（财会〔2008〕11 号）中关于"五、企业采用建设经营移交方式（BOT）参与公共基础设施建设业务应当如何处理"的内容同时废止。

目资产建造服务又提供建成后的运营服务、维护服务）的，应当按照《企业会计准则第 14 号——收入》的规定，识别合同中的单项履约义务，将交易价格按照各项履约义务的单独售价的相对比例分摊至各项履约义务。

3. 在 PPP 项目资产的建造过程中发生的借款费用，社会资本方应当按照《企业会计准则第 17 号——借款费用》的规定进行会计处理。对于本部分第 4 项和第 5 项中确认为无形资产的部分，社会资本方在相关借款费用满足资本化条件时，应当将其予以资本化，并在 PPP 项目资产达到预定可使用状态时，结转至无形资产。除上述情形以外的其他借款费用，社会资本方均应予以费用化。

4. 社会资本方根据 PPP 项目合同约定，在项目运营期间，有权向获取公共产品和服务的对象收取费用，但收费金额不确定的，该权利不构成一项无条件收取现金的权利，应当在 PPP 项目资产达到预定可使用状态时，将相关 PPP 项目资产的对价金额或确认的建造收入金额确认为无形资产，并按照《企业会计准则第 6 号——无形资产》的规定进行会计处理。

5. 社会资本方根据 PPP 项目合同约定，在项目运营期间，满足有权收取可确定金额的现金（或其他金融资产）条件的，应当在社会资本方拥有收取该对价的权利（该权利仅取决于时间流逝的因素）时确认为应收款项，并按照《企业会计准则第 22 号——金融工具确认和计量》的规定进行会计处理。社会资本方应当在 PPP 项目资产达到预定可使用状态时，将相关 PPP 项目资产的对价金额或确认的建造收入金额，超过有权收取可确定金额的现金（或其他金融资产）的差额，确认为无形资产。

6. 社会资本方不得将本解释规定的 PPP 项目资产确认为其固定资产。

7. 社会资本方根据 PPP 项目合同，自政府方取得其他资产，该资产构成政府方应付合同对价的一部分的，社会资本方应当按照《企业会计准则第 14 号——收入》的规定进行会计处理，不作为政府补助。

8. PPP 项目资产达到预定可使用状态后，社会资本方应当按照《企业会计准则第 14 号——收入》确认与运营服务相关的收入。

9. 为使 PPP 项目资产保持一定的服务能力或在移交给政府方之前保持一定的使用状态，社会资本方根据 PPP 项目合同而提供的服务不构成单项履约义务的，应当将预计发生的支出，按照《企业会计准则第 13 号——或有事项》的规定进行会计处理。

（二）附注披露

社会资本方应当按照重要性原则，在附注中披露各项 PPP 项目合同的下

列信息,或者将一组具有类似性质的 PPP 项目合同合并披露下列信息:

1. PPP 项目合同的相关信息,包括 PPP 项目合同的概括性介绍;PPP 项目合同中可能影响未来现金流量金额、时间和风险的相关重要条款;社会资本方对 PPP 项目资产享有的相关权利(包括使用、收益、续约或终止选择权等)和承担的相关义务(包括投融资、购买或建造、运营、移交等);本期 PPP 项目合同的变更情况;PPP 项目合同的分类方式等。

2. 社会资本方除应当按照相关企业会计准则对 PPP 项目合同进行披露外,还应当披露相关收入、资产等确认和计量方法;相关合同资产、应收款项、无形资产的金额等会计信息。

(三)新旧衔接

2020 年 12 月 31 日前开始实施且至本解释施行日尚未完成的有关 PPP 项目合同,未按照以上规定进行会计处理的,应当进行追溯调整;追溯调整不切实可行的,应当从可追溯调整的最早期间期初开始应用本解释。社会资本方应当将执行本解释的累计影响数,调整本解释施行日当年年初留存收益及财务报表其他相关项目金额,对可比期间信息不予调整。

符合本解释"双特征"和"双控制"但未纳入全国 PPP 综合信息平台项目库的特许经营项目协议,应当按照本解释进行会计处理和追溯调整。

政府补助准则

企业会计准则第 16 号
——政府补助

(财会〔2017〕15 号　2017 年 5 月 10 日)

第一章　总　　则

第一条　为了规范政府补助的确认、计量和列报，根据《企业会计准则——基本准则》，制定本准则。

第二条　本准则中的政府补助，是指企业从政府无偿取得货币性资产或非货币性资产。

第三条　政府补助具有下列特征：

（一）来源于政府的经济资源。对于企业收到的来源于其他方的补助，有确凿证据表明政府是补助的实际拨付者，其他方只起到代收代付作用的，该项补助也属于来源于政府的经济资源。

（二）无偿性。即企业取得来源于政府的经济资源，不需要向政府交付商品或服务等对价。

第四条　政府补助分为与资产相关的政府补助和与收益相关的政府补助。

与资产相关的政府补助，是指企业取得的、用于购建或以其他方式形成长期资产的政府补助。

与收益相关的政府补助，是指除与资产相关的政府补助之外的政府补助。

第五条　下列各项适用其他相关会计准则：

（一）企业从政府取得的经济资源，如果与企业销售商品或提供服务等活动密切相关，且是企业商品或服务的对价或者是对价的组成部分，适用《企业会计准则第 14 号——收入》等相关会计准则。

（二）所得税减免，适用《企业会计准则第 18 号——所得税》。

政府以投资者身份向企业投入资本，享有相应的所有者权益，不适用本准则。

第二章 确认和计量

第六条 政府补助同时满足下列条件的，才能予以确认：

（一）企业能够满足政府补助所附条件；

（二）企业能够收到政府补助。

第七条 政府补助为货币性资产的，应当按照收到或应收的金额计量。

政府补助为非货币性资产的，应当按照公允价值计量；公允价值不能可靠取得的，按照名义金额计量。

第八条 与资产相关的政府补助，应当冲减相关资产的账面价值或确认为递延收益。与资产相关的政府补助确认为递延收益的，应当在相关资产使用寿命内按照合理、系统的方法分期计入损益。按照名义金额计量的政府补助，直接计入当期损益。

相关资产在使用寿命结束前被出售、转让、报废或发生毁损的，应当将尚未分配的相关递延收益余额转入资产处置当期的损益。

第九条 与收益相关的政府补助，应当分情况按照以下规定进行会计处理：

（一）用于补偿企业以后期间的相关成本费用或损失的，确认为递延收益，并在确认相关成本费用或损失的期间，计入当期损益或冲减相关成本；

（二）用于补偿企业已发生的相关成本费用或损失的，直接计入当期损益或冲减相关成本。

第十条 对于同时包含与资产相关部分和与收益相关部分的政府补助，应当区分不同部分分别进行会计处理；难以区分的，应当整体归类为与收益相关的政府补助。

第十一条 与企业日常活动相关的政府补助，应当按照经济业务实质，计入其他收益或冲减相关成本费用。与企业日常活动无关的政府补助，应当计入营业外收支。

第十二条　企业取得政策性优惠贷款贴息的，应当区分财政将贴息资金拨付给贷款银行和财政将贴息资金直接拨付给企业两种情况，分别按照本准则第十三条和第十四条进行会计处理。

第十三条　财政将贴息资金拨付给贷款银行，由贷款银行以政策性优惠利率向企业提供贷款的，企业可以选择下列方法之一进行会计处理：

（一）以实际收到的借款金额作为借款的入账价值，按照借款本金和该政策性优惠利率计算相关借款费用。

（二）以借款的公允价值作为借款的入账价值并按照实际利率法计算借款费用，实际收到的金额与借款公允价值之间的差额确认为递延收益。递延收益在借款存续期内采用实际利率法摊销，冲减相关借款费用。

企业选择了上述两种方法之一后，应当一致地运用，不得随意变更。

第十四条　财政将贴息资金直接拨付给企业，企业应当将对应的贴息冲减相关借款费用。

第十五条　已确认的政府补助需要退回的，应当在需要退回的当期分情况按照以下规定进行会计处理：

（一）初始确认时冲减相关资产账面价值的，调整资产账面价值；

（二）存在相关递延收益的，冲减相关递延收益账面余额，超出部分计入当期损益；

（三）属于其他情况的，直接计入当期损益。

第三章　列　　报

第十六条　企业应当在利润表中的"营业利润"项目之上单独列报"其他收益"项目，计入其他收益的政府补助在该项目中反映。

第十七条　企业应当在附注中单独披露与政府补助有关的下列信息：

（一）政府补助的种类、金额和列报项目；

（二）计入当期损益的政府补助金额；

（三）本期退回的政府补助金额及原因。

第四章　衔 接 规 定

第十八条　企业对2017年1月1日存在的政府补助采用未来适用法处理，

对 2017 年 1 月 1 日至本准则施行日之间新增的政府补助根据本准则进行调整。

第五章 附 则

第十九条 本准则自 2017 年 6 月 12 日起施行。

第二十条 2006 年 2 月 15 日财政部印发的《财政部关于印发〈企业会计准则第 1 号——存货〉等 38 项具体准则的通知》(财会〔2006〕3 号)中的《企业会计准则第 16 号——政府补助》同时废止。

财政部此前发布的有关政府补助会计处理规定与本准则不一致的,以本准则为准。

企业会计准则解释中与政府补助准则相关的内容

企业收到政府给予的搬迁补偿款应当如何进行会计处理?[①] (《企业会计准则解释第 3 号》第四项)

答:企业因城镇整体规划、库区建设、棚户区改造、沉陷区治理等公共利益进行搬迁,收到政府从财政预算直接拨付的搬迁补偿款,应作为专项应付款处理。其中,属于对企业在搬迁和重建过程中发生的固定资产和无形资产损失、有关费用性支出、停工损失及搬迁后拟新建资产进行补偿的,应自专项应付款转入递延收益,并按照《企业会计准则第 16 号——政府补助》进行会计处理。企业取得的搬迁补偿款扣除转入递延收益的金额后如有结余的,应当作为资本公积处理。

企业收到除上述之外的搬迁补偿款,应当按照《企业会计准则第 4 号——固定资产》、《企业会计准则第 16 号——政府补助》等会计准则进行处理。

---

① 本条款不要求追溯调整。

借款费用准则

企业会计准则第 17 号
——借款费用

(财会〔2006〕3 号 2006 年 2 月 15 日)

第一章 总 则

第一条 为了规范借款费用的确认、计量和相关信息的披露,根据《企业会计准则——基本准则》,制定本准则。

第二条 借款费用,是指企业因借款而发生的利息及其他相关成本。

借款费用包括借款利息、折价或者溢价的摊销、辅助费用以及因外币借款而发生的汇兑差额等。

第三条 与融资租赁[①]有关的融资费用,适用《企业会计准则第 21 号——租赁》。

第二章 确认和计量

第四条 企业发生的借款费用,可直接归属于符合资本化条件的资产的购建或者生产的,应当予以资本化,计入相关资产成本;其他借款费用,应当在发生时根据其发生额确认为费用,计入当期损益。

符合资本化条件的资产,是指需要经过相当长时间的购建或者生产活动才能达到预定可使用或者可销售状态的固定资产、投资性房地产和存货等资产。

---

① 《企业会计准则第 21 号——租赁》(财会〔2018〕35 号)对承租人的会计处理进行了修订。

第五条 借款费用同时满足下列条件的，才能开始资本化：

（一）资产支出已经发生，资产支出包括为购建或者生产符合资本化条件的资产而以支付现金、转移非现金资产或者承担带息债务形式发生的支出。

（二）借款费用已经发生。

（三）为使资产达到预定可使用或者可销售状态所必要的购建或者生产活动已经开始。

第六条 在资本化期间内，每一会计期间的利息（包括折价或溢价的摊销）资本化金额，应当按照下列规定确定：

（一）为购建或者生产符合资本化条件的资产而借入专门借款的，应当以专门借款当期实际发生的利息费用，减去将尚未动用的借款资金存入银行取得的利息收入或进行暂时性投资取得的投资收益后的金额确定。

专门借款，是指为购建或者生产符合资本化条件的资产而专门借入的款项。

（二）为购建或者生产符合资本化条件的资产而占用了一般借款的，企业应当根据累计资产支出超过专门借款部分的资产支出加权平均数乘以所占用一般借款的资本化率，计算确定一般借款应予资本化的利息金额。资本化率应当根据一般借款加权平均利率计算确定。

资本化期间，是指从借款费用开始资本化时点到停止资本化时点的期间，借款费用暂停资本化的期间不包括在内。

第七条 借款存在折价或者溢价的，应当按照实际利率法确定每一会计期间应摊销的折价或者溢价金额，调整每期利息金额。

第八条 在资本化期间内，每一会计期间的利息资本化金额，不应当超过当期相关借款实际发生的利息金额。

第九条 在资本化期间内，外币专门借款本金及利息的汇兑差额，应当予以资本化，计入符合资本化条件的资产的成本。

第十条 专门借款发生的辅助费用，在所购建或者生产的符合资本化条件的资产达到预定可使用或者可销售状态之前发生的，应当在发生时根据其发生额予以资本化，计入符合资本化条件的资产的成本；在所购建或者生产的符合资本化条件的资产达到预定可使用或者可销售状态之后发生的，应当在发生时根据其发生额确认为费用，计入当期损益。

一般借款发生的辅助费用，应当在发生时根据其发生额确认为费用，计入当期损益。①

第十一条 符合资本化条件的资产在购建或者生产过程中发生非正常中断、且中断时间连续超过 3 个月的，应当暂停借款费用的资本化。在中断期间发生的借款费用应当确认为费用，计入当期损益，直至资产的购建或者生产活动重新开始。如果中断是所购建或者生产的符合资本化条件的资产达到预定可使用或者可销售状态必要的程序，借款费用的资本化应当继续进行。

第十二条 购建或者生产符合资本化条件的资产达到预定可使用或者可销售状态时，借款费用应当停止资本化。在符合资本化条件的资产达到预定可使用或者可销售状态之后所发生的借款费用，应当在发生时根据其发生额确认为费用，计入当期损益。

第十三条 购建或者生产符合资本化条件的资产达到预定可使用或者可销售状态，可从下列几个方面进行判断：

（一）符合资本化条件的资产的实体建造（包括安装）或者生产工作已经全部完成或者实质上已经完成。

（二）所购建或者生产的符合资本化条件的资产与设计要求、合同规定或者生产要求相符或者基本相符，即使有极个别与设计、合同或者生产要求不相符的地方，也不影响其正常使用或者销售。

（三）继续发生在所购建或生产的符合资本化条件的资产上的支出金额很少或者几乎不再发生。

购建或者生产符合资本化条件的资产需要试生产或者试运行的，在试生产结果表明资产能够正常生产出合格产品、或者试运行结果表明资产能够正常运转或者营业时，应当认为该资产已经达到预定可使用或者可销售状态。

第十四条 购建或者生产的符合资本化条件的资产的各部分分别完工，且每部分在其他部分继续建造过程中可供使用或者可对外销售，且为使该部分资产达到预定可使用或可销售状态所必要的购建或者生产活动实质上已经完成的，应当停止与该部分资产相关的借款费用的资本化。

购建或者生产的资产的各部分分别完工，但必须等到整体完工后才可使用或者可对外销售的，应当在该资产整体完工时停止借款费用的资本化。

---

① 《企业会计准则第 17 号——借款费用》应用指南（财会〔2006〕18 号）第三条对此条款进行了修订。

第三章 披 露

第十五条 企业应当在附注中披露与借款费用有关的下列信息：
（一）当期资本化的借款费用金额。
（二）当期用于计算确定借款费用资本化金额的资本化率。

《企业会计准则第 17 号 ——借款费用》应用指南

（财会〔2006〕18 号　2006 年 10 月 30 日）

一、符合借款费用资本化条件的存货

根据本准则规定，企业借款购建或者生产的存货中，符合借款费用资本化条件的，应当将符合资本化条件的借款费用予以资本化。

符合借款费用资本化条件的存货，主要包括企业（房地产开发）开发的用于对外出售的房地产开发产品、企业制造的用于对外出售的大型机械设备等。这类存货通常需要经过相当长时间的建造或者生产过程，才能达到预定可销售状态。其中"相当长时间"，是指为资产的购建或者生产所必需的时间，通常为一年以上（含一年）。

二、借款利息费用资本化金额的确定

（一）专门借款利息费用的资本化金额

本准则第六条（一）规定，为购建或者生产符合资本化条件的资产而借入专门借款的，应当以专门借款当期实际发生的利息费用，减去将尚未动用的借款资金存入银行取得的利息收入或者进行暂时性投资取得的投资收益后的金额，确定为专门借款利息费用的资本化金额，并应当在资本化期间内，将其计入符合资本化条件的资产成本。

专门借款应当有明确的专门用途，即为购建或者生产某项符合资本化条件的资产而专门借入的款项，通常应有标明专门用途的借款合同。

（二）一般借款利息费用的资本化金额

一般借款是指除专门借款以外的其他借款。

根据本准则第六条（二）规定，在借款费用资本化期间内，为购建或者生产符合资本化条件的资产占用了一般借款的，一般借款应予资本化的利息金额应当按照下列公式计算：

一般借款利息费用资本化金额＝累计资产支出超过专门借款部分的资产支出加权平均数×所占用一般借款的资本化率

所占用一般借款的资本化率＝所占用一般借款加权平均利率＝所占用一般借款当期实际发生的利息之和/所占用一般借款本金加权平均数

所占用一般借款本金加权平均数＝∑（所占用每笔一般借款本金×每笔一般借款在当期所占用的天数/当期天数）

三、借款辅助费用的处理

本准则第十条规定，专门借款发生的辅助费用，在所购建或者生产的符合资本化条件的资产达到预定可使用或者可销售状态之前，应当在发生时根据其发生额予以资本化，计入符合资本化条件的资产的成本；在所购建或者生产的符合资本化条件的资产达到预定可使用或者可销售状态之后，应当在发生时根据其发生额确认为费用，计入当期损益。上述资本化或计入当期损益的辅助费用的发生额，是指根据《企业会计准则第22号——金融工具确认和计量》，按照实际利率法所确定的金融负债交易费用对每期利息费用的调整额。借款实际利率与合同利率差异较小的，也可以采用合同利率计算确定利息费用。

一般借款发生的辅助费用，也应当按照上述原则确定其发生额并进行处理。

四、借款费用资本化的暂停

根据本准则第十一条规定，符合资本化条件的资产在购建或者生产过程中发生非正常中断、且中断时间连续超过三个月的，应当暂停借款费用的资本化。正常中断期间的借款费用应当继续资本化。

非正常中断，通常是由于企业管理决策上的原因或者其他不可预见的原因等所导致的中断。比如，企业因与施工方发生了质量纠纷，或者工程、生产用料没有及时供应，或者资金周转发生了困难，或者施工、生产发生了安全事故，或者发生了与资产购建、生产有关的劳动纠纷等原因，导致资产购建或者生产活动发生中断，均属于非正常中断。

非正常中断与正常中断显著不同。正常中断通常仅限于因购建或者生产符合资本化条件的资产达到预定可使用或者可销售状态所必要的程序，或者事先可预见的不可抗力因素导致的中断。比如，某些工程建造到一定阶段必须暂停下来进行质量或者安全检查，检查通过后才可继续下一阶段的建造工作，这类中断是在施工前可以预见的，而且是工程建造必须经过的程序，属于正常中断。

某些地区的工程在建造过程中，由于可预见的不可抗力因素（如雨季或冰冻季节等原因）导致施工出现停顿，也属于正常中断。比如，某企业在北方某地建造某工程期间，正遇冰冻季节，工程施工因此中断，待冰冻季节过后方能继续施工。由于该地区在施工期间出现较长时间的冰冻为正常情况，由此导致的施工中断是可预见的不可抗力因素导致的中断，属于正常中断。

所得税准则

企业会计准则第 18 号
——所得税

（财会〔2006〕3 号　2006 年 2 月 15 日）

第一章　总　　则

第一条　为了规范企业所得税的确认、计量和相关信息的列报，根据《企业会计准则——基本准则》，制定本准则。

第二条　本准则所称所得税包括企业以应纳税所得额为基础的各种境内和境外税额。

第三条　本准则不涉及政府补助的确认和计量，但因政府补助产生暂时性差异的所得税影响，应当按照本准则进行确认和计量。

第二章　计税基础

第四条　企业在取得资产、负债时，应当确定其计税基础。资产、负债的账面价值与其计税基础存在差异的，应当按照本准则规定确认所产生的递延所得税资产或递延所得税负债。

第五条　资产的计税基础，是指企业收回资产账面价值过程中，计算应纳税所得额时按照税法规定可以自应税经济利益中抵扣的金额。

第六条 负债的计税基础，是指负债的账面价值减去未来期间计算应纳税所得额时按照税法规定可予抵扣的金额。

第三章 暂时性差异

第七条 暂时性差异，是指资产或负债的账面价值与其计税基础之间的差额；未作为资产和负债确认的项目，按照税法规定可以确定其计税基础的，该计税基础与其账面价值之间的差额也属于暂时性差异。

按照暂时性差异对未来期间应税金额的影响，分为应纳税暂时性差异和可抵扣暂时性差异。

第八条 应纳税暂时性差异，是指在确定未来收回资产或清偿负债期间的应纳税所得额时，将导致产生应税金额的暂时性差异。

第九条 可抵扣暂时性差异，是指在确定未来收回资产或清偿负债期间的应纳税所得额时，将导致产生可抵扣金额的暂时性差异。

第四章 确　　认

第十条 企业应当将当期和以前期间应交未交的所得税确认为负债，将已支付的所得税超过应支付的部分确认为资产。

存在应纳税暂时性差异或可抵扣暂时性差异的，应当按照本准则规定确认递延所得税负债或递延所得税资产。

第十一条 除下列交易中产生的递延所得税负债以外，企业应当确认所有应纳税暂时性差异产生的递延所得税负债：

（一）商誉的初始确认。

（二）同时具有下列特征的交易中产生的资产或负债的初始确认：

1. 该项交易不是企业合并。

2. 交易发生时既不影响会计利润也不影响应纳税所得额（或可抵扣亏损）。

与子公司、联营企业及合营企业的投资相关的应纳税暂时性差异产生的递延所得税负债，应当按照本准则第十二条的规定确认。

第十二条　企业对与子公司、联营企业及合营企业投资相关的应纳税暂时性差异，应当确认相应的递延所得税负债。但是，同时满足下列条件的除外：

（一）投资企业能够控制暂时性差异转回的时间。

（二）该暂时性差异在可预见的未来很可能不会转回。

第十三条　企业应当以很可能取得用来抵扣可抵扣暂时性差异的应纳税所得额为限，确认由可抵扣暂时性差异产生的递延所得税资产。但是，同时具有下列特征的交易中因资产或负债的初始确认所产生的递延所得税资产不予确认：

（一）该项交易不是企业合并。

（二）交易发生时既不影响会计利润也不影响应纳税所得额（或可抵扣亏损）。

资产负债表日，有确凿证据表明未来期间很可能获得足够的应纳税所得额用来抵扣可抵扣暂时性差异的，应当确认以前期间未确认的递延所得税资产。

第十四条　企业对与子公司、联营企业及合营企业投资相关的可抵扣暂时性差异，同时满足下列条件的，应当确认相应的递延所得税资产：

（一）暂时性差异在可预见的未来很可能转回。

（二）未来很可能获得用来抵扣可抵扣暂时性差异的应纳税所得额。

第十五条　企业对于能够结转以后年度的可抵扣亏损和税款抵减，应当以很可能获得用来抵扣可抵扣亏损和税款抵减的未来应纳税所得额为限，确认相应的递延所得税资产。

第五章　计　　量

第十六条　资产负债表日，对于当期和以前期间形成的当期所得税负债（或资产），应当按照税法规定计算的预期应交纳（或返还）的所得税金额计量。

第十七条　资产负债表日，对于递延所得税资产和递延所得税负债，应当根据税法规定，按照预期收回该资产或清偿该负债期间的适用税率计量。

适用税率发生变化的，应对已确认的递延所得税资产和递延所得税负债进行重新计量，除直接在所有者权益中确认的交易或者事项产生的递延所得税资产和递延所得税负债以外，应当将其影响数计入变化当期的所得税费用。

第十八条　递延所得税资产和递延所得税负债的计量，应当反映资产负债表日企业预期收回资产或清偿负债方式的所得税影响，即在计量递延所得税资产和递延所得税负债时，应当采用与收回资产或清偿债务的预期方式相一致的税率和计税基础。

第十九条　企业不应当对递延所得税资产和递延所得税负债进行折现。

第二十条　资产负债表日，企业应当对递延所得税资产的账面价值进行复核。如果未来期间很可能无法获得足够的应纳税所得额用以抵扣递延所得税资产的利益，应当减记递延所得税资产的账面价值。

在很可能获得足够的应纳税所得额时，减记的金额应当转回。

第二十一条　企业当期所得税和递延所得税应当作为所得税费用或收益计入当期损益，但不包括下列情况产生的所得税：

（一）企业合并。

（二）直接在所有者权益中确认的交易或者事项。

第二十二条　与直接计入所有者权益的交易或者事项相关的当期所得税和递延所得税，应当计入所有者权益。

第六章　列　　报

第二十三条　递延所得税资产和递延所得税负债应当分别作为非流动资产和非流动负债在资产负债表中列示。

第二十四条　所得税费用应当在利润表中单独列示。

第二十五条　企业应当在附注中披露与所得税有关的下列信息：

（一）所得税费用（收益）的主要组成部分。

（二）所得税费用（收益）与会计利润关系的说明。

（三）未确认递延所得税资产的可抵扣暂时性差异、可抵扣亏损的金额（如果存在到期日，还应披露到期日）。

（四）对每一类暂时性差异和可抵扣亏损，在列报期间确认的递延所得税资产或递延所得税负债的金额，确认递延所得税资产的依据。

（五）未确认递延所得税负债的，与对子公司、联营企业及合营企业投资相关的暂时性差异金额。

《企业会计准则第 18 号 ——所得税》应用指南

(财会〔2006〕18 号　2006 年 10 月 30 日)

一、资产、负债的计税基础

资产的账面价值大于其计税基础或者负债的账面价值小于其计税基础的,产生应纳税暂时性差异;资产的账面价值小于其计税基础或者负债的账面价值大于其计税基础的,产生可抵扣暂时性差异。

(一) 资产的计税基础

本准则第五条规定,资产的计税基础是指企业收回资产账面价值过程中,计算应纳税所得额时按照税法规定可以自应税经济利益中抵扣的金额。

通常情况下,资产在取得时其入账价值与计税基础是相同的,后续计量过程中因企业会计准则规定与税法规定不同,可能产生资产的账面价值与其计税基础的差异。

比如,交易性金融资产[①]的公允价值变动。按照企业会计准则规定,交易性金融资产期末应以公允价值计量,公允价值的变动计入当期损益。如果按照税法规定,交易性金融资产在持有期间公允价值变动不计入应纳税所得额,即其计税基础保持不变,则产生了交易性金融资产的账面价值与计税基础之间的差异。假定某企业持有一项交易性金融资产,成本为 1000 万元,期末公允价值为 1500 万元,如计税基础仍维持 1000 万元不变,该计税基础与其账面价值之间的差额 500 万元即为应纳税暂时性差异。

(二) 负债的计税基础

本准则第六条规定,负债的计税基础是指负债的账面价值减去未来期间计

[①] 《企业会计准则第 22 号——金融工具确认和计量》(财会〔2017〕7 号) 对金融工具的确认和计量进行了修订。

算应纳税所得额时按照税法规定可予抵扣的金额。

短期借款、应付票据、应付账款等负债的确认和偿还，通常不会对当期损益和应纳税所得额产生影响，其计税基础即为账面价值。但在某些情况下，负债的确认可能会影响损益，并影响不同期间的应纳税所得额，使其计税基础与账面价值之间产生差额。比如，上述企业因某事项在当期确认了100万元负债，计入当期损益。假定按照税法规定，与确认该负债相关的费用，在实际发生时准予税前扣除，该负债的计税基础为零，其账面价值与计税基础之间形成可抵扣暂时性差异。

企业应于资产负债表日，分析比较资产、负债的账面价值与其计税基础，两者之间存在差异的，确认递延所得税资产、递延所得税负债及相应的递延所得税费用（或收益）。企业合并等特殊交易或事项中取得的资产和负债，应于购买日比较其入账价值与计税基础，按照本准则规定计算确认相关的递延所得税资产或递延所得税负债。

二、递延所得税资产和递延所得税负债

资产负债表日，企业应当按照暂时性差异与适用所得税税率计算的结果，确认递延所得税负债、递延所得税资产以及相应的递延所得税费用（或收益），本准则第十一条至第十三条规定不确认递延所得税负债或递延所得税资产的情况除外。沿用上述举例，假定该企业适用的所得税税率为33%，递延所得税资产和递延所得税负债不存在期初余额，对于交易性金融资产产生的500万元应纳税暂时性差异，应确认165万元递延所得税负债；对于负债产生的100万元可抵扣暂时性差异，应确认33万元递延所得税资产。

确认由可抵扣暂时性差异产生的递延所得税资产，应当以未来期间很可能取得用以抵扣可抵扣暂时性差异的应纳税所得额为限。企业在确定未来期间很可能取得的应纳税所得额时，应当包括未来期间正常生产经营活动实现的应纳税所得额，以及在可抵扣暂时性差异转回期间因应纳税暂时性差异的转回而增加的应纳税所得额，并应提供相关的证据。

三、所得税费用的确认和计量

企业在计算确定当期所得税（即当期应交所得税）以及递延所得税费用（或收益）的基础上，应将两者之和确认为利润表中的所得税费用（或收益），但不包括直接计入所有者权益的交易或事项的所得税影响。即：

所得税费用（或收益）= 当期所得税 + 递延所得税费用（ - 递延所得税收益）

仍沿用上述举例，该企业 12 月 31 日资产负债表中有关项目账面价值及其计税基础如下：

××企业 单位：万元

	项目	账面价值	计税基础	应纳税暂时性差异	可抵扣暂时性差异
1	交易性金融资产	1500	1000	500	
2	负债	100	0		100
	合计			500	100

假定除上述项目外，该企业其他资产、负债的账面价值与其计税基础不存在差异，也不存在可抵扣亏损和税款抵减；该企业当期按照税法规定计算确定的应交所得税为 600 万元；该企业预计在未来期间能够产生足够的应纳税所得额用以抵扣可抵扣暂时性差异。

该企业计算确认的递延所得税负债、递延所得税资产、递延所得税费用以及所得税费用如下：

递延所得税负债 = 500 × 33% = 165（万元）

递延所得税资产 = 100 × 33% = 33（万元）

递延所得税费用 = 165 - 33 = 132（万元）

当期所得税费用 = 600 万元

所得税费用 = 600 + 132 = 732（万元）

四、递延所得税的特殊处理

（一）直接计入所有者权益的交易或事项产生的递延所得税

根据本准则第二十二条规定，直接计入所有者权益的交易或事项，如可供出售金融资产公允价值的变动，相关资产、负债的账面价值与计税基础之间形成暂时性差异的，应当按照本准则规定确认递延所得税资产或递延所得税负债，计入资本公积（其他资本公积）。

（二）企业合并中产生的递延所得税

由于企业会计准则规定与税法规定对企业合并的处理不同，可能会造成企业合并中取得资产、负债的入账价值与其计税基础的差异。比如非同一控制下企业合并产生的应纳税暂时性差异或可抵扣暂时性差异，在确认递延所得税负债或递延所得税资产的同时，相关的递延所得税费用（或收益），通常应调整企业合并中所确认的商誉。

（三）按照税法规定允许用以后年度所得弥补的可抵扣亏损以及可结转以后年度的税款抵减，比照可抵扣暂时性差异的原则处理。

企业会计准则解释中与所得税准则相关的内容

企业在编制合并财务报表时，因抵销未实现内部销售损益在合并财务报表中产生的暂时性差异是否应当确认递延所得税？母公司对于纳入合并范围子公司的未确认投资损失，执行新会计准则后在合并财务报表中如何列报？（《企业会计准则解释第1号》第九项）

答：（一）企业在编制合并财务报表时，因抵销未实现内部销售损益导致合并资产负债表中资产、负债的账面价值与其在所属纳税主体的计税基础之间产生暂时性差异的，在合并资产负债表中应当确认递延所得税资产或递延所得税负债，同时调整合并利润表中的所得税费用，但与直接计入所有者权益的交易或事项及企业合并相关的递延所得税除外。

（二）执行新会计准则后，母公司对于纳入合并范围子公司的未确认投资损失，在合并资产负债表中应当冲减未分配利润，不再单独作为"未确认的投资损失"项目列报。[①]

[①] 《企业会计准则第33号——合并财务报表》（财会〔2014〕10号）第三十七条对此条款进行了修订。

外币折算准则

企业会计准则第 19 号
——外币折算

(财会〔2006〕3 号 2006 年 2 月 15 日)

第一章 总 则

第一条 为了规范外币交易的会计处理、外币财务报表的折算和相关信息的披露,根据《企业会计准则——基本准则》,制定本准则。

第二条 外币交易,是指以外币计价或者结算的交易。外币是企业记账本位币以外的货币。外币交易包括:

(一)买入或者卖出以外币计价的商品或者劳务。

(二)借入或者借出外币资金。

(三)其他以外币计价或者结算的交易。

第三条 下列各项适用其他相关会计准则:

(一)与购建或生产符合资本化条件的资产相关的外币借款产生的汇兑差额,适用《企业会计准则第 17 号——借款费用》。

(二)外币项目的套期,适用《企业会计准则第 24 号——套期保值》[①]。

(三)现金流量表中的外币折算,适用《企业会计准则第 31 号——现金流量表》。

---

① 《企业会计准则第 24 号——套期保值》(财会〔2006〕3 号)已被《企业会计准则第 24 号——套期会计》(财会〔2017〕9 号)取代。

第二章　记账本位币的确定

第四条　记账本位币，是指企业经营所处的主要经济环境中的货币。

企业通常应选择人民币作为记账本位币。业务收支以人民币以外的货币为主的企业，可以按照本准则第五条规定选定其中一种货币作为记账本位币。但是，编报的财务报表应当折算为人民币。

第五条　企业选定记账本位币，应当考虑下列因素：

（一）该货币主要影响商品和劳务的销售价格，通常以该货币进行商品和劳务的计价和结算。

（二）该货币主要影响商品和劳务所需人工、材料和其他费用，通常以该货币进行上述费用的计价和结算。

（三）融资活动获得的货币以及保存从经营活动中收取款项所使用的货币。

第六条　企业选定境外经营的记账本位币，还应当考虑下列因素：

（一）境外经营对其所从事的活动是否拥有很强的自主性。

（二）境外经营活动中与企业的交易是否在境外经营活动中占有较大比重。

（三）境外经营活动产生的现金流量是否直接影响企业的现金流量、是否可以随时汇回。

（四）境外经营活动产生的现金流量是否足以偿还其现有债务和可预期的债务。

第七条　境外经营，是指企业在境外的子公司、合营企业、联营企业、分支机构。

在境内的子公司、合营企业、联营企业、分支机构，采用不同于企业记账本位币的，也视同境外经营。

第八条　企业记账本位币一经确定，不得随意变更，除非企业经营所处的主要经济环境发生重大变化。

企业因经营所处的主要经济环境发生重大变化，确需变更记账本位币的，应当采用变更当日的即期汇率将所有项目折算为变更后的记账本位币。

第三章　外币交易的会计处理

第九条　企业对于发生的外币交易，应当将外币金额折算为记账本位币金额。

第十条　外币交易应当在初始确认时，采用交易发生日的即期汇率将外币金额折算为记账本位币金额；也可以采用按照系统合理的方法确定的、与交易发生日即期汇率近似的汇率折算。

第十一条　企业在资产负债表日，应当按照下列规定对外币货币性项目和外币非货币性项目进行处理：

（一）外币货币性项目，采用资产负债表日即期汇率折算。因资产负债表日即期汇率与初始确认时或者前一资产负债表日即期汇率不同而产生的汇兑差额，计入当期损益。

（二）以历史成本计量的外币非货币性项目，仍采用交易发生日的即期汇率折算，不改变其记账本位币金额。

货币性项目，是指企业持有的货币资金和将以固定或可确定的金额收取的资产或者偿付的负债。

非货币性项目，是指货币性项目以外的项目。

第四章　外币财务报表的折算

第十二条　企业对境外经营的财务报表进行折算时，应当遵循下列规定：

（一）资产负债表中的资产和负债项目，采用资产负债表日的即期汇率折算，所有者权益项目除"未分配利润"项目外，其他项目采用发生时的即期汇率折算。

（二）利润表中的收入和费用项目，采用交易发生日的即期汇率折算；也可以采用按照系统合理的方法确定的、与交易发生日即期汇率近似的汇率折算。

按照上述（一）、（二）折算产生的外币财务报表折算差额，在资产负债表中所有者权益项目下单独列示。

比较财务报表的折算比照上述规定处理。

第十三条　企业对处于恶性通货膨胀经济中的境外经营的财务报表，应当按照下列规定进行折算：

对资产负债表项目运用一般物价指数予以重述，对利润表项目运用一般物价指数变动予以重述，再按照最近资产负债表日的即期汇率进行折算。

在境外经营不再处于恶性通货膨胀经济中时，应当停止重述，按照停止之日的价格水平重述的财务报表进行折算。

第十四条 企业在处置境外经营时，应当将资产负债表中所有者权益项目下列示的、与该境外经营相关的外币财务报表折算差额，自所有者权益项目转入处置当期损益；部分处置境外经营的，应当按处置的比例计算处置部分的外币财务报表折算差额，转入处置当期损益。

第十五条 企业选定的记账本位币不是人民币的，应当按照本准则第十二条规定将其财务报表折算为人民币财务报表。

第五章 披　　露

第十六条 企业应当在附注中披露与外币折算有关的下列信息：

（一）企业及其境外经营选定的记账本位币及选定的原因，记账本位币发生变更的，说明变更理由。

（二）采用近似汇率的，近似汇率的确定方法。

（三）计入当期损益的汇兑差额。

（四）处置境外经营对外币财务报表折算差额的影响。

《企业会计准则第19号——外币折算》应用指南

（财会〔2006〕3号　2006年10月30日）

一、即期汇率和即期汇率的近似汇率

根据本准则规定，企业在处理外币交易和对外币财务报表进行折算时，应当采用交易发生日的即期汇率将外币金额折算为记账本位币金额反映；也可以采用按照系统合理的方法确定的、与交易发生日即期汇率近似的汇率折算。

即期汇率，通常是指中国人民银行公布的当日人民币外汇牌价的中间价。企业发生的外币兑换业务或涉及外币兑换的交易事项，应当按照交易实际采用的汇率（即银行买入价或卖出价）折算。

即期汇率的近似汇率，是指按照系统合理的方法确定的、与交易发生日即期汇率近似的汇率，通常采用当期平均汇率或加权平均汇率等。

企业通常应当采用即期汇率进行折算。汇率变动不大的，也可以采用即期汇率的近似汇率进行折算。

二、汇兑差额的处理

根据本准则第十一条规定，在资产负债表日，企业应当分别外币货币性项目和外币非货币性项目进行会计处理。

（一）外币货币性项目

货币性项目，是指企业持有的货币资金和将以固定或可确定的金额收取的资产或者偿付的负债。货币性项目分为货币性资产和货币性负债。货币性资产包括库存现金、银行存款、应收账款、其他应收款、长期应收款等；货币性负债包括短期借款、应付账款、其他应付款、长期借款、应付债券、长期应付款等。

对于外币货币性项目，因结算或采用资产负债表日的即期汇率折算而产生的汇兑差额，计入当期损益，同时调增或调减外币货币性项目的记账本位币金额。

（二）外币非货币性项目

非货币性项目，是指货币性项目以外的项目，包括存货、长期股权投资、固定资产、无形资产等。

1. 以历史成本计量的外币非货币性项目，由于已在交易发生日按当日即期汇率折算，资产负债表日不应改变其原记账本位币金额，不产生汇兑差额。

2. 以公允价值计量的外币非货币性项目，如交易性金融资产（股票、基金等），采用公允价值确定日的即期汇率折算，折算后的记账本位币金额与原记账本位币金额的差额，作为公允价值变动（含汇率变动）处理，计入当期损益。

（三）外币投入资本

企业收到投资者以外币投入的资本，应当采用交易发生日即期汇率折算，不得采用合同约定汇率和即期汇率的近似汇率折算，外币投入资本与相应的货币性项目的记账本位币金额之间不产生外币资本折算差额。

（四）实质上构成对境外经营净投资的外币货币性项目

企业编制合并财务报表涉及境外经营的，如有实质上构成对境外经营净投资的外币货币性项目，因汇率变动而产生的汇兑差额，应列入所有者权益"外币报表折算差额"项目[①]；处置境外经营时，计入处置当期损益。

三、分账制记账方法

对于外币交易频繁、外币币种较多的金融企业，也可以采用分账制记账方法进行日常核算。资产负债表日，应当按照本准则第十一条的规定对相应的外币账户余额分别货币性项目和非货币性项目进行调整。

采用分账制记账方法，其产生的汇兑差额的处理结果，应当与统账制一致。

四、境外经营处于恶性通货膨胀经济的判断

本准则第十三条规定了处于恶性通货膨胀经济中的境外经营的财务报表的折算。恶性通货膨胀经济通常按照以下特征进行判断：

（一）最近三年累计通货膨胀率接近或超过100%；

（二）利率、工资和物价与物价指数挂钩；

（三）公众不是以当地货币、而是以相对稳定的外币为单位作为衡量货币金额的基础；

（四）公众倾向于以非货币性资产或相对稳定的外币来保存自己的财富，持有的当地货币立即用于投资以保持购买力；

（五）即使信用期限很短，赊销、赊购交易仍按补偿信用期预计购买力损失的价格成交。

[①] 根据《企业会计准则第30号——财务报表列报》（财会〔2014〕7号）第三十三条，外币财务报表折算差额包含在"以后会计期间在满足规定条件时将重分类进损益"的"其他综合收益"项目中。

企业合并准则

企业会计准则第 20 号
——企业合并

(财会〔2006〕3 号 2006 年 2 月 15 日)

第一章 总 则

第一条 为了规范企业合并的确认、计量和相关信息的披露,根据《企业会计准则——基本准则》,制定本准则。

第二条 企业合并,是指将两个或者两个以上单独的企业合并形成一个报告主体的交易或事项。

企业合并分为同一控制下的企业合并和非同一控制下的企业合并。

第三条 涉及业务的合并比照本准则规定处理。

第四条 本准则不涉及下列企业合并:

(一) 两方或者两方以上形成合营企业的企业合并。

(二) 仅通过合同而不是所有权份额将两个或者两个以上单独的企业合并形成一个报告主体的企业合并。①

第二章 同一控制下的企业合并

第五条 参与合并的企业在合并前后均受同一方或相同的多方最终控制且

---

① 仅通过合同而不是所有权份额将两个或者两个以上单独的企业(或特殊目的主体)合并形成一个报告主体的企业合并,也应当按照《企业会计准则第 20 号——企业合并》(财会〔2006〕3 号)的相关规定进行会计处理。

该控制并非暂时性的,为同一控制下的企业合并。

同一控制下的企业合并,在合并日取得对其他参与合并企业控制权的一方为合并方,参与合并的其他企业为被合并方。

合并日,是指合并方实际取得对被合并方控制权的日期。

第六条 合并方在企业合并中取得的资产和负债,应当按照合并日在被合并方的账面价值计量。合并方取得的净资产账面价值与支付的合并对价账面价值(或发行股份面值总额)的差额,应当调整资本公积;资本公积不足冲减的,调整留存收益。

第七条 同一控制下的企业合并中,被合并方采用的会计政策与合并方不一致的,合并方在合并日应当按照本企业会计政策对被合并方的财务报表相关项目进行调整,在此基础上按照本准则规定确认。

第八条 合并方为进行企业合并发生的各项直接相关费用,包括为进行企业合并而支付的审计费用、评估费用、法律服务费用等,应当于发生时计入当期损益。

为企业合并发行的债券或承担其他债务支付的手续费、佣金等,应当计入所发行债券及其他债务的初始计量金额。企业合并中发行权益性证券发生的手续费、佣金等费用,应当抵减权益性证券溢价收入,溢价收入不足冲减的,冲减留存收益。

第九条 企业合并形成母子公司关系的,母公司应当编制合并日的合并资产负债表、合并利润表和合并现金流量表。

合并资产负债表中被合并方的各项资产、负债,应当按其账面价值计量。因被合并方采用的会计政策与合并方不一致,按照本准则规定进行调整的,应当以调整后的账面价值计量。

合并利润表应当包括参与合并各方自合并当期期初至合并日所发生的收入、费用和利润。被合并方在合并前实现的净利润,应当在合并利润表中单列项目反映。

合并现金流量表应当包括参与合并各方自合并当期期初至合并日的现金流量。

编制合并财务报表时,参与合并各方的内部交易等,应当按照《企业会计准则第33号——合并财务报表》处理。

第三章 非同一控制下的企业合并

第十条 参与合并的各方在合并前后不受同一方或相同的多方最终控制的,为非同一控制下的企业合并。

非同一控制下的企业合并,在购买日取得对其他参与合并企业控制权的一方为购买方,参与合并的其他企业为被购买方。

购买日,是指购买方实际取得对被购买方控制权的日期。

第十一条 购买方应当区别下列情况确定合并成本:

(一)一次交换交易实现的企业合并,合并成本为购买方在购买日为取得对被购买方的控制权而付出的资产、发生或承担的负债以及发行的权益性证券的公允价值。

(二)通过多次交换交易分步实现的企业合并,合并成本为每一单项交易成本之和。①

(三)购买方为进行企业合并发生的各项直接相关费用也应当计入企业合并成本。②

(四)在合并合同或协议中对可能影响合并成本的未来事项作出约定的,购买日如果估计未来事项很可能发生并且对合并成本的影响金额能够可靠计量的,购买方应当将其计入合并成本。

第十二条 购买方在购买日对作为企业合并对价付出的资产、发生或承担的负债应当按照公允价值计量,公允价值与其账面价值的差额,计入当期损益。

第十三条 购买方在购买日应当对合并成本进行分配,按照本准则第十四条的规定确认所取得的被购买方各项可辨认资产、负债及或有负债。

(一)购买方对合并成本大于合并中取得的被购买方可辨认净资产公允价值份额的差额,应当确认为商誉。

初始确认后的商誉,应当以其成本扣除累计减值准备后的金额计量。商誉的减值应当按照《企业会计准则第8号——资产减值》处理。

(二)购买方对合并成本小于合并中取得的被购买方可辨认净资产公允价

---

① 《企业会计准则第2号——长期股权投资》(财会〔2014〕14号)和《企业会计准则第33号——合并财务报表》(财会〔2014〕10号)相关规定对此条款进行了修订。
② 《企业会计准则第2号——长期股权投资》(财会〔2014〕14号)第五条对此条款进行了修订。

值份额的差额，应当按照下列规定处理：

1. 对取得的被购买方各项可辨认资产、负债及或有负债的公允价值以及合并成本的计量进行复核。

2. 经复核后合并成本仍小于合并中取得的被购买方可辨认净资产公允价值份额的，其差额应当计入当期损益。

第十四条 被购买方可辨认净资产公允价值，是指合并中取得的被购买方可辨认资产的公允价值减去负债及或有负债公允价值后的余额。被购买方各项可辨认资产、负债及或有负债，符合下列条件的，应当单独予以确认：

（一）合并中取得的被购买方除无形资产以外的其他各项资产（不仅限于被购买方原已确认的资产），其所带来的经济利益很可能流入企业且公允价值能够可靠地计量的，应当单独予以确认并按照公允价值计量。

合并中取得的无形资产，其公允价值能够可靠地计量的，应当单独确认为无形资产并按照公允价值计量。

（二）合并中取得的被购买方除或有负债以外的其他各项负债，履行有关的义务很可能导致经济利益流出企业且公允价值能够可靠地计量的，应当单独予以确认并按照公允价值计量。

（三）合并中取得的被购买方或有负债，其公允价值能够可靠地计量的，应当单独确认为负债并按照公允价值计量。或有负债在初始确认后，应当按照下列两者孰高进行后续计量：

1. 按照《企业会计准则第 13 号——或有事项》应予确认的金额。

2. 初始确认金额减去按照《企业会计准则第 14 号——收入》的原则确认的累计摊销额后的余额。

第十五条 企业合并形成母子公司关系的，母公司应当设置备查簿，记录企业合并中取得的子公司各项可辨认资产、负债及或有负债等在购买日的公允价值。编制合并财务报表时，应当以购买日确定的各项可辨认资产、负债及或有负债的公允价值为基础对子公司的财务报表进行调整。

第十六条 企业合并发生当期的期末，因合并中取得的各项可辨认资产、负债及或有负债的公允价值或企业合并成本只能暂时确定的，购买方应当以所确定的暂时价值为基础对企业合并进行确认和计量。

购买日后 12 个月内对确认的暂时价值进行调整的，视为在购买日确认和计量。

第十七条 企业合并形成母子公司关系的，母公司应当编制购买日的合并资产负债表，因企业合并取得的被购买方各项可辨认资产、负债及或有负债应当以公允价值列示。母公司的合并成本与取得的子公司可辨认净资产公允价值份额的差额，以按照本准则规定处理的结果列示。

第四章　披　　露

第十八条　企业合并发生当期的期末，合并方应当在附注中披露与同一控制下企业合并有关的下列信息：

（一）参与合并企业的基本情况。

（二）属于同一控制下企业合并的判断依据。

（三）合并日的确定依据。

（四）以支付现金、转让非现金资产以及承担债务作为合并对价的，所支付对价在合并日的账面价值；以发行权益性证券作为合并对价的，合并中发行权益性证券的数量及定价原则，以及参与合并各方交换有表决权股份的比例。

（五）被合并方的资产、负债在上一会计期间资产负债表日及合并日的账面价值；被合并方自合并当期期初至合并日的收入、净利润、现金流量等情况。

（六）合并合同或协议约定将承担被合并方或有负债的情况。

（七）被合并方采用的会计政策与合并方不一致所作调整情况的说明。

（八）合并后已处置或准备处置被合并方资产、负债的账面价值、处置价格等。

第十九条　企业合并发生当期的期末，购买方应当在附注中披露与非同一控制下企业合并有关的下列信息：

（一）参与合并企业的基本情况。

（二）购买日的确定依据。

（三）合并成本的构成及其账面价值、公允价值及公允价值的确定方法。

（四）被购买方各项可辨认资产、负债在上一会计期间资产负债表日及购买日的账面价值和公允价值。

（五）合并合同或协议约定将承担被购买方或有负债的情况。

（六）被购买方自购买日起至报告期期末的收入、净利润和现金流量等情况。

（七）商誉的金额及其确定方法。

（八）因合并成本小于合并中取得的被购买方可辨认净资产公允价值的份额计入当期损益的金额。

（九）合并后已处置或准备处置被购买方资产、负债的账面价值、处置价格等。

《企业会计准则第20号 ——企业合并》应用指南

（财会〔2006〕18号 2006年10月30日）

一、企业合并的方式

（一）控股合并。合并方（或购买方）在企业合并中取得对被合并方（或被购买方）的控制权，被合并方（或被购买方）在合并后仍保持其独立的法人资格并继续经营，合并方（或购买方）确认企业合并形成的对被合并方（或被购买方）的投资。

（二）吸收合并。合并方（或购买方）通过企业合并取得被合并方（或被购买方）的全部净资产，合并后注销被合并方（或被购买方）的法人资格，被合并方（或被购买方）原持有的资产、负债，在合并后成为合并方（或购买方）的资产、负债。

（三）新设合并。参与合并的各方在合并后法人资格均被注销，重新注册成立一家新的企业。

二、合并日或购买日的确定

企业应当在合并日或购买日确认因企业合并取得的资产、负债。按照本准则第五条和第十条规定，合并日或购买日是指合并方或购买方实际取得对被合并方或被购买方控制权的日期，即被合并方或被购买方的净资产或生产经营决策的控制权转移给合并方或购买方的日期。

同时满足下列条件的，通常可认为实现了控制权的转移：

（一）企业合并合同或协议已获股东大会等通过。

（二）企业合并事项需要经过国家有关主管部门审批的，已获得批准。

（三）参与合并各方已办理了必要的财产权转移手续。

（四）合并方或购买方已支付了合并价款的大部分（一般应超过50%），并且有能力、有计划支付剩余款项。

（五）合并方或购买方实际上已经控制了被合并方或被购买方的财务和经营政策，并享有相应的利益、承担相应的风险。

三、同一控制下的企业合并

根据本准则第五条规定，参与合并的企业在合并前后均受同一方或相同的多方最终控制且该控制并非暂时性的，为同一控制下的企业合并。

同一方，是指对参与合并的企业在合并前后均实施最终控制的投资者。

相同的多方，通常是指根据投资者之间的协议约定，在对被投资单位的生产经营决策行使表决权时发表一致意见的两个或两个以上的投资者。

控制并非暂时性，是指参与合并的各方在合并前后较长的时间内受同一方或相同的多方最终控制。较长的时间通常指一年以上（含一年）。

同一控制下企业合并的判断，应当遵循实质重于形式要求。

四、非同一控制下的企业合并

（一）非同一控制下的吸收合并，购买方在购买日应当按照合并中取得的被购买方各项可辨认资产、负债的公允价值确定其入账价值，确定的企业合并成本与取得被购买方可辨认净资产公允价值的差额，应确认为商誉或计入当期损益。

（二）非同一控制下的控股合并，母公司在购买日编制合并资产负债表时，对于被购买方可辨认资产、负债应当按照合并中确定的公允价值列示，企业合并成本大于合并中取得的被购买方可辨认净资产公允价值份额的差额，确认为合并资产负债表中的商誉。企业合并成本小于合并中取得的被购买方可辨认净资产公允价值份额的差额，在购买日合并资产负债表中调整盈余公积和未分配利润。

非同一控制下的企业合并形成母子公司关系的，母公司应自购买日起设置备查簿，登记其在购买日取得的被购买方可辨认资产、负债的公允价值，为以后期间编制合并财务报表提供基础资料。

（三）① 分步实现的企业合并。根据本准则第十一条（二）规定，通过多次交换交易分步实现的企业合并，合并成本为每一单项交易成本之和。购买方在购买日，应当按照以下步骤进行处理：

1. 将原持有的对被购买方的投资账面价值调整恢复至最初取得成本，相应调整留存收益等所有者权益项目。

2. 比较每一单项交易的成本与交易时应享有被投资单位可辨认净资产公允价值的份额，确定每一单项交易中应予确认的商誉金额（或应予确认损益的金额）。

3. 购买方在购买日确认的商誉（或计入损益的金额）应为每一单项交易产生的商誉（或应予确认损益的金额）之和。

4. 被购买方在购买日与原交易日之间可辨认净资产公允价值的变动相对于原持股比例的部分，属于被购买方在交易日至购买日之间实现留存收益的，相应调整留存收益，差额调整资本公积。

（四）购买方应当按照以下规定确定合并中取得的被购买方各项可辨认资产、负债及或有负债的公允价值：

1. 货币资金，按照购买日被购买方的账面余额确定。

2. 有活跃市场的股票、债券、基金等金融工具，按照购买日活跃市场中的市场价格确定。

3. 应收款项，其中的短期应收款项，一般按照应收取的金额作为其公允价值；长期应收款项，应按适当的利率折现后的现值确定其公允价值。在确定应收款项的公允价值时，应考虑发生坏账的可能性及相关收款费用。

4. 存货，对其中的产成品和商品按其估计售价减去估计的销售费用、相关税费以及购买方出售类似产成品或商品估计可能实现的利润确定；在产品按完工产品的估计售价减去至完工仍将发生的成本、估计的销售费用、相关税费以及基于同类或类似产成品的基础上估计出售可能实现的利润确定；原材料按现行重置成本确定。

5. 不存在活跃市场的金融工具如权益性投资等，应当参照《企业会计准则第22号——金融工具确认和计量》的规定，采用估值技术确定其公允价值。

6. 房屋建筑物、机器设备、无形资产，存在活跃市场的，应以购买日的市场价格为基础确定其公允价值；不存在活跃市场，但同类或类似资产存在活

---

① 《企业会计准则第2号——长期股权投资》（财会〔2014〕14号）和《企业会计准则第33号——合并财务报表》（财会〔2014〕10号）相关规定对此条款进行了修订。

跃市场的，应参照同类或类似资产的市场价格确定其公允价值；同类或类似资产也不存在活跃市场的，应采用估值技术确定其公允价值。

7. 应付账款、应付票据、应付职工薪酬、应付债券、长期应付款，其中的短期负债，一般按照应支付的金额确定其公允价值；长期负债，应按适当的折现率折现后的现值作为其公允价值。

8. 取得的被购买方的或有负债，其公允价值在购买日能够可靠计量的，应确认为预计负债。此项负债应当按照假定第三方愿意代购买方承担，就其所承担义务需要购买方支付的金额作为其公允价值。

9. 递延所得税资产和递延所得税负债，取得的被购买方各项可辨认资产、负债及或有负债的公允价值与其计税基础之间存在差额的，应当按照《企业会计准则第18号——所得税》的规定确认相应的递延所得税资产或递延所得税负债，所确认的递延所得税资产或递延所得税负债的金额不应折现。

五、业务合并

本准则第三条规定，涉及业务的合并比照本准则规定处理。

业务是指企业内部某些生产经营活动或资产的组合，该组合一般具有投入、加工处理过程和产出能力，能够独立计算其成本费用或所产生的收入，但不构成独立法人资格的部分。比如，企业的分公司、不具有独立法人资格的分部等。

企业会计准则解释中与
企业合并准则相关的内容

一、同一控制下的企业合并中，合并方发生的审计、法律服务、评估咨询等中介费用以及其他相关管理费用，应当于发生时计入当期损益。非同一控制下的企业合并中，购买方发生的上述费用，应当如何进行会计处理?[①]（《企业会计准则解释第4号》第一项）

答：非同一控制下的企业合并中，购买方为企业合并发生的审计、法律服

---

① 本条款不要求追溯调整。

务、评估咨询等中介费用以及其他相关管理费用，应当于发生时计入当期损益；购买方作为合并对价发行的权益性证券或债务性证券的交易费用，应当计入权益性证券或债务性证券的初始确认金额。

二、非同一控制下的企业合并中，购买方在购买日取得被购买方可辨认资产和负债，应当如何进行分类或指定？[①]（《企业会计准则解释第4号》第二项）

答：非同一控制下的企业合并中，购买方在购买日取得被购买方可辨认资产和负债，应当根据企业会计准则的规定，结合购买日存在的合同条款、经营政策、并购政策等相关因素进行分类或指定，主要包括被购买方的金融资产和金融负债的分类、套期关系的指定、嵌入衍生工具的分拆等。但是，合并中如涉及租赁合同和保险合同且在购买日对合同条款作出修订的，购买方应当根据企业会计准则的规定，结合修订的条款和其他因素对合同进行分类。

三、在企业合并中，购买方对于因企业合并而产生的递延所得税资产，应当如何进行会计处理？（《企业会计准则解释第4号》第五项）

答：在企业合并中，购买方取得被购买方的可抵扣暂时性差异，在购买日不符合递延所得税资产确认条件的，不应予以确认。购买日后12个月内，如取得新的或进一步的信息表明购买日的相关情况已经存在，预期被购买方在购买日可抵扣暂时性差异带来的经济利益能够实现的，应当确认相关的递延所得税资产，同时减少商誉，商誉不足冲减的，差额部分确认为当期损益；除上述情况以外，确认与企业合并相关的递延所得税资产，应当计入当期损益。

本解释发布前递延所得税资产未按照上述规定处理的，应当进行追溯调整，追溯调整不切实可行的除外。

四、非同一控制下的企业合并中，购买方应如何确认取得的被购买方拥有的但在其财务报表中未确认的无形资产？[②]（《企业会计准则解释第5号》第一项）

答：非同一控制下的企业合并中，购买方在对企业合并中取得的被购买方

[①][②] 本条款不要求追溯调整。

资产进行初始确认时,应当对被购买方拥有的但在其财务报表中未确认的无形资产进行充分辨认和合理判断,满足以下条件之一的,应确认为无形资产:

(一)源于合同性权利或其他法定权利;

(二)能够从被购买方中分离或者划分出来,并能单独或与相关合同、资产和负债一起,用于出售、转移、授予许可、租赁或交换。

企业应当在附注中披露在非同一控制下的企业合并中取得的被购买方无形资产的公允价值及其公允价值的确定方法。

五、根据《企业会计准则第 20 号——企业合并》,在同一控制下的企业合并中,合并方在企业合并中取得的资产和负债,应当按照合并日在被合并方的账面价值计量。在被合并方是最终控制方以前年度从第三方收购来的情况下,合并方在编制财务报表时,应如何确定被合并方资产、负债的账面价值?(《企业会计准则解释第 6 号》第二项)

答:同一控制下的企业合并,是指参与合并的企业在合并前后均受同一方或相同的多方最终控制,且该控制不是暂时性的。从最终控制方的角度看,其在合并前后实际控制的经济资源并没有发生变化,因此有关交易事项不应视为购买。合并方编制财务报表时,在被合并方是最终控制方以前年度从第三方收购来的情况下,应视同合并后形成的报告主体自最终控制方开始实施控制时起,一直是一体化存续下来的,应以被合并方的资产、负债(包括最终控制方收购被合并方而形成的商誉)在最终控制方财务报表中的账面价值为基础,进行相关会计处理。合并方的财务报表比较数据追溯调整的期间应不早于双方处于最终控制方的控制之下孰晚的时间。

本解释发布前同一控制下的企业合并未按照上述规定处理的,应当进行追溯调整,追溯调整不切实可行的除外。

六、关于企业合并中取得的经营活动或资产的组合是否构成业务的判断[①](《企业会计准则解释第 13 号》第二项)

该问题主要涉及《企业会计准则第 20 号——企业合并》(财会〔2006〕3 号,以下简称"第 20 号准则")、《〈企业会计准则第 20 号——企业合并〉应用指南》(财会〔2006〕18 号,以下简称"第 20 号指南")等规定。

---

① 本条款不要求追溯调整。

（一）构成业务的要素。

根据第20号准则的规定，涉及构成业务的合并应当比照第20号准则规定处理。根据第20号指南的规定，业务是指企业内部某些生产经营活动或资产的组合，该组合一般具有投入、加工处理过程和产出能力，能够独立计算其成本费用或所产生的收入。合并方在合并中取得的生产经营活动或资产的组合（以下简称"组合"）构成业务，通常应具有下列三个要素：

1. 投入，指原材料、人工、必要的生产技术等无形资产以及构成产出能力的机器设备等其他长期资产的投入。

2. 加工处理过程，指具有一定的管理能力、运营过程，能够组织投入形成产出能力的系统、标准、协议、惯例或规则。

3. 产出，包括为客户提供的产品或服务、为投资者或债权人提供的股利或利息等投资收益，以及企业日常活动产生的其他的收益。

（二）构成业务的判断条件。

合并方在合并中取得的组合应当至少同时具有一项投入和一项实质性加工处理过程，且二者相结合对产出能力有显著贡献，该组合才构成业务。合并方在合并中取得的组合是否有实际产出并不是判断其构成业务的必要条件。

企业应当考虑产出的下列情况分别判断加工处理过程是否是实质性的：

1. 该组合在合并日无产出的，同时满足下列条件的加工处理过程应判断为是实质性的：（1）该加工处理过程对投入转化为产出至关重要；（2）具备执行该过程所需技能、知识或经验的有组织的员工，且具备必要的材料、权利、其他经济资源等投入，例如技术、研究和开发项目、房地产或矿区权益等。

2. 该组合在合并日有产出的，满足下列条件之一的加工处理过程应判断为是实质性的：（1）该加工处理过程对持续产出至关重要，且具备执行该过程所需技能、知识或经验的有组织的员工；（2）该加工处理过程对产出能力有显著贡献，且该过程是独有、稀缺或难以取代的。

企业在判断组合是否构成业务时，应当从市场参与者角度考虑可以将其作为业务进行管理和经营，而不是根据合并方的管理意图或被合并方的经营历史来判断。

（三）判断非同一控制下企业合并中取得的组合是否构成业务，也可选择采用集中度测试。

集中度测试是非同一控制下企业合并的购买方在判断取得的组合是否构成

一项业务时，可以选择采用的一种简化判断方式。进行集中度测试时，如果购买方取得的总资产的公允价值几乎相当于其中某一单独可辨认资产或一组类似可辨认资产的公允价值的，则该组合通过集中度测试，应判断为不构成业务，且购买方无须按照上述（二）的规定进行判断；如果该组合未通过集中度测试，购买方仍应按照上述（二）的规定进行判断。

购买方应当按照下列规定进行集中度测试：

1. 计算确定取得的总资产的公允价值。取得的总资产不包括现金及现金等价物、递延所得税资产以及由递延所得税负债影响形成的商誉。购买方通常可以通过下列公式之一计算确定取得的总资产的公允价值：

（1）总资产的公允价值＝合并中取得的非现金资产的公允价值＋（购买方支付的对价＋购买日被购买方少数股东权益的公允价值＋购买日前持有被购买方权益的公允价值－合并中所取得的被购买方可辨认净资产公允价值）－递延所得税资产－由递延所得税负债影响形成的商誉

（2）总资产的公允价值＝购买方支付的对价＋购买日被购买方少数股东权益的公允价值＋购买日前持有被购买方权益的公允价值＋取得负债的公允价值（不包括递延所得税负债）－取得的现金及现金等价物－递延所得税资产－由递延所得税负债影响形成的商誉

2. 关于单独可辨认资产。单独可辨认资产是企业合并中作为一项单独可辨认资产予以确认和计量的一项资产或资产组。如果资产（包括租赁资产）及其附着物分拆成本重大，应当将其一并作为一项单独可辨认资产，例如土地和建筑物。

3. 关于一组类似资产。企业在评估一组类似资产时，应当考虑其中每项单独可辨认资产的性质及其与管理产出相关的风险等。下列情形通常不能作为一组类似资产：（1）有形资产和无形资产；（2）不同类别的有形资产，例如存货和机器设备；（3）不同类别的可辨认无形资产，例如商标权和特许权；（4）金融资产和非金融资产；（5）不同类别的金融资产，例如应收款项和权益工具投资；（6）同一类别但风险特征存在重大差别的可辨认资产等。

租 赁 准 则

企业会计准则第 21 号
——租赁

（财会〔2018〕35 号 2018 年 12 月 7 日）

第一章 总 则

第一条 为了规范租赁的确认、计量和相关信息的列报，根据《企业会计准则——基本准则》，制定本准则。

第二条 租赁，是指在一定期间内，出租人将资产的使用权让与承租人以获取对价的合同。

第三条 本准则适用于所有租赁，但下列各项除外：

（一）承租人通过许可使用协议取得的电影、录像、剧本、文稿等版权、专利等项目的权利，以出让、划拨或转让方式取得的土地使用权，适用《企业会计准则第 6 号——无形资产》。

（二）出租人授予的知识产权许可，适用《企业会计准则第 14 号——收入》。

勘探或使用矿产、石油、天然气及类似不可再生资源的租赁，承租人承租生物资产，采用建设经营移交等方式参与公共基础设施建设、运营的特许经营权合同，不适用本准则。

第二章 租赁的识别、分拆和合并

第一节 租赁的识别

第四条 在合同开始日，企业应当评估合同是否为租赁或者包含租赁。如果合同中一方让渡了在一定期间内控制一项或多项已识别资产使用的权利以换取对价，则该合同为租赁或者包含租赁。

除非合同条款和条件发生变化，企业无须重新评估合同是否为租赁或者包含租赁。

第五条 为确定合同是否让渡了在一定期间内控制已识别资产使用的权利，企业应当评估合同中的客户是否有权获得在使用期间内因使用已识别资产所产生的几乎全部经济利益，并有权在该使用期间主导已识别资产的使用。

第六条 已识别资产通常由合同明确指定，也可以在资产可供客户使用时隐性指定。但是，即使合同已对资产进行指定，如果资产的供应方在整个使用期间拥有对该资产的实质性替换权，则该资产不属于已识别资产。

同时符合下列条件时，表明供应方拥有资产的实质性替换权：

（一）资产供应方拥有在整个使用期间替换资产的实际能力；

（二）资产供应方通过行使替换资产的权利将获得经济利益。

企业难以确定供应方是否拥有对该资产的实质性替换权的，应当视为供应方没有对该资产的实质性替换权。

如果资产的某部分产能或其他部分在物理上不可区分，则该部分不属于已识别资产，除非其实质上代表该资产的全部产能，从而使客户获得因使用该资产所产生的几乎全部经济利益。

第七条 在评估是否有权获得因使用已识别资产所产生的几乎全部经济利益时，企业应当在约定的客户可使用资产的权利范围内考虑其所产生的经济利益。

第八条 存在下列情况之一的，可视为客户有权主导对已识别资产在整个使用期间内的使用：

（一）客户有权在整个使用期间主导已识别资产的使用目的和使用方式。

（二）已识别资产的使用目的和使用方式在使用期开始前已预先确定，并且客户有权在整个使用期间自行或主导他人按照其确定的方式运营该资产，或者客户设计了已识别资产并在设计时已预先确定了该资产在整个使用期间的使用目的和使用方式。

第二节 租赁的分拆和合并

第九条 合同中同时包含多项单独租赁的,承租人和出租人应当将合同予以分拆,并分别各项单独租赁进行会计处理。

合同中同时包含租赁和非租赁部分的,承租人和出租人应当将租赁和非租赁部分进行分拆,除非企业适用本准则第十二条的规定进行会计处理,租赁部分应当分别按照本准则进行会计处理,非租赁部分应当按照其他适用的企业会计准则进行会计处理。

第十条 同时符合下列条件的,使用已识别资产的权利构成合同中的一项单独租赁:

(一)承租人可从单独使用该资产或将其与易于获得的其他资源一起使用中获利;

(二)该资产与合同中的其他资产不存在高度依赖或高度关联关系。

第十一条 在分拆合同包含的租赁和非租赁部分时,承租人应当按照各租赁部分单独价格及非租赁部分的单独价格之和的相对比例分摊合同对价,出租人应当根据《企业会计准则第14号——收入》关于交易价格分摊的规定分摊合同对价。

第十二条 为简化处理,承租人可以按照租赁资产的类别选择是否分拆合同包含的租赁和非租赁部分。承租人选择不分拆的,应当将各租赁部分及与其相关的非租赁部分分别合并为租赁,按照本准则进行会计处理。但是,对于按照《企业会计准则第22号——金融工具确认和计量》应分拆的嵌入衍生工具,承租人不应将其与租赁部分合并进行会计处理。

第十三条 企业与同一交易方或其关联方在同一时间或相近时间订立的两份或多份包含租赁的合同,在符合下列条件之一时,应当合并为一份合同进行会计处理:

(一)该两份或多份合同基于总体商业目的而订立并构成一揽子交易,若不作为整体考虑则无法理解其总体商业目的。

(二)该两份或多份合同中的某份合同的对价金额取决于其他合同的定价或履行情况。

(三)该两份或多份合同让渡的资产使用权合起来构成一项单独租赁。

第三章　承租人的会计处理

第一节　确认和初始计量

第十四条　在租赁期开始日，承租人应当对租赁确认使用权资产和租赁负债，应用本准则第三章第三节进行简化处理的短期租赁和低价值资产租赁除外。

使用权资产，是指承租人可在租赁期内使用租赁资产的权利。

租赁期开始日，是指出租人提供租赁资产使其可供承租人使用的起始日期。

第十五条　租赁期，是指承租人有权使用租赁资产且不可撤销的期间。

承租人有续租选择权，即有权选择续租该资产，且合理确定将行使该选择权的，租赁期还应当包含续租选择权涵盖的期间。

承租人有终止租赁选择权，即有权选择终止租赁该资产，但合理确定将不会行使该选择权的，租赁期应当包含终止租赁选择权涵盖的期间。

发生承租人可控范围内的重大事件或变化，且影响承租人是否合理确定将行使相应选择权的，承租人应当对其是否合理确定将行使续租选择权、购买选择权或不行使终止租赁选择权进行重新评估。

第十六条　使用权资产应当按照成本进行初始计量。该成本包括：

（一）租赁负债的初始计量金额；

（二）在租赁期开始日或之前支付的租赁付款额，存在租赁激励的，扣除已享受的租赁激励相关金额；

（三）承租人发生的初始直接费用；

（四）承租人为拆卸及移除租赁资产、复原租赁资产所在场地或将租赁资产恢复至租赁条款约定状态预计将发生的成本。前述成本属于为生产存货而发生的，适用《企业会计准则第 1 号——存货》。

承租人应当按照《企业会计准则第 13 号——或有事项》对本条第（四）项所述成本进行确认和计量。

租赁激励，是指出租人为达成租赁向承租人提供的优惠，包括出租人向承租人支付的与租赁有关的款项、出租人为承租人偿付或承担的成本等。

初始直接费用，是指为达成租赁所发生的增量成本。增量成本是指若企业不取得该租赁，则不会发生的成本。

第十七条 租赁负债应当按照租赁期开始日尚未支付的租赁付款额的现值进行初始计量。

在计算租赁付款额的现值时，承租人应当采用租赁内含利率作为折现率；无法确定租赁内含利率的，应当采用承租人增量借款利率作为折现率。

租赁内含利率，是指使出租人的租赁收款额的现值与未担保余值的现值之和等于租赁资产公允价值与出租人的初始直接费用之和的利率。

承租人增量借款利率，是指承租人在类似经济环境下为获得与使用权资产价值接近的资产，在类似期间以类似抵押条件借入资金须支付的利率。

第十八条 租赁付款额，是指承租人向出租人支付的与在租赁期内使用租赁资产的权利相关的款项，包括：

（一）固定付款额及实质固定付款额，存在租赁激励的，扣除租赁激励相关金额；

（二）取决于指数或比率的可变租赁付款额，该款项在初始计量时根据租赁期开始日的指数或比率确定；

（三）购买选择权的行权价格，前提是承租人合理确定将行使该选择权；

（四）行使终止租赁选择权需支付的款项，前提是租赁期反映出承租人将行使终止租赁选择权；

（五）根据承租人提供的担保余值预计应支付的款项。

实质固定付款额，是指在形式上可能包含变量但实质上无法避免的付款额。

可变租赁付款额，是指承租人为取得在租赁期内使用租赁资产的权利，向出租人支付的因租赁期开始日后的事实或情况发生变化（而非时间推移）而变动的款项。取决于指数或比率的可变租赁付款额包括与消费者价格指数挂钩的款项、与基准利率挂钩的款项和为反映市场租金费率变化而变动的款项等。

第十九条 担保余值，是指与出租人无关的一方向出租人提供担保，保证在租赁结束时租赁资产的价值至少为某指定的金额。

未担保余值，是指租赁资产余值中，出租人无法保证能够实现或仅由与出租人有关的一方予以担保的部分。

第二节　后续计量

第二十条 在租赁期开始日后，承租人应当按照本准则第二十一条、第二十二条、第二十七条及第二十九条的规定，采用成本模式对使用权资产进行后续计量。

第二十一条 承租人应当参照《企业会计准则第 4 号——固定资产》有关折旧规定，对使用权资产计提折旧。

承租人能够合理确定租赁期届满时取得租赁资产所有权的，应当在租赁资产剩余使用寿命内计提折旧。无法合理确定租赁期届满时能够取得租赁资产所有权的，应当在租赁期与租赁资产剩余使用寿命两者孰短的期间内计提折旧。

第二十二条 承租人应当按照《企业会计准则第 8 号——资产减值》的规定，确定使用权资产是否发生减值，并对已识别的减值损失进行会计处理。

第二十三条 承租人应当按照固定的周期性利率计算租赁负债在租赁期内各期间的利息费用，并计入当期损益。按照《企业会计准则第 17 号——借款费用》等其他准则规定应当计入相关资产成本的，从其规定。

该周期性利率，是按照本准则第十七条规定所采用的折现率，或者按照本准则第二十五条、第二十六条和第二十九条规定所采用的修订后的折现率。

第二十四条 未纳入租赁负债计量的可变租赁付款额应当在实际发生时计入当期损益。按照《企业会计准则第 1 号——存货》等其他准则规定应当计入相关资产成本的，从其规定。

第二十五条 在租赁期开始日后，发生下列情形的，承租人应当重新确定租赁付款额，并按变动后租赁付款额和修订后的折现率计算的现值重新计量租赁负债：

（一）因依据本准则第十五条第四款规定，续租选择权或终止租赁选择权的评估结果发生变化，或者前述选择权的实际行使情况与原评估结果不一致等导致租赁期变化的，应当根据新的租赁期重新确定租赁付款额；

（二）因依据本准则第十五条第四款规定，购买选择权的评估结果发生变化的，应当根据新的评估结果重新确定租赁付款额。

在计算变动后租赁付款额的现值时，承租人应当采用剩余租赁期间的租赁内含利率作为修订后的折现率；无法确定剩余租赁期间的租赁内含利率的，应当采用重估日的承租人增量借款利率作为修订后的折现率。

第二十六条 在租赁期开始日后，根据担保余值预计的应付金额发生变动，或者因用于确定租赁付款额的指数或比率变动而导致未来租赁付款额发生变动的，承租人应当按照变动后租赁付款额的现值重新计量租赁负债。在这些情形下，承租人采用的折现率不变；但是，租赁付款额的变动源自浮动利率变动的，使用修订后的折现率。

第二十七条 承租人在根据本准则第二十五条、第二十六条或因实质固定付款额变动重新计量租赁负债时,应当相应调整使用权资产的账面价值。使用权资产的账面价值已调减至零,但租赁负债仍需进一步调减的,承租人应当将剩余金额计入当期损益。

第二十八条 租赁发生变更且同时符合下列条件的,承租人应当将该租赁变更作为一项单独租赁进行会计处理:

(一)该租赁变更通过增加一项或多项租赁资产的使用权而扩大了租赁范围;

(二)增加的对价与租赁范围扩大部分的单独价格按该合同情况调整后的金额相当。

租赁变更,是指原合同条款之外的租赁范围、租赁对价、租赁期限的变更,包括增加或终止一项或多项租赁资产的使用权,延长或缩短合同规定的租赁期等。

第二十九条 租赁变更未作为一项单独租赁进行会计处理的,在租赁变更生效日,承租人应当按照本准则第九条至第十二条的规定分摊变更后合同的对价,按照本准则第十五条的规定重新确定租赁期,并按照变更后租赁付款额和修订后的折现率计算的现值重新计量租赁负债。

在计算变更后租赁付款额的现值时,承租人应当采用剩余租赁期间的租赁内含利率作为修订后的折现率;无法确定剩余租赁期间的租赁内含利率的,应当采用租赁变更生效日的承租人增量借款利率作为修订后的折现率。租赁变更生效日,是指双方就租赁变更达成一致的日期。

租赁变更导致租赁范围缩小或租赁期缩短的,承租人应当相应调减使用权资产的账面价值,并将部分终止或完全终止租赁的相关利得或损失计入当期损益。其他租赁变更导致租赁负债重新计量的,承租人应当相应调整使用权资产的账面价值。

第三节 短期租赁和低价值资产租赁

第三十条 短期租赁,是指在租赁期开始日,租赁期不超过 12 个月的租赁。

包含购买选择权的租赁不属于短期租赁。

第三十一条 低价值资产租赁,是指单项租赁资产为全新资产时价值较低的租赁。

低价值资产租赁的判定仅与资产的绝对价值有关，不受承租人规模、性质或其他情况影响。低价值资产租赁还应当符合本准则第十条的规定。

承租人转租或预期转租租赁资产的，原租赁不属于低价值资产租赁。

第三十二条 对于短期租赁和低价值资产租赁，承租人可以选择不确认使用权资产和租赁负债。

作出该选择的，承租人应当将短期租赁和低价值资产租赁的租赁付款额，在租赁期内各个期间按照直线法或其他系统合理的方法计入相关资产成本或当期损益。其他系统合理的方法能够更好地反映承租人的受益模式的，承租人应当采用该方法。

第三十三条 对于短期租赁，承租人应当按照租赁资产的类别作出本准则第三十二条所述的会计处理选择。

对于低价值资产租赁，承租人可根据每项租赁的具体情况作出本准则第三十二条所述的会计处理选择。

第三十四条 按照本准则第三十二条进行简化处理的短期租赁发生租赁变更或者因租赁变更之外的原因导致租赁期发生变化的，承租人应当将其视为一项新租赁进行会计处理。

第四章　出租人的会计处理

第一节　出租人的租赁分类

第三十五条 出租人应当在租赁开始日将租赁分为融资租赁和经营租赁。

租赁开始日，是指租赁合同签署日与租赁各方就主要租赁条款作出承诺日中的较早者。

融资租赁，是指实质上转移了与租赁资产所有权有关的几乎全部风险和报酬的租赁。其所有权最终可能转移，也可能不转移。

经营租赁，是指除融资租赁以外的其他租赁。

在租赁开始日后，出租人无须对租赁的分类进行重新评估，除非发生租赁变更。租赁资产预计使用寿命、预计余值等会计估计变更或发生承租人违约等情况变化的，出租人不对租赁的分类进行重新评估。

第三十六条 一项租赁属于融资租赁还是经营租赁取决于交易的实质，而不是合同的形式。如果一项租赁实质上转移了与租赁资产所有权有关的几乎全部风险和报酬,出租人应当将该项租赁分类为融资租赁。

一项租赁存在下列一种或多种情形的,通常分类为融资租赁:

(一)在租赁期届满时,租赁资产的所有权转移给承租人。

(二)承租人有购买租赁资产的选择权,所订立的购买价款与预计行使选择权时租赁资产的公允价值相比足够低,因而在租赁开始日就可以合理确定承租人将行使该选择权。

(三)资产的所有权虽然不转移,但租赁期占租赁资产使用寿命的大部分。

(四)在租赁开始日,租赁收款额的现值几乎相当于租赁资产的公允价值。

(五)租赁资产性质特殊,如果不作较大改造,只有承租人才能使用。

一项租赁存在下列一项或多项迹象的,也可能分类为融资租赁:

(一)若承租人撤销租赁,撤销租赁对出租人造成的损失由承租人承担。

(二)资产余值的公允价值波动所产生的利得或损失归属于承租人。

(三)承租人有能力以远低于市场水平的租金继续租赁至下一期间。

第三十七条 转租出租人应当基于原租赁产生的使用权资产,而不是原租赁的标的资产,对转租赁进行分类。

但是,原租赁为短期租赁,且转租出租人应用本准则第三十二条对原租赁进行简化处理的,转租出租人应当将该转租赁分类为经营租赁。

第二节 出租人对融资租赁的会计处理

第三十八条 在租赁期开始日,出租人应当对融资租赁确认应收融资租赁款,并终止确认融资租赁资产。

出租人对应收融资租赁款进行初始计量时,应当以租赁投资净额作为应收融资租赁款的入账价值。

租赁投资净额为未担保余值和租赁期开始日尚未收到的租赁收款额按照租赁内含利率折现的现值之和。

租赁收款额,是指出租人因让渡在租赁期内使用租赁资产的权利而应向承租人收取的款项,包括:

(一)承租人需支付的固定付款额及实质固定付款额,存在租赁激励的,扣除租赁激励相关金额;

(二)取决于指数或比率的可变租赁付款额,该款项在初始计量时根据租赁期开始日的指数或比率确定；

（三）购买选择权的行权价格，前提是合理确定承租人将行使该选择权；

（四）承租人行使终止租赁选择权需支付的款项，前提是租赁期反映出承租人将行使终止租赁选择权；

（五）由承租人、与承租人有关的一方以及有经济能力履行担保义务的独立第三方向出租人提供的担保余值。

在转租的情况下，若转租的租赁内含利率无法确定，转租出租人可采用原租赁的折现率（根据与转租有关的初始直接费用进行调整）计量转租投资净额。

第三十九条 出租人应当按照固定的周期性利率计算并确认租赁期内各个期间的利息收入。该周期性利率，是按照本准则第三十八条规定所采用的折现率，或者按照本准则第四十四条规定所采用的修订后的折现率。

第四十条 出租人应当按照《企业会计准则第22号——金融工具确认和计量》和《企业会计准则第23号——金融资产转移》的规定，对应收融资租赁款的终止确认和减值进行会计处理。

出租人将应收融资租赁款或其所在的处置组划分为持有待售类别的，应当按照《企业会计准则第42号——持有待售的非流动资产、处置组和终止经营》进行会计处理。

第四十一条 出租人取得的未纳入租赁投资净额计量的可变租赁付款额应当在实际发生时计入当期损益。

第四十二条 生产商或经销商作为出租人的融资租赁，在租赁期开始日，该出租人应当按照租赁资产公允价值与租赁收款额按市场利率折现的现值两者孰低确认收入，并按照租赁资产账面价值扣除未担保余值的现值后的余额结转销售成本。

生产商或经销商出租人为取得融资租赁发生的成本，应当在租赁期开始日计入当期损益。

第四十三条 融资租赁发生变更且同时符合下列条件的，出租人应当将该变更作为一项单独租赁进行会计处理：

（一）该变更通过增加一项或多项租赁资产的使用权而扩大了租赁范围；

（二）增加的对价与租赁范围扩大部分的单独价格按该合同情况调整后的金额相当。

第四十四条 融资租赁的变更未作为一项单独租赁进行会计处理的，出租人应当分别下列情形对变更后的租赁进行处理：

（一）假如变更在租赁开始日生效，该租赁会被分类为经营租赁的，出租人应当自租赁变更生效日开始将其作为一项新租赁进行会计处理，并以租赁变更生效日前的租赁投资净额作为租赁资产的账面价值；

（二）假如变更在租赁开始日生效，该租赁会被分类为融资租赁的，出租人应当按照《企业会计准则第 22 号——金融工具确认和计量》关于修改或重新议定合同的规定进行会计处理。

第三节　出租人对经营租赁的会计处理

第四十五条　在租赁期内各个期间，出租人应当采用直线法或其他系统合理的方法，将经营租赁的租赁收款额确认为租金收入。其他系统合理的方法能够更好地反映因使用租赁资产所产生经济利益的消耗模式的，出租人应当采用该方法。

第四十六条　出租人发生的与经营租赁有关的初始直接费用应当资本化，在租赁期内按照与租金收入确认相同的基础进行分摊，分期计入当期损益。

第四十七条　对于经营租赁资产中的固定资产，出租人应当采用类似资产的折旧政策计提折旧；对于其他经营租赁资产，应当根据该资产适用的企业会计准则，采用系统合理的方法进行摊销。

出租人应当按照《企业会计准则第 8 号——资产减值》的规定，确定经营租赁资产是否发生减值，并进行相应会计处理。

第四十八条　出租人取得的与经营租赁有关的未计入租赁收款额的可变租赁付款额，应当在实际发生时计入当期损益。

第四十九条　经营租赁发生变更的，出租人应当自变更生效日起将其作为一项新租赁进行会计处理，与变更前租赁有关的预收或应收租赁收款额应当视为新租赁的收款额。

第五章　售后租回交易

第五十条　承租人和出租人应当按照《企业会计准则第 14 号——收入》的规定，评估确定售后租回交易中的资产转让是否属于销售。

第五十一条　售后租回交易中的资产转让属于销售的，承租人应当按原资产账面价值中与租回获得的使用权有关的部分，计量售后租回所形成的使用权资产，并仅就转让至出租人的权利确认相关利得或损失；出租人应当根据其他适用的企业会计准则对资产购买进行会计处理，并根据本准则对资产出租进行会计处理。

如果销售对价的公允价值与资产的公允价值不同，或者出租人未按市场价格收取租金，则企业应当将销售对价低于市场价格的款项作为预付租金进行会计处理，将高于市场价格的款项作为出租人向承租人提供的额外融资进行会计处理；同时，承租人按照公允价值调整相关销售利得或损失，出租人按市场价格调整租金收入。

在进行上述调整时，企业应当基于以下两者中更易于确定的项目：销售对价的公允价值与资产公允价值之间的差额、租赁合同中付款额的现值与按租赁市价计算的付款额现值之间的差额。

第五十二条 售后租回交易中的资产转让不属于销售的，承租人应当继续确认被转让资产，同时确认一项与转让收入等额的金融负债，并按照《企业会计准则第22号——金融工具确认和计量》对该金融负债进行会计处理；出租人不确认被转让资产，但应当确认一项与转让收入等额的金融资产，并按照《企业会计准则第22号——金融工具确认和计量》对该金融资产进行会计处理。

第六章 列 报

第一节 承租人的列报

第五十三条 承租人应当在资产负债表中单独列示使用权资产和租赁负债。其中，租赁负债通常分别非流动负债和一年内到期的非流动负债列示。

在利润表中，承租人应当分别列示租赁负债的利息费用与使用权资产的折旧费用。租赁负债的利息费用在财务费用项目列示。

在现金流量表中，偿还租赁负债本金和利息所支付的现金应当计入筹资活动现金流出，支付的按本准则第三十二条简化处理的短期租赁付款额和低价值资产租赁付款额以及未纳入租赁负债计量的可变租赁付款额应当计入经营活动现金流出。

第五十四条 承租人应当在附注中披露与租赁有关的下列信息：

（一）各类使用权资产的期初余额、本期增加额、期末余额以及累计折旧额和减值金额；

（二）租赁负债的利息费用；

（三）计入当期损益的按本准则第三十二条简化处理的短期租赁费用和低价值资产租赁费用；

（四）未纳入租赁负债计量的可变租赁付款额；

（五）转租使用权资产取得的收入；

（六）与租赁相关的总现金流出；

（七）售后租回交易产生的相关损益；

（八）其他按照《企业会计准则第37号——金融工具列报》应当披露的有关租赁负债的信息。

承租人应用本准则第三十二条对短期租赁和低价值资产租赁进行简化处理的，应当披露这一事实。

第五十五条 承租人应当根据理解财务报表的需要，披露有关租赁活动的其他定性和定量信息。此类信息包括：

（一）租赁活动的性质，如对租赁活动基本情况的描述；

（二）未纳入租赁负债计量的未来潜在现金流出；

（三）租赁导致的限制或承诺；

（四）售后租回交易除第五十四条第（七）项之外的其他信息；

（五）其他相关信息。

第二节 出租人的列报

第五十六条 出租人应当根据资产的性质，在资产负债表中列示经营租赁资产。

第五十七条 出租人应当在附注中披露与融资租赁有关的下列信息：

（一）销售损益、租赁投资净额的融资收益以及与未纳入租赁投资净额的可变租赁付款额相关的收入；

（二）资产负债表日后连续五个会计年度每年将收到的未折现租赁收款额，以及剩余年度将收到的未折现租赁收款额总额；

（三）未折现租赁收款额与租赁投资净额的调节表。

第五十八条 出租人应当在附注中披露与经营租赁有关的下列信息：

（一）租赁收入，并单独披露与未计入租赁收款额的可变租赁付款额相关的收入；

（二）将经营租赁固定资产与出租人持有自用的固定资产分开，并按经营租赁固定资产的类别提供《企业会计准则第 4 号——固定资产》要求披露的信息；

（三）资产负债表日后连续五个会计年度每年将收到的未折现租赁收款额，以及剩余年度将收到的未折现租赁收款额总额。

第五十九条　出租人应当根据理解财务报表的需要，披露有关租赁活动的其他定性和定量信息。此类信息包括：

（一）租赁活动的性质，如对租赁活动基本情况的描述；

（二）对其在租赁资产中保留的权利进行风险管理的情况；

（三）其他相关信息。

第七章　衔接规定

第六十条　对于首次执行日前已存在的合同，企业在首次执行日可以选择不重新评估其是否为租赁或者包含租赁。选择不重新评估的，企业应当在财务报表附注中披露这一事实，并一致应用于前述所有合同。

第六十一条　承租人应当选择下列方法之一对租赁进行衔接会计处理，并一致应用于其作为承租人的所有租赁：

（一）按照《企业会计准则第 28 号——会计政策、会计估计变更和差错更正》的规定采用追溯调整法处理。

（二）根据首次执行本准则的累积影响数，调整首次执行本准则当年年初留存收益及财务报表其他相关项目金额，不调整可比期间信息。采用该方法时，应当按照下列规定进行衔接处理：

1. 对于首次执行日前的融资租赁，承租人在首次执行日应当按照融资租入资产和应付融资租赁款的原账面价值，分别计量使用权资产和租赁负债。

2. 对于首次执行日前的经营租赁，承租人在首次执行日应当根据剩余租赁付款额按首次执行日承租人增量借款利率折现的现值计量租赁负债，并根据每项租赁选择按照下列两者之一计量使用权资产：

（1）假设自租赁期开始日即采用本准则的账面价值（采用首次执行日的承租人增量借款利率作为折现率）；

（2）与租赁负债相等的金额，并根据预付租金进行必要调整。

3. 在首次执行日，承租人应当按照《企业会计准则第 8 号——资产减值》

的规定,对使用权资产进行减值测试并进行相应会计处理。

第六十二条 首次执行日前的经营租赁中,租赁资产属于低价值资产且根据本准则第三十二条的规定选择不确认使用权资产和租赁负债的,承租人无须对该经营租赁按照衔接规定进行调整,应当自首次执行日起按照本准则进行会计处理。

第六十三条 承租人采用本准则第六十一条第(二)项进行衔接会计处理时,对于首次执行日前的经营租赁,可根据每项租赁采用下列一项或多项简化处理:

1. 将于首次执行日后 12 个月内完成的租赁,可作为短期租赁处理。

2. 计量租赁负债时,具有相似特征的租赁可采用同一折现率;使用权资产的计量可不包含初始直接费用。

3. 存在续租选择权或终止租赁选择权的,承租人可根据首次执行日前选择权的实际行使及其他最新情况确定租赁期,无须对首次执行日前各期间是否合理确定行使续租选择权或终止租赁选择权进行估计。

4. 作为使用权资产减值测试的替代,承租人可根据《企业会计准则第 13 号——或有事项》评估包含租赁的合同在首次执行日前是否为亏损合同,并根据首次执行日前计入资产负债表的亏损准备金额调整使用权资产。

5. 首次执行本准则当年年初之前发生租赁变更的,承租人无须按照本准则第二十八条、第二十九条的规定对租赁变更进行追溯调整,而是根据租赁变更的最终安排,按照本准则进行会计处理。

第六十四条 承租人采用本准则第六十三条规定的简化处理方法的,应当在财务报表附注中披露所采用的简化处理方法以及在合理可能的范围内对采用每项简化处理方法的估计影响所作的定性分析。

第六十五条 对于首次执行日前划分为经营租赁且在首次执行日后仍存续的转租赁,转租出租人在首次执行日应当基于原租赁和转租赁的剩余合同期限和条款进行重新评估,并按照本准则的规定进行分类。按照本准则重分类为融资租赁的,应当将其作为一项新的融资租赁进行会计处理。

除前款所述情形外,出租人无须对其作为出租人的租赁按照衔接规定进行调整,而应当自首次执行日起按照本准则进行会计处理。

第六十六条 对于首次执行日前已存在的售后租回交易,企业在首次执行日不重新评估资产转让是否符合《企业会计准则第 14 号——收入》作为销售进行会计处理的规定。

对于首次执行日前应当作为销售和融资租赁进行会计处理的售后租回交易，卖方（承租人）应当按照与首次执行日存在的其他融资租赁相同的方法对租回进行会计处理，并继续在租赁期内摊销相关递延收益或损失。

对于首次执行日前应当作为销售和经营租赁进行会计处理的售后租回交易，卖方（承租人）应当按照与首次执行日存在的其他经营租赁相同的方法对租回进行会计处理，并根据首次执行日前计入资产负债表的相关递延收益或损失调整使用权资产。

第六十七条　承租人选择按照本准则第六十一条第（二）项规定对租赁进行衔接会计处理的，还应当在首次执行日披露以下信息：

（一）首次执行日计入资产负债表的租赁负债所采用的承租人增量借款利率的加权平均值；

（二）首次执行日前一年度报告期末披露的重大经营租赁的尚未支付的最低租赁付款额按首次执行日承租人增量借款利率折现的现值，与计入首次执行日资产负债表的租赁负债的差额。

第八章　附　　则

第六十八条　本准则自 2019 年 1 月 1 日起施行。

企业会计准则解释中与租赁准则相关的内容

关于基准利率改革导致相关合同现金流量的确定基础发生变更的会计处理[①]（《企业会计准则解释第 14 号》第二项）

该问题主要涉及《企业会计准则第 21 号——租赁》《企业会计准则第 22

[①] 本条款自 2021 年 1 月 26 日起施行。2021 年 1 月 1 日至本条款施行日新增的本条款规定的业务，企业应当根据本条款进行调整。

号——金融工具确认和计量》《企业会计准则第 37 号——金融工具列报》等准则。

基准利率改革是金融市场对基准利率形成机制的改革,包括以基于实际交易的近似无风险基准利率替代银行间报价利率、改进银行间报价利率的报价机制等,例如针对伦敦银行间同业拆借利率(LIBOR)的改革。

(一)相关会计处理

1. 基准利率改革导致金融资产或金融负债合同现金流量的确定基础发生变更的会计处理。

基准利率改革可能导致金融资产或金融负债合同现金流量的确定基础发生变更,包括修改合同条款以将参考基准利率替换为替代基准利率、改变参考基准利率的计算方法、因基准利率改革触发现行合同中有关更换参考基准利率的条款等情形。

(1)对仅因基准利率改革导致变更的会计处理。

当仅因基准利率改革直接导致采用实际利率法确定利息收入或费用的金融资产或金融负债合同现金流量的确定基础发生变更,且变更前后的确定基础在经济上相当时,企业无需评估该变更是否导致终止确认该金融资产或金融负债,也不调整该金融资产或金融负债的账面余额,而应当参照浮动利率变动的处理方法,按照仅因基准利率改革导致变更后的未来现金流量重新计算实际利率,并以此为基础进行后续计量。

企业通常应当根据变更前后金融资产或金融负债的合同现金流量整体是否基本相似判断其确定基础是否在经济上相当。企业可能通过以下方式使变更前后的确定基础在经济上相当(下同):在替换参考基准利率或变更参考基准利率计算方法时增加必要的固定利差,以补偿变更前后确定基础之间的基差;为适应基准利率改革变更重设期间、重设日期或票息支付日之间的天数;增加包含前两项内容的补充条款等。

(2)同时发生其他变更的会计处理。

除仅因基准利率改革导致的上述变更外,采用实际利率法确定利息收入或费用的金融资产或金融负债同时发生其他变更的,企业应当先根据上述规定对基准利率改革导致的变更进行会计处理,即按照仅因基准利率改革导致变更后的未来现金流量重新计算实际利率,再根据《企业会计准则第 22 号——金融工具确认和计量》的规定评估其他变更是否导致终止确认该金融资产或金融负债。导致终止确认的,企业应当按照《企业会计准则第 22 号——金融工具确认和计量》有关终止确认的规定进行会计处理；未导致终止确认的，企业应当根据考虑所有变更后的未来现金流量按照上述规定重新计算的实际利率折现的现值重新确定金融资产或金融负债的账面余额，并将相关利得或损失计入当期损益。

2. 基准利率改革导致的租赁变更的会计处理。

基准利率改革可能导致租赁变更，包括修改租赁合同以将租赁付款额的参考基准利率替换为替代基准利率，从而导致租赁合同现金流量的确定基础发生变更等情形。

（1）对仅因基准利率改革导致租赁变更的会计处理。

当仅因基准利率改革直接导致租赁变更，以致未来租赁付款额的确定基础发生变更且变更前后的确定基础在经济上相当时，承租人应当按照仅因基准利率改革导致变更后的租赁付款额的现值重新计量租赁负债，并相应调整使用权资产的账面价值。在重新计量租赁负债时，承租人应当根据租赁付款额的确定基础因基准利率改革发生的变更，参照浮动利率变动的处理方法对原折现率进行相应调整。

（2）同时发生其他变更的会计处理。

除仅因基准利率改革导致的上述变更外，同时发生其他租赁变更的，承租人应当将所有租赁变更适用《企业会计准则第21号——租赁》有关租赁变更的规定。

（二）附注披露

企业除按照《企业会计准则第37号——金融工具列报》进行披露外，还应当披露因基准利率改革所面临风险的性质和程度，以及企业管理这些风险的方式。具体包括以下相关信息：

1. 参考基准利率替换的进展情况，以及企业对该替换的管理情况；

2. 按照重要基准利率并区分非衍生金融资产、非衍生金融负债和衍生工具，分别披露截至报告期末尚未完成参考基准利率替换的金融工具的定量信息；

3. 企业因基准利率改革而面临风险导致其风险管理策略发生变化的，披露风险管理策略的变化情况。

对于基准利率改革导致的租赁变更，企业应当按照《企业会计准则第21号——租赁》的有关规定进行披露。

（三）新旧衔接

2020年12月31日前发生的基准利率改革相关业务，未按照上述规定处理的，应当进行追溯调整，追溯调整不切实可行的除外。企业无需调整前期比较财务报表数据。在本解释施行日，金融资产、金融负债等原账面价值与新账面价值之间的差额，应当计入本解释施行日所在年度报告期间的期初留存收益或其他综合收益。

金融工具确认和计量准则

企业会计准则第 22 号
——金融工具确认和计量

(财会〔2017〕7 号 2017 年 3 月 31 日)

第一章 总 则

第一条 为了规范金融工具的确认和计量,根据《企业会计准则——基本准则》,制定本准则。

第二条 金融工具,是指形成一方的金融资产并形成其他方的金融负债或权益工具的合同。

第三条 金融资产,是指企业持有的现金、其他方的权益工具以及符合下列条件之一的资产:

(一)从其他方收取现金或其他金融资产的合同权利。

(二)在潜在有利条件下,与其他方交换金融资产或金融负债的合同权利。

(三)将来须用或可用企业自身权益工具进行结算的非衍生工具合同,且企业根据该合同将收到可变数量的自身权益工具。

(四)将来须用或可用企业自身权益工具进行结算的衍生工具合同,但以固定数量的自身权益工具交换固定金额的现金或其他金融资产的衍生工具合同除外。其中,企业自身权益工具不包括应当按照《企业会计准则第 37 号——金融工具列报》分类为权益工具的可回售工具或发行方仅在清算时才有义务向另一方按比例交付其净资产的金融工具，也不包括本身就要求在未来收取或交付企业自身权益工具的合同。

第四条 金融负债，是指企业符合下列条件之一的负债：

（一）向其他方交付现金或其他金融资产的合同义务。

（二）在潜在不利条件下，与其他方交换金融资产或金融负债的合同义务。

（三）将来须用或可用企业自身权益工具进行结算的非衍生工具合同，且企业根据该合同将交付可变数量的自身权益工具。

（四）将来须用或可用企业自身权益工具进行结算的衍生工具合同，但以固定数量的自身权益工具交换固定金额的现金或其他金融资产的衍生工具合同除外。企业对全部现有同类别非衍生自身权益工具的持有方同比例发行配股权、期权或认股权证，使之有权按比例以固定金额的任何货币换取固定数量的该企业自身权益工具的，该类配股权、期权或认股权证应当分类为权益工具。其中，企业自身权益工具不包括应当按照《企业会计准则第 37 号——金融工具列报》分类为权益工具的可回售工具或发行方仅在清算时才有义务向另一方按比例交付其净资产的金融工具，也不包括本身就要求在未来收取或交付企业自身权益工具的合同。

第五条 衍生工具，是指属于本准则范围并同时具备下列特征的金融工具或其他合同：

（一）其价值随特定利率、金融工具价格、商品价格、汇率、价格指数、费率指数、信用等级、信用指数或其他变量的变动而变动，变量为非金融变量的，该变量不应与合同的任何一方存在特定关系。

（二）不要求初始净投资，或者与对市场因素变化预期有类似反应的其他合同相比，要求较少的初始净投资。

（三）在未来某一日期结算。

常见的衍生工具包括远期合同、期货合同、互换合同和期权合同等。

第六条 除下列各项外，本准则适用于所有企业各种类型的金融工具：

（一）由《企业会计准则第 2 号——长期股权投资》规范的对子公司、合营企业和联营企业的投资，适用《企业会计准则第 2 号——长期股权投资》，但是企业根据《企业会计准则第 2 号——长期股权投资》对上述投资按照本准则相关规定进行会计处理的，适用本准则。企业持有的与在子公司、合营企业或联营企业中的权益相联系的衍生工具，适用本准则；该衍生工具符合《企业会计准则第 37 号——金融工具列报》规定的权益工具定义的，适用《企业会计准则第 37 号——金融工具列报》。

（二）由《企业会计准则第 9 号——职工薪酬》规范的职工薪酬计划形成的企业的权利和义务，适用《企业会计准则第 9 号——职工薪酬》。

（三）由《企业会计准则第 11 号——股份支付》规范的股份支付，适用《企业会计准则第 11 号——股份支付》。但是，股份支付中属于本准则第八条范围的买入或卖出非金融项目的合同，适用本准则。

（四）由《企业会计准则第 12 号——债务重组》规范的债务重组，适用《企业会计准则第 12 号——债务重组》。

（五）因清偿按照《企业会计准则第 13 号——或有事项》所确认的预计负债而获得补偿的权利，适用《企业会计准则第 13 号——或有事项》。

（六）由《企业会计准则第 14 号——收入》规范的属于金融工具的合同权利和义务，适用《企业会计准则第 14 号——收入》，但该准则要求在确认和计量相关合同权利的减值损失和利得时应当按照本准则规定进行会计处理的，适用本准则有关减值的规定。

（七）购买方（或合并方）与出售方之间签订的，将在未来购买日（或合并日）形成《企业会计准则第 20 号——企业合并》规范的企业合并且其期限不超过企业合并获得批准并完成交易所必需的合理期限的远期合同，不适用本准则。

（八）由《企业会计准则第 21 号——租赁》规范的租赁的权利和义务，适用《企业会计准则第 21 号——租赁》。但是，租赁应收款的减值、终止确认，租赁应付款的终止确认，以及租赁中嵌入的衍生工具，适用本准则。

（九）金融资产转移，适用《企业会计准则第 23 号——金融资产转移》。

（十）套期会计，适用《企业会计准则第 24 号——套期会计》。

（十一）由保险合同相关会计准则规范的保险合同所产生的权利和义务，适用保险合同相关会计准则。因具有相机分红特征而由保险合同相关会计准则规范的合同所产生的权利和义务，适用保险合同相关会计准则。但对于嵌入保险合同的衍生工具，该嵌入衍生工具本身不是保险合同的，适用本准则。

对于财务担保合同，发行方之前明确表明将此类合同视作保险合同，并且已按照保险合同相关会计准则进行会计处理的，可以选择适用本准则或保险合同相关会计准则。该选择可以基于单项合同，但选择一经作出，不得撤销。否则，相关财务担保合同适用本准则。

财务担保合同,是指当特定债务人到期不能按照最初或修改后的债务工具条款偿付债务时,要求发行方向蒙受损失的合同持有人赔付特定金额的合同。

(十二)企业发行的按照《企业会计准则第 37 号——金融工具列报》规定应当分类为权益工具的金融工具,适用《企业会计准则第 37 号——金融工具列报》。

第七条 本准则适用于下列贷款承诺:

(一)企业指定为以公允价值计量且其变动计入当期损益的金融负债的贷款承诺。如果按照以往惯例,企业在贷款承诺产生后不久即出售其所产生资产,则同一类别的所有贷款承诺均应当适用本准则。

(二)能够以现金或者通过交付或发行其他金融工具净额结算的贷款承诺。此类贷款承诺属于衍生工具。企业不得仅仅因为相关贷款将分期拨付(如按工程进度分期拨付的按揭建造贷款)而将该贷款承诺视为以净额结算。

(三)以低于市场利率贷款的贷款承诺。

所有贷款承诺均适用本准则关于终止确认的规定。企业作为贷款承诺发行方的,还适用本准则关于减值的规定。

贷款承诺,是指按照预先规定的条款和条件提供信用的确定性承诺。

第八条 对于能够以现金或其他金融工具净额结算,或者通过交换金融工具结算的买入或卖出非金融项目的合同,除了企业按照预定的购买、销售或使用要求签订并持有旨在收取或交付非金融项目的合同适用其他相关会计准则外,企业应当将该合同视同金融工具,适用本准则。

对于能够以现金或其他金融工具净额结算,或者通过交换金融工具结算的买入或卖出非金融项目的合同,即使企业按照预定的购买、销售或使用要求签订并持有旨在收取或交付非金融项目的合同的,企业也可以将该合同指定为以公允价值计量且其变动计入当期损益的金融资产或金融负债。企业只能在合同开始时作出该指定,并且必须能够通过该指定消除或显著减少会计错配。该指定一经作出,不得撤销。

会计错配,是指当企业以不同的会计确认方法和计量属性,对在经济上相关的资产和负债进行确认或计量而产生利得或损失时,可能导致的会计确认和计量上的不一致。

第二章 金融工具的确认和终止确认

第九条 企业成为金融工具合同的一方时,应当确认一项金融资产或金融负债。

第十条 对于以常规方式购买或出售金融资产的，企业应当在交易日确认将收到的资产和为此将承担的负债，或者在交易日终止确认已出售的资产，同时确认处置利得或损失以及应向买方收取的应收款项。

以常规方式购买或出售金融资产，是指企业按照合同规定购买或出售金融资产，并且该合同条款规定，企业应当根据通常由法规或市场惯例所确定的时间安排来交付金融资产。

第十一条 金融资产满足下列条件之一的，应当终止确认：

（一）收取该金融资产现金流量的合同权利终止。

（二）该金融资产已转移，且该转移满足《企业会计准则第23号——金融资产转移》关于金融资产终止确认的规定。

本准则所称金融资产或金融负债终止确认，是指企业将之前确认的金融资产或金融负债从其资产负债表中予以转出。

第十二条 金融负债（或其一部分）的现时义务已经解除的，企业应当终止确认该金融负债（或该部分金融负债）。

第十三条 企业（借入方）与借出方之间签订协议，以承担新金融负债方式替换原金融负债，且新金融负债与原金融负债的合同条款实质上不同的，企业应当终止确认原金融负债，同时确认一项新金融负债。

企业对原金融负债（或其一部分）的合同条款作出实质性修改的，应当终止确认原金融负债，同时按照修改后的条款确认一项新金融负债。

第十四条 金融负债（或其一部分）终止确认的，企业应当将其账面价值与支付的对价（包括转出的非现金资产或承担的负债）之间的差额，计入当期损益。

第十五条 企业回购金融负债一部分的，应当按照继续确认部分和终止确认部分在回购日各自的公允价值占整体公允价值的比例，对该金融负债整体的账面价值进行分配。分配给终止确认部分的账面价值与支付的对价（包括转出的非现金资产或承担的负债）之间的差额，应当计入当期损益。

第三章 金融资产的分类

第十六条 企业应当根据其管理金融资产的业务模式和金融资产的合同现金流量特征，将金融资产划分为以下三类：

（一）以摊余成本计量的金融资产。

（二）以公允价值计量且其变动计入其他综合收益的金融资产。

（三）以公允价值计量且其变动计入当期损益的金融资产。

企业管理金融资产的业务模式，是指企业如何管理其金融资产以产生现金流量。业务模式决定企业所管理金融资产现金流量的来源是收取合同现金流量、出售金融资产还是两者兼有。企业管理金融资产的业务模式，应当以企业关键管理人员决定的对金融资产进行管理的特定业务目标为基础确定。企业确定管理金融资产的业务模式，应当以客观事实为依据，不得以按照合理预期不会发生的情形为基础确定。

金融资产的合同现金流量特征，是指金融工具合同约定的、反映相关金融资产经济特征的现金流量属性。企业分类为本准则第十七条和第十八条规范的金融资产，其合同现金流量特征，应当与基本借贷安排相一致。即相关金融资产在特定日期产生的合同现金流量仅为对本金和以未偿付本金金额为基础的利息的支付，其中，本金是指金融资产在初始确认时的公允价值，本金金额可能因提前还款等原因在金融资产的存续期内发生变动；利息包括对货币时间价值、与特定时期未偿付本金金额相关的信用风险，以及其他基本借贷风险、成本和利润的对价。其中，货币时间价值是利息要素中仅因为时间流逝而提供对价的部分，不包括为所持有金融资产的其他风险或成本提供的对价，但货币时间价值要素有时可能存在修正。在货币时间价值要素存在修正的情况下，企业应当对相关修正进行评估，以确定其是否满足上述合同现金流量特征的要求。此外，金融资产包含可能导致其合同现金流量的时间分布或金额发生变更的合同条款（如包含提前还款特征）的，企业应当对相关条款进行评估（如评估提前还款特征的公允价值是否非常小），以确定其是否满足上述合同现金流量特征的要求。

第十七条　金融资产同时符合下列条件的，应当分类为以摊余成本计量的金融资产：

（一）企业管理该金融资产的业务模式是以收取合同现金流量为目标。

（二）该金融资产的合同条款规定，在特定日期产生的现金流量，仅为对本金和以未偿付本金金额为基础的利息的支付。

第十八条　金融资产同时符合下列条件的，应当分类为以公允价值计量且其变动计入其他综合收益的金融资产：

（一）企业管理该金融资产的业务模式既以收取合同现金流量为目标又以

出售该金融资产为目标。

（二）该金融资产的合同条款规定，在特定日期产生的现金流量，仅为对本金和以未偿付本金金额为基础的利息的支付。

第十九条 按照本准则第十七条分类为以摊余成本计量的金融资产和按照本准则第十八条分类为以公允价值计量且其变动计入其他综合收益的金融资产之外的金融资产，企业应当将其分类为以公允价值计量且其变动计入当期损益的金融资产。

在初始确认时，企业可以将非交易性权益工具投资指定为以公允价值计量且其变动计入其他综合收益的金融资产，并按照本准则第六十五条规定确认股利收入。该指定一经作出，不得撤销。企业在非同一控制下的企业合并中确认的或有对价构成金融资产的，该金融资产应当分类为以公允价值计量且其变动计入当期损益的金融资产，不得指定为以公允价值计量且其变动计入其他综合收益的金融资产。

金融资产或金融负债满足下列条件之一的，表明企业持有该金融资产或承担该金融负债的目的是交易性的：

（一）取得相关金融资产或承担相关金融负债的目的，主要是为了近期出售或回购。

（二）相关金融资产或金融负债在初始确认时属于集中管理的可辨认金融工具组合的一部分，且有客观证据表明近期实际存在短期获利模式。

（三）相关金融资产或金融负债属于衍生工具。但符合财务担保合同定义的衍生工具以及被指定为有效套期工具的衍生工具除外。

第二十条 在初始确认时，如果能够消除或显著减少会计错配，企业可以将金融资产指定为以公允价值计量且其变动计入当期损益的金融资产。该指定一经作出，不得撤销。

第四章　金融负债的分类

第二十一条 除下列各项外，企业应当将金融负债分类为以摊余成本计量的金融负债：

（一）以公允价值计量且其变动计入当期损益的金融负债，包括交易性金融负债（含属于金融负债的衍生工具）和指定为以公允价值计量且其变动计入当期损益的金融负债。

（二）金融资产转移不符合终止确认条件或继续涉入被转移金融资产所形成的金融负债。对此类金融负债，企业应当按照《企业会计准则第 23 号——金融资产转移》相关规定进行计量。

（三）不属于本条（一）或（二）情形的财务担保合同，以及不属于本条（一）情形的以低于市场利率贷款的贷款承诺。企业作为此类金融负债发行方的，应当在初始确认后按照依据本准则第八章所确定的损失准备金额以及初始确认金额扣除依据《企业会计准则第 14 号——收入》相关规定所确定的累计摊销额后的余额孰高进行计量。

在非同一控制下的企业合并中，企业作为购买方确认的或有对价形成金融负债的，该金融负债应当按照以公允价值计量且其变动计入当期损益进行会计处理。

第二十二条　在初始确认时，为了提供更相关的会计信息，企业可以将金融负债指定为以公允价值计量且其变动计入当期损益的金融负债，但该指定应当满足下列条件之一：

（一）能够消除或显著减少会计错配。

（二）根据正式书面文件载明的企业风险管理或投资策略，以公允价值为基础对金融负债组合或金融资产和金融负债组合进行管理和业绩评价，并在企业内部以此为基础向关键管理人员报告。

该指定一经作出，不得撤销。

第五章　嵌入衍生工具

第二十三条　嵌入衍生工具，是指嵌入到非衍生工具（即主合同）中的衍生工具。嵌入衍生工具与主合同构成混合合同。该嵌入衍生工具对混合合同的现金流量产生影响的方式，应当与单独存在的衍生工具类似，且该混合合同的全部或部分现金流量随特定利率、金融工具价格、商品价格、汇率、价格指数、费率指数、信用等级、信用指数或其他变量变动而变动，变量为非金融变量的，该变量不应与合同的任何一方存在特定关系。

衍生工具如果附属于一项金融工具但根据合同规定可以独立于该金融工具进行转让，或者具有与该金融工具不同的交易对手方，则该衍生工具不是嵌入衍生工具，应当作为一项单独存在的衍生工具处理。

第二十四条　混合合同包含的主合同属于本准则规范的资产的，企业不应从该混合合同中分拆嵌入衍生工具，而应当将该混合合同作为一个整体适用本准则关于金融资产分类的相关规定。

第二十五条 混合合同包含的主合同不属于本准则规范的资产，且同时符合下列条件的，企业应当从混合合同中分拆嵌入衍生工具，将其作为单独存在的衍生工具处理：

（一）嵌入衍生工具的经济特征和风险与主合同的经济特征和风险不紧密相关。

（二）与嵌入衍生工具具有相同条款的单独工具符合衍生工具的定义。

（三）该混合合同不是以公允价值计量且其变动计入当期损益进行会计处理。

嵌入衍生工具从混合合同中分拆的，企业应当按照适用的会计准则规定，对混合合同的主合同进行会计处理。企业无法根据嵌入衍生工具的条款和条件对嵌入衍生工具的公允价值进行可靠计量的，该嵌入衍生工具的公允价值应当根据混合合同公允价值和主合同公允价值之间的差额确定。使用了上述方法后，该嵌入衍生工具在取得日或后续资产负债表日的公允价值仍然无法单独计量的，企业应当将该混合合同整体指定为以公允价值计量且其变动计入当期损益的金融工具。

第二十六条 混合合同包含一项或多项嵌入衍生工具，且其主合同不属于本准则规范的资产的，企业可以将其整体指定为以公允价值计量且其变动计入当期损益的金融工具。但下列情况除外：

（一）嵌入衍生工具不会对混合合同的现金流量产生重大改变。

（二）在初次确定类似的混合合同是否需要分拆时，几乎不需分析就能明确其包含的嵌入衍生工具不应分拆。如嵌入贷款的提前还款权，允许持有人以接近摊余成本的金额提前偿还贷款，该提前还款权不需要分拆。

第六章 金融工具的重分类

第二十七条 企业改变其管理金融资产的业务模式时，应当按照本准则的规定对所有受影响的相关金融资产进行重分类。

企业对所有金融负债均不得进行重分类。

第二十八条 企业发生下列情况的，不属于金融资产或金融负债的重分类：

（一）按照《企业会计准则第 24 号——套期会计》相关规定，某金融工具以前被指定并成为现金流量套期或境外经营净投资套期中的有效套期工具，但目前已不再满足运用该套期会计方法的条件。

（二）按照《企业会计准则第 24 号——套期会计》相关规定，某金融工具被指定并成为现金流量套期或境外经营净投资套期中的有效套期工具。

（三）按照《企业会计准则第 24 号——套期会计》相关规定，运用信用风险敞口公允价值选择权所引起的计量变动。

第二十九条 企业对金融资产进行重分类，应当自重分类日起采用未来适用法进行相关会计处理，不得对以前已经确认的利得、损失（包括减值损失或利得）或利息进行追溯调整。

重分类日，是指导致企业对金融资产进行重分类的业务模式发生变更后的首个报告期间的第一天。

第三十条 企业将一项以摊余成本计量的金融资产重分类为以公允价值计量且其变动计入当期损益的金融资产的，应当按照该资产在重分类日的公允价值进行计量。原账面价值与公允价值之间的差额计入当期损益。

企业将一项以摊余成本计量的金融资产重分类为以公允价值计量且其变动计入其他综合收益的金融资产的，应当按照该金融资产在重分类日的公允价值进行计量。原账面价值与公允价值之间的差额计入其他综合收益。该金融资产重分类不影响其实际利率和预期信用损失的计量。

第三十一条 企业将一项以公允价值计量且其变动计入其他综合收益的金融资产重分类为以摊余成本计量的金融资产的，应当将之前计入其他综合收益的累计利得或损失转出，调整该金融资产在重分类日的公允价值，并以调整后的金额作为新的账面价值，即视同该金融资产一直以摊余成本计量。该金融资产重分类不影响其实际利率和预期信用损失的计量。

企业将一项以公允价值计量且其变动计入其他综合收益的金融资产重分类为以公允价值计量且其变动计入当期损益的金融资产的，应当继续以公允价值计量该金融资产。同时，企业应当将之前计入其他综合收益的累计利得或损失从其他综合收益转入当期损益。

第三十二条 企业将一项以公允价值计量且其变动计入当期损益的金融资产重分类为以摊余成本计量的金融资产的，应当以其在重分类日的公允价值作为新的账面余额。

企业将一项以公允价值计量且其变动计入当期损益的金融资产重分类为以

公允价值计量且其变动计入其他综合收益的金融资产的，应当继续以公允价值计量该金融资产。

按照本条规定对金融资产重分类进行处理的，企业应当根据该金融资产在重分类日的公允价值确定其实际利率。同时，企业应当自重分类日起对该金融资产适用本准则关于金融资产减值的相关规定，并将重分类日视为初始确认日。

第七章 金融工具的计量

第三十三条 企业初始确认金融资产或金融负债，应当按照公允价值计量。对于以公允价值计量且其变动计入当期损益的金融资产和金融负债，相关交易费用应当直接计入当期损益；对于其他类别的金融资产或金融负债，相关交易费用应当计入初始确认金额。但是，企业初始确认的应收账款未包含《企业会计准则第14号——收入》所定义的重大融资成分或根据《企业会计准则第14号——收入》规定不考虑不超过一年的合同中的融资成分的，应当按照该准则定义的交易价格进行初始计量。

交易费用，是指可直接归属于购买、发行或处置金融工具的增量费用。增量费用是指企业没有发生购买、发行或处置相关金融工具的情形就不会发生的费用，包括支付给代理机构、咨询公司、券商、证券交易所、政府有关部门等的手续费、佣金、相关税费以及其他必要支出，不包括债券溢价、折价、融资费用、内部管理成本和持有成本等与交易不直接相关的费用。

第三十四条 企业应当根据《企业会计准则第39号——公允价值计量》的规定，确定金融资产和金融负债在初始确认时的公允价值。公允价值通常为相关金融资产或金融负债的交易价格。金融资产或金融负债公允价值与交易价格存在差异的，企业应当区别下列情况进行处理：

（一）在初始确认时，金融资产或金融负债的公允价值依据相同资产或负债在活跃市场上的报价或者以仅使用可观察市场数据的估值技术确定的，企业应当将该公允价值与交易价格之间的差额确认为一项利得或损失。

（二）在初始确认时，金融资产或金融负债的公允价值以其他方式确定的，企业应当将该公允价值与交易价格之间的差额递延。初始确认后，企业应当根据某一因素在相应会计期间的变动程度将该递延差额确认为相应会计期间的利得或损失。该因素应当仅限于市场参与者对该金融工具定价时将予考虑的因素，包括时间等。

第三十五条　初始确认后，企业应当对不同类别的金融资产，分别以摊余成本、以公允价值计量且其变动计入其他综合收益或以公允价值计量且其变动计入当期损益进行后续计量。

第三十六条　初始确认后，企业应当对不同类别的金融负债，分别以摊余成本、以公允价值计量且其变动计入当期损益或以本准则第二十一条规定的其他适当方法进行后续计量。

第三十七条　金融资产或金融负债被指定为被套期项目的，企业应当根据《企业会计准则第24号——套期会计》规定进行后续计量。

第三十八条　金融资产或金融负债的摊余成本，应当以该金融资产或金融负债的初始确认金额经下列调整后的结果确定：

（一）扣除已偿还的本金。

（二）加上或减去采用实际利率法将该初始确认金额与到期日金额之间的差额进行摊销形成的累计摊销额。

（三）扣除累计计提的损失准备（仅适用于金融资产）。

实际利率法，是指计算金融资产或金融负债的摊余成本以及将利息收入或利息费用分摊计入各会计期间的方法。

实际利率，是指将金融资产或金融负债在预计存续期的估计未来现金流量，折现为该金融资产账面余额或该金融负债摊余成本所使用的利率。在确定实际利率时，应当在考虑金融资产或金融负债所有合同条款（如提前还款、展期、看涨期权或其他类似期权等）的基础上估计预期现金流量，但不应当考虑预期信用损失。

第三十九条　企业应当按照实际利率法确认利息收入。利息收入应当根据金融资产账面余额乘以实际利率计算确定，但下列情况除外：

（一）对于购入或源生的已发生信用减值的金融资产，企业应当自初始确认起，按照该金融资产的摊余成本和经信用调整的实际利率计算确定其利息收入。

（二）对于购入或源生的未发生信用减值、但在后续期间成为已发生信用减值的金融资产，企业应当在后续期间，按照该金融资产的摊余成本和实际利率计算确定其利息收入。企业按照上述规定对金融资产的摊余成本运用实际利率法计算利息收入的，若该金融工具在后续期间因其信用风险有所改善而不再存在信用减值，并且这一改善在客观上可与应用上述规定之后发生的某一事件相联系（如债务人的信用评级被上调），企业应当转按实际利率乘以该金融资产账面余额来计算确定利息收入。

经信用调整的实际利率，是指将购入或源生的已发生信用减值的金融资产在预计存续期的估计未来现金流量，折现为该金融资产摊余成本的利率。在确定经信用调整的实际利率时，应当在考虑金融资产的所有合同条款（例如提前还款、展期、看涨期权或其他类似期权等）以及初始预期信用损失的基础上估计预期现金流量。

第四十条 当对金融资产预期未来现金流量具有不利影响的一项或多项事件发生时，该金融资产成为已发生信用减值的金融资产。金融资产已发生信用减值的证据包括下列可观察信息：

（一）发行方或债务人发生重大财务困难；

（二）债务人违反合同，如偿付利息或本金违约、逾期等；

（三）债权人出于与债务人财务困难有关的经济或合同考虑，给予债务人在任何其他情况下都不会作出的让步；

（四）债务人很可能破产或进行其他财务重组；

（五）发行方或债务人财务困难导致该金融资产的活跃市场消失；

（六）以大幅折扣购买或源生一项金融资产，该折扣反映了发生信用损失的事实。

金融资产发生信用减值，有可能是多个事件的共同作用所致，未必是可单独识别的事件所致。

第四十一条 合同各方之间支付或收取的、属于实际利率或经信用调整的实际利率组成部分的各项费用、交易费用及溢价或折价等，应当在确定实际利率或经信用调整的实际利率时予以考虑。

企业通常能够可靠估计金融工具（或一组类似金融工具）的现金流量和预计存续期。在极少数情况下，金融工具（或一组金融工具）的估计未来现金流量或预计存续期无法可靠估计的，企业在计算确定其实际利率（或经信用调整的实际利率）时，应当基于该金融工具在整个合同期内的合同现金流量。

第四十二条 企业与交易对手方修改或重新议定合同，未导致金融资产终止确认，但导致合同现金流量发生变化的，应当重新计算该金融资产的账面余额，并将相关利得或损失计入当期损益。重新计算的该金融资产的账面余额，应当根据将重新议定或修改的合同现金流量按金融资产的原实际利率（或者购买或源生的已发生信用减值的金融资产的经信用调整的实际利率）或按《企业会计准则第 24 号——套期会计》第二十三条规定的重新计算的实际利率（如适用）折现的现值确定。对于修改或重新议定合同所产生的所有成本或费用，企业应当调整修改后的金融资产账面价值，并在修改后金融资产的剩余期限内进行摊销。

第四十三条 企业不再合理预期金融资产合同现金流量能够全部或部分收回的，应当直接减记该金融资产的账面余额。这种减记构成相关金融资产的终止确认。

第四十四条 企业对权益工具的投资和与此类投资相联系的合同应当以公允价值计量。但在有限情况下，如果用以确定公允价值的近期信息不足，或者公允价值的可能估计金额分布范围很广，而成本代表了该范围内对公允价值的最佳估计的，该成本可代表其在该分布范围内对公允价值的恰当估计。

企业应当利用初始确认日后可获得的关于被投资方业绩和经营的所有信息，判断成本能否代表公允价值。存在下列情形（包含但不限于）之一的，可能表明成本不代表相关金融资产的公允价值，企业应当对其公允价值进行估值：

（一）与预算、计划或阶段性目标相比，被投资方业绩发生重大变化。

（二）对被投资方技术产品实现阶段性目标的预期发生变化。

（三）被投资方的权益、产品或潜在产品的市场发生重大变化。

（四）全球经济或被投资方经营所处的经济环境发生重大变化。

（五）被投资方可比企业的业绩或整体市场所显示的估值结果发生重大变化。

（六）被投资方的内部问题，如欺诈、商业纠纷、诉讼、管理或战略变化。

（七）被投资方权益发生了外部交易并有客观证据，包括发行新股等被投资方发生的交易和第三方之间转让被投资方权益工具的交易等。

第四十五条 权益工具投资或合同存在报价的，企业不应当将成本作为对其公允价值的最佳估计。

第八章　金融工具的减值

第四十六条 企业应当按照本准则规定，以预期信用损失为基础，对下列项目进行减值会计处理并确认损失准备：

（一）按照本准则第十七条分类为以摊余成本计量的金融资产和按照本准则第十八条分类为以公允价值计量且其变动计入其他综合收益的金融资产。

（二）租赁应收款。

（三）合同资产。合同资产是指《企业会计准则第 14 号——收入》定义的合同资产。

（四）企业发行的分类为以公允价值计量且其变动计入当期损益的金融负债以外的贷款承诺和适用本准则第二十一条（三）规定的财务担保合同。

损失准备，是指针对按照本准则第十七条计量的金融资产、租赁应收款和合同资产的预期信用损失计提的准备，按照本准则第十八条计量的金融资产的累计减值金额以及针对贷款承诺和财务担保合同的预期信用损失计提的准备。

第四十七条 预期信用损失，是指以发生违约的风险为权重的金融工具信用损失的加权平均值。

信用损失，是指企业按照原实际利率折现的、根据合同应收的所有合同现金流量与预期收取的所有现金流量之间的差额，即全部现金短缺的现值。其中，对于企业购买或源生的已发生信用减值的金融资产，应按照该金融资产经信用调整的实际利率折现。由于预期信用损失考虑付款的金额和时间分布，因此即使企业预计可以全额收款但收款时间晚于合同规定的到期期限，也会产生信用损失。

在估计现金流量时，企业应当考虑金融工具在整个预计存续期的所有合同条款（如提前还款、展期、看涨期权或其他类似期权等）。企业所考虑的现金流量应当包括出售所持担保品获得的现金流量，以及属于合同条款组成部分的其他信用增级所产生的现金流量。

企业通常能够可靠估计金融工具的预计存续期。在极少数情况下，金融工具预计存续期无法可靠估计的，企业在计算确定预期信用损失时，应当基于该金融工具的剩余合同期间。

第四十八条 除了按照本准则第五十七条和第六十三条的相关规定计量金融工具损失准备的情形以外，企业应当在每个资产负债表日评估相关金融工具的信用风险自初始确认后是否已显著增加，并按照下列情形分别计量其损失准备、确认预期信用损失及其变动：

（一）如果该金融工具的信用风险自初始确认后已显著增加，企业应当按照相当于该金融工具整个存续期内预期信用损失的金额计量其损失准备。无论企业评估信用损失的基础是单项金融工具还是金融工具组合，由此形成的损失准备的增加或转回金额,应当作为减值损失或利得计入当期损益。

(二)如果该金融工具的信用风险自初始确认后并未显著增加,企业应当按照相当于该金融工具未来 12 个月内预期信用损失的金额计量其损失准备,无论企业评估信用损失的基础是单项金融工具还是金融工具组合,由此形成的损失准备的增加或转回金额,应当作为减值损失或利得计入当期损益。

未来 12 个月内预期信用损失,是指因资产负债表日后 12 个月内(若金融工具的预计存续期少于 12 个月,则为预计存续期)可能发生的金融工具违约事件而导致的预期信用损失,是整个存续期预期信用损失的一部分。

企业在进行相关评估时,应当考虑所有合理且有依据的信息,包括前瞻性信息。为确保自金融工具初始确认后信用风险显著增加即确认整个存续期预期信用损失,企业在一些情况下应当以组合为基础考虑评估信用风险是否显著增加。整个存续期预期信用损失,是指因金融工具整个预计存续期内所有可能发生的违约事件而导致的预期信用损失。

第四十九条 对于按照本准则第十八条分类为以公允价值计量且其变动计入其他综合收益的金融资产,企业应当在其他综合收益中确认其损失准备,并将减值损失或利得计入当期损益,且不应减少该金融资产在资产负债表中列示的账面价值。

第五十条 企业在前一会计期间已经按照相当于金融工具整个存续期内预期信用损失的金额计量了损失准备,但在当期资产负债表日,该金融工具已不再属于自初始确认后信用风险显著增加的情形的,企业应当在当期资产负债表日按照相当于未来 12 个月内预期信用损失的金额计量该金融工具的损失准备,由此形成的损失准备的转回金额应当作为减值利得计入当期损益。

第五十一条 对于贷款承诺和财务担保合同,企业在应用金融工具减值规定时,应当将本企业成为作出不可撤销承诺的一方之日作为初始确认日。

第五十二条 企业在评估金融工具的信用风险自初始确认后是否已显著增加时,应当考虑金融工具预计存续期内发生违约风险的变化,而不是预期信用损失金额的变化。企业应当通过比较金融工具在资产负债表日发生违约的风险与在初始确认日发生违约的风险,以确定金融工具预计存续期内发生违约风险的变化情况。

在为确定是否发生违约风险而对违约进行界定时,企业所采用的界定标准,应当与其内部针对相关金融工具的信用风险管理目标保持一致,并考虑财务限制条款等其他定性指标。

第五十三条　企业通常应当在金融工具逾期前确认该工具整个存续期预期信用损失。企业在确定信用风险自初始确认后是否显著增加时，企业无须付出不必要的额外成本或努力即可获得合理且有依据的前瞻性信息的，不得仅依赖逾期信息来确定信用风险自初始确认后是否显著增加；企业必须付出不必要的额外成本或努力才可获得合理且有依据的逾期信息以外的单独或汇总的前瞻性信息的，可以采用逾期信息来确定信用风险自初始确认后是否显著增加。

无论企业采用何种方式评估信用风险是否显著增加，通常情况下，如果逾期超过30日，则表明金融工具的信用风险已经显著增加。除非企业在无须付出不必要的额外成本或努力的情况下即可获得合理且有依据的信息，证明即使逾期超过30日，信用风险自初始确认后仍未显著增加。如果企业在合同付款逾期超过30日前已确定信用风险显著增加，则应当按照整个存续期的预期信用损失确认损失准备。

如果交易对手方未按合同规定时间支付约定的款项，则表明该金融资产发生逾期。

第五十四条　企业在评估金融工具的信用风险自初始确认后是否已显著增加时，应当考虑违约风险的相对变化，而非违约风险变动的绝对值。在同一后续资产负债表日，对于违约风险变动的绝对值相同的两项金融资产，初始确认时违约风险较低的金融工具比初始确认时违约风险较高的金融工具的信用风险变化更为显著。

第五十五条　企业确定金融工具在资产负债表日只具有较低的信用风险的，可以假设该金融工具的信用风险自初始确认后并未显著增加。

如果金融工具的违约风险较低，借款人在短期内履行其合同现金流量义务的能力很强，并且即便较长时期内经济形势和经营环境存在不利变化但未必一定降低借款人履行其合同现金流量义务的能力，该金融工具被视为具有较低的信用风险。

第五十六条　企业与交易对手方修改或重新议定合同，未导致金融资产终止确认，但导致合同现金流量发生变化的，企业在评估相关金融工具的信用风险是否已经显著增加时，应当将基于变更后的合同条款在资产负债表日发生违约的风险与基于原合同条款在初始确认时发生违约的风险进行比较。

第五十七条　对于购买或源生的已发生信用减值的金融资产，企业应当在资产负债表日仅将自初始确认后整个存续期内预期信用损失的累计变动确认为损失准备。在每个资产负债表日，企业应当将整个存续期内预期信用损失的变动金额作为减值损失或利得计入当期损益。即使该资产负债表日确定的整个存续期内预期信用损失小于初始确认时估计现金流量所反映的预期信用损失的金额，企业也应当将预期信用损失的有利变动确认为减值利得。

第五十八条 企业计量金融工具预期信用损失的方法应当反映下列各项要素：

（一）通过评价一系列可能的结果而确定的无偏概率加权平均金额。

（二）货币时间价值。

（三）在资产负债表日无须付出不必要的额外成本或努力即可获得的有关过去事项、当前状况以及未来经济状况预测的合理且有依据的信息。

第五十九条 对于适用本准则有关金融工具减值规定的各类金融工融工具，企业应当按照下列方法确定其信用损失：

（一）对于金融资产，信用损失应为企业应收取的合同现金流量与预期收取的现金流量之间差额的现值。

（二）对于租赁应收款项，信用损失应为企业应收取的合同现金流量与预期收取的现金流量之间差额的现值。其中，用于确定预期信用损失的现金流量，应与按照《企业会计准则第21号——租赁》用于计量租赁应收款项的现金流量保持一致。

（三）对于未提用的贷款承诺，信用损失应为在贷款承诺持有人提用相应贷款的情况下，企业应收取的合同现金流量与预期收取的现金流量之间差额的现值。企业对贷款承诺预期信用损失的估计，应当与其对该贷款承诺提用情况的预期保持一致。

（四）对于财务担保合同，信用损失应为企业就该合同持有人发生的信用损失向其作出赔付的预计付款额，减去企业预期向该合同持有人、债务人或任何其他方收取的金额之间差额的现值。

（五）对于资产负债表日已发生信用减值但并非购买或源生已发生信用减值的金融资产，信用损失应为该金融资产账面余额与按原实际利率折现的估计未来现金流量的现值之间的差额。

第六十条 企业应当以概率加权平均为基础对预期信用损失进行计量。企业对预期信用损失的计量应当反映发生信用损失的各种可能性，但不必识别所有可能的情形。

第六十一条 在计量预期信用损失时，企业需考虑的最长期限为企业面临信用风险的最长合同期限（包括考虑续约选择权），而不是更长期间，即使该期间与业务实践相一致。

第六十二条 如果金融工具同时包含贷款和未提用的承诺，且企业根据合同规定要求还款或取消未提用承诺的能力并未将企业面临信用损失的期间限定在合同通知期内的，企业对于此类金融工具（仅限于此类金融工具）确认预期信用损失的期间，应当为其面临信用风险且无法用信用风险管理措施予以缓释的期间，即使该期间超过了最长合同期限。

第六十三条 对于下列各项目，企业应当始终按照相当于整个存续期内预期信用损失的金额计量其损失准备：

（一）由《企业会计准则第14号——收入》规范的交易形成的应收款项或合同资产，且符合下列条件之一：

1. 该项目未包含《企业会计准则第14号——收入》所定义的重大融资成分，或企业根据《企业会计准则第14号——收入》规定不考虑不超过一年的合同中的融资成分。

2. 该项目包含《企业会计准则第14号——收入》所定义的重大融资成分，同时企业作出会计政策选择，按照相当于整个存续期内预期信用损失的金额计量损失准备。企业应当将该会计政策选择适用于所有此类应收款项和合同资产，但可对应收款项类和合同资产类分别作出会计政策选择。

（二）由《企业会计准则第21号——租赁》规范的交易形成的租赁应收款，同时企业作出会计政策选择，按照相当于整个存续期内预期信用损失的金额计量损失准备。企业应当将该会计政策选择适用于所有租赁应收款，但可对应收融资租赁款和应收经营租赁款分别作出会计政策选择。

在适用本条规定时，企业可对应收款项、合同资产和租赁应收款分别选择减值会计政策。

第九章　利得和损失

第六十四条 企业应当将以公允价值计量的金融资产或金融负债的利得或损失计入当期损益，除非该金融资产或金融负债属于下列情形之一：

（一）属于《企业会计准则第24号——套期会计》规定的套期关系的一部分。

（二）是一项对非交易性权益工具的投资，且企业已按照本准则第十九条规定将其指定为以公允价值计量且其变动计入其他综合收益的金融资产。

（三）是一项被指定为以公允价值计量且其变动计入当期损益的金融负债，且按照本准则第六十八条规定，该负债由企业自身信用风险变动引起的其公允价值变动应当计入其他综合收益。

（四）是一项按照本准则第十八条分类为以公允价值计量且其变动计入其他综合收益的金融资产，且企业根据本准则第七十一条规定，其减值损失或利得和汇兑损益之外的公允价值变动计入其他综合收益。

第六十五条　企业只有在同时符合下列条件时，才能确认股利收入并计入当期损益：

（一）企业收取股利的权利已经确立；

（二）与股利相关的经济利益很可能流入企业；

（三）股利的金额能够可靠计量。

第六十六条　以摊余成本计量且不属于任何套期关系的一部分的金融资产所产生的利得或损失，应当在终止确认、按照本准则规定重分类、按照实际利率法摊销或按照本准则规定确认减值时，计入当期损益。如果企业将以摊余成本计量的金融资产重分类为其他类别，应当根据本准则第三十条规定处理其利得或损失。

以摊余成本计量且不属于任何套期关系的一部分的金融负债所产生的利得或损失，应当在终止确认时计入当期损益或在按照实际利率法摊销时计入相关期间损益。

第六十七条　属于套期关系中被套期项目的金融资产或金融负债所产生的利得或损失，应当按照《企业会计准则第24号——套期会计》相关规定进行处理。

第六十八条　企业根据本准则第二十二条和第二十六条规定将金融负债指定为以公允价值计量且其变动计入当期损益的金融负债的，该金融负债所产生的利得或损失应当按照下列规定进行处理：

（一）由企业自身信用风险变动引起的该金融负债公允价值的变动金额，应当计入其他综合收益；

（二）该金融负债的其他公允价值变动计入当期损益。

按照本条（一）规定对该金融负债的自身信用风险变动的影响进行处理会造成或扩大损益中的会计错配的，企业应当将该金融负债的全部利得或损失（包括企业自身信用风险变动的影响金额）计入当期损益。

该金融负债终止确认时，之前计入其他综合收益的累计利得或损失应当从其他综合收益中转出，计入留存收益。

第六十九条 企业根据本准则第十九条规定将非交易性权益工具投资指定为以公允价值计量且其变动计入其他综合收益的金融资产的，当该金融资产终止确认时，之前计入其他综合收益的累计利得或损失应当从其他综合收益中转出，计入留存收益。

第七十条 指定为以公允价值计量且其变动计入当期损益的金融负债的财务担保合同和不可撤销贷款承诺所产生的全部利得或损失，应当计入当期损益。

第七十一条 按照本准则第十八条分类为以公允价值计量且其变动计入其他综合收益的金融资产所产生的所有利得或损失，除减值损失或利得和汇兑损益之外，均应当计入其他综合收益，直至该金融资产终止确认或被重分类。但是，采用实际利率法计算的该金融资产的利息应当计入当期损益。该金融资产计入各期损益的金额应当与视同其一直按摊余成本计量而计入各期损益的金额相等。

该金融资产终止确认时，之前计入其他综合收益的累计利得或损失应当从其他综合收益中转出，计入当期损益。

企业将该金融资产重分类为其他类别金融资产的，应当根据本准则第三十一条规定，对之前计入其他综合收益的累计利得或损失进行相应处理。

第十章 衔接规定

第七十二条 本准则施行日之前的金融工具确认和计量与本准则要求不一致的，企业应当追溯调整，但本准则第七十三条至第八十三条另有规定的除外。在本准则施行日已经终止确认的项目不适用本准则。

第七十三条 在本准则施行日，企业应当按照本准则的规定对金融工具进行分类和计量（含减值），涉及前期比较财务报表数据与本准则要求不一致的，无须调整。金融工具原账面价值和在本准则施行日的新账面价值之间的差额，应当计入本准则施行日所在年度报告期间的期初留存收益或其他综合收益。同时，企业应当按照《企业会计准则第37号——金融工具列报》的相关规定在附注中进行披露。

企业如果调整前期比较财务报表数据，应当能够以前期的事实和情况为依据，且比较数据应当反映本准则的所有要求。

第七十四条 在本准则施行日,企业应当以该日的既有事实和情况为基础,根据本准则第十七条(一)或第十八条(一)的相关规定评估其管理金融资产的业务模式是以收取合同现金流量为目标,还是以既收取合同现金流量又出售金融资产为目标,并据此确定金融资产的分类,进行追溯调整,无须考虑企业之前的业务模式。

第七十五条 在本准则施行日,企业在考虑具有本准则第十六条所述修正的货币时间价值要素的金融资产的合同现金流量特征时,需要对特定货币时间价值要素修正进行评估的,该评估应当以该金融资产初始确认时存在的事实和情况为基础。该评估不切实可行的,企业不应考虑本准则关于货币时间价值要素修正的规定。

第七十六条 在本准则施行日,企业在考虑具有本准则第十六条所述提前还款特征的金融资产的合同现金流量特征时,需要对该提前还款特征的公允价值是否非常小进行评估的,该评估应当以该金融资产初始确认时存在的事实和情况为基础。该评估不切实可行的,企业不应考虑本准则关于提前还款特征例外情形的规定。

第七十七条 在本准则施行日,企业存在根据本准则相关规定应当以公允价值计量的混合合同但之前未以公允价值计量的,该混合合同在前期比较财务报表期末的公允价值应当等于其各组成部分在前期比较财务报表期末公允价值之和。在本准则施行日,企业应当将整个混合合同在该日的公允价值与该混合合同各组成部分在该日的公允价值之和之间的差额,计入本准则施行日所在报告期间的期初留存收益或其他综合收益。

第七十八条 在本准则施行日,企业应当以该日的既有事实和情况为基础,根据本准则的相关规定,对相关金融资产进行指定或撤销指定,并追溯调整:

(一)在本准则施行日,企业可以根据本准则第二十条规定,将满足条件的金融资产指定为以公允价值计量且其变动计入当期损益的金融资产。但企业之前指定为以公允价值计量且其变动计入当期损益的金融资产,不满足本准则第二十条规定的指定条件的,应当解除之前作出的指定;之前指定为以公允价值计量且其变动计入当期损益的金融资产继续满足本准则第二十条规定的指定条件的,企业可以选择继续指定或撤销之前的指定。

(二)在本准则施行日,企业可以根据本准则第十九条规定,将非交易性权益工具投资指定为以公允价值计量且其变动计入其他综合收益的金融资产。

第七十九条 在本准则施行日，企业应当以该日的既有事实和情况为基础，根据本准则的相关规定，对相关金融负债进行指定或撤销指定，并追溯调整：

（一）在本准则施行日，为了消除或显著减少会计错配，企业可以根据本准则第二十二条（一）的规定，将金融负债指定为以公允价值计量且其变动计入当期损益的金融负债。

（二）企业之前初始确认金融负债时，为了消除或显著减少会计错配，已将该金融负债指定为以公允价值计量且其变动计入当期损益的金融负债，但在本准则施行日不再满足本准则规定的指定条件的，企业应当撤销之前的指定；该金融负债在本准则施行日仍然满足本准则规定的指定条件的，企业可以选择继续指定或撤销之前的指定。

第八十条 在本准则施行日，企业按照本准则规定对相关金融资产或金融负债以摊余成本进行计量、应用实际利率法追溯调整不切实可行的，应当按照以下原则进行处理：

（一）以金融资产或金融负债在前期比较财务报表期末的公允价值，作为企业调整前期比较财务报表数据时该金融资产的账面余额或该金融负债的摊余成本；

（二）以金融资产或金融负债在本准则施行日的公允价值，作为该金融资产在本准则施行日的新账面余额或该金融负债的新摊余成本。

第八十一条 在本准则施行日，对于之前以成本计量的、在活跃市场中没有报价且其公允价值不能可靠计量的权益工具投资或与该权益工具挂钩并须通过交付该工具进行结算的衍生金融资产，企业应当以其在本准则施行日的公允价值计量。原账面价值与公允价值之间的差额，应当计入本准则施行日所在报告期间的期初留存收益或其他综合收益。

在本准则施行日，对于之前以成本计量的、与在活跃市场中没有报价的权益工具挂钩并须通过交付该权益工具进行结算的衍生金融负债，企业应当以其在本准则施行日的公允价值计量。原账面价值与公允价值之间的差额，应当计入本准则施行日所在报告期间的期初留存收益。

第八十二条 在本准则施行日，企业存在根据本准则第二十二条规定将金融负债指定为以公允价值计量且其变动计入当期损益的金融负债，并且按照本准则第六十八条（一）规定将由企业自身信用风险变动引起的该金融负债公允价值的变动金额计入其他综合收益的，企业应当以该日的既有事实和情况为基础，判断按照上述规定处理是否会造成或扩大损益的会计错配，进而确定是否应当将该金融负债的全部利得或损失（包括企业自身信用风险变动的影响金额）计入当期损益，并按照上述结果追溯调整。

第八十三条 在本准则施行日，企业按照本准则计量金融工具减值的，应当使用无须付出不必要的额外成本或努力即可获得的合理且有依据的信息，确定金融工具在初始确认日的信用风险，并将该信用风险与本准则施行日的信用风险进行比较。

在确定自初始确认后信用风险是否显著增加时，企业可以应用本准则第五十五条的规定根据其是否具有较低的信用风险进行判断，或者应用本准则第五十三条第二段的规定根据相关金融资产逾期是否超过30日进行判断。企业在本准则施行日必须付出不必要的额外成本或努力才可获得合理且有依据的信息的，企业在该金融工具终止确认前的所有资产负债表日的损失准备应当等于其整个存续期的预期信用损失。

第十一章 附 则

第八十四条 本准则自2018年1月1日起施行。

企业会计准则解释中与金融工具确认和计量准则相关的内容

一、企业发生的融资融券业务，应当执行何种会计标准？（《企业会计准则解释第4号》第九项）

答：融资融券业务，是指证券公司向客户出借资金供其买入证券或者出借证券供其卖出，并由客户交存相应担保物的经营活动。企业发生的融资融券业务，分为融资业务和融券业务两类。

关于融资业务，证券公司及其客户均应当按照《企业会计准则第22号——

金融工具确认和计量》有关规定进行会计处理。证券公司融出的资金，应当确认应收债权，并确认相应利息收入；客户融入的资金，应当确认应付债务，并确认相应利息费用。

关于融券业务，证券公司融出的证券，按照《企业会计准则第23号——金融资产转移》有关规定，不应终止确认该证券，但应确认相应利息收入；客户融入的证券，应当按照《企业会计准则第22号——金融工具确认和计量》有关规定进行会计处理，并确认相应利息费用。

证券公司对客户融资融券并代客户买卖证券时，应当作为证券经纪业务进行会计处理。

证券公司及其客户发生的融资融券业务，应当按照《企业会计准则第37号——金融工具列报》有关规定披露相关会计信息。

本解释发布前融资融券业务未按照上述规定进行处理的，应当进行追溯调整，追溯调整不切实可行的除外。

二、企业开展信用风险缓释工具相关业务，应当如何进行会计处理？[①]

（《企业会计准则解释第5号》第二项）

答：信用风险缓释工具，是指信用风险缓释合约、信用风险缓释凭证及其他用于管理信用风险的信用衍生产品。信用风险缓释合约，是指交易双方达成的、约定在未来一定期限内，信用保护买方按照约定的标准和方式向信用保护卖方支付信用保护费用，由信用保护卖方就约定的标的债务向信用保护买方提供信用风险保护的金融合约。信用风险缓释凭证，是指由标的实体以外的机构创设，为凭证持有人就标的债务提供信用风险保护的、可交易流通的有价凭证。

信用保护买方和卖方应当根据信用风险缓释工具的合同条款，按照实质重于形式的原则，判断信用风险缓释工具是否属于财务担保合同，并分别下列情况进行处理：

（一）属于财务担保合同的信用风险缓释工具，除融资性担保公司根据《企业会计准则解释第4号》第八条的规定处理外，信用保护买方和卖方应当按照《企业会计准则第22号——金融工具确认和计量》中有关财务担保合同的规定进行会计处理。其中，信用保护买方支付的信用保护费用和信用保护卖

---

① 本条款不要求追溯调整。

方取得的信用保护收入,应当在财务担保合同期间内按照合理的基础进行摊销,计入各期损益。

(二)不属于财务担保合同的其他信用风险缓释工具,信用保护买方和卖方应当按照《企业会计准则第 22 号——金融工具确认和计量》的规定,将其归类为衍生工具进行会计处理。

财务担保合同,是指当特定债务人到期不能按照最初或修改后的债务工具条款偿付时,要求签发人向蒙受损失的合同持有人赔付特定金额的合同。

开展信用风险缓释工具相关业务的信用保护买方和卖方,应当根据信用风险缓释工具的分类,分别按照《企业会计准则第 37 号——金融工具列报》、《企业会计准则第 25 号——原保险合同》或《企业会计准则第 26 号——再保险合同》以及《企业会计准则第 30 号——财务报表列报》进行列报。

三、对于授予限制性股票的股权激励计划,企业应如何进行会计处理?等待期内企业应如何考虑限制性股票对每股收益计算的影响?(《企业会计准则解释第 7 号》第五项)

答:该问题主要涉及《企业会计准则第 11 号——股份支付》、《企业会计准则第 22 号——金融工具确认和计量》、《企业会计准则第 34 号——每股收益》和《企业会计准则第 37 号——金融工具列报》等准则。

(一)授予限制性股票的会计处理

上市公司实施限制性股票的股权激励安排中,常见做法是上市公司以非公开发行的方式向激励对象授予一定数量的公司股票,并规定锁定期和解锁期,在锁定期和解锁期内,不得上市流通及转让。达到解锁条件,可以解锁;如果全部或部分股票未被解锁而失效或作废,通常由上市公司按照事先约定的价格立即进行回购。

对于此类授予限制性股票的股权激励计划,向职工发行的限制性股票按有关规定履行了注册登记等增资手续的,上市公司应当根据收到职工缴纳的认股款确认股本和资本公积(股本溢价),按照职工缴纳的认股款,借记"银行存款"等科目,按照股本金额,贷记"股本"科目,按照其差额,贷记"资本公积——股本溢价"科目;同时,就回购义务确认负债(作收购库存股处理),按照发行限制性股票的数量以及相应的回购价格计算确定的金额,借记"库存股"科目,贷记"其他应付款——限制性股票回购义务"(包括未满足条件而须立即回购的部分)等科目。

上市公司应当综合考虑限制性股票锁定期和解锁期等相关条款，按照《企业会计准则第11号——股份支付》相关规定判断等待期，进行与股份支付相关的会计处理。对于因回购产生的义务确认的负债，应当按照《企业会计准则第22号——金融工具确认和计量》相关规定进行会计处理。上市公司未达到限制性股票解锁条件而需回购的股票，按照应支付的金额，借记"其他应付款——限制性股票回购义务"等科目，贷记"银行存款"等科目；同时，按照注销的限制性股票数量相对应的股本金额，借记"股本"科目，按照注销的限制性股票数量相对应的库存股的账面价值，贷记"库存股"科目，按其差额，借记"资本公积——股本溢价"科目。上市公司达到限制性股票解锁条件而无须回购的股票，按照解锁股票相对应的负债的账面价值，借记"其他应付款——限制性股票回购义务"等科目，按照解锁股票相对应的库存股的账面价值，贷记"库存股"科目，如有差额，则借记或贷记"资本公积——股本溢价"科目。

（二）等待期内发放现金股利的会计处理和基本每股收益的计算

上市公司在等待期内发放现金股利的会计处理及基本每股收益的计算，应视其发放的现金股利是否可撤销采取不同的方法：

1. 现金股利可撤销，即一旦未达到解锁条件，被回购限制性股票的持有者将无法获得（或需要退回）其在等待期内应收（或已收）的现金股利。

等待期内，上市公司在核算应分配给限制性股票持有者的现金股利时，应合理估计未来解锁条件的满足情况，该估计与进行股份支付会计处理时在等待期内每个资产负债表日对可行权权益工具数量进行的估计应当保持一致。对于预计未来可解锁限制性股票持有者，上市公司应分配给限制性股票持有者的现金股利应当作为利润分配进行会计处理，借记"利润分配——应付现金股利或利润"科目，贷记"应付股利——限制性股票股利"科目；同时，按分配的现金股利金额，借记"其他应付款——限制性股票回购义务"等科目，贷记"库存股"科目；实际支付时，借记"应付股利——限制性股票股利"科目，贷记"银行存款"等科目。对于预计未来不可解锁限制性股票持有者，上市公司应分配给限制性股票持有者的现金股利应当冲减相关的负债，借记"其他应付款——限制性股票回购义务"等科目，贷记"应付股利——限制性股票股利"科目；实际支付时，借记"应付股利——限制性股票股利"科目，贷记"银行存款"等科目。后续信息表明不可解锁限制性股票的数量与以前估计不同的，应当作为会计估计变更处理，直到解锁日预计不可解锁限制性股票的数量与实际未解锁限制性股票的数量一致。

等待期内计算基本每股收益时，分子应扣除当期分配给预计未来可解锁限制性股票持有者的现金股利；分母不应包含限制性股票的股数。

2. 现金股利不可撤销，即不论是否达到解锁条件，限制性股票持有者仍有权获得（或不得被要求退回）其在等待期内应收（或已收）的现金股利。

等待期内，上市公司在核算应分配给限制性股票持有者的现金股利时，应合理估计未来解锁条件的满足情况，该估计与进行股份支付会计处理时在等待期内每个资产负债表日对可行权权益工具数量进行的估计应当保持一致。对于预计未来可解锁限制性股票持有者，上市公司应分配给限制性股票持有者的现金股利应当作为利润分配进行会计处理，借记"利润分配——应付现金股利或利润"科目，贷记"应付股利——限制性股票股利"科目；实际支付时，借记"应付股利——限制性股票股利"科目，贷记"银行存款"等科目。对于预计未来不可解锁限制性股票持有者，上市公司应分配给限制性股票持有者的现金股利应当计入当期成本费用，借记"管理费用"等科目，贷记"应付股利——应付限制性股票股利"科目；实际支付时，借记"应付股利——限制性股票股利"科目，贷记"银行存款"等科目。后续信息表明不可解锁限制性股票的数量与以前估计不同的，应当作为会计估计变更处理，直到解锁日预计不可解锁限制性股票的数量与实际未解锁限制性股票的数量一致。

等待期内计算基本每股收益时，应当将预计未来可解锁限制性股票作为同普通股一起参加剩余利润分配的其他权益工具处理，分子应扣除归属于预计未来可解锁限制性股票的净利润；分母不应包含限制性股票的股数。

（三）等待期内稀释每股收益的计算

等待期内计算稀释每股收益时，应视解锁条件不同采取不同的方法：

1. 解锁条件仅为服务期限条件的，企业应假设资产负债表日尚未解锁的限制性股票已于当期期初（或晚于期初的授予日）全部解锁，并参照《企业会计准则第34号——每股收益》中股份期权的有关规定考虑限制性股票的稀释性。其中，行权价格为限制性股票的发行价格加上资产负债表日尚未取得的职工服务按《企业会计准则第11号——股份支付》有关规定计算确定的公允价值。锁定期内计算稀释每股收益时，分子应加回计算基本每股收益分子时已扣除的当期分配给预计未来可解锁限制性股票持有者的现金股利或归属于预计未来可解锁限制性股票的净利润。

2. 解锁条件包含业绩条件的，企业应假设资产负债表日即为解锁日并据以判断资产负债表日的实际业绩情况是否满足解锁要求的业绩条件。若满足业绩条件的，应当参照上述解锁条件仅为服务期限条件的有关规定计算稀释性每股收益；若不满足业绩条件的，计算稀释性每股收益时不必考虑此限制性股票的影响。

本解释发布前限制性股票未按照上述规定处理的，应当追溯调整，并重新计算各列报期间的每股收益，追溯调整不切实可行的除外。

四、关于基准利率改革导致相关合同现金流量的确定基础发生变更的会计处理[①]（《企业会计准则解释第 14 号》第二项）

该问题主要涉及《企业会计准则第 21 号——租赁》《企业会计准则第 22 号——金融工具确认和计量》《企业会计准则第 37 号——金融工具列报》等准则。

基准利率改革是金融市场对基准利率形成机制的改革，包括以基于实际交易的近似无风险基准利率替代银行间报价利率、改进银行间报价利率的报价机制等，例如针对伦敦银行间同业拆借利率（LIBOR）的改革。

（一）相关会计处理

1. 基准利率改革导致金融资产或金融负债合同现金流量的确定基础发生变更的会计处理。

基准利率改革可能导致金融资产或金融负债合同现金流量的确定基础发生变更，包括修改合同条款以将参考基准利率替换为替代基准利率、改变参考基准利率的计算方法、因基准利率改革触发现行合同中有关更换参考基准利率的条款等情形。

（1）对仅因基准利率改革导致变更的会计处理。

当仅因基准利率改革直接导致采用实际利率法确定利息收入或费用的金融资产或金融负债合同现金流量的确定基础发生变更，且变更前后的确定基础在经济上相当时，企业无需评估该变更是否导致终止确认该金融资产或金融负债，也不调整该金融资产或金融负债的账面余额，而应当参照浮动利率变动的处理方法，按照仅因基准利率改革导致变更后的未来现金流量重新计算实际利率，并以此为基础进行后续计量。

企业通常应当根据变更前后金融资产或金融负债的合同现金流量整体是否

[①] 本条款自 2021 年 1 月 26 日起施行。2021 年 1 月 1 日至本条款施行日新增的本条款规定的业务，企业应当根据本条款进行调整。

基本相似判断其确定基础是否在经济上相当。企业可能通过以下方式使变更前后的确定基础在经济上相当（下同）：在替换参考基准利率或变更参考基准利率计算方法时增加必要的固定利差，以补偿变更前后确定基础之间的基差；为适应基准利率改革变更重设期间、重设日期或票息支付日之间的天数；增加包含前两项内容的补充条款等。

（2）同时发生其他变更的会计处理。

除仅因基准利率改革导致的上述变更外，采用实际利率法确定利息收入或费用的金融资产或金融负债同时发生其他变更的，企业应当先根据上述规定对基准利率改革导致的变更进行会计处理，即按照仅因基准利率改革导致变更后的未来现金流量重新计算实际利率，再根据《企业会计准则第22号——金融工具确认和计量》的规定评估其他变更是否导致终止确认该金融资产或金融负债。导致终止确认的，企业应当按照《企业会计准则第22号——金融工具确认和计量》有关终止确认的规定进行会计处理；未导致终止确认的，企业应当根据考虑所有变更后的未来现金流量按照上述规定重新计算的实际利率折现的现值重新确定金融资产或金融负债的账面余额，并将相关利得或损失计入当期损益。

2. 基准利率改革导致的租赁变更的会计处理。

基准利率改革可能导致租赁变更，包括修改租赁合同以将租赁付款额的参考基准利率替换为替代基准利率，从而导致租赁合同现金流量的确定基础发生变更等情形。

（1）对仅因基准利率改革导致租赁变更的会计处理。

当仅因基准利率改革直接导致租赁变更，以致未来租赁付款额的确定基础发生变更且变更前后的确定基础在经济上相当时，承租人应当按照仅因基准利率改革导致变更后的租赁付款额的现值重新计量租赁负债，并相应调整使用权资产的账面价值。在重新计量租赁负债时，承租人应当根据租赁付款额的确定基础因基准利率改革发生的变更，参照浮动利率变动的处理方法对原折现率进行相应调整。

（2）同时发生其他变更的会计处理。

除仅因基准利率改革导致的上述变更外，同时发生其他租赁变更的，承租人应当将所有租赁变更适用《企业会计准则第21号——租赁》有关租赁变更的规定。

（二）附注披露

企业除按照《企业会计准则第37号——金融工具列报》进行披露外，还

应当披露因基准利率改革所面临风险的性质和程度,以及企业管理这些风险的方式。具体包括以下相关信息:

1. 参考基准利率替换的进展情况,以及企业对该替换的管理情况;

2. 按照重要基准利率并区分非衍生金融资产、非衍生金融负债和衍生工具,分别披露截至报告期末尚未完成参考基准利率替换的金融工具的定量信息;

3. 企业因基准利率改革而面临风险导致其风险管理策略发生变化的,披露风险管理策略的变化情况。

对于基准利率改革导致的租赁变更,企业应当按照《企业会计准则第21号——租赁》的有关规定进行披露。

(三) 新旧衔接

2020年12月31日前发生的基准利率改革相关业务,未按照上述规定处理的,应当进行追溯调整,追溯调整不切实可行的除外。企业无需调整前期比较财务报表数据。在本解释施行日,金融资产、金融负债等原账面价值与新账面价值之间的差额,应当计入本解释施行日所在年度报告期间的期初留存收益或其他综合收益。

金融资产转移准则

企业会计准则第 23 号
——金融资产转移

(财会〔2017〕8 号 2017 年 3 月 31 日)

第一章 总 则

第一条 为了规范金融资产(包括单项或一组类似金融资产)转移和终止确认的会计处理,根据《企业会计准则——基本准则》,制定本准则。

第二条 金融资产转移,是指企业(转出方)将金融资产(或其现金流量)让与或交付给该金融资产发行方之外的另一方(转入方)。

金融资产终止确认,是指企业将之前确认的金融资产从其资产负债表中予以转出。

第三条 企业对金融资产转入方具有控制权的,除在该企业个别财务报表基础上应用本准则外,在编制合并财务报表时,还应当按照《企业会计准则第 33 号——合并财务报表》的规定合并所有纳入合并范围的子公司(含结构化主体),并在合并财务报表层面应用本准则。

第二章 金融资产终止确认的一般原则

第四条 金融资产的一部分满足下列条件之一的,企业应当将终止确认的规定适用于该金融资产部分,除此之外,企业应当将终止确认的规定适用于该金融资产整体:

（一）该金融资产部分仅包括金融资产所产生的特定可辨认现金流量。如企业就某债务工具与转入方签订一项利息剥离合同，合同规定转入方有权获得该债务工具利息现金流量，但无权获得该债务工具本金现金流量，终止确认的规定适用于该债务工具的利息现金流量。

（二）该金融资产部分仅包括与该金融资产所产生的全部现金流量完全成比例的现金流量部分。如企业就某债务工具与转入方签订转让合同，合同规定转入方拥有获得该债务工具全部现金流量一定比例的权利，终止确认的规定适用于该债务工具全部现金流量一定比例的部分。

（三）该金融资产部分仅包括与该金融资产所产生的特定可辨认现金流量完全成比例的现金流量部分。如企业就某债务工具与转入方签订转让合同，合同规定转入方拥有获得该债务工具利息现金流量一定比例的权利，终止确认的规定适用于该债务工具利息现金流量一定比例的部分。

企业发生满足本条（二）或（三）条件的金融资产转移，且存在一个以上转入方的，只要企业转移的份额与金融资产全部现金流量或特定可辨认现金流量完全成比例即可，不要求每个转入方均持有成比例的份额。

第五条　金融资产满足下列条件之一的，应当终止确认：

（一）收取该金融资产现金流量的合同权利终止。

（二）该金融资产已转移，且该转移满足本准则关于终止确认的规定。

第三章　金融资产转移的情形及其终止确认

第六条　金融资产转移，包括下列两种情形：

（一）企业将收取金融资产现金流量的合同权利转移给其他方。

（二）企业保留了收取金融资产现金流量的合同权利，但承担了将收取的该现金流量支付给一个或多个最终收款方的合同义务，且同时满足下列条件：

1. 企业只有从该金融资产收到对等的现金流量时，才有义务将其支付给最终收款方。企业提供短期垫付款，但有权全额收回该垫付款并按照市场利率计收利息的，视同满足本条件。

2. 转让合同规定禁止企业出售或抵押该金融资产，但企业可以将其作为向最终收款方支付现金流量义务的保证。

3. 企业有义务将代表最终收款方收取的所有现金流量及时划转给最终收款方，且无重大延误。企业无权将该现金流量进行再投资，但在收款日和最终收款方要求的划转日之间的短暂结算期内，将所收到的现金流量进行现金或现金等价物投资，并且按照合同约定将此类投资的收益支付给最终收款方的，视同满足本条件。

第七条　企业在发生金融资产转移时，应当评估其保留金融资产所有权上的风险和报酬的程度，并分别下列情形处理：

（一）企业转移了金融资产所有权上几乎所有风险和报酬的，应当终止确认该金融资产，并将转移中产生或保留的权利和义务单独确认为资产或负债。

（二）企业保留了金融资产所有权上几乎所有风险和报酬的，应当继续确认该金融资产。

（三）企业既没有转移也没有保留金融资产所有权上几乎所有风险和报酬的（即除本条（一）、（二）之外的其他情形），应当根据其是否保留了对金融资产的控制，分别下列情形处理：

1. 企业未保留对该金融资产控制的，应当终止确认该金融资产，并将转移中产生或保留的权利和义务单独确认为资产或负债。

2. 企业保留了对该金融资产控制的，应当按照其继续涉入被转移金融资产的程度继续确认有关金融资产，并相应确认相关负债。

继续涉入被转移金融资产的程度，是指企业承担的被转移金融资产价值变动风险或报酬的程度。

第八条　企业在评估金融资产所有权上风险和报酬的转移程度时，应当比较转移前后其所承担的该金融资产未来净现金流量金额及其时间分布变动的风险。

企业承担的金融资产未来净现金流量现值变动的风险没有因转移而发生显著变化的，表明该企业仍保留了金融资产所有权上几乎所有风险和报酬。如将贷款整体转移并对该贷款可能发生的所有损失进行全额补偿，或者出售一项金融资产但约定以固定价格或者售价加上出借人回报的价格回购。

企业承担的金融资产未来净现金流量现值变动的风险相对于金融资产的未来净现金流量现值的全部变动风险不再显著的，表明该企业已经转移了金融资产所有权上几乎所有风险和报酬。如无条件出售金融资产，或者出售金融资产且仅保留以其在回购时的公允价值进行回购的选择权。

企业通常不需要通过计算即可判断其是否转移或保留了金融资产所有权上几乎所有风险和报酬。在其他情况下，企业需要通过计算评估是否已经转移了金融资产所有权上几乎所有风险和报酬的，在计算和比较金融资产未来现金流量净现值的变动时,应当考虑所有合理、可能的现金流量变动,对于更可能发生的结果赋予更高的权重,并采用适当的市场利率作为折现率。

第九条 企业在判断是否保留了对被转移金融资产的控制时,应当根据转入方是否具有出售被转移金融资产的实际能力而确定。转入方能够单方面将被转移金融资产整体出售给不相关的第三方,且没有额外条件对此项出售加以限制的,表明转入方有出售被转移金融资产的实际能力,从而表明企业未保留对被转移金融资产的控制;在其他情形下,表明企业保留了对被转移金融资产的控制。

在判断转入方是否具有出售被转移金融资产的实际能力时,企业考虑的关键应当是转入方实际上能够采取的行动。被转移金融资产不存在市场或转入方不能单方面自由地处置被转移金融资产的,通常表明转入方不具有出售被转移金融资产的实际能力。

转入方不大可能出售被转移金融资产并不意味着企业(转出方)保留了对被转移金融资产的控制。但存在看跌期权或担保而限制转入方出售被转移金融资产的,转出方实际上保留了对被转移金融资产的控制。如存在看跌期权或担保且很有价值,导致转入方实际上不能在不附加类似期权或其他限制条件的情形下将该被转移金融资产出售给第三方,从而限制了转入方出售被转移金融资产的能力,转入方将持有被转移金融资产以获取看跌期权或担保下相应付款的,企业保留了对被转移金融资产的控制。

第十条 企业认定金融资产所有权上几乎所有风险和报酬已经转移的,除企业在新的交易中重新获得被转移金融资产外,不应当在未来期间再次确认该金融资产。

第十一条 在金融资产转移不满足终止确认条件的情况下,如果同时确认衍生工具和被转移金融资产或转移产生的负债会导致对同一权利或义务的重复确认,则企业(转出方)与转移有关的合同权利或义务不应当作为衍生工具进行单独会计处理。

第十二条 在金融资产转移不满足终止确认条件的情况下,转入方不应当将被转移金融资产全部或部分确认为自己的资产。转入方应当终止确认所支付的现金或其他对价,同时确认一项应收转出方的款项。企业(转出方)同时拥有以固定金额重新控制整个被转移金融资产的权利和义务的(如以固定金额回购被转移金融资产),在满足《企业会计准则第22号——金融工具确认和计量》关于摊余成本计量规定的情况下,转入方可以将其应收款项以摊余成本计量。

第十三条 企业在判断金融资产转移是否满足本准则规定的金融资产终止确认条件时，应当注重金融资产转移的实质。

（一）企业转移了金融资产所有权上几乎所有风险和报酬，应当终止确认被转移金融资产的常见情形有：

1. 企业无条件出售金融资产。

2. 企业出售金融资产，同时约定按回购日该金融资产的公允价值回购。

3. 企业出售金融资产，同时与转入方签订看跌期权合同（即转入方有权将该金融资产返售给企业）或看涨期权合同（即转出方有权回购该金融资产），且根据合同条款判断，该看跌期权或看涨期权为一项重大价外期权（即期权合约的条款设计，使得金融资产的转入方或转出方极小可能会行权）。

（二）企业保留了金融资产所有权上几乎所有风险和报酬，应当继续确认被转移金融资产的常见情形有：

1. 企业出售金融资产并与转入方签订回购协议，协议规定企业将回购原被转移金融资产，或者将予回购的金融资产与售出的金融资产相同或实质上相同、回购价格固定或原售价加上回报。

2. 企业融出证券或进行证券出借。

3. 企业出售金融资产并附有将市场风险敞口转回给企业的总回报互换。

4. 企业出售短期应收款项或信贷资产，并且全额补偿转入方可能因被转移金融资产发生的信用损失。

5. 企业出售金融资产，同时与转入方签订看跌期权合同或看涨期权合同，且根据合同条款判断，该看跌期权或看涨期权为一项重大价内期权（即期权合约的条款设计，使得金融资产的转入方或转出方很可能会行权）。

（三）企业应当按照其继续涉入被转移金融资产的程度继续确认被转移金融资产的常见情形有：

1. 企业转移金融资产，并采用保留次级权益或提供信用担保等方式进行信用增级，企业只转移了被转移金融资产所有权上的部分（非几乎所有）风险和报酬，且保留了对被转移金融资产的控制。

2. 企业转移金融资产，并附有既非重大价内也非重大价外的看涨期权或看跌期权，导致企业既没有转移也没有保留所有权上几乎所有风险和报酬，且保留了对被转移金融资产的控制。

第四章 满足终止确认条件的金融资产转移的会计处理

第十四条 金融资产转移整体满足终止确认条件的，应当将下列两项金额的差额计入当期损益：

（一）被转移金融资产在终止确认日的账面价值。

（二）因转移金融资产而收到的对价，与原直接计入其他综合收益的公允价值变动累计额中对应终止确认部分的金额（涉及转移的金融资产为根据《企业会计准则第22号——金融工具确认和计量》第十八条分类为以公允价值计量且其变动计入其他综合收益的金融资产的情形）之和。企业保留了向该金融资产提供相关收费服务的权利（包括收取该金融资产的现金流量，并将所收取的现金流量划转给指定的资金保管机构等），应当就该服务合同确认一项服务资产或服务负债。如果企业将收取的费用预计超过对服务的充分补偿的，应当将该服务权利作为继续确认部分确认为一项服务资产，并按照本准则第十五条的规定确定该服务资产的金额。如果将收取的费用预计不能充分补偿企业所提供服务的，则应当将由此形成的服务义务确认一项服务负债，并以公允价值进行初始计量。

企业因金融资产转移导致整体终止确认金融资产，同时获得了新金融资产或承担了新金融负债或服务负债的，应当在转移日确认该金融资产、金融负债（包括看涨期权、看跌期权、担保负债、远期合同、互换等）或服务负债，并以公允价值进行初始计量。该金融资产扣除金融负债和服务负债后的净额应当作为上述对价的组成部分。

第十五条 企业转移了金融资产的一部分，且该被转移部分整体满足终止确认条件的，应当将转移前金融资产整体的账面价值，在终止确认部分和继续确认部分（在此种情形下，所保留的服务资产应当视同继续确认金融资产的一部分）之间，按照转移日各自的相对公允价值进行分摊，并将下列两项金额的差额计入当期损益：

（一）终止确认部分在终止确认日的账面价值。

（二）终止确认部分收到的对价，与原计入其他综合收益的公允价值变动累计额中对应终止确认部分的金额（涉及转移的金融资产为根据《企业会计准则第22号——金融工具确认和计量》第十八条分类为以公允价值计量且其变动计入其他综合收益的金融资产的情形）之和。对价包括获得的所有新资产减去承担的所有新负债后的金额。

原计入其他综合收益的公允价值变动累计额中对应终止确认部分的金额，应当按照金融资产终止确认部分和继续确认部分的相对公允价值，对该累计额进行分摊后确定。

第十六条 根据本准则第十五条的规定，企业将转移前金融资产整体的账面价值按相对公允价值在终止确认部分和继续确认部分之间进行分摊时，应当按照下列规定确定继续确认部分的公允价值：

（一）企业出售过与继续确认部分类似的金融资产，或继续确认部分存在其他市场交易的，近期实际交易价格可作为其公允价值的最佳估计。

（二）继续确认部分没有报价或近期没有市场交易的，其公允价值的最佳估计为转移前金融资产整体的公允价值扣除终止确认部分的对价后的差额。

第五章 继续确认被转移金融资产的会计处理

第十七条 企业保留了被转移金融资产所有权上几乎所有风险和报酬而不满足终止确认条件的，应当继续确认被转移金融资产整体，并将收到的对价确认为一项金融负债。

第十八条 在继续确认被转移金融资产的情形下，金融资产转移所涉及的金融资产与所确认的相关金融负债不得相互抵销。在后续会计期间，企业应当继续确认该金融资产产生的收入（或利得）和该金融负债产生的费用（或损失），不得相互抵销。

第六章 继续涉入被转移金融资产的会计处理

第十九条 企业既没有转移也没有保留金融资产所有权上几乎所有风险和报酬，且保留了对该金融资产控制的，应当按照其继续涉入被转移金融资产的程度继续确认该被转移金融资产，并相应确认相关负债。被转移金融资产和相关负债应当在充分反映企业因金融资产转移所保留的权利和承担的义务的基础上进行计量。企业应当按照下列规定对相关负债进行计量：

（一）被转移金融资产以摊余成本计量的，相关负债的账面价值等于继续涉入被转移金融资产的账面价值减去企业保留的权利（如果企业因金融资产转移保留了相关权利）的摊余成本并加上企业承担的义务（如果企业因金融资产转移承担了相关义务）的摊余成本；相关负债不得指定为以公允价值计量且其变动计入当期损益的金融负债。

（二）被转移金融资产以公允价值计量的，相关负债的账面价值等于继续涉入被转移金融资产的账面价值减去企业保留的权利（如果企业因金融资产转移保留了相关权利）的公允价值并加上企业承担的义务（如果企业因金融资产转移承担了相关义务）的公允价值，该权利和义务的公允价值应为按独立基础计量时的公允价值。

第二十条 企业通过对被转移金融资产提供担保方式继续涉入的，应当在转移日按照金融资产的账面价值和担保金额两者的较低者，继续确认被转移金融资产，同时按照担保金额和担保合同的公允价值（通常是提供担保收到的对价）之和确认相关负债。担保金额，是指企业所收到的对价中，可被要求偿还的最高金额。

在后续会计期间，担保合同的初始确认金额应当随担保义务的履行进行摊销，计入当期损益。被转移金融资产发生减值的，计提的损失准备应从被转移金融资产的账面价值中抵减。

第二十一条 企业因持有看涨期权或签出看跌期权而继续涉入被转移金融资产，且该金融资产以摊余成本计量的，应当按照其可能回购的被转移金融资产的金额继续确认被转移金融资产，在转移日按照收到的对价确认相关负债。

被转移金融资产在期权到期日的摊余成本和相关负债初始确认金额之间的差额，应当采用实际利率法摊销，计入当期损益，同时调整相关负债的账面价值。相关期权行权的，应当在行权时，将相关负债的账面价值与行权价格之间的差额计入当期损益。

第二十二条 企业因持有看涨期权或签出看跌期权（或两者兼有，即上下限期权）而继续涉入被转移金融资产，且以公允价值计量该金融资产的，应当分别以下情形进行处理：

（一）企业因持有看涨期权而继续涉入被转移金融资产的，应当继续按照公允价值计量被转移金融资产，同时按照下列规定计量相关负债：

1. 该期权是价内或平价期权的，应当按照期权的行权价格扣除期权的时间价值后的金额，计量相关负债。

2. 该期权是价外期权的，应当按照被转移金融资产的公允价值扣除期权的时间价值后的金额，计量相关负债。

（二）企业因签出看跌期权形成的义务而继续涉入被转移金融资产的，应当按照该金融资产的公允价值和该期权行权价格两者的较低者，计量继续涉入形成的资产；同时，按照该期权的行权价格与时间价值之和，计量相关负债。

（三）企业因持有看涨期权和签出看跌期权（即上下限期权）而继续涉入被转移金融资产的，应当继续按照公允价值计量被转移金融资产，同时按照下列规定计量相关负债：

1. 该看涨期权是价内或平价期权的，应当按照看涨期权的行权价格和看跌期权的公允价值之和，扣除看涨期权的时间价值后的金额，计量相关负债。

2. 该看涨期权是价外期权的，应当按照被转移金融资产的公允价值和看跌期权的公允价值之和，扣除看涨期权的时间价值后的金额，计量相关负债。

第二十三条　企业采用基于被转移金融资产的现金结算期权或类似条款的形式继续涉入的，其会计处理方法与本准则第二十一条和第二十二条中规定的以非现金结算期权形式继续涉入的会计处理方法相同。

第二十四条　企业按继续涉入程度继续确认的被转移金融资产以及确认的相关负债不应当相互抵销。企业应当对继续确认的被转移金融资产确认所产生的收入（或利得），对相关负债确认所产生的费用（或损失），两者不得相互抵销。继续确认的被转移金融资产以公允价值计量的，在后续计量时对其公允价值变动应根据《企业会计准则第22号——金融工具确认和计量》第六十四条的规定进行确认，同时相关负债公允价值变动的确认应当与之保持一致，且两者不得相互抵销。

第二十五条　企业对金融资产的继续涉入仅限于金融资产一部分的，企业应当根据本准则第十六条的规定，按照转移日因继续涉入而继续确认部分和不再确认部分的相对公允价值，在两者之间分配金融资产的账面价值，并将下列两项金额的差额计入当期损益：

（一）分配至不再确认部分的账面金额（以转移日计量的为准）；

（二）不再确认部分所收到的对价。

如果涉及转移的金融资产为根据《企业会计准则第22号——金融工具确认和计量》第十八条分类为以公允价值计量且其变动计入其他综合收益的金融资产的，不再确认部分的金额对应的原计入其他综合收益的公允价值变动累计额计入当期损益。

第七章　向转入方提供非现金担保物的会计处理

第二十六条　企业向金融资产转入方提供了非现金担保物（如债务工具或权益工具投资等）的，企业（转出方）和转入方应当按照下列规定进行处理：

（一）转入方按照合同或惯例有权出售该担保物或将其再作为担保物的，企业应当将该非现金担保物在财务报表中单独列报。

（二）转入方已将该担保物出售的，转入方应当就归还担保物的义务，按照公允价值确认一项负债。

（三）除因违约丧失赎回担保物权利外，企业应当继续将担保物确认为一项资产。

企业因违约丧失赎回担保物权利的，应当终止确认该担保物；转入方应当将该担保物确认为一项资产，并以公允价值计量。转入方已出售该担保物的，应当终止确认归还担保物的义务。

第八章　衔　接　规　定

第二十七条　在本准则施行日，企业仍继续涉入被转移金融资产的，应当按照《企业会计准则第 22 号——金融工具确认和计量》及本准则关于被转移金融资产确认和计量的相关规定进行追溯调整，再按照本准则的规定对其所确认的相关负债进行重新计量，并将相关影响按照与被转移金融资产一致的方式在本准则施行日进行调整。追溯调整不切实可行的除外。

第九章　附　　则

第二十八条　本准则自 2018 年 1 月 1 日起施行。

企业会计准则解释中与金融资产转移准则相关的内容

企业发生的融资融券业务，应当执行何种会计标准？（《企业会计准则解释第 4 号》第九项）

答：融资融券业务，是指证券公司向客户出借资金供其买入证券或者出借证券供其卖出，并由客户交存相应担保物的经营活动。企业发生的融资融券业务，分为融资业务和融券业务两类。

关于融资业务，证券公司及其客户均应当按照《企业会计准则第 22 号——金融工具确认和计量》有关规定进行会计处理。证券公司融出的资金，应当确认应收债权，并确认相应利息收入；客户融入的资金，应当确认应付债务，并确认相应利息费用。

关于融券业务，证券公司融出的证券，按照《企业会计准则第 23 号——金融资产转移》有关规定，不应终止确认该证券，但应确认相应利息收入；客户融入的证券，应当按照《企业会计准则第 22 号——金融工具确认和计量》有关规定进行会计处理，并确认相应利息费用。

证券公司对客户融资融券并代客户买卖证券时，应当作为证券经纪业务进行会计处理。

证券公司及其客户发生的融资融券业务，应当按照《企业会计准则第 37 号——金融工具列报》有关规定披露相关会计信息。

本解释发布前融资融券业务未按照上述规定进行处理的，应当进行追溯调整，追溯调整不切实可行的除外。

套期会计准则

企业会计准则第 24 号
——套期会计

(财会〔2017〕9号　2017年3月31日)

第一章　总　　则

第一条　为了规范套期会计处理，根据《企业会计准则——基本准则》，制定本准则。

第二条　套期，是指企业为管理外汇风险、利率风险、价格风险、信用风险等特定风险引起的风险敞口，指定金融工具为套期工具，以使套期工具的公允价值或现金流量变动，预期抵销被套期项目全部或部分公允价值或现金流量变动的风险管理活动。

第三条　套期分为公允价值套期、现金流量套期和境外经营净投资套期。

公允价值套期，是指对已确认资产或负债、尚未确认的确定承诺，或上述项目组成部分的公允价值变动风险敞口进行的套期。该公允价值变动源于特定风险，且将影响企业的损益或其他综合收益。其中，影响其他综合收益的情形，仅限于企业对指定为以公允价值计量且其变动计入其他综合收益的非交易性权益工具投资的公允价值变动风险敞口进行的套期。

现金流量套期，是指对现金流量变动风险敞口进行的套期。该现金流量变动源于与已确认资产或负债、极可能发生的预期交易，或与上述项目组成部分有关的特定风险，且将影响企业的损益。

境外经营净投资套期，是指对境外经营净投资外汇风险敞口进行的套期。

境外经营净投资，是指企业在境外经营净资产中的权益份额。

对确定承诺的外汇风险进行的套期，企业可以将其作为公允价值套期或现金流量套期处理。

第四条 对于满足本准则第二章和第三章规定条件的套期，企业可以运用套期会计方法进行处理。

套期会计方法，是指企业将套期工具和被套期项目产生的利得或损失在相同会计期间计入当期损益（或其他综合收益）以反映风险管理活动影响的方法。

第二章 套期工具和被套期项目

第五条 套期工具，是指企业为进行套期而指定的、其公允价值或现金流量变动预期可抵销被套期项目的公允价值或现金流量变动的金融工具，包括：

（一）以公允价值计量且其变动计入当期损益的衍生工具，但签出期权除外。企业只有在对购入期权（包括嵌入在混合合同中的购入期权）进行套期时，签出期权才可以作为套期工具。嵌入在混合合同中但未分拆的衍生工具不能作为单独的套期工具。

（二）以公允价值计量且其变动计入当期损益的非衍生金融资产或非衍生金融负债，但指定为以公允价值计量且其变动计入当期损益、且其自身信用风险变动引起的公允价值变动计入其他综合收益的金融负债除外。

企业自身权益工具不属于企业的金融资产或金融负债，不能作为套期工具。

第六条 对于外汇风险套期，企业可以将非衍生金融资产（选择以公允价值计量且其变动计入其他综合收益的非交易性权益工具投资除外）或非衍生金融负债的外汇风险成分指定为套期工具。

第七条 在确立套期关系时，企业应当将符合条件的金融工具整体指定为套期工具，但下列情形除外：

（一）对于期权，企业可以将期权的内在价值和时间价值分开，只将期权的内在价值变动指定为套期工具。

（二）对于远期合同，企业可以将远期合同的远期要素和即期要素分开，只将即期要素的价值变动指定为套期工具。

（三）对于金融工具，企业可以将金融工具的外汇基差单独分拆，只将排除外汇基差后的金融工具指定为套期工具。

（四）企业可以将套期工具的一定比例指定为套期工具，但不可以将套期工具剩余期限内某一时段的公允价值变动部分指定为套期工具。

第八条 企业可以将两项或两项以上金融工具（或其一定比例）的组合指定为套期工具（包括组合内的金融工具形成风险头寸相互抵销的情形）。

对于一项由签出期权和购入期权组成的期权（如利率上下限期权），或对于两项或两项以上金融工具（或其一定比例）的组合，其在指定日实质上相当于一项净签出期权的，不能将其指定为套期工具。只有在对购入期权（包括嵌入在混合合同中的购入期权）进行套期时，净签出期权才可以作为套期工具。

第九条 被套期项目，是指使企业面临公允价值或现金流量变动风险，且被指定为被套期对象的、能够可靠计量的项目。企业可以将下列单个项目、项目组合或其组成部分指定为被套期项目：

（一）已确认资产或负债。

（二）尚未确认的确定承诺。确定承诺，是指在未来某特定日期或期间，以约定价格交换特定数量资源、具有法律约束力的协议。

（三）极可能发生的预期交易。预期交易，是指尚未承诺但预期会发生的交易。

（四）境外经营净投资。

上述项目组成部分是指小于项目整体公允价值或现金流量变动的部分，企业只能将下列项目组成部分或其组合指定为被套期项目：

（一）项目整体公允价值或现金流量变动中仅由某一个或多个特定风险引起的公允价值或现金流量变动部分（风险成分）。根据在特定市场环境下的评估，该风险成分应当能够单独识别并可靠计量。风险成分也包括被套期项目公允价值或现金流量的变动仅高于或仅低于特定价格或其他变量的部分。

（二）一项或多项选定的合同现金流量。

（三）项目名义金额的组成部分，即项目整体金额或数量的特定部分，其可以是项目整体的一定比例部分，也可以是项目整体的某一层级部分。若某一层级部分包含提前还款权，且该提前还款权的公允价值受被套期风险变化影响的，企业不得将该层级指定为公允价值套期的被套期项目，但企业在计量被套期项目的公允价值时已包含该提前还款权影响的情况除外。

第十条 企业可以将符合被套期项目条件的风险敞口与衍生工具组合形成

的汇总风险敞口指定为被套期项目。

第十一条 当企业出于风险管理目的对一组项目进行组合管理、且组合中的每一个项目（包括其组成部分）单独都属于符合条件的被套期项目时，可以将该项目组合指定为被套期项目。

在现金流量套期中，企业对一组项目的风险净敞口（存在风险头寸相互抵销的项目）进行套期时，仅可以将外汇风险净敞口指定为被套期项目，并且应当在套期指定中明确预期交易预计影响损益的报告期间，以及预期交易的性质和数量。

第十二条 企业将一组项目名义金额的组成部分指定为被套期项目时，应当分别满足下列条件：

（一）企业将一组项目的一定比例指定为被套期项目时，该指定应当与该企业的风险管理目标相一致。

（二）企业将一组项目的某一层级部分指定为被套期项目时，应当同时满足下列条件：

1. 该层级能够单独识别并可靠计量。

2. 企业的风险管理目标是对该层级进行套期。

3. 该层级所在的整体项目组合中的所有项目均面临相同的被套期风险。

4. 对于已经存在的项目（如已确认资产或负债、尚未确认的确定承诺）进行的套期，被套期层级所在的整体项目组合可识别并可追踪。

5. 该层级包含提前还款权的，应当符合本准则第九条项目名义金额的组成部分中的相关要求。

本准则所称风险管理目标，是指企业在某一特定套期关系层面上，确定如何指定套期工具和被套期项目，以及如何运用指定的套期工具对指定为被套期项目的特定风险敞口进行套期。

第十三条 如果被套期项目是净敞口为零的项目组合（即各项目之间的风险完全相互抵销），同时满足下列条件时，企业可以将该组项目指定在不含套期工具的套期关系中：

（一）该套期是风险净敞口滚动套期策略的一部分，在该策略下，企业定期对同类型的新的净敞口进行套期；

（二）在风险净敞口滚动套期策略整个过程中，被套期净敞口的规模会发生变化，当其不为零时，企业使用符合条件的套期工具对净敞口进行套期，并通常采用套期会计方法；

（三）如果企业不对净敞口为零的项目组合运用套期会计，将导致不一致的会计结果，因为不运用套期会计方法将不会确认在净敞口套期下确认的相互抵销的风险敞口。

第十四条　运用套期会计时，在合并财务报表层面，只有与企业集团之外的对手方之间交易形成的资产、负债、尚未确认的确定承诺或极可能发生的预期交易才能被指定为被套期项目；在合并财务报表层面，只有与企业集团之外的对手方签订的合同才能被指定为套期工具。对于同一企业集团内的主体之间的交易，在企业个别财务报表层面可以运用套期会计，在企业集团合并财务报表层面不得运用套期会计，但下列情形除外：

（一）在合并财务报表层面，符合《企业会计准则第33号——合并财务报表》规定的投资性主体与其以公允价值计量且其变动计入当期损益的子公司之间的交易，可以运用套期会计。

（二）企业集团内部交易形成的货币性项目的汇兑收益或损失，不能在合并财务报表中全额抵销的，企业可以在合并财务报表层面将该货币性项目的外汇风险指定为被套期项目。

（三）企业集团内部极可能发生的预期交易，按照进行此项交易的主体的记账本位币以外的货币标价，且相关的外汇风险将影响合并损益的，企业可以在合并财务报表层面将该外汇风险指定为被套期项目。

第三章　套期关系评估

第十五条　公允价值套期、现金流量套期或境外经营净投资套期同时满足下列条件的，才能运用本准则规定的套期会计方法进行处理：

（一）套期关系仅由符合条件的套期工具和被套期项目组成。

（二）在套期开始时，企业正式指定了套期工具和被套期项目，并准备了关于套期关系和企业从事套期的风险管理策略和风险管理目标的书面文件。该文件至少载明了套期工具、被套期项目、被套期风险的性质以及套期有效性评估方法（包括套期无效部分产生的原因分析以及套期比率确定方法）等内容。

（三）套期关系符合套期有效性要求。

套期有效性，是指套期工具的公允价值或现金流量变动能够抵销被套期风险引起的被套期项目公允价值或现金流量变动的程度。套期工具的公允价值或现金流量变动大于或小于被套期项目的公允价值或现金流量变动的部分为套期无效部分。

第十六条 套期同时满足下列条件的，企业应当认定套期关系符合套期有效性要求：

（一）被套期项目和套期工具之间存在经济关系。该经济关系使得套期工具和被套期项目的价值因面临相同的被套期风险而发生方向相反的变动。

（二）被套期项目和套期工具经济关系产生的价值变动中，信用风险的影响不占主导地位。

（三）套期关系的套期比率，应当等于企业实际套期的被套期项目数量与对其进行套期的套期工具实际数量之比，但不应当反映被套期项目和套期工具相对权重的失衡，这种失衡会导致套期无效，并可能产生与套期会计目标不一致的会计结果。例如，企业确定拟采用的套期比率是为了避免确认现金流量套期的套期无效部分，或是为了创造更多的被套期项目进行公允价值调整以达到增加使用公允价值会计的目的，可能会产生与套期会计目标不一致的会计结果。

第十七条 企业应当在套期开始日及以后期间持续地对套期关系是否符合套期有效性要求进行评估，尤其应当分析在套期剩余期限内预期将影响套期关系的套期无效部分产生的原因。企业至少应当在资产负债表日及相关情形发生重大变化将影响套期有效性要求时对套期关系进行评估。

第十八条 套期关系由于套期比率的原因而不再符合套期有效性要求，但指定该套期关系的风险管理目标没有改变的，企业应当进行套期关系再平衡。

本准则所称套期关系再平衡，是指对已经存在的套期关系中被套期项目或套期工具的数量进行调整，以使套期比率重新符合套期有效性要求。基于其他目的对被套期项目或套期工具所指定的数量进行变动，不构成本准则所称的套期关系再平衡。

企业在套期关系再平衡时，应当首先确认套期关系调整前的套期无效部分，并更新在套期剩余期限内预期将影响套期关系的套期无效部分产生原因的分析，同时相应更新套期关系的书面文件。

第十九条 企业发生下列情形之一的，应当终止运用套期会计：

（一）因风险管理目标发生变化，导致套期关系不再满足风险管理目标。

（二）套期工具已到期、被出售、合同终止或已行使。

（三）被套期项目与套期工具之间不再存在经济关系，或者被套期项目和套期工具经济关系产生的价值变动中，信用风险的影响开始占主导地位。

（四）套期关系不再满足本准则所规定的运用套期会计方法的其他条件。在适用套期关系再平衡的情况下，企业应当首先考虑套期关系再平衡，然后评估套期关系是否满足本准则所规定的运用套期会计方法的条件。

终止套期会计可能会影响套期关系的整体或其中一部分，在仅影响其中一部分时，剩余未受影响的部分仍适用套期会计。

第二十条　套期关系同时满足下列条件的，企业不得撤销套期关系的指定并由此终止套期关系：

（一）套期关系仍然满足风险管理目标；

（二）套期关系仍然满足本准则运用套期会计方法的其他条件。在适用套期关系再平衡的情况下，企业应当首先考虑套期关系再平衡，然后评估套期关系是否满足本准则所规定的运用套期会计方法的条件。

第二十一条　企业发生下列情形之一的，不作为套期工具已到期或合同终止处理：

（一）套期工具展期或被另一项套期工具替换，而且该展期或替换是企业书面文件所载明的风险管理目标的组成部分。

（二）由于法律法规或其他相关规定的要求，套期工具的原交易对手方变更为一个或多个清算交易对手方（例如清算机构或其他主体），以最终达成由同一中央交易对手方进行清算的目的。如果存在套期工具其他变更的，该变更应当仅限于达成此类替换交易对手方所必需的变更。

第四章　确认和计量

第二十二条　公允价值套期满足运用套期会计方法条件的，应当按照下列规定处理：

（一）套期工具产生的利得或损失应当计入当期损益。如果套期工具是对选择以公允价值计量且其变动计入其他综合收益的非交易性权益工具投资（或其组成部分）进行套期的，套期工具产生的利得或损失应当计入其他综合收益。

（二）被套期项目因被套期风险敞口形成的利得或损失应当计入当期损益，同时调整未以公允价值计量的已确认被套期项目的账面价值。被套期项目为按照《企业会计准则第 22 号——金融工具确认和计量》第十八条分类为以公允价值计量且其变动计入其他综合收益的金融资产（或其组成部分）的，其因被套期风险敞口形成的利得或损失应当计入当期损益，其账面价值已经按公允价值计量，不需要调整；被套期项目为企业选择以公允价值计量且其变动计入其他综合收益的非交易性权益工具投资（或其组成部分）的，其因被套期风险敞口形成的利得或损失应当计入其他综合收益，其账面价值已经按公允价值计量，不需要调整。

被套期项目为尚未确认的确定承诺（或其组成部分）的，其在套期关系指定后因被套期风险引起的公允价值累计变动额应当确认为一项资产或负债，相关的利得或损失应当计入各相关期间损益。当履行确定承诺而取得资产或承担负债时，应当调整该资产或负债的初始确认金额，以包括已确认的被套期项目的公允价值累计变动额。

第二十三条 公允价值套期中，被套期项目为以摊余成本计量的金融工具（或其组成部分）的，企业对被套期项目账面价值所作的调整应当按照开始摊销日重新计算的实际利率进行摊销，并计入当期损益。该摊销可以自调整日开始，但不应当晚于对被套期项目终止进行套期利得和损失调整的时点。被套期项目为按照《企业会计准则第22号——金融工具确认和计量》第十八条分类为以公允价值计量且其变动计入其他综合收益的金融资产（或其组成部分）的，企业应当按照相同的方式对累计已确认的套期利得或损失进行摊销，并计入当期损益，但不调整金融资产（或其组成部分）的账面价值。

第二十四条 现金流量套期满足运用套期会计方法条件的，应当按照下列规定处理：

（一）套期工具产生的利得或损失中属于套期有效的部分，作为现金流量套期储备，应当计入其他综合收益。现金流量套期储备的金额，应当按照下列两项的绝对额中较低者确定：

1. 套期工具自套期开始的累计利得或损失；

2. 被套期项目自套期开始的预计未来现金流量现值的累计变动额。

每期计入其他综合收益的现金流量套期储备的金额应当为当期现金流量套期储备的变动额。

（二）套期工具产生的利得或损失中属于套期无效的部分（即扣除计入其他综合收益后的其他利得或损失），应当计入当期损益。

第二十五条 现金流量套期储备的金额，应当按照下列规定处理：

（一）被套期项目为预期交易，且该预期交易使企业随后确认一项非金融资产或非金融负债的，或者非金融资产或非金融负债的预期交易形成一项适用于公允价值套期会计的确定承诺时，企业应当将原在其他综合收益中确认的现金流量套期储备金额转出，计入该资产或负债的初始确认金额。

（二）对于不属于本条（一）涉及的现金流量套期，企业应当在被套期的预期现金流量影响损益的相同期间，将原在其他综合收益中确认的现金流量套期储备金额转出，计入当期损益。

（三）如果在其他综合收益中确认的现金流量套期储备金额是一项损失，且该损失全部或部分预计在未来会计期间不能弥补的，企业应当在预计不能弥补时，将预计不能弥补的部分从其他综合收益中转出，计入当期损益。

第二十六条 当企业对现金流量套期终止运用套期会计时，在其他综合收益中确认的累计现金流量套期储备金额，应当按照下列规定进行处理：

（一）被套期的未来现金流量预期仍然会发生的，累计现金流量套期储备的金额应当予以保留，并按照本准则第二十五条的规定进行会计处理。

（二）被套期的未来现金流量预期不再发生的，累计现金流量套期储备的金额应当从其他综合收益中转出，计入当期损益。被套期的未来现金流量预期不再极可能发生但可能预期仍然会发生，在预期仍然会发生的情况下，累计现金流量套期储备的金额应当予以保留，并按照本准则第二十五条的规定进行会计处理。

第二十七条 对境外经营净投资的套期，包括对作为净投资的一部分进行会计处理的货币性项目的套期，应当按照类似于现金流量套期会计的规定处理：

（一）套期工具形成的利得或损失中属于套期有效的部分，应当计入其他综合收益。

全部或部分处置境外经营时，上述计入其他综合收益的套期工具利得或损失应当相应转出，计入当期损益。

（二）套期工具形成的利得或损失中属于套期无效的部分，应当计入当期损益。

第二十八条 企业根据本准则第十八条规定对套期关系作出再平衡的，应当在调整套期关系之前确定套期关系的套期无效部分，并将相关利得或损失计入当期损益。

套期关系再平衡可能会导致企业增加或减少指定套期关系中被套期项目或套期工具的数量。企业增加了指定的被套期项目或套期工具的，增加部分自指定增加之日起作为套期关系的一部分进行处理；企业减少了指定的被套期项目或套期工具的，减少部分自指定减少之日起不再作为套期关系的一部分，作为套期关系终止处理。

第二十九条 对于被套期项目为风险净敞口的套期，被套期风险影响利润表不同列报项目的，企业应当将相关套期利得或损失单独列报，不应当影响利润表中与被套期项目相关的损益列报项目金额（如营业收入或营业成本）。

对于被套期项目为风险净敞口的公允价值套期，涉及调整被套期各组成项目账面价值的，企业应当对各项资产和负债的账面价值做相应调整。

第三十条 除本准则第二十九条规定外，对于被套期项目为一组项目的公允价值套期，企业在套期关系存续期间，应当针对被套期项目组合中各组成项目，分别确认公允价值变动所引起的相关利得或损失，按照本准则第二十二条的规定进行相应处理，计入当期损益或其他综合收益。涉及调整被套期各组成项目账面价值的，企业应当对各项资产和负债的账面价值做相应调整。

除本准则第二十九条规定外，对于被套期项目为一组项目的现金流量套期，企业在将其他综合收益中确认的相关现金流量套期储备转出时，应当按照系统、合理的方法将转出金额在被套期各组成项目中分摊，并按照本准则第二十五条的规定进行相应处理。

第三十一条 企业根据本准则第七条规定将期权的内在价值和时间价值分开，只将期权的内在价值变动指定为套期工具时，应当区分被套期项目的性质是与交易相关还是与时间段相关。被套期项目与交易相关的，对其进行套期的期权时间价值具备交易成本的特征；被套期项目与时间段相关的，对其进行套期的期权时间价值具备为保护企业在特定时间段内规避风险所需支付成本的特征。企业应当根据被套期项目的性质分别进行以下会计处理：

（一）对于与交易相关的被套期项目，企业应当按照本准则第三十二条的规定，将期权时间价值的公允价值变动中与被套期项目相关的部分计入其他综合收益。对于在其他综合收益中确认的期权时间价值的公允价值累计变动额，应当按照本准则第二十五条规定的与现金流量套期储备金额相同的会计处理方法进行处理。

（二）对于与时间段相关的被套期项目，企业应当按照本准则第三十二条的规定，将期权时间价值的公允价值变动中与被套期项目相关的部分计入其他综合收益。同时，企业应当按照系统、合理的方法，将期权被指定为套期工具当日的时间价值中与被套期项目相关的部分，在套期关系影响损益或其他综合收益（仅限于企业对指定为以公允价值计量且其变动计入其他综合收益的非交易性权益工具投资的公允价值变动风险敞口进行的套期）的期间内摊销，摊销金额从其他综合收益中转出，计入当期损益。若企业终止运用套期会计，则其他综合收益中剩余的相关金额应当转出，计入当期损益。

期权的主要条款（如名义金额、期限和标的）与被套期项目相一致的，期权的实际时间价值与被套期项目相关；期权的主要条款与被套期项目不完全一致的，企业应当通过对主要条款与被套期项目完全一致的期权进行估值确定校准时间价值，并确认期权的实际时间价值中与被套期项目相关的部分。

第三十二条　在套期关系开始时，期权的实际时间价值高于校准时间价值的，企业应当以校准时间价值为基础，将其累计公允价值变动计入其他综合收益，并将这两个时间价值的公允价值变动差额计入当期损益；在套期关系开始时，期权的实际时间价值低于校准时间价值的，企业应当将两个时间价值中累计公允价值变动的较低者计入其他综合收益，如果实际时间价值的累计公允价值变动扣减累计计入其他综合收益金额后尚有剩余的，应当计入当期损益。

第三十三条　企业根据本准则第七条规定将远期合同的远期要素和即期要素分开、只将即期要素的价值变动指定为套期工具的，或者将金融工具的外汇基差单独分拆、只将排除外汇基差后的金融工具指定为套期工具的，可以按照与前述期权时间价值相同的处理方式对远期合同的远期要素或金融工具的外汇基差进行会计处理。

第五章　信用风险敞口的公允价值选择权

第三十四条　企业使用以公允价值计量且其变动计入当期损益的信用衍生工具管理金融工具（或其组成部分）的信用风险敞口时，可以在该金融工具（或其组成部分）初始确认时、后续计量中或尚未确认时，将其指定为以公允价值计量且其变动计入当期损益的金融工具，并同时作出书面记录，但应当同时满足下列条件：

（一）金融工具信用风险敞口的主体（如借款人或贷款承诺持有人）与信用衍生工具涉及的主体相一致；

（二）金融工具的偿付级次与根据信用衍生工具条款须交付的工具的偿付级次相一致。

上述金融工具（或其组成部分）被指定为以公允价值计量且其变动计入当期损益的金融工具的，企业应当在指定时将其账面价值（如有）与其公允价值之间的差额计入当期损益。如该金融工具是按照《企业会计准则第 22 号——金融工具确认和计量》第十八条分类为以公允价值计量且其变动计入其他综合收益的金融资产的，企业应当将之前计入其他综合收益的累计利得或损失转出，计入当期损益。

第三十五条 同时满足下列条件的，企业应当对按照本准则第三十四条规定的金融工具（或其一定比例）终止以公允价值计量且其变动计入当期损益：

（一）本准则第三十四条规定的条件不再适用，例如信用衍生工具或金融工具（或其一定比例）已到期、被出售、合同终止或已行使，或企业的风险管理目标发生变化，不再通过信用衍生工具进行风险管理。

（二）金融工具（或其一定比例）按照《企业会计准则第 22 号——金融工具确认和计量》的规定，仍然不满足以公允价值计量且其变动计入当期损益的金融工具的条件。

当企业对金融工具（或其一定比例）终止以公允价值计量且其变动计入当期损益时，该金融工具（或其一定比例）在终止时的公允价值应当作为其新的账面价值。同时，企业应当采用与该金融工具被指定为以公允价值计量且其变动计入当期损益之前相同的方法进行计量。

第六章 衔 接 规 定

第三十六条 本准则施行日之前套期会计处理与本准则要求不一致的，企业不作追溯调整，但本准则第三十七条所规定的情况除外。

在本准则施行日，企业应当按照本准则的规定对所存在的套期关系进行评估。在符合本准则规定的情况下可以进行再平衡，再平衡后仍然符合本准则规定的运用套期会计方法条件的，将其视为持续的套期关系，并将再平衡所产生的相关利得或损失计入当期损益。

第三十七条 下列情况下，企业应当按照本准则的规定，对在比较财务报表期间最早的期初已经存在的、以及在此之后被指定的套期关系进行追溯调整：

（一）企业将期权的内在价值和时间价值分开，只将期权的内在价值变动指定为套期工具。

（二）本准则第二十一条（二）规定的情形。

此外，企业将远期合同的远期要素和即期要素分开、只将即期要素的价值变动指定为套期工具的，或者将金融工具的外汇基差单独分拆、只将排除外汇基差后的金融工具指定为套期工具的，可以按照与本准则关于期权时间价值相同的处理方式对远期合同的远期要素和金融工具的外汇基差的会计处理进行追溯调整。如果选择追溯调整，企业应当对所有满足该选择条件的套期关系进行追溯调整。

第七章 附　　则

第三十八条 本准则自 2018 年 1 月 1 日起施行。

保险合同准则

企业会计准则第 25 号
——保险合同[①]

（财会〔2020〕20 号　2020 年 12 月 19 日）

第一章　总　　则

第一条　为了规范保险合同的确认、计量和相关信息的列报，根据《企业会计准则——基本准则》，制定本准则。

第二条　保险合同，是指企业（合同签发人）与保单持有人约定，在特定保险事项对保单持有人产生不利影响时给予其赔偿，并因此承担源于保单持有人重大保险风险的合同。

保险事项，是指保险合同所承保的、产生保险风险的不确定未来事项。

保险风险，是指从保单持有人转移至合同签发人的除金融风险之外的风险。

第三条　本准则适用于下列保险合同：

（一）企业签发的保险合同（含分入的再保险合同）；

（二）企业分出的再保险合同；

（三）企业在合同转让或非同一控制下企业合并中取得的上述保险合同。

[①]　在境内外同时上市的企业以及在境外上市并采用国际财务报告准则或企业会计准则编制财务报表的企业，自 2023 年 1 月 1 日起执行；其他执行企业会计准则的企业自 2026 年 1 月 1 日起执行。同时，允许企业提前执行。

执行本准则的企业，不再执行财政部于 2006 年 2 月印发的《财政部关于印发〈企业会计准则第 1 号——存货〉等 38 项具体准则的通知》（财会〔2006〕3 号）中的《企业会计准则第 25 号——原保险合同》和《企业会计准则第 26 号——再保险合同》，以及财政部 2009 年 12 月印发的《保险合同相关会计处理规定》（财会〔2009〕15 号）。

签发保险合同的企业所签发的具有相机参与分红特征的投资合同适用本准则。

再保险合同，是指再保险分入人（再保险合同签发人）与再保险分出人约定，对再保险分出人由对应的保险合同所引起的赔付等进行补偿的保险合同。

具有相机参与分红特征的投资合同，是指赋予特定投资者合同权利以收取保证金额和附加金额的金融工具。附加金额由企业（合同签发人）基于特定项目回报相机决定，且预计构成合同利益的重要部分。

第四条 下列各项适用其他相关会计准则：

（一）由《企业会计准则第 6 号——无形资产》、《企业会计准则第 14 号——收入》和《企业会计准则第 21 号——租赁》规范的基于非金融项目未来使用情况等形成的合同权利或义务，分别适用《企业会计准则第 6 号——无形资产》、《企业会计准则第 14 号——收入》和《企业会计准则第 21 号——租赁》。

（二）由《企业会计准则第 9 号——职工薪酬》和《企业会计准则第 11 号——股份支付》规范的职工薪酬计划、股份支付等形成的权利或义务，分别适用《企业会计准则第 9 号——职工薪酬》和《企业会计准则第 11 号——股份支付》。

（三）由《企业会计准则第 14 号——收入》规范的附有质量保证条款的销售，适用《企业会计准则第 14 号——收入》。

（四）生产商、经销商和零售商提供的余值担保，以及租赁合同中由承租方提供的余值担保，分别适用《企业会计准则第 14 号——收入》和《企业会计准则第 21 号——租赁》。

（五）企业合并中的或有对价，适用《企业会计准则第 20 号——企业合并》。

（六）财务担保合同，适用《企业会计准则第 22 号——金融工具确认和计量》、《企业会计准则第 23 号——金融资产转移》、《企业会计准则第 24 号——套期会计》和《企业会计准则第 37 号——金融工具列报》（以下统称金融工具相关会计准则）。企业明确表明将此类合同视作保险合同，并且已按照保险合同相关会计准则进行会计处理的，应当基于单项合同选择适用本准则或金融工具相关会计准则。选择一经作出，不得撤销。

（七）符合保险合同定义的信用卡合同或类似合同，如果定价时未单独评估和反映单一保单持有人的保险风险，合同条款中除保险保障服务以外的部分，适用金融工具相关会计准则或其他相关会计准则。

第五条 符合保险合同定义但主要以固定收费方式提供服务的合同，同时符合下列条件的，企业可以选择适用《企业会计准则第 14 号——收入》或本准则：

（一）合同定价不反映对单个保单持有人的风险评估；

（二）合同通过提供服务而非支付现金补偿保单持有人；

（三）合同转移的保险风险主要源于保单持有人对服务的使用而非服务成本的不确定性。

该选择应当基于单项合同，一经作出，不得撤销。

第六条 符合保险合同定义但对保险事项的赔偿金额仅限于清算保单持有人因该合同而产生的支付义务的合同（如包含死亡豁免条款的贷款合同），企业可以选择适用金融工具相关会计准则或本准则。该选择应当基于保险合同组合，一经作出，不得撤销。

第二章　保险合同的识别、合并和分拆

第七条 企业应当评估各单项合同的保险风险是否重大，据此判断该合同是否为保险合同。对于合同开始日经评估符合保险合同定义的合同，后续不再重新评估。

第八条 企业基于整体商业目的而与同一或相关联的多个合同对方订立的多份保险合同，应当合并为一份合同进行会计处理，以反映其商业实质。

第九条 保险合同中包含多个组成部分的，企业应当将下列组成部分予以分拆，并分别适用相关会计准则：

（一）符合《企业会计准则第 22 号——金融工具确认和计量》分拆条件的嵌入衍生工具，适用金融工具相关会计准则。

（二）可明确区分的投资成分，适用金融工具相关会计准则，但与投资成分相关的合同条款符合具有相机参与分红特征的投资合同定义的，应当适用本准则。

（三）可明确区分的商品或非保险合同服务的承诺，适用《企业会计准则第 14 号——收入》。

保险合同经上述分拆后的剩余组成部分，适用本准则。

投资成分，是指无论保险事项是否发生均须偿还给保单持有人的金额。

保险合同服务，是指企业为保险事项提供的保险保障服务、为不具有直接参与分红特征的保险合同持有人提供的投资回报服务，以及代具有直接参与分

红特征的保险合同持有人管理基础项目的投资相关服务。

第十条　企业应当根据保险合同分拆情况分摊合同现金流量。合同现金流量扣除已分拆嵌入衍生工具和可明确区分的投资成分的现金流量后，在保险成分（含未分拆嵌入衍生工具、不可明确区分的投资成分和不可明确区分的商品或非保险合同服务的承诺，下同）和可明确区分的商品或非保险合同服务的承诺之间进行分摊，分摊至保险成分的现金流量适用本准则。

第三章　保险合同的分组

第十一条　企业应当将具有相似风险且统一管理的保险合同归为同一保险合同组合。

第十二条　企业应当将同一合同组合至少分为下列合同组：

（一）初始确认时存在亏损的合同组；

（二）初始确认时无显著可能性在未来发生亏损的合同组；

（三）该组合中剩余合同组成的合同组。

企业不得将签发时间间隔超过一年的合同归入同一合同组。

第十三条　企业可以按照获利水平、亏损程度或初始确认后在未来发生亏损的可能性等，对合同组作进一步细分。

第十四条　企业应当以合同组合中单项合同为基础，逐项评估其归属的合同组。但有合理可靠的信息表明多项合同属于同一合同组的，企业可以多项合同为基础评估其归属的合同组。

第十五条　企业针对不同特征保单持有人设定不同价格或承诺不同利益水平的实际能力因法律法规或监管要求而受到限制，并将因此限制而导致合同组合中的合同被归入不同合同组的，企业可以不考虑相关限制的影响，将这些合同归入同一合同组。

第四章　确　认

第十六条　企业应当在下列时点中的最早时点确认其签发的合同组：

（一）责任期开始日；

（二）保单持有人首付款到期日，或者未约定首付款到期日时企业实际收到首付款日；

（三）发生亏损时。

合同组合中的合同符合上述时点要求时，企业应当根据本准则第三章相关规定评估其归属的合同组，后续不再重新评估。

责任期，是指企业向保单持有人提供保险合同服务的期间。

第十七条 企业应当将合同组确认前已付或应付的、系统合理分摊至相关合同组的保险获取现金流量，确认为保险获取现金流量资产。

保险获取现金流量，是指因销售、核保和承保已签发或预计签发的合同组而产生的、可直接归属于其对应合同组合的现金流量。

第十八条 合同组合中的合同归入其所属合同组时，企业应当终止确认该合同对应的保险获取现金流量资产。

第十九条 资产负债表日，如果事实和情况表明保险获取现金流量资产可能存在减值迹象，企业应当估计其可收回金额。保险获取现金流量资产的可收回金额低于其账面价值的，企业应当计提资产减值准备，确认减值损失，计入当期损益。导致以前期间减值因素已经消失的，应当转回原已计提的资产减值准备，计入当期损益。

第五章　计　　量

第一节　一　般　规　定

第二十条 企业应当以合同组作为计量单元。

企业应当在合同组初始确认时按照履约现金流量与合同服务边际之和对保险合同负债进行初始计量。

合同服务边际，是指企业因在未来提供保险合同服务而将于未来确认的未赚利润。

本准则第六章对分出的再保险合同组确认和计量另有规定的，从其规定。

第二十一条 履约现金流量包括下列各项：

（一）与履行保险合同直接相关的未来现金流量的估计；

（二）货币时间价值及金融风险调整；

（三）非金融风险调整。

非金融风险调整，是指企业在履行保险合同时，因承担非金融风险导致的未来现金流量在金额和时间方面的不确定性而要求得到的补偿。

履约现金流量的估计不考虑企业自身的不履约风险。

第二十二条 企业可以在高于合同组或合同组合的汇总层面估计履约现金流量，并采用系统合理的方法分摊至合同组。

第二十三条 未来现金流量的估计应当符合下列要求：

（一）未来现金流量估计值为无偏的概率加权平均值；

（二）有关市场变量的估计应当与可观察市场数据一致；

（三）以当前可获得的信息为基础，反映计量时存在的情况和假设；

（四）与货币时间价值及金融风险调整分别估计，估计技术适合合并估计的除外。

第二十四条 企业估计未来现金流量时应当考虑合同组内各单项合同边界内的现金流量，不得将合同边界外的未来现金流量用于合同组的计量。

企业有权要求保单持有人支付保费或者有实质性义务向保单持有人提供保险合同服务的，该权利或义务所产生的现金流量在保险合同边界内。

存在下列情形之一的，表明企业无实质性义务向保单持有人提供保险合同服务：

（一）企业有实际能力重新评估该保单持有人的风险，并据此可重新设定价格或承诺利益水平以充分反映该风险。

（二）企业有实际能力重新评估该合同所属合同组合的风险，并据此可重新设定价格或承诺利益水平以充分反映该风险，且重新评估日前对应保费在定价时未考虑重新评估日后的风险。

第二十五条 企业应当采用适当的折现率对履约现金流量进行货币时间价值及金融风险调整，以反映货币时间价值及未包含在未来现金流量估计中的有关金融风险。适当的折现率应当同时符合下列要求：

（一）反映货币时间价值、保险合同现金流量特征以及流动性特征；

（二）基于与保险合同具有一致现金流量特征的金融工具当前可观察市场数据确定，且不考虑与保险合同现金流量无关但影响可观察市场数据的其他因素。

第二十六条 企业在估计履约现金流量时应当考虑非金融风险调整，以反映非金融风险对履约现金流量的影响。

企业应当单独估计非金融风险调整，不得在未来现金流量和折现率的估计中隐含非金融风险调整。

第二十七条 企业应当在合同组初始确认时计算下列各项之和：

（一）履约现金流量；

（二）在该日终止确认保险获取现金流量资产以及其他相关资产或负债对应的现金流量；

（三）合同组内合同在该日产生的现金流量。

上述各项之和反映为现金净流入的，企业应当将其确认为合同服务边际；反映为现金净流出的，企业应当将其作为首日亏损计入当期损益。

第二十八条 企业应当在资产负债表日按照未到期责任负债与已发生赔款负债之和对保险合同负债进行后续计量。

未到期责任负债包括资产负债表日分摊至保险合同组的、与未到期责任有关的履约现金流量和当日该合同组的合同服务边际。

已发生赔款负债包括资产负债表日分摊至保险合同组的、与已发生赔案及其他相关费用有关的履约现金流量。

第二十九条 对于不具有直接参与分红特征的保险合同组，资产负债表日合同组的合同服务边际账面价值应当以期初账面价值为基础，经下列各项调整后予以确定：

（一）当期归入该合同组的合同对合同服务边际的影响金额；

（二）合同服务边际在当期计提的利息，计息利率为该合同组内合同确认时、不随基础项目回报变动的现金流量所适用的加权平均利率；

（三）与未来服务相关的履约现金流量的变动金额，但履约现金流量增加额超过合同服务边际账面价值所导致的亏损部分，以及履约现金流量减少额抵销的未到期责任负债的亏损部分除外；

（四）合同服务边际在当期产生的汇兑差额；

（五）合同服务边际在当期的摊销金额。

第三十条 企业应当按照提供保险合同服务的模式，合理确定合同组在责任期内各个期间的责任单元，并据此对根据本准则第二十九条（一）至（四）调整后的合同服务边际账面价值进行摊销，计入当期及以后期间保险服务收入。

第三十一条 企业因当期提供保险合同服务导致未到期责任负债账面价值的减少额，应当确认为保险服务收入；因当期发生赔案及其他相关费用导致已发生赔款负债账面价值的增加额，以及与之相关的履约现金流量的后续变动额，应当确认为保险服务费用。

企业在确认保险服务收入和保险服务费用时，不得包含保险合同中的投资成分。

第三十二条 企业应当将合同组内的保险获取现金流量，随时间流逝进行系统摊销，计入责任期内各个期间的保险服务费用，同时确认为保险服务收入，以反映该类现金流量所对应的保费的收回。

第三十三条 企业应当将货币时间价值及金融风险的影响导致的未到期责任负债和已发生赔款负债账面价值变动额，作为保险合同金融变动额。

企业可以选择将货币时间价值及金融风险的影响导致的非金融风险调整变动额不作为保险合同金融变动额。

第三十四条 企业应当考虑持有的相关资产及其会计处理，在合同组合层面对保险合同金融变动额的会计处理作出下列会计政策选择：

（一）将保险合同金融变动额全额计入当期保险财务损益。

（二）将保险合同金融变动额分解计入当期保险财务损益和其他综合收益。选择该会计政策的，企业应当在合同组剩余期限内，采用系统合理的方法确定计入各个期间保险财务损益的金额，其与保险合同金融变动额的差额计入其他综合收益。

保险财务损益，是指计入当期及以后期间损益的保险合同金融变动额。保险财务损益包括企业签发的保险合同的承保财务损益和分出的再保险合同的分出再保险财务损益。

第三十五条 企业应当将非金融风险调整账面价值变动中除保险合同金融变动额以外的金额计入当期及以后期间损益。

第三十六条 对于本准则适用范围内的具有相机参与分红特征的投资合同，企业应当按照本准则有关保险合同的规定进行会计处理，但下列各项特殊规定除外：

（一）初始确认的时点为企业成为合同一方的日期。

（二）企业有支付现金的实质性义务的，该义务所产生的现金流量在合同边界内。企业有实际能力对其支付现金的承诺进行重新定价以充分反映其承诺支付现金的金额及相关风险的，表明企业无支付现金的实质性义务。

（三）企业应当按照投资服务的提供模式，在合同组期限内采用系统合理的方法对合同服务边际进行摊销，计入当期及以后期间损益。

第三十七条 对于中期财务报表中根据本准则作出的相关会计估计处理结果，企业应当就是否在本年度以后中期财务报表和年度财务报表中进行调整作出会计政策选择，并一致应用于本准则适用范围内的合同组。

第三十八条 企业对产生外币现金流量的合同组进行计量时，应当将保险合同负债视为货币性项目，根据《企业会计准则第 19 号——外币折算》有关规定处理。

资产负债表日,产生外币现金流量的合同组的汇兑差额应当计入当期损益。企业根据本准则第三十四条规定选择将保险合同金融变动额分解计入当期保险财务损益和其他综合收益的,与计入其他综合收益的金额相关的汇兑差额,应当计入其他综合收益。

第二节 具有直接参与分红特征的保险合同组计量的特殊规定

第三十九条 企业应当在合同开始日评估一项合同是否为具有直接参与分红特征的保险合同,后续不再重新评估。

第四十条 具有直接参与分红特征的保险合同,是指在合同开始日同时符合下列条件的保险合同:

(一)合同条款规定保单持有人参与分享清晰可辨认的基础项目;

(二)企业预计将基础项目公允价值变动回报中的相当大部分支付给保单持有人;

(三)预计应付保单持有人金额变动中的相当大部分将随基础项目公允价值的变动而变动。

第四十一条 企业应当按照基础项目公允价值扣除浮动收费的差额,估计具有直接参与分红特征的保险合同组的履约现金流量。

浮动收费,是指企业因代保单持有人管理基础项目并提供投资相关服务而取得的对价,等于基础项目公允价值中企业享有份额减去不随基础项目回报变动的履约现金流量。

第四十二条 对于具有直接参与分红特征的保险合同组,资产负债表日合同组的合同服务边际账面价值应当以期初账面价值为基础,经下列调整后予以确定:

(一)当期归入该合同组的合同对合同服务边际的影响金额。

(二)基础项目公允价值中企业享有份额的变动金额,但以下情形除外:

1. 企业使用衍生工具或分出再保险合同管理与该金额变动相关金融风险时,对符合本准则规定条件的,可以选择将该金额变动中由货币时间价值及金融风险的影响导致的部分计入当期保险财务损益。但企业将分出再保险合同的保险合同金融变动额分解计入当期保险财务损益和其他综合收益的,该金额变动中的相应部分也应予以分解。

2. 基础项目公允价值中企业享有份额的减少额超过合同服务边际账面价

值所导致的亏损部分。

3. 基础项目公允价值中企业享有份额的增加额抵销的未到期责任负债的亏损部分。

（三）与未来服务相关且不随基础项目回报变动的履约现金流量的变动金额，但以下情形除外：

1. 企业使用衍生工具、分出再保险合同或以公允价值计量且其变动计入当期损益的非衍生金融工具管理与该履约现金流量变动相关金融风险时，对符合本准则规定条件的，可以选择将该履约现金流量变动中由货币时间价值及金融风险的影响导致的部分计入当期保险财务损益。但企业将分出再保险合同的保险合同金融变动额分解计入当期保险财务损益和其他综合收益的，该履约现金流量变动中的相应部分也应予以分解。

2. 该履约现金流量的增加额超过合同服务边际账面价值所导致的亏损部分。

3. 该履约现金流量的减少额抵销的未到期责任负债的亏损部分。

（四）合同服务边际在当期产生的汇兑差额。

（五）合同服务边际在当期的摊销金额。企业应当按照提供保险合同服务的模式，合理确定合同组在责任期内各个期间的责任单元，并据此对根据本条（一）至（四）调整后的合同服务边际账面价值进行摊销，计入当期及以后期间保险服务收入。

企业可以对本条（二）和（三）中的变动金额进行合并调整。

第四十三条 企业采用风险管理措施对具有直接参与分红特征的保险合同产生的金融风险予以缓释时，同时符合下列条件的，对于本准则第四十二条（二）和（三）相关金额变动中由货币时间价值及金融风险的影响导致的部分，可以选择不调整合同服务边际：

（一）企业制定了关于风险管理目标和策略的书面文件；

（二）保险合同与用于风险管理的衍生工具、分出再保险合同或以公允价值计量且其变动计入当期损益的非衍生金融工具之间存在经济抵销关系；

（三）经济抵销关系产生的价值变动中，信用风险的影响不占主导地位。

企业不再符合上述条件时，应当自不符合之日起，将本准则第四十二条（二）和（三）相关金额变动中由货币时间价值及金融风险的影响导致的部分调整合同服务边际，之前已经计入保险财务损益的金额不予调整。

第四十四条 对于企业不持有基础项目的具有直接参与分红特征的保险合同组，企业应当根据本准则第三十四条规定，对保险合同金额变动额进行会计处理。

对于企业持有基础项目的具有直接参与分红特征的保险合同组，企业根据本准则第三十四条规定，选择将保险合同金融变动额分解计入当期保险财务损益和其他综合收益的，计入当期保险财务损益的金额应当等于其持有的基础项目按照相关会计准则规定计入当期损益的金额。

本准则第四十二条对保险合同金融变动额的会计处理另有规定的，从其规定。

第四十五条 分入和分出的再保险合同不适用本节规定。

第三节 亏损保险合同组计量的特殊规定

第四十六条 合同组在初始确认时发生首日亏损的，或合同组合中的合同归入其所属亏损合同组而新增亏损的，企业应当确认亏损并计入当期保险服务费用，同时将该亏损部分增加未到期责任负债账面价值。

初始确认时，亏损合同组的保险合同负债账面价值等于其履约现金流量。

第四十七条 发生下列情形之一导致合同组在后续计量时发生亏损的，企业应当确认亏损并计入当期保险服务费用，同时将该亏损部分增加未到期责任负债账面价值：

（一）因与未来服务相关的未来现金流量或非金融风险调整的估计发生变更，导致履约现金流量增加额超过合同服务边际账面价值。

（二）对于具有直接参与分红特征的保险合同组，其基础项目公允价值中企业享有份额的减少额超过合同服务边际账面价值。

第四十八条 企业在确认合同组的亏损后，应当将未到期责任负债账面价值的下列变动额，采用系统合理的方法分摊至未到期责任负债中的亏损部分和其他部分：

（一）因发生保险服务费用而减少的未来现金流量的现值；

（二）因相关风险释放而计入当期损益的非金融风险调整的变动金额；

（三）保险合同金融变动额。

分摊至亏损部分的金额不得计入当期保险服务收入。

第四十九条 企业在确认合同组的亏损后，应当按照下列规定进行后续计量：

（一）将因与未来服务相关的未来现金流量或非金融风险调整的估计变更所导致的履约现金流量增加额，以及具有直接参与分红特征的保险合同组的基础项目公允价值中企业享有份额的减少额，确认为新增亏损并计入当期保险服务费用，同时将该亏损部分增加未到期责任负债账面价值。

（二）将因与未来服务相关的未来现金流量或非金融风险调整的估计变更所导致的履约现金流量减少额，以及具有直接参与分红特征的保险合同组的基础项目公允价值中企业享有份额的增加额，减少未到期责任负债的亏损部分，冲减当期保险服务费用；超出亏损部分的金额，确认为合同服务边际。

第四节　保险合同组计量的简化处理规定

第五十条　符合下列条件之一的，企业可以采用保费分配法简化合同组的计量：

（一）企业能够合理预计采用本节简化处理规定与根据本准则前述章节规定计量合同组未到期责任负债的结果无重大差异。企业预计履约现金流量在赔案发生前将发生重大变化的，表明该合同组不符合本条件。

（二）该合同组内各项合同的责任期不超过一年。

第五十一条　企业对其签发的保险合同采用保费分配法时，应当假设初始确认时该合同所属合同组合内不存在亏损合同，该假设与相关事实和情况不符的除外。

第五十二条　企业采用保费分配法时，合同组内各项合同初始确认时的责任期均不超过一年的，可以选择在保险获取现金流量发生时将其确认为费用，计入当期损益。

第五十三条　企业采用保费分配法计量合同组时，初始确认时未到期责任负债账面价值等于已收保费减去初始确认时发生的保险获取现金流量（根据本准则第五十二条规定选择在发生时计入当期损益的除外），减去（或加上）在合同组初始确认时终止确认的保险获取现金流量资产以及其他相关资产或负债的金额。

资产负债表日未到期责任负债账面价值等于期初账面价值加上当期已收保费，减去当期发生的保险获取现金流量（根据本准则第五十二条规定选择在发生时计入当期损益的除外），加上当期确认为保险服务费用的保险获取现金流量摊销金额和针对融资成分的调整金额，减去因当期提供保险合同服务而确认为保险服务收入的金额和当期已付或转入已发生赔款负债中的投资成分。

第五十四条　合同组内的合同中存在重大融资成分的，企业应当按照合同组初始确认时确定的折现率，对未到期责任负债账面价值进行调整，以反映货币时间价值及金融风险的影响。

合同组初始确认时，如果企业预计提供保险合同服务每一部分服务的时点与相关保费到期日之间的间隔不超过一年，可以不考虑合同中存在的重大融资成分。

第五十五条 相关事实和情况表明合同组在责任期内存在亏损时，企业应当将该日与未到期责任相关的履约现金流量超过按照本准则第五十三条确定的未到期责任负债账面价值的金额，计入当期保险服务费用，同时增加未到期责任负债账面价值。

第五十六条 企业应当根据与已发生赔案及其他相关费用有关的履约现金流量计量已发生赔款负债。相关履约现金流量预计在赔案发生后一年内支付或收取的，企业可以不考虑货币时间价值及金融风险的影响，且一致应用于本准则第五十五条规定的相关履约现金流量的计算。

第五十七条 企业应当将已收和预计收取的保费，在扣除投资成分并根据本准则第五十四条规定对重大融资成分进行调整后，分摊至当期的金额确认为保险服务收入。

企业应当随时间流逝在责任期内分摊经调整的已收和预计收取的保费；保险合同的风险在责任期内不随时间流逝为主释放的，应当以保险服务费用预计发生时间为基础进行分摊。

第六章 分出的再保险合同组的确认和计量

第五十八条 企业对分出的再保险合同组进行确认和计量，除本章另有规定外，应当按照本准则有关保险合同的其他相关规定进行处理，但本准则第五章关于亏损合同组计量的相关规定不适用于分出的再保险合同组。

第五十九条 企业应当将同一分出的再保险合同组合至少分为下列合同组：

（一）初始确认时存在净利得的合同组；

（二）初始确认时无显著可能性在未来产生净利得的合同组；

（三）该组合中剩余合同组成的合同组。

企业可以按照净成本或净利得水平以及初始确认后在未来产生净利得的可能性等，对分出的再保险合同组作进一步细分。

企业不得将分出时间间隔超过一年的合同归入同一分出的再保险合同组。

第六十条 企业应当在下列时点中的最早时点确认其分出的再保险合同组：

（一）分出的再保险合同组责任期开始日；

（二）分出的再保险合同组所对应的保险合同组确认为亏损合同组时。

第六十一条 分出的再保险合同组分出成比例责任的，企业应当在下列时点中的最早时点确认该合同组：

（一）分出的再保险合同组责任期开始日和任一对应的保险合同初始确认时点中较晚的时点；

（二）分出的再保险合同组所对应的保险合同组确认为亏损合同组时。

第六十二条 企业在初始确认其分出的再保险合同组时，应当按照履约现金流量与合同服务边际之和对分出再保险合同资产进行初始计量。

分出再保险合同组的合同服务边际，是指企业为在未来获得再保险分入人提供的保险合同服务而产生的净成本或净利得。

第六十三条 企业在估计分出的再保险合同组的未来现金流量现值时，采用的相关假设应当与计量所对应的保险合同组保持一致，并考虑再保险分入人的不履约风险。

第六十四条 企业应当根据分出的再保险合同组转移给再保险分入人的风险，估计非金融风险调整。

第六十五条 企业应当在分出的再保险合同组初始确认时计算下列各项之和：

（一）履约现金流量；

（二）在该日终止确认的相关资产或负债对应的现金流量；

（三）分出再保险合同组内合同在该日产生的现金流量；

（四）分保摊回未到期责任资产亏损摊回部分的金额。

企业应当将上述各项之和所反映的净成本或净利得，确认为合同服务边际。净成本与分出前发生的事项相关的，企业应当将其确认为费用并计入当期损益。

第六十六条 企业应当在资产负债表日按照分保摊回未到期责任资产与分保摊回已发生赔款资产之和对分出再保险合同资产进行后续计量。

分保摊回未到期责任资产包括资产负债表日分摊至分出的再保险合同组的、与未到期责任有关的履约现金流量和当日该合同组的合同服务边际。

分保摊回已发生赔款资产包括资产负债表日分摊至分出的再保险合同组

的、与已发生赔款及其他相关费用的摊回有关的履约现金流量。

第六十七条　对于订立时点不晚于对应的保险合同确认时点的分出的再保险合同，企业在初始确认对应的亏损合同组或者将对应的亏损保险合同归入合同组而确认亏损时，应当根据下列两项的乘积确定分出再保险合同组分保摊回未到期责任资产亏损摊回部分的金额：

（一）对应的保险合同确认的亏损；

（二）预计从分出再保险合同组摊回的对应的保险合同赔付的比例。

企业应当按照上述亏损摊回部分的金额调整分出再保险合同组的合同服务边际，同时确认为摊回保险服务费用，计入当期损益。

企业在对分出的再保险合同组进行后续计量时，应当调整亏损摊回部分的金额以反映对应的保险合同亏损部分的变化，调整后的亏损摊回部分的金额不应超过企业预计从分出再保险合同组摊回的对应的保险合同亏损部分的相应金额。

第六十八条　资产负债表日分出的再保险合同组的合同服务边际账面价值应当以期初账面价值为基础，经下列各项调整后予以确定：

（一）当期归入该合同组的合同对合同服务边际的影响金额；

（二）合同服务边际在当期计提的利息，计息利率为该合同组内合同确认时、不随基础项目回报变动的现金流量所适用的加权平均利率；

（三）根据本准则第六十七条第一款计算的分保摊回未到期责任资产亏损摊回部分的金额，以及与分出再保险合同组的履约现金流量变动无关的分保摊回未到期责任资产亏损摊回部分的转回；

（四）与未来服务相关的履约现金流量的变动金额，但分摊至对应的保险合同组且不调整其合同服务边际的履约现金流量变动而导致的变动，以及对应的保险合同组采用保费分配法计量时因确认或转回亏损而导致的变动除外；

（五）合同服务边际在当期产生的汇兑差额；

（六）合同服务边际在当期的摊销金额。企业应当按照取得保险合同服务的模式，合理确定分出再保险合同组在责任期内各个期间的责任单元，并据此对根据本条（一）至（五）调整后的合同服务边际账面价值进行摊销，计入当期及以后期间损益。

第六十九条　再保险分入人不履约风险导致的履约现金流量变动金额与未来服务无关，企业不应当因此调整分出再保险合同组的合同服务边际。

第七十条　企业因当期取得再保险分入人提供的保险合同服务而导致分保摊回未到期责任资产账面价值的减少额，应当确认为分出保费的分摊；因当期发生赔款及其他相关费用的摊回导致分保摊回已发生赔款资产账面价值的增加额，以及与之相关的履约现金流量的后续变动额，应当确认为摊回保险服务费用。

企业应当将预计从再保险分入人收到的不取决于对应的保险合同赔付的金额，作为分出保费的分摊的减项。企业在确认分出保费的分摊和摊回保险服务费用时，不得包含分出再保险合同中的投资成分。

第七十一条 符合下列条件之一的，企业可以采用保费分配法简化分出的再保险合同组的计量：

（一）企业能够合理预计采用保费分配法与不采用保费分配法计量分出再保险合同组的结果无重大差异。企业预计履约现金流量在赔案发生前将发生重大变化的，表明该合同组不符合本条件。

（二）该分出的再保险合同组内各项合同的责任期不超过一年。

第七十二条 企业采用保费分配法计量分出的再保险合同组时，根据本准则第六十七条第一款计算的亏损摊回部分的金额应当调整分出再保险合同组的分保摊回未到期责任资产账面价值，同时确认为摊回保险服务费用，计入当期损益。

第七章　合同转让或非同一控制下企业合并中取得的保险合同的确认和计量

第七十三条 企业对合同转让或非同一控制下企业合并中取得的保险合同进行确认和计量，除本章另有规定外，应当适用本准则其他相关规定。

第七十四条 企业在合同转让或非同一控制下企业合并中取得的保险合同，应当视为在转让日（或购买日）订立该合同，并根据本准则相关规定将该合同归入其所属合同组。

第七十五条 企业在合同转让或非同一控制下企业合并中为取得保险合同而收到或支付的对价，应当视为收取或支付的保费。

第七十六条 企业在合同转让或非同一控制下企业合并中取得保险合同的会计处理适用《企业会计准则第 20 号——企业合并》等其他会计准则的，应当根据相关会计准则进行处理。

第八章　保险合同的修改和终止确认

第七十七条　保险合同条款的修改符合下列条件之一的，企业应当终止确认原合同，并按照修改后的合同条款确认一项新合同：

（一）假设修改后的合同条款自合同开始日适用，出现下列情形之一的：

1. 修改后的合同不属于本准则的适用范围。
2. 修改后的合同应当予以分拆且分拆后适用本准则的组成部分发生变化。
3. 修改后的合同的合同边界发生实质性变化。
4. 修改后的合同归属于不同的合同组。

（二）原合同与修改后的合同仅有其一符合具有直接参与分红特征的保险合同的定义。

（三）原合同采用保费分配法，修改后的合同不符合采用保费分配法的条件。

保险合同条款的修改不符合上述条件的，企业应当将合同条款修改导致的现金流量变动作为履约现金流量的估计变更进行处理。

第七十八条　保险合同约定的义务因履行、取消或到期而解除的，企业应当终止确认保险合同。

第七十九条　企业终止确认一项保险合同，应当按照下列规定进行处理：

（一）调整该保险合同所属合同组的履约现金流量，扣除与终止确认的权利义务相关的未来现金流量现值和非金融风险调整。

（二）调整合同组的合同服务边际。

（三）调整合同组在当期及以后期间的责任单元。

第八十条　企业修改原合同并确认新合同时，应当按照下列两项的差额调整原合同所属合同组的合同服务边际：

（一）因终止确认原合同所导致的合同组履约现金流量变动金额；

（二）修改日订立与新合同条款相同的合同预计将收取的保费减去因修改原合同而收取的额外保费后的保费净额。

企业在计量新合同所属合同组时，应当假设于修改日收到本条（二）中的保费净额。

第八十一条　企业因合同转让而终止确认一项保险合同的，应当按照因终止确认该合同所导致的合同组履约现金流量变动金额与受让方收取的保费之间的差额，调整该合同所属合同组的合同服务边际。

第八十二条 企业因合同修改或转让而终止确认一项保险合同时，应当将与该合同相关的、由于会计政策选择而在以前期间确认为其他综合收益的余额转入当期损益；但对于企业持有基础项目的具有直接参与分红特征的保险合同，企业不得仅因终止确认该保险合同而进行上述会计处理。

第九章　列　　报

第一节　资产负债表和利润表相关项目的列示及披露

第八十三条 企业应当根据自身实际情况，合理确定列报保险合同的详细程度，避免列报大量不重要信息或不恰当汇总实质性不同信息。

企业可以按照合同类型、地理区域或报告分部等对保险合同的信息披露进行恰当汇总。

第八十四条 企业应当在资产负债表中分别列示与保险合同有关的下列项目：

（一）保险合同资产；

（二）保险合同负债；

（三）分出再保险合同资产；

（四）分出再保险合同负债。

企业签发的保险合同组合账面价值为借方余额的，列示为保险合同资产；分出的再保险合同组合账面价值为贷方余额的，列示为分出再保险合同负债。

保险获取现金流量资产于资产负债表日的账面价值应当计入保险合同组合账面价值。

第八十五条 企业应当在利润表中分别列示与保险合同有关的下列项目：

（一）保险服务收入；

（二）保险服务费用；

（三）分出保费的分摊；

（四）摊回保险服务费用；

（五）承保财务损益；

（六）分出再保险财务损益。

第八十六条 企业应当在附注中分别就签发的保险合同和分出的再保险合

同，单独披露未到期责任负债（或分保摊回未到期责任资产）和已发生赔款负债（或分保摊回已发生赔款资产）余额调节表，以反映与保险合同账面价值变动有关的下列信息：

（一）保险合同负债和保险合同资产（或分出再保险合同资产和分出再保险合同负债）的期初和期末余额及净额，及净额调节情况；

（二）未到期责任负债（或分保摊回未到期责任资产）当期变动情况，亏损部分（或亏损摊回部分）应单独披露；

（三）已发生赔款负债（或分保摊回已发生赔款资产）当期变动情况，采用保费分配法的保险合同应分别披露未来现金流量现值和非金融风险调整；

（四）当期保险服务收入；

（五）当期保险服务费用，包括当期发生赔款及其他相关费用、保险获取现金流量的摊销、亏损部分的确认及转回和已发生赔款负债相关履约现金流量变动；

（六）当期分出保费的分摊；

（七）当期摊回保险服务费用，包括摊回当期发生赔款及其他相关费用、亏损摊回部分的确认及转回和分保摊回已发生赔款资产相关履约现金流量变动；

（八）不计入当期损益的投资成分，保费返还可以在此项合并披露；

（九）与当期服务无关但影响保险合同账面价值的金额，包括当期现金流量、再保险分入人不履约风险变动额、保险合同金融变动额、其他与保险合同账面价值变动有关的金额。当期现金流量应分别披露收到保费（或支付分出保费）、支付保险获取现金流量、支付赔款及其他相关费用（或收到摊回赔款及其他相关费用）。

第八十七条 对于未采用保费分配法的保险合同，企业应当在附注中分别就签发的保险合同和分出的再保险合同，单独披露履约现金流量和合同服务边际余额调节表，以反映与保险合同账面价值变动有关的下列信息：

（一）保险合同负债和保险合同资产（或分出再保险合同资产和分出再保险合同负债）的期初和期末余额及净额，及净额调节情况；

（二）未来现金流量现值当期变动情况；

（三）非金融风险调整当期变动情况；

（四）合同服务边际当期变动情况；

（五）与当期服务相关的变动情况，包括合同服务边际的摊销、非金融风险调整的变动、当期经验调整；

（六）与未来服务相关的变动情况，包括当期初始确认的保险合同影响金额、调整合同服务边际的估计变更、不调整合同服务边际的估计变更；

（七）与过去服务相关的变动情况，包括已发生赔款负债（或分保摊回已发生赔款资产）相关履约现金流量变动；

（八）与当期服务无关但影响保险合同账面价值的金额，包括当期现金流量、再保险分入人不履约风险变动额、保险合同金融变动额、其他与保险合同账面价值变动有关的金额。当期现金流量应分别披露收到保费（或支付分出保费）、支付保险获取现金流量、支付赔款及其他相关费用（或收到摊回赔款及其他相关费用）。

第八十八条　企业应当在附注中披露关于保险获取现金流量资产的下列定量信息：

（一）保险获取现金流量资产的期初和期末余额及其调节情况；

（二）保险获取现金流量资产减值准备当期计提和当期转回情况；

（三）期末保险获取现金流量资产预计在未来按适当的时间段终止确认的相关信息。

第八十九条　对于未采用保费分配法的保险合同，企业应当在附注中分别就签发的保险合同和分出的再保险合同，披露当期初始确认的保险合同对资产负债表影响的下列信息：

（一）未来现金流出现值，保险获取现金流量的金额应单独披露；

（二）未来现金流入现值；

（三）非金融风险调整；

（四）合同服务边际。

对于当期初始确认的亏损合同组以及在合同转让或非同一控制下企业合并中取得的保险合同，企业应当分别披露其对资产负债表影响的上述信息。

第九十条　对于未采用保费分配法的签发的保险合同，企业应当在附注中披露与本期确认保险服务收入相关的下列定量信息：

（一）与未到期责任负债变动相关的保险服务收入，分别披露期初预计当期发生的保险服务费用、非金融风险调整的变动、合同服务边际的摊销、其他金额（如与当期服务或过去服务相关的保费经验调整）；

（二）保险获取现金流量的摊销。

第九十一条　对于未采用保费分配法的保险合同，企业应当在附注中分别就签发的保险合同和分出的再保险合同，披露期末合同服务边际在剩余期限内按适当的时间段摊销计入利润表的定量信息。

第九十二条 企业应当披露当期保险合同金融变动额的定量信息及其解释性说明，包括对保险合同金融变动额与相关资产投资回报关系的说明。

第九十三条 企业应当披露与具有直接参与分红特征的保险合同相关的下列信息：

（一）基础项目及其公允价值；

（二）根据本准则第四十二条和第四十三条规定，将货币时间价值及金融风险的影响金额计入当期保险财务损益或其他综合收益对当期合同服务边际的影响。

第九十四条 对于具有直接参与分红特征的保险合同组，企业选择将保险合同金融变动额分解计入当期保险财务损益和其他综合收益的，根据本准则第四十四条规定，因是否持有基础项目的情况发生变动导致计入当期保险财务损益的计量方法发生变更的，应当披露变更原因和对财务报表项目的影响金额，以及相关合同组在变更日的账面价值。

第二节 与保险合同计量相关的披露

第九十五条 企业应当披露与保险合同计量所采用的方法、输入值和假设等相关的下列信息：

（一）保险合同计量所采用的方法以及估计相关输入值的程序。企业应当披露相关输入值的定量信息，不切实可行的除外。

（二）本条（一）中所述方法和程序的变更及其原因，以及受影响的合同类型。

（三）与保险合同计量有关的下列信息：

1. 对于不具有直接参与分红特征的保险合同，区分相机抉择与其他因素导致未来现金流量估计变更的方法；

2. 确定非金融风险调整的计量方法及计量结果所对应的置信水平，以及非金融风险调整变动额根据本准则第三十三条在利润表中的列示方法；

3. 确定折现率的方法，以及用于不随基础项目回报变动的现金流量折现的收益率曲线（或收益率曲线范围）；

4. 确定投资成分的方法；

5. 确定责任单元组成部分及相对权重的方法。

第九十六条　企业选择将保险合同金融变动额分解计入当期保险财务损益和其他综合收益的，应当披露确定保险财务损益金额的方法及其说明。

第九十七条　对于采用保费分配法计量的保险合同组，企业应当披露下列信息：

（一）合同组适用保费分配法的判断依据；

（二）未到期责任负债（或分保摊回未到期责任资产）和已发生赔款负债（或分保摊回已发生赔款资产）的计量是否反映货币时间价值及金融风险的影响；

（三）是否在保险获取现金流量发生时将其确认为费用。

第三节　与风险相关的披露

第九十八条　企业应当披露与保险合同产生的保险风险和金融风险等相关的定性和定量信息。金融风险包括市场风险、信用风险、流动性风险等。

第九十九条　对于保险合同产生的各类风险，企业应当按类别披露下列信息：

（一）风险敞口及其形成原因，以及在本期发生的变化。

（二）风险管理的目标、政策和程序以及计量风险的方法及其在本期发生的变化。

（三）期末风险敞口的汇总数据。该数据应当以向内部关键管理人员提供的相关信息为基础。期末风险敞口不能反映企业本期风险敞口变动情况的，企业应当进一步提供相关信息。

（四）风险集中度信息，包括企业确定风险集中度的说明和参考因素（如保险事项类型、行业特征、地理区域、货币种类等）。

第一百条　企业应当披露相关监管要求（如最低资本要求、保证利率等）对本准则适用范围内的合同的影响。保险合同分组时应用本准则第十五条规定的，企业应当披露这一事实。

第一百零一条　企业应当对保险风险和市场风险进行敏感性分析并披露下列信息：

（一）资产负债表日保险风险变量和各类市场风险变量发生合理、可能的变动时，将对企业损益和所有者权益产生的影响。

对于保险风险，敏感性分析应当反映对企业签发的保险合同及其经分出的再保险合同进行风险缓释后的影响。

对于各类市场风险，敏感性分析应当反映保险合同所产生的风险变量与企业持有的金融资产所产生的风险变量之间的关联性。

（二）本期进行敏感性分析所使用的方法和假设，以及在本期发生的变化及其原因。

第一百零二条 企业为管理保险合同所产生的风险，采用不同于本准则第一百零一条中所述方法进行敏感性分析的，应当披露下列信息：

（一）用于敏感性分析的方法、选用的主要参数和假设；

（二）所用方法的目的，以及该方法提供信息的局限性。

第一百零三条 企业应当披露索赔进展情况，以反映已发生赔款的实际赔付金额与未经折现的预计赔付金额的比较信息，及其与资产负债表日已发生赔款负债账面价值的调节情况。

索赔进展情况的披露应当从赔付时间和金额在资产负债表日仍存在不确定性的重大赔付最早发生期间开始，但最长披露期限可不超过十年。赔付时间和金额的不确定性在未来一年内将消除的索赔进展信息可以不披露。

第一百零四条 企业应当披露与保险合同所产生的信用风险相关的下列信息：

（一）签发的保险合同和分出的再保险合同分别于资产负债表日的最大信用风险敞口；

（二）与分出再保险合同资产的信用质量相关的信息。

第一百零五条 企业应当披露与保险合同所产生的流动性风险相关的下列信息：

（一）对管理流动性风险的说明。

（二）对资产负债表日保险合同负债和分出再保险合同负债的到期期限分析。

到期期限分析应当基于合同组合，所使用的时间段至少应当为资产负债表日后一年以内、一年至两年以内、两年至三年以内、三年至四年以内、四年至五年以内、五年以上。列入各时间段内的金额可以是未来现金流量现值或者未经折现的合同剩余净现金流量。

到期期限分析可以不包括采用保费分配法计量的保险合同负债和分出再保险合同负债中与未到期责任相关的部分。

（三）保单持有人可随时要求偿还的金额。企业应当说明该金额与相关保险合同组合账面价值之间的关联性。

第十章 衔接规定

第一百零六条 首次执行日之前的保险合同会计处理与本准则规定不一致的，企业应当按照《企业会计准则第 28 号——会计政策、会计估计变更和差错更正》的规定采用追溯调整法处理，但本准则另有规定的除外。

企业进行追溯调整的，无须披露当期和各个列报前期财务报表受影响项目和每股收益的调整金额。

第一百零七条 企业采用追溯调整法时，应当在过渡日按照下列规定进行衔接处理：

（一）假设一直按照本准则要求识别、确认和计量保险合同组；

（二）假设一直按照本准则要求识别、确认和计量保险获取现金流量资产，但无须估计该资产于过渡日前的可收回金额；

（三）确认追溯调整对所有者权益的累积影响数；

（四）不得在过渡日前运用本准则第四十三条规定的风险管理缓释选择权。

过渡日是指本准则首次执行日前最近一个会计年度的期初，企业列报经调整的更早期间的比较信息的，过渡日是更早比较期间的期初。

第一百零八条 对合同组采用追溯调整法不切实可行的，企业应当采用修正追溯调整法或公允价值法。对合同组采用修正追溯调整法也不切实可行的，企业应当采用公允价值法。

修正追溯调整法，是指企业在对本章所涉及相关事项采用追溯调整法不切实可行时，使用在过渡日无须付出不必要的额外成本或努力即可获得的合理可靠的信息，以获得接近追溯调整法结果为目标，在衔接处理上按本准则规定进行简化的方法。

公允价值法，是指以过渡日合同组公允价值与履约现金流量的差额确定合同组在该日的合同服务边际或未到期责任负债亏损部分，以及在衔接处理上按本准则规定进行简化的方法。

企业在过渡日前符合本准则第四十三条规定条件，使用衍生工具、分出的再保险合同或以公允价值计量且其变动计入当期损益的非衍生金融工具管理合同组产生的金融风险，并自过渡日起采用未来适用法运用风险管理缓释选择权进行会计处理的，企业可以对该合同组采用公允价值法进行衔接处理。

第一百零九条 企业采用修正追溯调整法时，应当在过渡日根据本准则规定识别下列事项并进行衔接处理：

（一）保险合同组，但在按照本准则规定进行保险合同分组时无法获得合理可靠的信息的，企业可以将签发或分出时间间隔超过一年的合同归入同一合同组；

（二）具有直接参与分红特征的保险合同；

（三）不具有直接参与分红特征的保险合同中的相机抉择现金流量；

（四）具有相机参与分红特征的投资合同。

企业采用修正追溯调整法时，对于在合同转让或非同一控制下企业合并中取得的保险合同，应当将该类合同在转让日或购买日前已发生的赔付义务确认为已发生赔款负债。

第一百一十条 对不具有直接参与分红特征的保险合同组在过渡日的合同服务边际或未到期责任负债亏损部分采用修正追溯调整法时，企业应当按照下列规定进行衔接处理：

（一）以过渡日或更早日期（如适用）估计的未来现金流量为基础，根据合同组初始确认时至过渡日或更早日期（如适用）发生的现金流量进行调整，确定合同组在初始确认时的未来现金流量；

（二）基于过渡日前最近至少三个会计年度可观察数据，考虑该数据与本准则第二十五条规定的折现率的相似性或差异，采用适当方法确定合同组在初始确认时或以后的折现率；

（三）以过渡日估计的非金融风险调整金额为基础，根据在过渡日签发或分出的类似保险合同的相关风险释放方式，估计过渡日之前合同组非金融风险调整的变动金额，确定合同组在初始确认时的非金融风险调整金额；

（四）采用与过渡日后一致的方法将过渡日前已付或应付的保险获取现金流量系统合理地分摊至过渡日确认和预计将于过渡日后确认的合同组，分别调整过渡日合同服务边际和确认为保险获取现金流量资产。企业无法获得合理可靠的信息进行上述处理的，则不应调整合同服务边际或确认保险获取现金流量资产；

（五）合同组在初始确认时根据本条（一）至（四）确认合同服务边际的，应当按照本条（二）确定的初始确认时折现率计提利息，并基于过渡日合同组中的剩余责任单元和该日前的责任单元，确定过渡日前计入损益的合同服务边际；

（六）合同组在初始确认时根据本条（一）至（四）确认未到期责任负债

亏损部分的，应当采用系统合理的方法，确定分摊至过渡日前的亏损部分；

（七）对于订立时点不晚于对应的亏损保险合同确认时点的分出的再保险合同，应当根据过渡日对应的亏损保险合同的未到期责任负债亏损部分乘以预计从分出的再保险合同组摊回的对应的保险合同赔付的比例，计算分出再保险合同组分保摊回未到期责任资产在过渡日的亏损摊回部分金额，企业无法获得合理可靠的信息确定该亏损摊回部分金额的，则不应确认亏损摊回部分。

第一百一十一条 对具有直接参与分红特征的保险合同组在过渡日的合同服务边际或未到期责任负债亏损部分采用修正追溯调整法时，企业应当按照下列规定进行衔接处理：

（一）以过渡日基础项目公允价值减去该日履约现金流量的金额为基础，根据过渡日前相关现金流量以及非金融风险调整的变动进行恰当调整；

（二）采用与过渡日后一致的方法将过渡日前已付或应付的保险获取现金流量系统合理地分摊至过渡日确认和预计将于过渡日后确认的合同组，分别调整过渡日合同服务边际和确认为保险获取现金流量资产。企业无法获得合理可靠的信息进行上述处理的，则不应调整合同服务边际或确认保险获取现金流量资产；

（三）合同组根据本条（一）和（二）确认合同服务边际的，应当基于过渡日合同组中的剩余责任单元和该日前的责任单元，确定过渡日前计入损益的合同服务边际；

（四）合同组根据本条（一）和（二）确认未到期责任负债亏损部分的，应当将该亏损部分调整为零，同时将该亏损部分增加过渡日未到期责任负债账面价值。

第一百一十二条 企业对过渡日保险合同金融变动额采用修正追溯调整法时，应当按照下列规定进行衔接处理：

（一）根据本准则第一百零九条（一）规定将签发或分出时间相隔超过一年的合同归入同一合同组的，可以在过渡日确定合同组初始确认时或以后适用的折现率。企业根据本准则第三十四条选择将保险合同金融变动额分解计入保险财务损益和其他综合收益的，应当采用适当方法确定过渡日计入其他综合收益的累计金额。

（二）未将签发或分出时间相隔超过一年的合同归入同一合同组的，应当按照本准则第一百一十条（二）估计合同组初始确认时或以后适用的折现率。企业根据本准则第三十四条选择将保险合同金融变动额分解计入保险财务损益和计入其他综合收益的,应当采用适当方法确定过渡日计入其他综合收益的累计金额。

第一百一十三条 企业根据本准则第三十七条规定选择不调整中期财务报表有关会计估计处理结果的会计政策的,应当在过渡日对该会计政策采用追溯调整法处理。采用追溯调整法不切实可行的,企业可以采用修正追溯调整法,对保险合同金融变动额和不具有直接参与分红特征的保险合同的合同服务边际或未到期责任负债亏损部分进行衔接处理时,视同过渡日前未编制中期财务报表。

第一百一十四条 企业采用公允价值法时,可以使用在合同开始日或初始确认时根据合同条款和市场状况可确定的合理可靠的信息,或使用在过渡日可获得的合理可靠的信息,根据本准则规定识别下列事项并进行衔接处理:

(一)保险合同组,企业可以将签发或分出时间间隔超过一年的合同归入同一合同组;

(二)具有直接参与分红特征的保险合同;

(三)不具有直接参与分红特征的保险合同中的相机抉择现金流量;

(四)具有相机参与分红特征的投资合同。

企业采用公允价值法时,对于在合同转让或非同一控制下企业合并中取得的保险合同,可以将该类合同在转让日或购买日前已发生的赔付义务确认为已发生赔款负债。

第一百一十五条 企业采用公允价值法时,按照下列规定进行衔接处理:

(一)企业可以在过渡日确定合同组初始确认时或以后适用的折现率;

(二)对于分出的再保险合同组对应亏损保险合同的,应当根据过渡日对应的亏损保险合同的未到期责任负债亏损部分乘以预计从分出的再保险合同组摊回的对应的保险合同赔付的比例,计算分出再保险合同组分保摊回未到期责任资产在过渡日的亏损摊回部分金额;

(三)企业根据本准则第三十四条选择将保险合同金融变动额分解计入保险财务损益和其他综合收益的,应当采用适当方法确定过渡日计入其他综合收益的累计金额;

(四)对保险获取现金流量资产采用追溯调整法不切实可行时,企业应当采用适当方法确定过渡日的保险获取现金流量资产。

第一百一十六条 企业应当在附注中披露与衔接处理相关的下列信息:

(一)在采用修正追溯调整法和公允价值法的保险合同的存续期间,说明该类保险合同在过渡日的衔接处理；

（二）在本准则第八十六条和第八十七条规定的调节表中，分别就过渡日采用修正追溯调整法和公允价值法的保险合同，在该类保险合同存续期间单独披露其对保险服务收入和合同服务边际的影响；

（三）企业根据本准则第一百一十二条和第一百一十五条（三）的规定，采用修正追溯调整法或公允价值法确定过渡日计入其他综合收益的累计金额的，在该金额减计为零之前的期间，应当披露以公允价值计量且其变动计入其他综合收益的相关金融资产计入其他综合收益的累计金额自期初至期末的调节情况。

第一百一十七条 企业无须披露比首次执行日前最近一个会计年度更早期间的信息。企业选择披露未经调整的更早期间的比较信息的，应当列示该类信息并说明其编制基础。

企业可以选择不披露未公开的、比首次执行日前四个会计年度更早期间发生的索赔进展情况，但应当披露这一选择。

第一百一十八条 企业在本准则首次执行日前执行金融工具相关会计准则的，应当在本准则首次执行日对金融资产进行下列处理：

（一）企业可以对管理金融资产的业务模式进行重新评估并确定金融资产分类，但为了与本准则适用范围内合同无关的活动而持有的金融资产除外；

（二）在首次执行日前被指定为以公允价值计量且其变动计入当期损益的金融资产，因企业执行本准则而不再符合指定条件时，应当撤销之前的指定；

（三）金融资产因企业执行本准则而符合指定条件的，可以指定为以公允价值计量且其变动计入当期损益的金融资产；

（四）企业可以将非交易性权益工具投资指定为以公允价值计量且其变动计入其他综合收益的金融资产或撤销之前的指定。

企业应当以本准则首次执行日的事实和情况为基础进行上述处理，并追溯调整首次执行本准则当年年初留存收益或权益的其他部分。企业无须调整可比期间信息。企业选择调整可比期间信息的，应当以前期事实和情况为基础，以反映金融工具相关会计准则的要求。

第一百一十九条 企业根据本准则第一百一十八条规定进行处理的，应当披露下列信息：

（一）根据本准则第一百一十八条（一）对管理相关金融资产的业务模式进行重新评估并确定金融资产分类的标准；

（二）相关金融资产列报类型和账面价值的变化；

（三）撤销之前指定为以公允价值计量且其变动计入当期损益的金融资产的期末账面价值；

（四）指定或撤销指定以公允价值计量且其变动计入当期损益的相关金融资产的原因。

第十一章　附　则

第一百二十条　本准则自 2023 年 1 月 1 日起施行。

企业会计准则第 25 号
——原保险合同

（财会〔2006〕3 号　2006 年 2 月 15 日）

第一章　总　则

第一条　为了规范保险人签发的原保险合同的确认、计量和相关信息的列报，根据《企业会计准则——基本准则》，制定本准则。

第二条　保险合同，是指保险人与投保人约定保险权利义务关系，并承担源于被保险人保险风险的协议。保险合同分为原保险合同和再保险合同。

原保险合同，是指保险人向投保人收取保费，对约定的可能发生的事故因其发生所造成的财产损失承担赔偿保险金责任，或者当被保险人死亡、伤残、疾病或者达到约定的年龄、期限时承担给付保险金责任的保险合同。

第三条　下列各项适用其他相关会计准则：

（一）保险人签发的原保险合同产生的损余物资等资产的减值，适用《企业会计准则第 1 号——存货》。

（二）保险人向投保人签发的承担保险风险以外的其他风险的合同，适用

《企业会计准则第 22 号——金融工具确认和计量》和《企业会计准则第 37 号——金融工具列报》。

（三）保险人签发、持有的再保险合同，适用《企业会计准则第 26 号——再保险合同》。

第二章 原保险合同的确定

第四条 保险人与投保人签订的合同是否属于原保险合同，应当在单项合同的基础上，根据合同条款判断保险人是否承担了保险风险。

发生保险事故可能导致保险人承担赔付保险金责任的，应当确定保险人承担了保险风险。

保险事故，是指保险合同约定的保险责任范围内的事故。

第五条 保险人与投保人签订的合同，使保险人既承担保险风险又承担其他风险的，应当分别下列情况进行处理：

（一）保险风险部分和其他风险部分能够区分，并且能够单独计量的，可以将保险风险部分和其他风险部分进行分拆。保险风险部分，确定为原保险合同；其他风险部分，不确定为原保险合同。

（二）保险风险部分和其他风险部分不能够区分，或者虽能够区分但不能够单独计量的，应当将整个合同确定为原保险合同。

第六条 保险人应当根据在原保险合同延长期内是否承担赔付保险金责任，将原保险合同分为寿险原保险合同和非寿险原保险合同。

在原保险合同延长期内承担赔付保险金责任的，应当确定为寿险原保险合同；在原保险合同延长期内不承担赔付保险金责任的，应当确定为非寿险原保险合同。

原保险合同延长期，是指投保人自上一期保费到期日未交纳保费，保险人仍承担赔付保险金责任的期间。

第三章 原保险合同收入

第七条 保费收入同时满足下列条件的，才能予以确认：

（一）原保险合同成立并承担相应保险责任；

（二）与原保险合同相关的经济利益很可能流入；

（三）与原保险合同相关的收入能够可靠地计量。

第八条 保险人应当按照下列规定计算确定保费收入金额：

（一）对于非寿险原保险合同，应当根据原保险合同约定的保费总额确定。

（二）对于寿险原保险合同，分期收取保费的，应当根据当期应收取的保费确定；一次性收取保费的，应当根据一次性应收取的保费确定。

第九条 原保险合同提前解除的，保险人应当按照原保险合同约定计算确定应退还投保人的金额，作为退保费，计入当期损益。

第四章　原保险合同准备金

第十条 原保险合同准备金包括未到期责任准备金、未决赔款准备金、寿险责任准备金和长期健康险责任准备金。

未到期责任准备金，是指保险人为尚未终止的非寿险保险责任提取的准备金。

未决赔款准备金，是指保险人为非寿险保险事故已发生尚未结案的赔案提取的准备金。

寿险责任准备金，是指保险人为尚未终止的人寿保险责任提取的准备金。

长期健康险责任准备金，是指保险人为尚未终止的长期健康保险责任提取的准备金。

第十一条 保险人应当在确认非寿险保费收入的当期，按照保险精算确定的金额，提取未到期责任准备金，作为当期保费收入的调整，并确认未到期责任准备金负债。

保险人应当在资产负债表日，按照保险精算重新计算确定的未到期责任准备金金额与已提取的未到期责任准备金余额的差额，调整未到期责任准备金余额。

第十二条 保险人应当在非寿险保险事故发生的当期，按照保险精算确定的金额，提取未决赔款准备金，并确认未决赔款准备金负债。

未决赔款准备金包括已发生已报案未决赔款准备金、已发生未报案未决赔款准备金和理赔费用准备金。

已发生已报案未决赔款准备金，是指保险人为非寿险保险事故已发生并已向保险人提出索赔、尚未结案的赔案提取的准备金。

已发生未报案未决赔款准备金，是指保险人为非寿险保险事故已发生、尚未向保险人提出索赔的赔案提取的准备金。

理赔费用准备金，是指保险人为非寿险保险事故已发生尚未结案的赔案可能发生的律师费、诉讼费、损失检验费、相关理赔人员薪酬等费用提取的准备金。

第十三条　保险人应当在确认寿险保费收入的当期，按照保险精算确定的金额，提取寿险责任准备金、长期健康险责任准备金，并确认寿险责任准备金、长期健康险责任准备金负债。

第十四条　保险人至少应当于每年年度终了，对未决赔款准备金、寿险责任准备金、长期健康险责任准备金进行充足性测试。

保险人按照保险精算重新计算确定的相关准备金金额超过充足性测试日已提取的相关准备金余额的，应当按照其差额补提相关准备金；保险人按照保险精算重新计算确定的相关准备金金额小于充足性测试日已提取的相关准备金余额的，不调整相关准备金。

第十五条　原保险合同提前解除的，保险人应当转销相关未到期责任准备金、寿险责任准备金、长期健康险责任准备金余额，计入当期损益。

第五章　原保险合同成本

第十六条　原保险合同成本，是指原保险合同发生的、会导致所有者权益减少的、与向所有者分配利润无关的经济利益的总流出。

原保险合同成本主要包括发生的手续费或佣金支出、赔付成本，以及提取的未决赔款准备金、寿险责任准备金、长期健康险责任准备金等。

赔付成本包括保险人支付的赔款、给付，以及在理赔过程中发生的律师费、诉讼费、损失检验费、相关理赔人员薪酬等理赔费用。

第十七条　保险人在取得原保险合同过程中发生的手续费、佣金，应当在发生时计入当期损益。

第十八条　保险人按照保险精算确定提取的未决赔款准备金、寿险责任准备金、长期健康险责任准备金，计入当期损益。

保险人应当在确定支付赔付款项金额的当期，按照确定支付的赔付款项金额，计入当期损益；同时，冲减相应的未决赔款准备金、寿险责任准备金、长期健康险责任准备金余额。

保险人应当在实际发生理赔费用的当期,按照实际发生的理赔费用金额,计入当期损益;同时,冲减相应的未决赔款准备金、寿险责任准备金、长期健康险责任准备金余额。

第十九条　保险人按照充足性测试补提的未决赔款准备金、寿险责任准备金、长期健康险责任准备金,计入当期损益。

第二十条　保险人承担赔偿保险金责任取得的损余物资,应当按照同类或类似资产的市场价格计算确定的金额确认为资产,并冲减当期赔付成本。

处置损余物资时,保险人应当按照收到的金额与相关损余物资账面价值的差额,调整当期赔付成本。

第二十一条　保险人承担赔付保险金责任应收取的代位追偿款,同时满足下列条件的,应当确认为应收代位追偿款,并冲减当期赔付成本:

(一) 与该代位追偿款有关的经济利益很可能流入;

(二) 该代位追偿款的金额能够可靠地计量。

收到应收代位追偿款时,保险人应当按照收到的金额与相关应收代位追偿款账面价值的差额,调整当期赔付成本。

第六章　列　　报

第二十二条　保险人应当在资产负债表中单独列示与原保险合同有关的下列项目:

(一) 未到期责任准备金;

(二) 未决赔款准备金;

(三) 寿险责任准备金;

(四) 长期健康险责任准备金。

第二十三条　保险人应当在利润表中单独列示与原保险合同有关的下列项目:

(一) 保费收入;

(二) 退保费;

(三) 提取未到期责任准备金;

(四) 已赚保费;

(五) 手续费支出;

(六) 赔付成本;

（七）提取未决赔款准备金；

（八）提取寿险责任准备金；

（九）提取长期健康险责任准备金。

第二十四条 保险人应当在附注中披露与原保险合同有关的下列信息：

（一）代位追偿款的有关情况。

（二）损余物资的有关情况。

（三）各项准备金的增减变动情况。

（四）提取各项准备金及进行准备金充足性测试的主要精算假设和方法。

企业会计准则第 26 号
——再保险合同

（财会〔2006〕3 号　2006 年 2 月 15 日）

第一章　总　　则

第一条　为了规范再保险合同的确认、计量和相关信息的列报，根据《企业会计准则——基本准则》，制定本准则。

第二条　再保险合同，是指一个保险人（再保险分出人）分出一定的保费给另一个保险人（再保险接受人），再保险接受人对再保险分出人由原保险合同所引起的赔付成本及其他相关费用进行补偿的保险合同。

第三条　本准则适用于保险人签发、持有的再保险合同。

保险人将分入的再保险业务转分给其他保险人而签订的转分保合同，比照本准则处理。

第四条　保险人签发的原保险合同，适用《企业会计准则第 25 号——原保险合同》。

第二章 分出业务的会计处理

第五条 再保险分出人不应当将再保险合同形成的资产与有关原保险合同形成的负债相互抵销。

再保险分出人不应当将再保险合同形成的收入或费用与有关原保险合同形成的费用或收入相互抵销。

第六条 再保险分出人应当在确认原保险合同保费收入的当期,按照相关再保险合同的约定,计算确定分出保费,计入当期损益;同时,原保险合同为非寿险原保险合同的,再保险分出人还应当按照相关再保险合同的约定,计算确认相关的应收分保未到期责任准备金资产,并冲减提取未到期责任准备金。

再保险分出人应当在资产负债表日调整原保险合同未到期责任准备金余额时,相应调整应收分保未到期责任准备金余额。

第七条 再保险分出人应当在确认原保险合同保费收入的当期,按照相关再保险合同的约定,计算确定应向再保险接受人摊回的分保费用,计入当期损益。

第八条 再保险分出人应当在提取原保险合同未决赔款准备金、寿险责任准备金、长期健康险责任准备金的当期,按照相关再保险合同的约定,计算确定应向再保险接受人摊回的相应准备金,确认为相应的应收分保准备金资产。

第九条 再保险分出人应当在确定支付赔付款项金额或实际发生理赔费用而冲减原保险合同相应准备金余额的当期,冲减相应的应收分保准备金余额;同时,按照相关再保险合同的约定,计算确定应向再保险接受人摊回的赔付成本,计入当期损益。

第十条 再保险分出人应当在原保险合同提前解除的当期,按照相关再保险合同的约定,计算确定分出保费、摊回分保费用的调整金额,计入当期损益;同时,转销相关应收分保准备金余额。

第十一条 再保险分出人应当在因取得和处置损余物资、确认和收到应收代位追偿款等而调整原保险合同赔付成本的当期,按照相关再保险合同的约定,计算确定摊回赔付成本的调整金额,计入当期损益。

第十二条 再保险分出人应当在发出分保业务账单时,将账单标明的扣存本期分保保证金确认为存入分保保证金;同时,按照账单标明的返还上期扣存分保保证金转销相关存入分保保证金。

再保险分出人应当根据相关再保险合同的约定,按期计算存入分保保证金利息,计入当期损益。

第十三条 再保险分出人应当根据相关再保险合同的约定,在能够计算确定应向再保险接受人收取的纯益手续费时,将该项纯益手续费作为摊回分保费用,计入当期损益。

第十四条 对于超额赔款再保险等非比例再保险合同,再保险分出人应当根据再保险合同的约定,计算确定分出保费,计入当期损益。

再保险分出人调整分出保费时,应当将调整金额计入当期损益。

再保险分出人应当在能够计算确定应向再保险接受人摊回的赔付成本时,将该项应摊回的赔付成本计入当期损益。

第三章 分入业务的会计处理

第十五条 分保费收入同时满足下列条件的,才能予以确认:

(一) 再保险合同成立并承担相应保险责任;

(二) 与再保险合同相关的经济利益很可能流入;

(三) 与再保险合同相关的收入能够可靠地计量。

再保险接受人应当根据相关再保险合同的约定,计算确定分保费收入金额。

第十六条 再保险接受人应当在确认分保费收入的当期,根据相关再保险合同的约定,计算确定分保费用,计入当期损益。

第十七条 再保险接受人应当根据相关再保险合同的约定,在能够计算确定应向再保险分出人支付的纯益手续费时,将该项纯益手续费作为分保费用,计入当期损益。

第十八条 再保险接受人应当在收到分保业务账单时,按照账单标明的金额对相关分保费收入、分保费用进行调整,调整金额计入当期损益。

第十九条 再保险接受人提取分保未到期责任准备金、分保未决赔款准备金、分保寿险责任准备金、分保长期健康险责任准备金,以及进行相关分保准备金充足性测试,比照《企业会计准则第25号——原保险合同》的相关规定处理。

第二十条 再保险接受人应当在收到分保业务账单的当期,按照账单标明的分保赔付款项金额,作为分保赔付成本,计入当期损益;同时,冲减相应的分保准备金余额。

第二十一条 再保险接受人应当在收到分保业务账单时，将账单标明的扣存本期分保保证金确认为存出分保保证金；同时，按照账单标明的返还上期扣存分保保证金转销相关存出分保保证金。

再保险接受人应当根据相关再保险合同的约定，按期计算存出分保保证金利息，计入当期损益。

第四章 列　　报

第二十二条 保险人应当在资产负债表中单独列示与再保险合同有关的下列项目：

（一）应收分保账款；

（二）应收分保未到期责任准备金；

（三）应收分保未决赔款准备金；

（四）应收分保寿险责任准备金；

（五）应收分保长期健康险责任准备金；

（六）应付分保账款。

第二十三条 保险人应当在利润表中单独列示与再保险合同有关的下列项目：

（一）分保费收入；

（二）分出保费；

（三）摊回分保费用；

（四）分保费用；

（五）摊回赔付成本；

（六）分保赔付成本；

（七）摊回未决赔款准备金；

（八）摊回寿险责任准备金；

（九）摊回长期健康险责任准备金。

第二十四条 保险人应当在附注中披露与再保险合同有关的下列信息：

（一）分入业务各项分保准备金的增减变动情况。

（二）分入业务提取各项分保准备金及进行分保准备金充足性测试的主要精算假设和方法。

企业会计准则解释中与
保险合同准则相关的内容

一、融资性担保公司应当执行何种会计标准?①(《企业会计准则解释第4号》第八项)

答:融资性担保公司应当执行企业会计准则,并按照《企业会计准则——应用指南》有关保险公司财务报表格式规定,结合公司实际情况,编制财务报表并对外披露相关信息,不再执行《担保企业会计核算办法》(财会〔2005〕17号)。

融资性担保公司发生的担保业务,应当按照《企业会计准则第25号——原保险合同》《企业会计准则第26号——再保险合同》《保险合同相关会计处理规定》(财会〔2009〕15号)等有关保险合同的相关规定进行会计处理。本解释发布前融资性担保公司发生的担保业务未按照上述规定处理的,应当进行追溯调整,追溯调整不切实可行的除外。

二、企业开展信用风险缓释工具相关业务,应当如何进行会计处理?②(《企业会计准则解释第5号》第二项)

答:信用风险缓释工具,是指信用风险缓释合约、信用风险缓释凭证及其他用于管理信用风险的信用衍生产品。信用风险缓释合约,是指交易双方达成的、约定在未来一定期限内,信用保护买方按照约定的标准和方式向信用保护卖方支付信用保护费用,由信用保护卖方就约定的标的债务向信用保护买方提

---

① 根据《企业会计准则第22号——金融工具确认和计量》(财会〔2017〕7号)第六条(十一),对于财务担保合同,发行方之前明确表明将此类合同视作保险合同,并且已按照保险合同相关会计准则进行会计处理的,可以选择适用本准则或保险合同相关会计准则。该选择可以基于单项合同,但选择一经作出,不得撤销。否则,相关财务担保合同适用本准则。

财务担保合同,是指当特定债务人到期不能按照最初或修改后的债务工具条款偿付债务时,要求发行方向蒙受损失的合同持有人赔付特定金额的合同。

② 本条款不要求追溯调整。

供信用风险保护的金融合约。信用风险缓释凭证，是指由标的实体以外的机构创设，为凭证持有人就标的债务提供信用风险保护的、可交易流通的有价凭证。

信用保护买方和卖方应当根据信用风险缓释工具的合同条款，按照实质重于形式的原则，判断信用风险缓释工具是否属于财务担保合同，并分别下列情况进行处理：

（一）属于财务担保合同的信用风险缓释工具，除融资性担保公司根据《企业会计准则解释第4号》第八条的规定处理外，信用保护买方和卖方应当按照《企业会计准则第22号——金融工具确认和计量》中有关财务担保合同的规定进行会计处理。其中，信用保护买方支付的信用保护费用和信用保护卖方取得的信用保护收入，应当在财务担保合同期间内按照合理的基础进行摊销，计入各期损益。

（二）不属于财务担保合同的其他信用风险缓释工具，信用保护买方和卖方应当按照《企业会计准则第22号——金融工具确认和计量》的规定，将其归类为衍生工具进行会计处理。

财务担保合同，是指当特定债务人到期不能按照最初或修改后的债务工具条款偿付时，要求签发人向蒙受损失的合同持有人赔付特定金额的合同。

开展信用风险缓释工具相关业务的信用保护买方和卖方，应当根据信用风险缓释工具的分类，分别按照《企业会计准则第37号——金融工具列报》、《企业会计准则第25号——原保险合同》或《企业会计准则第26号——再保险合同》以及《企业会计准则第30号——财务报表列报》进行列报。

石油天然气开采准则

企业会计准则第 27 号
——石油天然气开采

(财会〔2006〕3 号 2006 年 2 月 15 日)

第一章 总 则

第一条 为了规范石油天然气(以下简称油气)开采活动的会计处理和相关信息的披露,根据《企业会计准则——基本准则》,制定本准则。

第二条 油气开采活动包括矿区权益的取得以及油气的勘探、开发和生产等阶段。

第三条 油气开采活动以外的油气储存、集输、加工和销售等业务的会计处理,适用其他相关会计准则。

第二章 矿区权益的会计处理

第四条 矿区权益,是指企业取得的在矿区内勘探、开发和生产油气的权利。

矿区权益分为探明矿区权益和未探明矿区权益。探明矿区,是指已发现探明经济可采储量的矿区;未探明矿区,是指未发现探明经济可采储量的矿区。

探明经济可采储量,是指在现有技术和经济条件下,根据地质和工程分析,可合理确定的能够从已知油气藏中开采的油气数量。

第五条 为取得矿区权益而发生的成本应当在发生时予以资本化。企业取

得的矿区权益,应当按照取得时的成本进行初始计量:

(一)申请取得矿区权益的成本包括探矿权使用费、采矿权使用费、土地或海域使用权支出、中介费以及可直接归属于矿区权益的其他申请取得支出。

(二)购买取得矿区权益的成本包括购买价款、中介费以及可直接归属于矿区权益的其他购买取得支出。

矿区权益取得后发生的探矿权使用费、采矿权使用费和租金等维持矿区权益的支出,应当计入当期损益。

第六条 企业应当采用产量法或年限平均法对探明矿区权益计提折耗。采用产量法计提折耗的,折耗额可按照单个矿区计算,也可按照若干具有相同或类似地质构造特征或储层条件的相邻矿区所组成的矿区组计算。计算公式如下:

探明矿区权益折耗额 = 探明矿区权益账面价值 × 探明矿区权益折耗率

探明矿区权益折耗率 = 探明矿区当期产量/(探明矿区期末探明经济可采储量 + 探明矿区当期产量)

第七条 企业对于矿区权益的减值,应当分别不同情况确认减值损失:

(一)探明矿区权益的减值,按照《企业会计准则第8号——资产减值》处理。

(二)对于未探明矿区权益,应当至少每年进行一次减值测试。单个矿区取得成本较大的,应当以单个矿区为基础进行减值测试,并确定未探明矿区权益减值金额。单个矿区取得成本较小且与其他相邻矿区具有相同或类似地质构造特征或储层条件的,可按照若干具有相同或类似地质构造特征或储层条件的相邻矿区所组成的矿区组进行减值测试。

未探明矿区权益公允价值低于账面价值的差额,应当确认为减值损失,计入当期损益。未探明矿区权益减值损失一经确认,不得转回。

第八条 企业转让矿区权益的,应当按照下列规定进行处理:

(一)转让全部探明矿区权益的,将转让所得与矿区权益账面价值的差额计入当期损益。

转让部分探明矿区权益的,按照转让权益和保留权益的公允价值比例,计算确定已转让部分矿区权益账面价值,转让所得与已转让矿区权益账面价值的差额计入当期损益。

(二)转让单独计提减值准备的全部未探明矿区权益的,转让所得与未探明矿区权益账面价值的差额,计入当期损益。

转让单独计提减值准备的部分未探明矿区权益的，如果转让所得大于矿区权益账面价值，将其差额计入当期损益；如果转让所得小于矿区权益账面价值，以转让所得冲减矿区权益账面价值，不确认损益。

（三）转让以矿区组为基础计提减值准备的未探明矿区权益的，如果转让所得大于矿区权益账面原值，将其差额计入当期损益；如果转让所得小于矿区权益账面原值，以转让所得冲减矿区权益账面原值，不确认损益。

转让该矿区组最后一个未探明矿区的剩余矿区权益时，转让所得与未探明矿区权益账面价值的差额，计入当期损益。

第九条 未探明矿区（组）内发现探明经济可采储量而将未探明矿区（组）转为探明矿区（组）的，应当按照其账面价值转为探明矿区权益。

第十条 未探明矿区因最终未能发现探明经济可采储量而放弃的，应当按照放弃时的账面价值转销未探明矿区权益并计入当期损益。因未完成义务工作量等因素导致发生的放弃成本，计入当期损益。

第三章 油气勘探的会计处理

第十一条 油气勘探，是指为了识别勘探区域或探明油气储量而进行的地质调查、地球物理勘探、钻探活动以及其他相关活动。

第十二条 油气勘探支出包括钻井勘探支出和非钻井勘探支出。钻井勘探支出主要包括钻探区域探井、勘探型详探井、评价井和资料井等活动发生的支出；非钻井勘探支出主要包括进行地质调查、地球物理勘探等活动发生的支出。

第十三条 钻井勘探支出在完井后，确定该井发现了探明经济可采储量的，应当将钻探该井的支出结转为井及相关设施成本。

确定该井未发现探明经济可采储量的，应当将钻探该井的支出扣除净残值后计入当期损益。

确定部分井段发现了探明经济可采储量的，应当将发现探明经济可采储量的有效井段的钻井勘探支出结转为井及相关设施成本，无效井段钻井勘探累计支出转入当期损益。

未能确定该探井是否发现探明经济可采储量的，应当在完井后一年内将钻探该井的支出予以暂时资本化。

第十四条 在完井一年时仍未能确定该探井是否发现探明经济可采储量，

同时满足下列条件的，应当将钻探该井的资本化支出继续暂时资本化，否则应当计入当期损益：

（一）该井已发现足够数量的储量，但要确定其是否属于探明经济可采储量，还需要实施进一步的勘探活动；

（二）进一步的勘探活动已在实施中或已有明确计划并即将实施。

钻井勘探支出已费用化的探井又发现了探明经济可采储量的，已费用化的钻井勘探支出不作调整，重新钻探和完井发生的支出应当予以资本化。

第十五条　非钻井勘探支出于发生时计入当期损益。

第四章　油气开发的会计处理

第十六条　油气开发，是指为了取得探明矿区中的油气而建造或更新井及相关设施的活动。

第十七条　油气开发活动所发生的支出，应当根据其用途分别予以资本化，作为油气开发形成的井及相关设施的成本。

油气开发形成的井及相关设施的成本主要包括：

（一）钻前准备支出，包括前期研究、工程地质调查、工程设计、确定井位、清理井场、修建道路等活动发生的支出；

（二）井的设备购置和建造支出，井的设备包括套管、油管、抽油设备和井口装置等，井的建造包括钻井和完井；

（三）购建提高采收率系统发生的支出；

（四）购建矿区内集输设施、分离处理设施、计量设备、储存设施、各种海上平台、海底及陆上电缆等发生的支出。

第十八条　在探明矿区内，钻井至现有已探明层位的支出，作为油气开发支出；为获取新增探明经济可采储量而继续钻至未探明层位的支出，作为钻井勘探支出，按照本准则第十三条和第十四条处理。

第五章　油气生产的会计处理

第十九条　油气生产，是指将油气从油气藏提取到地表以及在矿区内收集、拉运、处理、现场储存和矿区管理等活动。

第二十条　油气的生产成本包括相关矿区权益折耗、井及相关设施折耗、辅助设备及设施折旧以及操作费用等。操作费用包括油气生产和矿区管理过程中发生的直接和间接费用。

第二十一条 企业应当采用产量法或年限平均法对井及相关设施计提折耗。井及相关设施包括确定发现了探明经济可采储量的探井和开采活动中形成的井，以及与开采活动直接相关的各种设施。采用产量法计提折耗的，折耗额可按照单个矿区计算，也可按照若干具有相同或类似地质构造特征或储层条件的相邻矿区所组成的矿区组计算。计算公式如下：

矿区井及相关设施折耗额＝期末矿区井及相关设施账面价值×矿区井及相关设施折耗率

矿区井及相关设施折耗率＝矿区当期产量/（矿区期末探明已开发经济可采储量＋矿区当期产量）

探明已开发经济可采储量，包括矿区的开发井网钻探和配套设施建设完成后已全面投入开采的探明经济可采储量，以及在提高采收率技术所需的设施已建成并已投产后相应增加的可采储量。

第二十二条 地震设备、建造设备、车辆、修理车间、仓库、供应站、通信设备、办公设施等辅助设备及设施，应当按照《企业会计准则第4号——固定资产》处理。

第二十三条 企业承担的矿区废弃处置义务，满足《企业会计准则第13号——或有事项》中预计负债确认条件的，应当将该义务确认为预计负债，并相应增加井及相关设施的账面价值。

不符合预计负债确认条件的，在废弃时发生的拆卸、搬移、场地清理等支出，应当计入当期损益。

矿区废弃，是指矿区内的最后一口井停产。

第二十四条 井及相关设施、辅助设备及设施的减值，应当按照《企业会计准则第8号——资产减值》处理。

第六章　披　　露

第二十五条 企业应当在附注中披露与石油天然气开采活动有关的下列信息：

（一）拥有国内和国外的油气储量年初、年末数据。

（二）当期在国内和国外发生的矿区权益的取得、油气勘探和油气开发各项支出的总额。

（三）探明矿区权益、井及相关设施的账面原值，累计折耗和减值准备累计金额及其计提方法；与油气开采活动相关的辅助设备及设施的账面原价，累计折旧和减值准备累计金额及其计提方法。

《企业会计准则第 27 号
——石油天然气开采》应用指南

（财会〔2006〕18 号　2006 年 10 月 30 日）

一、矿区的划分

矿区，是指企业进行油气开采活动所划分的区域或独立的开发单元。矿区的划分是计提油气资产折耗、进行减值测试等的基础。矿区的划分应当遵循以下原则：

（一）一个油气藏可作为一个矿区；

（二）若干相临且地质构造或储层条件相同或相近的油气藏可作为一个矿区；

（三）一个独立集输计量系统为一个矿区；

（四）一个大的油气藏分为几个独立集输系统并分别进行计量的，可分为几个矿区；

（五）采用重大新型采油技术并实行工业化推广的区域可作为一个矿区；

（六）在同一地理区域内不得将分属不同国家的作业区划分在同一个矿区或矿区组内。

二、钻井勘探支出的处理采用成果法

根据本准则第十三条、第十四条和第十五条规定，对于钻井勘探支出的资本化应当采用成果法，即只有发现了探明经济可采储量的钻井勘探支出才能资本化，结转为井及相关设施成本，否则计入当期损益。

三、油气资产及其折耗

（一）油气资产，是指油气开采企业所拥有或控制的井及相关设施和矿区权益。油气资产属于递耗资产。

递耗资产是指通过开采、采伐、利用而逐渐耗竭，以致无法恢复或难以恢复、更新或按原样重置的自然资源，如矿藏等。

开采油气所必需的辅助设备和设施（如房屋、机器等），作为一般固定资产管理，适用《企业会计准则第 4 号——固定资产》。

（二）油气资产的折耗，是指油气资产随着当期开发进展而逐渐转移到所开采产品（油气）成本中的价值。本准则第六条和第二十一条规定，企业应当采用产量法或年限平均法对油气资产计提折耗。

1. 产量法，又称单位产量法。该方法是以单位产量为基础对探明矿区权益的取得成本和井及相关设施成本计提折耗。采用该方法对油气资产计提折耗时，矿区权益应以探明经济可采储量为基础，井及相关设施以探明已开发经济可采储量为基础。

2. 年限平均法，又称直线法。该方法将油气资产成本均衡地分摊到各会计期间。采用该方法计算的每期油气资产折耗金额相等。

企业采用的油气资产折耗方法，一经确定，不得随意变更。

未探明矿区权益不计提折耗。

四、弃置义务

根据本准则第二十三条规定，在确认井及相关设施成本时，弃置义务应当以矿区为基础进行预计，主要涉及井及相关设施的弃置、拆移、填埋、清理和恢复生态环境等所发生的支出。

五、未探明矿区权益的减值

根据本准则第七条（二）规定，未探明矿区权益应当至少每年进行一次减值测试。按照单个矿区进行减值测试的，其公允价值低于账面价值的，应当将其账面价值减记至公允价值，减记的金额确认为油气资产减值损失；按照矿区组进行减值测试并计提减值准备的，确认的减值损失不分摊至单个矿区权益的账面价值。

会计政策、会计估计变更和差错更正准则

企业会计准则第 28 号
——会计政策、会计估计变更和差错更正

(财会〔2006〕3 号　2006 年 2 月 15 日)

第一章　总　　则

第一条　为了规范企业会计政策的应用，会计政策、会计估计变更和前期差错更正的确认、计量和相关信息的披露，根据《企业会计准则——基本准则》，制定本准则。

第二条　会计政策变更和前期差错更正的所得税影响，适用《企业会计准则第 18 号——所得税》。

第二章　会计政策

第三条　企业应当对相同或者相似的交易或者事项采用相同的会计政策进行处理。但是，其他会计准则另有规定的除外。

会计政策，是指企业在会计确认、计量和报告中所采用的原则、基础和会计处理方法。

第四条　企业采用的会计政策，在每一会计期间和前后各期应当保持一

致,不得随意变更。但是,满足下列条件之一的,可以变更会计政策:

(一)法律、行政法规或者国家统一的会计制度等要求变更。

(二)会计政策变更能够提供更可靠、更相关的会计信息。

第五条 下列各项不属于会计政策变更:

(一)本期发生的交易或者事项与以前相比具有本质差别而采用新的会计政策。

(二)对初次发生的或不重要的交易或者事项采用新的会计政策。

第六条 企业根据法律、行政法规或者国家统一的会计制度等要求变更会计政策的,应当按照国家相关会计规定执行。

会计政策变更能够提供更可靠、更相关的会计信息的,应当采用追溯调整法处理,将会计政策变更累积影响数调整列报前期最早期初留存收益,其他相关项目的期初余额和列报前期披露的其他比较数据也应当一并调整,但确定该项会计政策变更累积影响数不切实可行的除外。

追溯调整法,是指对某项交易或事项变更会计政策,视同该项交易或事项初次发生时即采用变更后的会计政策,并以此对财务报表相关项目进行调整的方法。

会计政策变更累积影响数,是指按照变更后的会计政策对以前各期追溯计算的列报前期最早期初留存收益应有金额与现有金额之间的差额。

第七条 确定会计政策变更对列报前期影响数不切实可行的,应当从可追溯调整的最早期间期初开始应用变更后的会计政策。

在当期期初确定会计政策变更对以前各期累积影响数不切实可行的,应当采用未来适用法处理。

未来适用法,是指将变更后的会计政策应用于变更日及以后发生的交易或者事项,或者在会计估计变更当期和未来期间确认会计估计变更影响数的方法。

第三章 会计估计变更

第八条 企业据以进行估计的基础发生了变化,或者由于取得新信息、积累更多经验以及后来的发展变化,可能需要对会计估计进行修订。会计估计变更的依据应当真实、可靠。

会计估计变更,是指由于资产和负债的当前状况及预期经济利益和义务发生了变化，从而对资产或负债的账面价值或者资产的定期消耗金额进行调整。

第九条 企业对会计估计变更应当采用未来适用法处理。

会计估计变更仅影响变更当期的，其影响数应当在变更当期予以确认；既影响变更当期又影响未来期间的，其影响数应当在变更当期和未来期间予以确认。

第十条 企业难以对某项变更区分为会计政策变更或会计估计变更的，应当将其作为会计估计变更处理。

第四章 前期差错更正

第十一条 前期差错，是指由于没有运用或错误运用下列两种信息，而对前期财务报表造成省略或错报。

（一）编报前期财务报表时预期能够取得并加以考虑的可靠信息。

（二）前期财务报告批准报出时能够取得的可靠信息。

前期差错通常包括计算错误、应用会计政策错误、疏忽或曲解事实以及舞弊产生的影响以及存货、固定资产盘盈等。

第十二条 企业应当采用追溯重述法更正重要的前期差错，但确定前期差错累积影响数不切实可行的除外。

追溯重述法，是指在发现前期差错时，视同该项前期差错从未发生过，从而对财务报表相关项目进行更正的方法。

第十三条 确定前期差错影响数不切实可行的，可以从可追溯重述的最早期间开始调整留存收益的期初余额，财务报表其他相关项目的期初余额也应当一并调整，也可以采用未来适用法。

第十四条 企业应当在重要的前期差错发现当期的财务报表中，调整前期比较数据。

第五章 披　　露

第十五条 企业应当在附注中披露与会计政策变更有关的下列信息：

（一）会计政策变更的性质、内容和原因。

（二）当期和各个列报前期财务报表中受影响的项目名称和调整金额。

（三）无法进行追溯调整的，说明该事实和原因以及开始应用变更后的会计政策的时点、具体应用情况。

第十六条 企业应当在附注中披露与会计估计变更有关的下列信息：

（一）会计估计变更的内容和原因。

（二）会计估计变更对当期和未来期间的影响数。

（三）会计估计变更的影响数不能确定的，披露这一事实和原因。

第十七条 企业应当在附注中披露与前期差错更正有关的下列信息：

（一）前期差错的性质。

（二）各个列报前期财务报表中受影响的项目名称和更正金额。

（三）无法进行追溯重述的，说明该事实和原因以及对前期差错开始进行更正的时点、具体更正情况。

第十八条 在以后期间的财务报表中，不需要重复披露在以前期间的附注中已披露的会计政策变更和前期差错更正的信息。

《企业会计准则第28号——会计政策、会计估计变更和差错更正》应用指南

（财会〔2006〕18号 2006年10月30日）

一、会计政策和会计估计的确定

企业应当根据本准则的规定，结合本企业的实际情况，确定会计政策和会计估计，经股东大会或董事会、经理（厂长）会议或类似机构批准，按照法律、行政法规等的规定报送有关各方备案。

企业的会计政策和会计估计一经确定，不得随意变更。如需变更，应重新履行上述程序，并按本准则的规定处理。

二、会计政策及其变更

根据本准则第三条规定，会计政策是指企业在会计确认、计量和报告中

所采用的原则、基础和会计处理方法。企业采用的会计计量基础也属于会计政策。

（一）实务中某项交易或者事项的会计处理，具体会计准则或应用指南未作规范的，应当根据《企业会计准则——基本准则》规定的原则、基础和方法进行处理；待作出具体规定时，从其规定。

（二）会计政策变更采用追溯调整法的，应当将会计政策变更的累积影响数调整期初留存收益。留存收益包括当年和以前年度的未分配利润和按照相关法律规定提取并累积的盈余公积。调整期初留存收益是指对期初未分配利润和盈余公积两个项目的调整。

三、前期差错及其更正

前期差错应当采用追溯重述法进行更正，视同该项前期差错从未发生过，从而对财务报表相关项目进行重新列示和披露。追溯重述法的会计处理与追溯调整法相同。

企业会计准则解释中与会计政策、会计估计变更和差错更正准则相关的内容

同时发行 A 股和 H 股的上市公司，应当如何运用会计政策及会计估计？（《企业会计准则解释第 2 号》第一项）

答：内地企业会计准则和香港财务报告准则实现等效后，同时发行 A 股和 H 股的上市公司，除部分长期资产减值损失的转回以及关联方披露两项差异外，对于同一交易事项，应当在 A 股和 H 股财务报告中采用相同的会计政策、运用相同的会计估计进行确认、计量和报告，不得在 A 股和 H 股财务报告中采用不同的会计处理。

资产负债表日后事项准则

企业会计准则第29号
——资产负债表日后事项

(财会〔2006〕3号 2006年2月15日)

第一章 总 则

第一条 为了规范资产负债表日后事项的确认、计量和相关信息的披露，根据《企业会计准则——基本准则》，制定本准则。

第二条 资产负债表日后事项，是指资产负债表日至财务报告批准报出日之间发生的有利或不利事项。财务报告批准报出日，是指董事会或类似机构批准财务报告报出的日期。

资产负债表日后事项包括资产负债表日后调整事项和资产负债表日后非调整事项。

资产负债表日后调整事项，是指对资产负债表日已经存在的情况提供了新的或进一步证据的事项。

资产负债表日后非调整事项，是指表明资产负债表日后发生的情况的事项。

第三条 资产负债表日后事项表明持续经营假设不再适用的，企业不应当在持续经营基础上编制财务报表。

第二章　资产负债表日后调整事项

第四条　企业发生的资产负债表日后调整事项，应当调整资产负债表日的财务报表。

第五条　企业发生的资产负债表日后调整事项，通常包括下列各项：

（一）资产负债表日后诉讼案件结案，法院判决证实了企业在资产负债表日已经存在现时义务，需要调整原先确认的与该诉讼案件相关的预计负债，或确认一项新负债。

（二）资产负债表日后取得确凿证据，表明某项资产在资产负债表日发生了减值或者需要调整该项资产原先确认的减值金额。

（三）资产负债表日后进一步确定了资产负债表日前购入资产的成本或售出资产的收入。

（四）资产负债表日后发现了财务报表舞弊或差错。

第三章　资产负债表日后非调整事项

第六条　企业发生的资产负债表日后非调整事项，不应当调整资产负债表日的财务报表。

第七条　企业发生的资产负债表日后非调整事项，通常包括下列各项：

（一）资产负债表日后发生重大诉讼、仲裁、承诺。

（二）资产负债表日后资产价格、税收政策、外汇汇率发生重大变化。

（三）资产负债表日后因自然灾害导致资产发生重大损失。

（四）资产负债表日后发行股票和债券以及其他巨额举债。

（五）资产负债表日后资本公积转增资本。

（六）资产负债表日后发生巨额亏损。

（七）资产负债表日后发生企业合并或处置子公司。

第八条　资产负债表日后，企业利润分配方案中拟分配的以及经审议批准宣告发放的股利或利润，不确认为资产负债表日的负债，但应当在附注中单独披露。

第四章 披　　露

第九条　企业应当在附注中披露与资产负债表日后事项有关的下列信息：

（一）财务报告的批准报出者和财务报告批准报出日。

按照有关法律、行政法规等规定，企业所有者或其他方面有权对报出的财务报告进行修改的，应当披露这一情况。

（二）每项重要的资产负债表日后非调整事项的性质、内容，及其对财务状况和经营成果的影响。无法作出估计的，应当说明原因。

第十条　企业在资产负债表日后取得了影响资产负债表日存在情况的新的或进一步的证据，应当调整与之相关的披露信息。

财务报表列报准则

企业会计准则第 30 号
——财务报表列报

(财会〔2014〕7 号　2014 年 1 月 26 日)

第一章　总　　则

第一条　为了规范财务报表的列报,保证同一企业不同期间和同一期间不同企业的财务报表相互可比,根据《企业会计准则——基本准则》,制定本准则。

第二条　财务报表是对企业财务状况、经营成果和现金流量的结构性表述。财务报表至少应当包括下列组成部分:

(一) 资产负债表;

(二) 利润表;

(三) 现金流量表;

(四) 所有者权益(或股东权益,下同)变动表;

(五) 附注。

财务报表上述组成部分具有同等的重要程度。

第三条　本准则适用于个别财务报表和合并财务报表,以及年度财务报表和中期财务报表,《企业会计准则第 32 号——中期财务报告》另有规定的除外。合并财务报表的编制和列报,还应遵循《企业会计准则第 33 号——合并财务报表》;现金流量表的编制和列报,还应遵循《企业会计准则第 31 号——现金流量表》;其他会计准则的特殊列报要求,适用其他相关会计准则。

第二章 基 本 要 求

第四条 企业应当以持续经营为基础,根据实际发生的交易和事项,按照《企业会计准则——基本准则》和其他各项会计准则的规定进行确认和计量,在此基础上编制财务报表。企业不应以附注披露代替确认和计量,不恰当的确认和计量也不能通过充分披露相关会计政策而纠正。

如果按照各项会计准则规定披露的信息不足以让报表使用者了解特定交易或事项对企业财务状况和经营成果的影响时,企业还应当披露其他的必要信息。

第五条 在编制财务报表的过程中,企业管理层应当利用所有可获得信息来评价企业自报告期末起至少12个月的持续经营能力。

评价时需要考虑宏观政策风险、市场经营风险、企业目前或长期的盈利能力、偿债能力、财务弹性以及企业管理层改变经营政策的意向等因素。

评价结果表明对持续经营能力产生重大怀疑的,企业应当在附注中披露导致对持续经营能力产生重大怀疑的因素以及企业拟采取的改善措施。

第六条 企业如有近期获利经营的历史且有财务资源支持,则通常表明以持续经营为基础编制财务报表是合理的。

企业正式决定或被迫在当期或将在下一个会计期间进行清算或停止营业的,则表明以持续经营为基础编制财务报表不再合理。在这种情况下,企业应当采用其他基础编制财务报表,并在附注中声明财务报表未以持续经营为基础编制的事实、披露未以持续经营为基础编制的原因和财务报表的编制基础。

第七条 除现金流量表按照收付实现制原则编制外,企业应当按照权责发生制原则编制财务报表。

第八条 财务报表项目的列报应当在各个会计期间保持一致,不得随意变更,但下列情况除外:

(一)会计准则要求改变财务报表项目的列报。

(二)企业经营业务的性质发生重大变化或对企业经营影响较大的交易或事项发生后,变更财务报表项目的列报能够提供更可靠、更相关的会计信息。

第九条 性质或功能不同的项目,应当在财务报表中单独列报,但不具有重要性的项目除外。

性质或功能类似的项目,其所属类别具有重要性的,应当按其类别在财务报表中单独列报。

某些项目的重要性程度不足以在资产负债表、利润表、现金流量表或所有者权益变动表中单独列示，但对附注却具有重要性，则应当在附注中单独披露。

第十条 重要性，是指在合理预期下，财务报表某项目的省略或错报会影响使用者据此作出经济决策的，该项目具有重要性。

重要性应当根据企业所处的具体环境，从项目的性质和金额两方面予以判断，且对各项目重要性的判断标准一经确定，不得随意变更。判断项目性质的重要性，应当考虑该项目在性质上是否属于企业日常活动、是否显著影响企业的财务状况、经营成果和现金流量等因素；判断项目金额大小的重要性，应当考虑该项目金额占资产总额、负债总额、所有者权益总额、营业收入总额、营业成本总额、净利润、综合收益总额等直接相关项目金额的比重或所属报表单列项目金额的比重。

第十一条 财务报表中的资产项目和负债项目的金额、收入项目和费用项目的金额、直接计入当期利润的利得项目和损失项目的金额不得相互抵销，但其他会计准则另有规定的除外。

一组类似交易形成的利得和损失应当以净额列示，但具有重要性的除外。

资产或负债项目按扣除备抵项目后的净额列示，不属于抵销。

非日常活动产生的利得和损失，以同一交易形成的收益扣减相关费用后的净额列示更能反映交易实质的，不属于抵销。

第十二条 当期财务报表的列报，至少应当提供所有列报项目上一个可比会计期间的比较数据，以及与理解当期财务报表相关的说明，但其他会计准则另有规定的除外。

根据本准则第八条的规定，财务报表的列报项目发生变更的，应当至少对可比期间的数据按照当期的列报要求进行调整，并在附注中披露调整的原因和性质，以及调整的各项目金额。对可比数据进行调整不切实可行的，应当在附注中披露不能调整的原因。

不切实可行，是指企业在作出所有合理努力后仍然无法采用某项会计准则规定。

第十三条 企业应当在财务报表的显著位置至少披露下列各项：

（一）编报企业的名称。

（二）资产负债表日或财务报表涵盖的会计期间。

（三）人民币金额单位。

（四）财务报表是合并财务报表的，应当予以标明。

第十四条 企业至少应当按年编制财务报表。年度财务报表涵盖的期间短于一年的，应当披露年度财务报表的涵盖期间、短于一年的原因以及报表数据不具可比性的事实。

第十五条 本准则规定在财务报表中单独列报的项目，应当单独列报。其他会计准则规定单独列报的项目，应当增加单独列报项目。

第三章 资产负债表

第十六条 资产和负债应当分别流动资产和非流动资产、流动负债和非流动负债列示。

金融企业等销售产品或提供服务不具有明显可识别营业周期的企业，其各项资产或负债按照流动性列示能够提供可靠且更相关信息的，可以按照其流动性顺序列示。从事多种经营的企业，其部分资产或负债按照流动和非流动列报、其他部分资产或负债按照流动性列示能够提供可靠且更相关信息的，可以采用混合的列报方式。

对于同时包含资产负债表日后一年内（含一年，下同）和一年之后预期将收回或清偿金额的资产和负债单列项目，企业应当披露超过一年后预期收回或清偿的金额。

第十七条 资产满足下列条件之一的，应当归类为流动资产：

（一）预计在一个正常营业周期中变现、出售或耗用。

（二）主要为交易目的而持有。

（三）预计在资产负债表日起一年内变现。

（四）自资产负债表日起一年内，交换其他资产或清偿负债的能力不受限制的现金或现金等价物。

正常营业周期，是指企业从购买用于加工的资产起至实现现金或现金等价物的期间。正常营业周期通常短于一年。因生产周期较长等导致正常营业周期长于一年的，尽管相关资产往往超过一年才变现、出售或耗用，仍应当划分为流动资产。正常营业周期不能确定的，应当以一年（12个月）作为正常营业周期。

第十八条 流动资产以外的资产应当归类为非流动资产，并应按其性质分类列示。被划分为持有待售的非流动资产应当归类为流动资产。

第十九条 负债满足下列条件之一的，应当归类为流动负债：

（一）预计在一个正常营业周期中清偿。

（二）主要为交易目的而持有。

（三）自资产负债表日起一年内到期应予以清偿。

（四）企业无权自主地将清偿推迟至资产负债表日后一年以上。负债在其对手方选择的情况下可通过发行权益进行清偿的条款与负债的流动性划分无关。

企业对资产和负债进行流动性分类时，应当采用相同的正常营业周期。企业正常营业周期中的经营性负债项目即使在资产负债表日后超过一年才予清偿的，仍应当划分为流动负债。经营性负债项目包括应付账款、应付职工薪酬等，这些项目属于企业正常营业周期中使用的营运资金的一部分。

第二十条 流动负债以外的负债应当归类为非流动负债，并应当按其性质分类列示。被划分为持有待售的非流动负债应当归类为流动负债。

第二十一条 对于在资产负债表日起一年内到期的负债，企业有意图且有能力自主地将清偿义务展期至资产负债表日后一年以上的，应当归类为非流动负债；不能自主地将清偿义务展期的，即使在资产负债表日后、财务报告批准报出日前签订了重新安排清偿计划协议，该项负债仍应当归类为流动负债。

第二十二条 企业在资产负债表日或之前违反了长期借款协议，导致贷款人可随时要求清偿的负债，应当归类为流动负债。

贷款人在资产负债表日或之前同意提供在资产负债表日后一年以上的宽限期，在此期限内企业能够改正违约行为，且贷款人不能要求随时清偿的，该项负债应当归类为非流动负债。

其他长期负债存在类似情况的，比照上述第一款和第二款处理。

第二十三条[①] 资产负债表中的资产类至少应当单独列示反映下列信息的项目：

（一）货币资金；

（二）以公允价值计量且其变动计入当期损益的金融资产；

（三）应收款项；

（四）预付款项；

[①] 《企业会计准则第 22 号——金融工具确认和计量》（财会〔2017〕7 号）对本条款中的金融资产项目进行了修订。

（五）存货；

（六）被划分为持有待售的非流动资产及被划分为持有待售的处置组中的资产；

（七）可供出售金融资产；

（八）持有至到期投资；

（九）长期股权投资；

（十）投资性房地产；

（十一）固定资产；

（十二）生物资产；

（十三）无形资产；

（十四）递延所得税资产。

第二十四条 资产负债表中的资产类至少应当包括流动资产和非流动资产的合计项目，按照企业的经营性质不切实可行的除外。

第二十五条[①] 资产负债表中的负债类至少应当单独列示反映下列信息的项目：

（一）短期借款；

（二）以公允价值计量且其变动计入当期损益的金融负债；

（三）应付款项；

（四）预收款项；

（五）应付职工薪酬；

（六）应交税费；

（七）被划分为持有待售的处置组中的负债；

（八）长期借款；

（九）应付债券；

（十）长期应付款；

（十一）预计负债；

（十二）递延所得税负债。

第二十六条 资产负债表中的负债类至少应当包括流动负债、非流动负债和负债的合计项目，按照企业的经营性质不切实可行的除外。

第二十七条 资产负债表中的所有者权益类至少应当单独列示反映下列信

[①] 《企业会计准则第 22 号——金融工具确认和计量》（财会〔2017〕7 号）对本条款中的金融负债项目进行了修订。

息的项目:

(一) 实收资本(或股本,下同);

(二) 资本公积;

(三) 盈余公积;

(四) 未分配利润。

在合并资产负债表中,应当在所有者权益类单独列示少数股东权益。

第二十八条 资产负债表中的所有者权益类应当包括所有者权益的合计项目。

第二十九条 资产负债表应当列示资产总计项目,负债和所有者权益总计项目。

第四章 利 润 表

第三十条 企业在利润表中应当对费用按照功能分类,分为从事经营业务发生的成本、管理费用、销售费用和财务费用等。

第三十一条 利润表至少应当单独列示反映下列信息的项目,但其他会计准则另有规定的除外:

(一) 营业收入;

(二) 营业成本;

(三) 营业税金及附加;[①]

(四) 管理费用;

(五) 销售费用;

(六) 财务费用;

(七) 投资收益;

(八) 公允价值变动损益;

(九) 资产减值损失;

(十) 非流动资产处置损益;

(十一) 所得税费用;

(十二) 净利润;

(十三) 其他综合收益各项目分别扣除所得税影响后的净额;

---

① 《增值税会计处理规定》(财会〔2016〕22号)对本条款进行了修订,"营业税金及附加"项目调整为"税金及附加"。

（十四）综合收益总额。

金融企业可以根据其特殊性列示利润表项目。

第三十二条 综合收益，是指企业在某一期间除与所有者以其所有者身份进行的交易之外的其他交易或事项所引起的所有者权益变动。综合收益总额项目反映净利润和其他综合收益扣除所得税影响后的净额相加后的合计金额。

第三十三条 其他综合收益，是指企业根据其他会计准则规定未在当期损益中确认的各项利得和损失。

其他综合收益项目应当根据其他相关会计准则的规定分为下列两类列报：

（一）以后会计期间不能重分类进损益的其他综合收益项目，主要包括重新计量设定受益计划净负债或净资产导致的变动、按照权益法核算的在被投资单位以后会计期间不能重分类进损益的其他综合收益中所享有的份额等；

（二）以后会计期间在满足规定条件时将重分类进损益的其他综合收益项目，主要包括按照权益法核算的在被投资单位以后会计期间在满足规定条件时将重分类进损益的其他综合收益中所享有的份额、可供出售金融资产公允价值变动形成的利得或损失、持有至到期投资重分类为可供出售金融资产形成的利得或损失、现金流量套期工具产生的利得或损失中属于有效套期的部分、外币财务报表折算差额等。①

第三十四条 在合并利润表中，企业应当在净利润项目之下单独列示归属于母公司所有者的损益和归属于少数股东的损益，在综合收益总额项目之下单独列示归属于母公司所有者的综合收益总额和归属于少数股东的综合收益总额。

第五章　所有者权益变动表

第三十五条 所有者权益变动表应当反映构成所有者权益的各组成部分当期的增减变动情况。综合收益和与所有者（或股东，下同）的资本交易导致的所有者权益的变动，应当分别列示。

与所有者的资本交易，是指企业与所有者以其所有者身份进行的、导致企业所有者权益变动的交易。

第三十六条 所有者权益变动表至少应当单独列示反映下列信息的项目：

---

① 《企业会计准则第22号——金融工具确认和计量》（财会〔2017〕7号）对金融工具的确认和计量进行了修订。

（一）综合收益总额，在合并所有者权益变动表中还应单独列示归属于母公司所有者的综合收益总额和归属于少数股东的综合收益总额；

（二）会计政策变更和前期差错更正的累积影响金额；

（三）所有者投入资本和向所有者分配利润等；

（四）按照规定提取的盈余公积；

（五）所有者权益各组成部分的期初和期末余额及其调节情况。

第六章 附 注

第三十七条 附注是对在资产负债表、利润表、现金流量表和所有者权益变动表等报表中列示项目的文字描述或明细资料，以及对未能在这些报表中列示项目的说明等。

第三十八条 附注应当披露财务报表的编制基础，相关信息应当与资产负债表、利润表、现金流量表和所有者权益变动表等报表中列示的项目相互参照。

第三十九条 附注一般应当按照下列顺序至少披露：

（一）企业的基本情况。

1. 企业注册地、组织形式和总部地址。

2. 企业的业务性质和主要经营活动。

3. 母公司以及集团最终母公司的名称。

4. 财务报告的批准报出者和财务报告批准报出日，或者以签字人及其签字日期为准。

5. 营业期限有限的企业，还应当披露有关其营业期限的信息。

（二）财务报表的编制基础。

（三）遵循企业会计准则的声明。

企业应当声明编制的财务报表符合企业会计准则的要求，真实、完整地反映了企业的财务状况、经营成果和现金流量等有关信息。

（四）重要会计政策和会计估计。

重要会计政策的说明，包括财务报表项目的计量基础和在运用会计政策过程中所做的重要判断等。重要会计估计的说明，包括可能导致下一个会计期间内资产、负债账面价值重大调整的会计估计的确定依据等。

企业应当披露采用的重要会计政策和会计估计，并结合企业的具体实际披露其重要会计政策的确定依据和财务报表项目的计量基础，及其会计估计所采用的关键假设和不确定因素。

（五）会计政策和会计估计变更以及差错更正的说明。

企业应当按照《企业会计准则第28号——会计政策、会计估计变更和差错更正》的规定，披露会计政策和会计估计变更以及差错更正的情况。

（六）报表重要项目的说明。

企业应当按照资产负债表、利润表、现金流量表、所有者权益变动表及其项目列示的顺序，对报表重要项目的说明采用文字和数字描述相结合的方式进行披露。报表重要项目的明细金额合计，应当与报表项目金额相衔接。

企业应当在附注中披露费用按照性质分类的利润表补充资料，可将费用分为耗用的原材料、职工薪酬费用、折旧费用、摊销费用等。

（七）或有和承诺事项、资产负债表日后非调整事项、关联方关系及其交易等需要说明的事项。

（八）有助于财务报表使用者评价企业管理资本的目标、政策及程序的信息。

第四十条 企业应当在附注中披露下列关于其他综合收益各项目的信息：

（一）其他综合收益各项目及其所得税影响；

（二）其他综合收益各项目原计入其他综合收益、当期转出计入当期损益的金额；

（三）其他综合收益各项目的期初和期末余额及其调节情况。

第四十一条 企业应当在附注中披露终止经营的收入、费用、利润总额、所得税费用和净利润，以及归属于母公司所有者的终止经营利润。

第四十二条[①] 终止经营，是指满足下列条件之一的已被企业处置或被企业划归为持有待售的、在经营和编制财务报表时能够单独区分的组成部分：

（一）该组成部分代表一项独立的主要业务或一个主要经营地区。

（二）该组成部分是拟对一项独立的主要业务或一个主要经营地区进行处置计划的一部分。

（三）该组成部分是仅仅为了再出售而取得的子公司。

同时满足下列条件的企业组成部分（或非流动资产，下同）应当确认为持有待售：该组成部分必须在其当前状况下仅根据出售此类组成部分的惯常条

[①] 《企业会计准则第42号——持有待售的非流动资产、处置组和终止经营》（财会〔2017〕13号）对本条款进行了修订。

款即可立即出售；企业已经就处置该组成部分作出决议，如按规定需得到股东批准的，应当已经取得股东大会或相应权力机构的批准；企业已经与受让方签订了不可撤销的转让协议；该项转让将在一年内完成。

第四十三条　企业应当在附注中披露在资产负债表日后、财务报告批准报出日前提议或宣布发放的股利总额和每股股利金额（或向投资者分配的利润总额）。

第七章　衔接规定

第四十四条　在本准则施行日之前已经执行企业会计准则的企业，应当按照本准则调整财务报表的列报项目；涉及有关报表和附注比较数据的，也应当作相应调整，调整不切实可行的除外。

第八章　附　则

第四十五条　本准则自 2014 年 7 月 1 日起施行。

关于修订印发 2019 年度一般企业财务报表格式的通知

（财会〔2019〕6 号　2019 年 4 月 30 日）

国务院有关部委、有关直属机构，各省、自治区、直辖市、计划单列市财政厅（局），新疆生产建设兵团财政局，财政部各地监管局，有关中央管理企业：

为解决执行企业会计准则的企业在财务报告编制中的实际问题，规范企业财务报表列报，提高会计信息质量，针对 2019 年 1 月 1 日起分阶段实施的《企业会计准则第 21 号——租赁》（财会〔2018〕35 号，以下称"新租赁准则"），以及企业会计准则实施中的有关情况，我部对一般企业财务报表格式进行了修订，现予印发。本通知适用于执行企业会计准则的非金融企业 2019

年度中期财务报表和年度财务报表及以后期间的财务报表。

我部于 2017 年印发了《企业会计准则第 22 号——金融工具确认和计量》（财会〔2017〕7 号）、《企业会计准则第 23 号——金融资产转移》（财会〔2017〕8 号）、《企业会计准则第 24 号——套期会计》（财会〔2017〕9 号）、《企业会计准则第 37 号——金融工具列报》（财会〔2017〕14 号）（以下称"新金融准则"）、《企业会计准则第 14 号——收入》（财会〔2017〕22 号，以下称"新收入准则"），自 2018 年 1 月 1 日起分阶段实施。执行企业会计准则的非金融企业中，未执行新金融准则、新收入准则和新租赁准则的企业应当按照企业会计准则和本通知附件 1 的要求编制财务报表；已执行新金融准则、新收入准则和新租赁准则的企业应当按照企业会计准则和本通知附件 2 的要求编制财务报表；已执行新金融准则但未执行新收入准则和新租赁准则的企业，或已执行新金融准则和新收入准则但未执行新租赁准则的企业，应当结合本通知附件 1 和附件 2 的要求对财务报表项目进行相应调整。企业对不存在相应业务的报表项目可结合本企业的实际情况进行必要删减，企业根据重要性原则并结合本企业的实际情况可以对确需单独列示的内容增加报表项目。执行企业会计准则的金融企业应当按照《财政部关于修订印发 2018 年度金融企业财务报表格式的通知》（财会〔2018〕36 号）的要求编制财务报表，结合本通知的格式对金融企业专用项目之外的相关财务报表项目进行相应调整。我部于 2018 年 6 月 15 日发布的《财政部关于修订印发 2018 年度一般企业财务报表格式的通知》（财会〔2018〕15 号）同时废止。

执行中有何问题，请及时反馈我部。

附件：1. 一般企业财务报表格式（适用于未执行新金融准则、新收入准则和新租赁准则的企业）[①]

   2. 一般企业财务报表格式（适用于已执行新金融准则、新收入准则和新租赁准则的企业）

财政部

2019 年 4 月 30 日

[①] 执行企业会计准则的企业自 2021 年 1 月 1 日起施行新金融准则、新收入准则和新租赁准则。附件 1 未纳入本汇编。

附件2

一般企业财务报表格式（适用于已执行新金融准则、新收入准则和新租赁准则的企业）

一、关于比较信息的列报

按照《企业会计准则第28号——会计政策、会计估计变更和差错更正》和《企业会计准则第30号——财务报表列报》的规定，企业变更会计政策或发生重要的前期差错更正，采用追溯调整法的，应当对可比会计期间的比较数据进行相应调整。企业首次执行新金融准则、新收入准则或新租赁准则，按照衔接规定，对因会计政策变更产生的累积影响数调整首次执行当年年初留存收益及财务报表其他相关项目金额，不调整可比期间信息的，应当对首次执行当期的财务报表的本期数或期末数按照本附件的报表项目列报，对可比会计期间未调整的比较数据按照附件1的报表项目列报。

为了提高信息在会计期间的可比性，向报表使用者提供与理解当期财务报表更加相关的比较数据，企业可以增加列报首次执行各项新准则当年年初的资产负债表。企业无论是否增加列报首次执行当年年初的资产负债表，均应当按照相关规定，在附注中分别披露首次执行各项新准则对当年年初财务报表相关项目的影响金额及调整信息。

二、关于资产负债表

资产负债表

会企01表

编制单位：　　　　　　　　　　___年___月___日　　　　　　　　　　单位：元

资产	期末余额	上年年末余额	负债和所有者权益（或股东权益）	期末余额	上年年末余额
流动资产：			流动负债：		
货币资金			短期借款		
交易性金融资产			交易性金融负债		

续表

资产	期末余额	上年年末余额	负债和所有者权益（或股东权益）	期末余额	上年年末余额
衍生金融资产			衍生金融负债		
应收票据			应付票据		
应收账款			应付账款		
应收款项融资			预收款项		
预付款项			合同负债		
其他应收款			应付职工薪酬		
存货			应交税费		
合同资产			其他应付款		
持有待售资产			持有待售负债		
一年内到期的非流动资产			一年内到期的非流动负债		
其他流动资产			其他流动负债		
流动资产合计			流动负债合计		
非流动资产：			非流动负债：		
债权投资			长期借款		
其他债权投资			应付债券		
长期应收款			其中：优先股		
长期股权投资			永续债		
其他权益工具投资			租赁负债		
其他非流动金融资产			长期应付款		
投资性房地产			预计负债		
固定资产			递延收益		
在建工程			递延所得税负债		
生产性生物资产			其他非流动负债		
油气资产			非流动负债合计		
使用权资产			负债合计		
无形资产			所有者权益（或股东权益）：		
开发支出			实收资本（或股本）		
商誉			其他权益工具		

续表

资产	期末余额	上年年末余额	负债和所有者权益（或股东权益）	期末余额	上年年末余额
长期待摊费用			其中：优先股		
递延所得税资产			永续债		
其他非流动资产			资本公积		
非流动资产合计			减：库存股		
			其他综合收益		
			专项储备		
			盈余公积		
			未分配利润		
			所有者权益（或股东权益）合计		
资产总计			负债和所有者权益（或股东权益）总计		

有关项目说明：

1. "交易性金融资产"项目，反映资产负债表日企业分类为以公允价值计量且其变动计入当期损益的金融资产，以及企业持有的指定为以公允价值计量且其变动计入当期损益的金融资产的期末账面价值。该项目应根据"交易性金融资产"科目的相关明细科目的期末余额分析填列。自资产负债表日起超过一年到期且预期持有超过一年的以公允价值计量且其变动计入当期损益的非流动金融资产的期末账面价值，在"其他非流动金融资产"项目反映。

2. "应收票据"项目，反映资产负债表日以摊余成本计量的、企业因销售商品、提供服务等收到的商业汇票，包括银行承兑汇票和商业承兑汇票。该项目应根据"应收票据"科目的期末余额，减去"坏账准备"科目中相关坏账准备期末余额后的金额分析填列。

3. "应收账款"项目，反映资产负债表日以摊余成本计量的、企业因销售商品、提供服务等经营活动应收取的款项。该项目应根据"应收账款"科目的期末余额，减去"坏账准备"科目中相关坏账准备期末余额后的金额分析填列。

4. "应收款项融资"项目，反映资产负债表日以公允价值计量且其变动计入其他综合收益的应收票据和应收账款等。

5. "其他应收款"项目，应根据"应收利息""应收股利"和"其他应收款"科目的期末余额合计数，减去"坏账准备"科目中相关坏账准备期末余额后的金额填列。其中的"应收利息"仅反映相关金融工具已到期可收取但于资产负债表日尚未收到的利息。基于实际利率法计提的金融工具的利息应包含在相应金融工具的账面余额中。

6. "持有待售资产"项目，反映资产负债表日划分为持有待售类别的非流动资产及划分为持有待售类别的处置组中的流动资产和非流动资产的期末账面价值。该项目应根据"持有待售资产"科目的期末余额，减去"持有待售资产减值准备"科目的期末余额后的金额填列。

7. "债权投资"项目，反映资产负债表日企业以摊余成本计量的长期债权投资的期末账面价值。该项目应根据"债权投资"科目的相关明细科目期末余额，减去"债权投资减值准备"科目中相关减值准备的期末余额后的金额分析填列。自资产负债表日起一年内到期的长期债权投资的期末账面价值，在"一年内到期的非流动资产"项目反映。企业购入的以摊余成本计量的一年内到期的债权投资的期末账面价值，在"其他流动资产"项目反映。

8. "其他债权投资"项目，反映资产负债表日企业分类为以公允价值计量且其变动计入其他综合收益的长期债权投资的期末账面价值。该项目应根据"其他债权投资"科目的相关明细科目的期末余额分析填列。自资产负债表日起一年内到期的长期债权投资的期末账面价值，在"一年内到期的非流动资产"项目反映。企业购入的以公允价值计量且其变动计入其他综合收益的一年内到期的债权投资的期末账面价值，在"其他流动资产"项目反映。

9. "其他权益工具投资"项目，反映资产负债表日企业指定为以公允价值计量且其变动计入其他综合收益的非交易性权益工具投资的期末账面价值。该项目应根据"其他权益工具投资"科目的期末余额填列。

10. "固定资产"项目，反映资产负债表日企业固定资产的期末账面价值和企业尚未清理完毕的固定资产清理净损益。该项目应根据"固定资产"科目的期末余额，减去"累计折旧"和"固定资产减值准备"科目的期末余额后的金额，以及"固定资产清理"科目的期末余额填列。

11."在建工程"项目，反映资产负债表日企业尚未达到预定可使用状态的在建工程的期末账面价值和企业为在建工程准备的各种物资的期末账面价值。该项目应根据"在建工程"科目的期末余额，减去"在建工程减值准备"科目的期末余额后的金额，以及"工程物资"科目的期末余额，减去"工程物资减值准备"科目的期末余额后的金额填列。

12."使用权资产"项目，反映资产负债表日承租人企业持有的使用权资产的期末账面价值。该项目应根据"使用权资产"科目的期末余额，减去"使用权资产累计折旧"和"使用权资产减值准备"科目的期末余额后的金额填列。

13."一年内到期的非流动资产"项目，通常反映预计自资产负债表日起一年内变现的非流动资产。对于按照相关会计准则采用折旧（或摊销、折耗）方法进行后续计量的固定资产、使用权资产、无形资产和长期待摊费用等非流动资产，折旧（或摊销、折耗）年限（或期限）只剩一年或不足一年的，或预计在一年内（含一年）进行折旧（或摊销、折耗）的部分，不得归类为流动资产，仍在各该非流动资产项目中填列，不转入"一年内到期的非流动资产"项目。

14."交易性金融负债"项目，反映资产负债表日企业承担的交易性金融负债，以及企业持有的指定为以公允价值计量且其变动计入当期损益的金融负债的期末账面价值。该项目应根据"交易性金融负债"科目的相关明细科目的期末余额填列。

15."应付票据"项目，反映资产负债表日以摊余成本计量的、企业因购买材料、商品和接受服务等开出、承兑的商业汇票，包括银行承兑汇票和商业承兑汇票。该项目应根据"应付票据"科目的期末余额填列。

16."应付账款"项目，反映资产负债表日以摊余成本计量的、企业因购买材料、商品和接受服务等经营活动应支付的款项。该项目应根据"应付账款"和"预付账款"科目所属的相关明细科目的期末贷方余额合计数填列。

17."其他应付款"项目，应根据"应付利息""应付股利"和"其他应付款"科目的期末余额合计数填列。其中的"应付利息"仅反映相关金融工具已到期应支付但于资产负债表日尚未支付的利息。基于实际利率法计提的金融工具的利息应包含在相应金融工具的账面余额中。

18."持有待售负债"项目，反映资产负债表日处置组中与划分为持有待售类别的资产直接相关的负债的期末账面价值。该项目应根据"持有待售负债"科目的期末余额填列。

19. "租赁负债"项目，反映资产负债表日承租人企业尚未支付的租赁付款额的期末账面价值。该项目应根据"租赁负债"科目的期末余额填列。自资产负债表日起一年内到期应予以清偿的租赁负债的期末账面价值，在"一年内到期的非流动负债"项目反映。

20. "长期应付款"项目，反映资产负债表日企业除长期借款和应付债券以外的其他各种长期应付款项的期末账面价值。该项目应根据"长期应付款"科目的期末余额，减去相关的"未确认融资费用"科目的期末余额后的金额，以及"专项应付款"科目的期末余额填列。

21. "递延收益"项目中摊销期限只剩一年或不足一年的，或预计在一年内（含一年）进行摊销的部分，不得归类为流动负债，仍在该项目中填列，不转入"一年内到期的非流动负债"项目。

22. "合同资产"和"合同负债"项目。企业应按照《企业会计准则第14号——收入》（财会〔2017〕22号）的相关规定根据本企业履行履约义务与客户付款之间的关系在资产负债表中列示合同资产或合同负债。"合同资产"项目、"合同负债"项目，应分别根据"合同资产"科目、"合同负债"科目的相关明细科目的期末余额分析填列，同一合同下的合同资产和合同负债应当以净额列示，其中净额为借方余额的，应当根据其流动性在"合同资产"或"其他非流动资产"项目中填列，已计提减值准备的，还应减去"合同资产减值准备"科目中相关的期末余额后的金额填列；其中净额为贷方余额的，应当根据其流动性在"合同负债"或"其他非流动负债"项目中填列。

由于同一合同下的合同资产和合同负债应当以净额列示，企业也可以设置"合同结算"科目（或其他类似科目），以核算同一合同下属于在某一时段内履行履约义务涉及与客户结算对价的合同资产或合同负债，并在此科目下设置"合同结算——价款结算"科目反映定期与客户进行结算的金额，设置"合同结算——收入结转"科目反映按履约进度结转的收入金额。资产负债表日，"合同结算"科目的期末余额在借方的，根据其流动性在"合同资产"或"其他非流动资产"项目中填列；期末余额在贷方的，根据其流动性在"合同负债"或"其他非流动负债"项目中填列。

23. 按照《企业会计准则第14号——收入》（财会〔2017〕22号）的相关规定确认为资产的合同取得成本，应当根据"合同取得成本"科目的明细科目初始确认时摊销期限是否超过一年或一个正常营业周期，在"其他流动资产"或"其他非流动资产"项目中填列,已计提减值准备的,还应减去"合同取得成本减值准备"科目中相关的期末余额后的金额填列。

24. 按照《企业会计准则第 14 号——收入》(财会〔2017〕22 号)的相关规定确认为资产的合同履约成本,应当根据"合同履约成本"科目的明细科目初始确认时摊销期限是否超过一年或一个正常营业周期,在"存货"或"其他非流动资产"项目中填列,已计提减值准备的,还应减去"合同履约成本减值准备"科目中相关的期末余额后的金额填列。

25. 按照《企业会计准则第 14 号——收入》(财会〔2017〕22 号)的相关规定确认为资产的应收退货成本,应当根据"应收退货成本"科目是否在一年或一个正常营业周期内出售,在"其他流动资产"或"其他非流动资产"项目中填列。

26. 按照《企业会计准则第 14 号——收入》(财会〔2017〕22 号)的相关规定确认为预计负债的应付退货款,应当根据"预计负债"科目下的"应付退货款"明细科目是否在一年或一个正常营业周期内清偿,在"其他流动负债"或"预计负债"项目中填列。

27. 企业按照《企业会计准则第 22 号——金融工具确认和计量》(财会〔2017〕7 号)的相关规定对贷款承诺、财务担保合同等项目计提的损失准备,应当在"预计负债"项目中填列。

28. "其他权益工具"项目,反映资产负债表日企业发行在外的除普通股以外分类为权益工具的金融工具的期末账面价值。对于资产负债表日企业发行的金融工具,分类为金融负债的,应在"应付债券"项目填列,对于优先股和永续债,还应在"应付债券"项目下的"优先股"项目和"永续债"项目分别填列;分类为权益工具的,应在"其他权益工具"项目填列,对于优先股和永续债,还应在"其他权益工具"项目下的"优先股"项目和"永续债"项目分别填列。

29. "专项储备"项目,反映高危行业企业按国家规定提取的安全生产费的期末账面价值。该项目应根据"专项储备"科目的期末余额填列。

三、关于利润表

利润表

会企02表

编制单位： ___年___月 单位：元

项目	本期金额	上期金额
一、营业收入		
减：营业成本		
税金及附加		
销售费用		
管理费用		
研发费用		
财务费用		
其中：利息费用		
利息收入		
加：其他收益		
投资收益（损失以"-"号填列）		
其中：对联营企业和合营企业的投资收益		
以摊余成本计量的金融资产终止确认收益（损失以"-"号填列）		
净敞口套期收益（损失以"-"号填列）		
公允价值变动收益（损失以"-"号填列）		
信用减值损失（损失以"-"号填列）		
资产减值损失（损失以"-"号填列）		
资产处置收益（损失以"-"号填列）		
二、营业利润（亏损以"-"号填列）		
加：营业外收入		
减：营业外支出		
三、利润总额（亏损总额以"-"号填列）		
减：所得税费用		
四、净利润（净亏损以"-"号填列）		

续表

项目	本期金额	上期金额
（一）持续经营净利润（净亏损以"－"号填列）		
（二）终止经营净利润（净亏损以"－"号填列）		
五、其他综合收益的税后净额		
（一）不能重分类进损益的其他综合收益		
1. 重新计量设定受益计划变动额		
2. 权益法下不能转损益的其他综合收益		
3. 其他权益工具投资公允价值变动		
4. 企业自身信用风险公允价值变动		
……		
（二）将重分类进损益的其他综合收益		
1. 权益法下可转损益的其他综合收益		
2. 其他债权投资公允价值变动		
3. 金融资产重分类计入其他综合收益的金额		
4. 其他债权投资信用减值准备		
5. 现金流量套期储备		
6. 外币财务报表折算差额		
……		
六、综合收益总额		
七、每股收益：		
（一）基本每股收益		
（二）稀释每股收益		

有关项目说明：

1. "研发费用"项目，反映企业进行研究与开发过程中发生的费用化支出，以及计入管理费用的自行开发无形资产的摊销。该项目应根据"管理费用"科目下的"研究费用"明细科目的发生额，以及"管理费用"科目下的"无形资产摊销"明细科目的发生额分析填列。

2. "财务费用"项目下的"利息费用"项目，反映企业为筹集生产经营所需资金等而发生的应予费用化的利息支出。该项目应根据"财务费用"科目的相关明细科目的发生额分析填列。该项目作为"财务费用"项目的其中项，以正数填列。

3. "财务费用"项目下的"利息收入"项目，反映企业按照相关会计准则确认的应冲减财务费用的利息收入。该项目应根据"财务费用"科目的相关明细科目的发生额分析填列。该项目作为"财务费用"项目的其中项，以正数填列。

4. "其他收益"项目，反映计入其他收益的政府补助，以及其他与日常活动相关且计入其他收益的项目。该项目应根据"其他收益"科目的发生额分析填列。企业作为个人所得税的扣缴义务人，根据《中华人民共和国个人所得税法》收到的扣缴税款手续费，应作为其他与日常活动相关的收益在该项目中填列。

5. "以摊余成本计量的金融资产终止确认收益"项目，反映企业因转让等情形导致终止确认以摊余成本计量的金融资产而产生的利得或损失。该项目应根据"投资收益"科目的相关明细科目的发生额分析填列；如为损失，以"-"号填列。

6. "净敞口套期收益"项目，反映净敞口套期下被套期项目累计公允价值变动转入当期损益的金额或现金流量套期储备转入当期损益的金额。该项目应根据"净敞口套期损益"科目的发生额分析填列；如为套期损失，以"-"号填列。

7. "信用减值损失"项目，反映企业按照《企业会计准则第22号——金融工具确认和计量》（财会〔2017〕7号）的要求计提的各项金融工具信用减值准备所确认的信用损失。该项目应根据"信用减值损失"科目的发生额分析填列。

8. "资产处置收益"项目，反映企业出售划分为持有待售的非流动资产（金融工具、长期股权投资和投资性房地产除外）或处置组（子公司和业务除外）时确认的处置利得或损失，以及处置未划分为持有待售的固定资产、在建工程、生产性生物资产及无形资产而产生的处置利得或损失。债务重组[①]中因处置非流动资产（金融工具、长期股权投资和投资性房地产除外）产生的利得或损失和非货币性资产交换中换出非流动资产（金融工具、长期股权投资和投资性房地产除外）产生的利得或损失也包括在本项目内。该项目应根据"资产处置损益"科目的发生额分析填列；如为处置损失，以"-"号填列。

---

① 根据《企业会计准则第12号——债务重组》（财会〔2019〕9号），债务重组中因处置非金融资产产生的利得或损失在"其他收益"项目中反映。

9. "营业外收入"项目,反映企业发生的除营业利润以外的收益,主要包括与企业日常活动无关的政府补助、盘盈利得、捐赠利得(企业接受股东或股东的子公司直接或间接的捐赠,经济实质属于股东对企业的资本性投入的除外)等。该项目应根据"营业外收入"科目的发生额分析填列。

10. "营业外支出"项目,反映企业发生的除营业利润以外的支出,主要包括公益性捐赠支出、非常损失、盘亏损失、非流动资产毁损报废损失等。该项目应根据"营业外支出"科目的发生额分析填列。"非流动资产毁损报废损失"通常包括因自然灾害发生毁损、已丧失使用功能等原因而报废清理产生的损失。企业在不同交易中形成的非流动资产毁损报废利得和损失不得相互抵销,应分别在"营业外收入"项目和"营业外支出"项目进行填列。

11. "(一)持续经营净利润"和"(二)终止经营净利润"项目,分别反映净利润中与持续经营相关的净利润和与终止经营相关的净利润;如为净亏损,以"-"号填列。该两个项目应按照《企业会计准则第42号——持有待售的非流动资产、处置组和终止经营》的相关规定分别列报。

12. "其他权益工具投资公允价值变动"项目,反映企业指定为以公允价值计量且其变动计入其他综合收益的非交易性权益工具投资发生的公允价值变动。该项目应根据"其他综合收益"科目的相关明细科目的发生额分析填列。

13. "企业自身信用风险公允价值变动"项目,反映企业指定为以公允价值计量且其变动计入当期损益的金融负债,由企业自身信用风险变动引起的公允价值变动而计入其他综合收益的金额。该项目应根据"其他综合收益"科目的相关明细科目的发生额分析填列。

14. "其他债权投资公允价值变动"项目,反映企业分类为以公允价值计量且其变动计入其他综合收益的债权投资发生的公允价值变动。企业将一项以公允价值计量且其变动计入其他综合收益的金融资产重分类为以摊余成本计量的金融资产,或重分类为以公允价值计量且其变动计入当期损益的金融资产时,之前计入其他综合收益的累计利得或损失从其他综合收益中转出的金额作为该项目的减项。该项目应根据"其他综合收益"科目下的相关明细科目的发生额分析填列。

15. "金融资产重分类计入其他综合收益的金额"项目,反映企业将一项以摊余成本计量的金融资产重分类为以公允价值计量且其变动计入其他综合收益的金融资产时,计入其他综合收益的原账面价值与公允价值之间的差额。该项目应根据"其他综合收益"科目下的相关明细科目的发生额分析填列。

16. "其他债权投资信用减值准备"项目,反映企业按照《企业会计准则第 22 号——金融工具确认和计量》(财会〔2017〕7 号)第十八条分类为以公允价值计量且其变动计入其他综合收益的金融资产的损失准备。该项目应根据"其他综合收益"科目下的"信用减值准备"明细科目的发生额分析填列。

17. "现金流量套期储备"项目,反映企业套期工具产生的利得或损失中属于套期有效的部分。该项目应根据"其他综合收益"科目下的"套期储备"明细科目的发生额分析填列。

四、关于现金流量表

现金流量表

会企 03 表

编制单位:　　　　　　　　　　___年___月　　　　　　　　　单位:元

项目	本期金额	上期金额
一、经营活动产生的现金流量:		
销售商品、提供劳务收到的现金		
收到的税费返还		
收到其他与经营活动有关的现金		
经营活动现金流入小计		
购买商品、接受劳务支付的现金		
支付给职工以及为职工支付的现金		
支付的各项税费		
支付其他与经营活动有关的现金		
经营活动现金流出小计		
经营活动产生的现金流量净额		
二、投资活动产生的现金流量:		
收回投资收到的现金		
取得投资收益收到的现金		

续表

项目	本期金额	上期金额
处置固定资产、无形资产和其他长期资产收回的现金净额		
处置子公司及其他营业单位收到的现金净额		
收到其他与投资活动有关的现金		
投资活动现金流入小计		
购建固定资产、无形资产和其他长期资产支付的现金		
投资支付的现金		
取得子公司及其他营业单位支付的现金净额		
支付其他与投资活动有关的现金		
投资活动现金流出小计		
投资活动产生的现金流量净额		
三、筹资活动产生的现金流量：		
吸收投资收到的现金		
取得借款收到的现金		
收到其他与筹资活动有关的现金		
筹资活动现金流入小计		
偿还债务支付的现金		
分配股利、利润或偿付利息支付的现金		
支付其他与筹资活动有关的现金		
筹资活动现金流出小计		
筹资活动产生的现金流量净额		
四、汇率变动对现金及现金等价物的影响		
五、现金及现金等价物净增加额		
加：期初现金及现金等价物余额		
六、期末现金及现金等价物余额		

有关项目说明：

企业实际收到的政府补助，无论是与资产相关还是与收益相关，均在"收到其他与经营活动有关的现金"项目填列。

五、关于所有者权益变动表

所有者权益变动表

编制单位：　　　　　　　　　　　　　　　年度　　　　　　　　　　　　　　　　　　会企04表
单位：元

项目	本年金额									上年金额								
	实收资本（或股本）	其他权益工具		资本公积	减：库存股	其他综合收益	专项储备	盈余公积	未分配利润	所有者权益合计	实收资本（或股本）	其他权益工具		资本公积	减：库存股	其他综合收益	专项储备	盈余公积	未分配利润	所有者权益合计
		优先股	永续债	其他								优先股	永续债	其他							
一、上年年末余额																					
加：会计政策变更																					
前期差错更正																					
其他																					
二、本年年初余额																					
三、本年增减变动金额（减少以"-"号填列）																					
（一）综合收益总额																					
（二）所有者投入和减少资本																					
1. 所有者投入的普通股																					
2. 其他权益工具持有者投入资本																					

财务报表列报准则

续表

项目	本年金额											上年金额										
	实收资本（或股本）	其他权益工具			资本公积	减：库存股	其他综合收益	专项储备	盈余公积	未分配利润	所有者权益合计	实收资本（或股本）	其他权益工具			资本公积	减：库存股	其他综合收益	专项储备	盈余公积	未分配利润	所有者权益合计
		优先股	永续债	其他									优先股	永续债	其他							
3. 股份支付计入所有者权益的金额																						
4. 其他																						
（三）利润分配																						
1. 提取盈余公积																						
2. 对所有者（或股东）的分配																						
3. 其他																						
（四）所有者权益内部结转																						
1. 资本公积转增资本（或股本）																						
2. 盈余公积转增资本（或股本）																						
3. 盈余公积弥补亏损																						
4. 设定受益计划变动额结转留存收益																						
5. 其他综合收益结转留存收益																						
6. 其他																						
四、本年年末余额																						

有关项目说明：

1. "其他权益工具持有者投入资本"项目，反映企业发行的除普通股以外分类为权益工具的金融工具的持有者投入资本的金额。该项目应根据金融工具类科目的相关明细科目的发生额分析填列。

2. "其他综合收益结转留存收益"项目，主要反映：（1）企业指定为以公允价值计量且其变动计入其他综合收益的非交易性权益工具投资终止确认时，之前计入其他综合收益的累计利得或损失从其他综合收益中转入留存收益的金额；（2）企业指定为以公允价值计量且其变动计入当期损益的金融负债终止确认时，之前由企业自身信用风险变动引起而计入其他综合收益的累计利得或损失从其他综合收益中转入留存收益的金额等。该项目应根据"其他综合收益"科目的相关明细科目的发生额分析填列。

现金流量表准则

企业会计准则第 31 号
——现金流量表

(财会〔2006〕3 号 2006 年 2 月 15 日)

第一章 总 则

第一条 为了规范现金流量表的编制和列报,根据《企业会计准则——基本准则》,制定本准则。

第二条 现金流量表,是指反映企业在一定会计期间现金和现金等价物流入和流出的报表。

现金,是指企业库存现金以及可以随时用于支付的存款。

现金等价物,是指企业持有的期限短、流动性强、易于转换为已知金额现金、价值变动风险很小的投资。

本准则提及现金时,除非同时提及现金等价物,均包括现金和现金等价物。

第三条 合并现金流量表的编制和列报,适用《企业会计准则第 33 号——合并财务报表》。

第二章 基本要求

第四条 现金流量表应当分别经营活动、投资活动和筹资活动列报现金流量。

第五条 现金流量应当分别按照现金流入和现金流出总额列报。但是，下列各项可以按照净额列报：

（一）代客户收取或支付的现金。

（二）周转快、金额大、期限短项目的现金流入和现金流出。

（三）金融企业的有关项目，包括短期贷款发放与收回的贷款本金、活期存款的吸收与支付、同业存款和存放同业款项的存取、向其他金融企业拆借资金，以及证券的买入与卖出等。

第六条 自然灾害损失、保险索赔等特殊项目，应当根据其性质，分别归并到经营活动、投资活动和筹资活动现金流量类别中单独列报。

第七条 外币现金流量以及境外子公司的现金流量，应当采用现金流量发生日的即期汇率或按照系统合理的方法确定的、与现金流量发生日即期汇率近似的汇率折算。汇率变动对现金的影响额应当作为调节项目，在现金流量表中单独列报。

第三章　经营活动现金流量

第八条 企业应当采用直接法列示经营活动产生的现金流量。

经营活动，是指企业投资活动和筹资活动以外的所有交易和事项。

直接法，是指通过现金收入和现金支出的主要类别列示经营活动的现金流量。

第九条 有关经营活动现金流量的信息，可以通过下列途径之一取得：

（一）企业的会计记录。

（二）根据下列项目对利润表中的营业收入、营业成本以及其他项目进行调整：

1. 当期存货及经营性应收和应付项目的变动；

2. 固定资产折旧、无形资产摊销、计提资产减值准备等其他非现金项目；

3. 属于投资活动或筹资活动现金流量的其他非现金项目。

第十条 经营活动产生的现金流量至少应当单独列示反映下列信息的项目：

（一）销售商品、提供劳务收到的现金；

（二）收到的税费返还；

（三）收到其他与经营活动有关的现金；

（四）购买商品、接受劳务支付的现金；

（五）支付给职工以及为职工支付的现金；

（六）支付的各项税费；

（七）支付其他与经营活动有关的现金。

第十一条 金融企业可以根据行业特点和现金流量实际情况，合理确定经营活动现金流量项目的类别。

第四章 投资活动现金流量

第十二条 投资活动，是指企业长期资产的购建和不包括在现金等价物范围的投资及其处置活动。

第十三条 投资活动产生的现金流量至少应当单独列示反映下列信息的项目：

（一）收回投资收到的现金；

（二）取得投资收益收到的现金；

（三）处置固定资产、无形资产和其他长期资产收回的现金净额；

（四）处置子公司及其他营业单位收到的现金净额；

（五）收到其他与投资活动有关的现金；

（六）购建固定资产、无形资产和其他长期资产支付的现金；

（七）投资支付的现金；

（八）取得子公司及其他营业单位支付的现金净额；

（九）支付其他与投资活动有关的现金。

第五章 筹资活动现金流量

第十四条 筹资活动，是指导致企业资本及债务规模和构成发生变化的活动。

第十五条 筹资活动产生的现金流量至少应当单独列示反映下列信息的项目：

（一）吸收投资收到的现金；

（二）取得借款收到的现金；

（三）收到其他与筹资活动有关的现金；

（四）偿还债务支付的现金；

（五）分配股利、利润或偿付利息支付的现金；

（六）支付其他与筹资活动有关的现金。

第六章 披 露

第十六条 企业应当在附注中披露将净利润调节为经营活动现金流量的信息。至少应当单独披露对净利润进行调节的下列项目：

（一）资产减值准备；

（二）固定资产折旧；

（三）无形资产摊销；

（四）长期待摊费用摊销；

（五）待摊费用；

（六）预提费用；

（七）处置固定资产、无形资产和其他长期资产的损益；

（八）固定资产报废损失；

（九）公允价值变动损益；

（十）财务费用；

（十一）投资损益；

（十二）递延所得税资产和递延所得税负债；

（十三）存货；

（十四）经营性应收项目；

（十五）经营性应付项目。

第十七条 企业应当在附注中以总额披露当期取得或处置子公司及其他营业单位的下列信息：

（一）取得或处置价格；

（二）取得或处置价格中以现金支付的部分；

（三）取得或处置子公司及其他营业单位收到的现金；

（四）取得或处置子公司及其他营业单位按照主要类别分类的非现金资产和负债。

第十八条 企业应当在附注中披露不涉及当期现金收支，但影响企业财务状况或在未来可能影响企业现金流量的重大投资和筹资活动。

第十九条 企业应当在附注中披露与现金和现金等价物有关的下列信息：

（一）现金和现金等价物的构成及其在资产负债表中的相应金额。

（二）企业持有但不能由母公司或集团内其他子公司使用的大额现金和现金等价物金额。

《企业会计准则第31号——现金流量表》应用指南

（财会〔2006〕18号 2006年10月30日）

一、现金及现金等价物

现金，是指企业库存现金以及可以随时用于支付的存款。不能随时用于支付的存款不属于现金。

现金等价物，是指企业持有的期限短、流动性强、易于转换为已知金额现金、价值变动风险很小的投资。期限短，一般是指从购买日起三个月内到期。现金等价物通常包括三个月内到期的债券投资等。权益性投资变现的金额通常不确定，因而不属于现金等价物。企业应当根据具体情况，确定现金等价物的范围，一经确定不得随意变更。

现金流量，是指现金和现金等价物的流入和流出。

二、现金流量表格式

现金流量表格式分别一般企业、商业银行、保险公司、证券公司等企业类型予以规定。企业应当根据其经营活动的性质，确定本企业适用的现金流量表格式。

政策性银行、信托投资公司、租赁公司、财务公司、典当公司应当执行商业银行现金流量表格式规定，如有特别需要，可以结合本企业的实际情况，进行必要调整和补充。

担保公司应当执行保险公司现金流量表格式规定，如有特别需要，可以结合本企业的实际情况，进行必要调整和补充。

资产管理公司、基金公司、期货公司应当执行证券公司现金流量表格式规定，如有特别需要，可以结合本企业的实际情况，进行必要调整和补充。

（一）一般企业现金流量表格式

现金流量表

会企03表

编制单位：　　　　　　　　　　　年　　月　　　　　　　　　单位：元

项目	本期金额	上期金额
一、经营活动产生的现金流量：		
销售商品、提供劳务收到的现金		
收到的税费返还		
收到其他与经营活动有关的现金		
经营活动现金流入小计		
购买商品、接受劳务支付的现金		
支付给职工以及为职工支付的现金		
支付的各项税费		
支付其他与经营活动有关的现金		
经营活动现金流出小计		
经营活动产生的现金流量净额		
二、投资活动产生的现金流量：		
收回投资收到的现金		
取得投资收益收到的现金		
处置固定资产、无形资产和其他长期资产收回的现金净额		
处置子公司及其他营业单位收到的现金净额		
收到其他与投资活动有关的现金		
投资活动现金流入小计		
购建固定资产、无形资产和其他长期资产支付的现金		
投资支付的现金		
取得子公司及其他营业单位支付的现金净额		
支付其他与投资活动有关的现金		

续表

项目	本期金额	上期金额
投资活动现金流出小计		
投资活动产生的现金流量净额		
三、筹资活动产生的现金流量：		
吸收投资收到的现金		
取得借款收到的现金		
收到其他与筹资活动有关的现金		
筹资活动现金流入小计		
偿还债务支付的现金		
分配股利、利润或偿付利息支付的现金		
支付其他与筹资活动有关的现金		
筹资活动现金流出小计		
筹资活动产生的现金流量净额		
四、汇率变动对现金及现金等价物的影响		
五、现金及现金等价物净增加额		
加：期初现金及现金等价物余额		
六、期末现金及现金等价物余额		

（二）商业银行现金流量表格式[①]

现金流量表

会商银 03 表

编制单位： _____年___月　　　　　　　　　　　单位：元

项目	本期金额	上期金额
一、经营活动产生的现金流量：		
客户存款和同业存放款项净增加额		
向中央银行借款净增加额		

[①] 《关于修订印发 2018 年度金融企业财务报表格式的通知》（财会〔2018〕36 号）对商业银行、保险公司、证券公司的现金流量表格式进行了修订。

续表

项目	本期金额	上期金额
向其他金融机构拆入资金净增加额		
收取利息、手续费及佣金的现金		
收到其他与经营活动有关的现金		
经营活动现金流入小计		
客户贷款及垫款净增加额		
存放中央银行和同业款项净增加额		
支付手续费及佣金的现金		
支付给职工以及为职工支付的现金		
支付的各项税费		
支付其他与经营活动有关的现金		
经营活动现金流出小计		
经营活动产生的现金流量净额		
二、投资活动产生的现金流量：		
收回投资收到的现金		
取得投资收益收到的现金		
收到其他与投资活动有关的现金		
投资活动现金流入小计		
投资支付的现金		
购建固定资产、无形资产和其他长期资产支付的现金		
支付其他与投资活动有关的现金		
投资活动现金流出小计		
投资活动产生的现金流量净额		
三、筹资活动产生的现金流量：		
吸收投资收到的现金		
发行债券收到的现金		
收到其他与筹资活动有关的现金		
筹资活动现金流入小计		
偿还债务支付的现金		
分配股利、利润或偿付利息支付的现金		
支付其他与筹资活动有关的现金		

续表

项目	本期金额	上期金额
筹资活动现金流出小计		
筹资活动产生的现金流量净额		
四、汇率变动对现金及现金等价物的影响		
五、现金及现金等价物净增加额		
加：期初现金及现金等价物余额		
六、期末现金及现金等价物余额		

（三）保险公司现金流量表格式[①]

现金流量表

会保03表

编制单位：　　　　　　　　　　　年　月　　　　　　　　单位：元

项目	本期金额	上期金额
一、经营活动产生的现金流量：		
收到原保险合同保费取得的现金		
收到再保业务现金净额		
保户储金及投资款净增加额		
收到其他与经营活动有关的现金		
经营活动现金流入小计		
支付原保险合同赔付款项的现金		
支付手续费及佣金的现金		
支付保单红利的现金		
支付给职工以及为职工支付的现金		
支付的各项税费		
支付其他与经营活动有关的现金		
经营活动现金流出小计		

[①] 《关于修订印发2018年度金融企业财务报表格式的通知》（财会〔2018〕36号）对商业银行、保险公司、证券公司的现金流量表格式进行了修订。

续表

项目	本期金额	上期金额
经营活动产生的现金流量净额		
二、投资活动产生的现金流量：		
收回投资收到的现金		
取得投资收益收到的现金		
收到其他与投资活动有关的现金		
投资活动现金流入小计		
投资支付的现金		
质押贷款净增加额		
购建固定资产、无形资产和其他长期资产支付的现金		
支付其他与投资活动有关的现金		
投资活动现金流出小计		
投资活动产生的现金流量净额		
三、筹资活动产生的现金流量：		
吸收投资收到的现金		
发行债券收到的现金		
收到其他与筹资活动有关的现金		
筹资活动现金流入小计		
偿还债务支付的现金		
分配股利、利润或偿付利息支付的现金		
支付其他与筹资活动有关的现金		
筹资活动现金流出小计		
筹资活动产生的现金流量净额		
四、汇率变动对现金及现金等价物的影响		
五、现金及现金等价物净增加额		
加：期初现金及现金等价物余额		
六、期末现金及现金等价物余额		

（四）证券公司现金流量表格式①

现金流量表

会证 03 表

编制单位：　　　　　　　　　　年　月　　　　　　　　　　单位：元

项目	本期金额	上期金额
一、经营活动产生的现金流量：		
处置交易性金融资产净增加额		
收取利息、手续费及佣金的现金		
拆入资金净增加额		
回购业务资金净增加额		
收到其他与经营活动有关的现金		
经营活动现金流入小计		
支付利息、手续费及佣金的现金		
支付给职工以及为职工支付的现金		
支付的各项税费		
支付其他与经营活动有关的现金		
经营活动现金流出小计		
经营活动产生的现金流量净额		
二、投资活动产生的现金流量：		
收回投资收到的现金		
取得投资收益收到的现金		
收到其他与投资活动有关的现金		
投资活动现金流入小计		
投资支付的现金		
购建固定资产、无形资产和其他长期资产支付的现金		
支付其他与投资活动有关的现金		
投资活动现金流出小计		
投资活动产生的现金流量净额		

① 《关于修订印发2018年度金融企业财务报表格式的通知》（财会〔2018〕36号）对商业银行、保险公司、证券公司的现金流量表格式进行了修订。

续表

项目	本期金额	上期金额
三、筹资活动产生的现金流量：		
吸收投资收到的现金		
发行债券收到的现金		
收到其他与筹资活动有关的现金		
筹资活动现金流入小计		
偿还债务支付的现金		
分配股利、利润或偿付利息支付的现金		
支付其他与筹资活动有关的现金		
筹资活动现金流出小计		
筹资活动产生的现金流量净额		
四、汇率变动对现金及现金等价物的影响		
五、现金及现金等价物净增加额		
加：期初现金及现金等价物余额		
六、期末现金及现金等价物余额		

三、现金流量表附注

现金流量表附注适用于一般企业、商业银行、保险公司、证券公司等各类企业。

（一）现金流量表补充资料披露格式

企业应当采用间接法在现金流量表附注中披露将净利润调节为经营活动现金流量的信息。

补充资料	本期金额	上期金额
1. 将净利润调节为经营活动现金流量：		
净利润		
加：资产减值准备		
固定资产折旧、油气资产折耗、生产性生物资产折旧		
无形资产摊销		

续表

补充资料	本期金额	上期金额
长期待摊费用摊销		
处置固定资产、无形资产和其他长期资产的损失（收益以"-"号填列）		
固定资产报废损失（收益以"-"号填列）		
公允价值变动损失（收益以"-"号填列）		
财务费用（收益以"-"号填列）		
投资损失（收益以"-"号填列）		
递延所得税资产减少（增加以"-"号填列）		
递延所得税负债增加（减少以"-"号填列）		
存货的减少（增加以"-"号填列）		
经营性应收项目的减少（增加以"-"号填列）		
经营性应付项目的增加（减少以"-"号填列）		
其他		
经营活动产生的现金流量净额		
2. 不涉及现金收支的重大投资和筹资活动：		
债务转为资本		
一年内到期的可转换公司债券		
融资租入固定资产①		
3. 现金及现金等价物净变动情况：		
现金的期末余额		
减：现金的期初余额		
加：现金等价物的期末余额		
减：现金等价物的期初余额		
现金及现金等价物净增加额		

---

① 《企业会计准则第 21 号——租赁》（财会〔2018〕35 号）对承租人的会计处理进行了修订。

（二）企业应当按下列格式披露当期取得或处置子公司及其他营业单位的有关信息：

项目	金额
一、取得子公司及其他营业单位的有关信息：	
1. 取得子公司及其他营业单位的价格	
2. 取得子公司及其他营业单位支付的现金和现金等价物	
减：子公司及其他营业单位持有的现金和现金等价物	
3. 取得子公司及其他营业单位支付的现金净额	
4. 取得子公司的净资产	
流动资产	
非流动资产	
流动负债	
非流动负债	
二、处置子公司及其他营业单位的有关信息：	
1. 处置子公司及其他营业单位的价格	
2. 处置子公司及其他营业单位收到的现金和现金等价物	
减：子公司及其他营业单位持有的现金和现金等价物	
3. 处置子公司及其他营业单位收到的现金净额	
4. 处置子公司的净资产	
流动资产	
非流动资产	
流动负债	
非流动负债	

（三）现金和现金等价物的披露格式如下：

项目	本期金额	上期金额
一、现金		
其中：库存现金		
可随时用于支付的银行存款		
可随时用于支付的其他货币资金		

续表

项目	本期金额	上期金额
可用于支付的存放中央银行款项		
存放同业款项		
拆放同业款项		
二、现金等价物		
其中：三个月内到期的债券投资		
三、期末现金及现金等价物余额		
其中：母公司或集团内子公司使用受限制的现金和现金等价物		

中期财务报告准则

企业会计准则第 32 号
——中期财务报告

(财会〔2006〕3 号 2006 年 2 月 15 日)

第一章 总 则

第一条 为了规范中期财务报告的内容和编制中期财务报告应当遵循的确认与计量原则,根据《企业会计准则——基本准则》,制定本准则。

第二条 中期财务报告,是指以中期为基础编制的财务报告。

中期,是指短于一个完整的会计年度的报告期间。

第二章 中期财务报告的内容

第三条 中期财务报告至少应当包括资产负债表、利润表、现金流量表和附注。

中期资产负债表、利润表和现金流量表应当是完整报表,其格式和内容应当与上年度财务报表相一致。

当年新施行的会计准则对财务报表格式和内容作了修改的,中期财务报表应当按照修改后的报表格式和内容编制,上年度比较财务报表的格式和内容,也应当作相应调整。

基本每股收益和稀释每股收益应当在中期利润表中单独列示。

第四条 上年度编制合并财务报表的,中期期末应当编制合并财务报表。

上年度财务报告除了包括合并财务报表，还包括母公司财务报表的，中期财务报告也应当包括母公司财务报表。

上年度财务报告包括了合并财务报表，但报告中期内处置了所有应当纳入合并范围的子公司的，中期财务报告只需提供母公司财务报表，但上年度比较财务报表仍应当包括合并财务报表，上年度可比中期没有子公司的除外。

第五条 中期财务报告应当按照下列规定提供比较财务报表：

（一）本中期末的资产负债表和上年度末的资产负债表。

（二）本中期的利润表、年初至本中期末的利润表以及上年度可比期间的利润表。

（三）年初至本中期末的现金流量表和上年度年初至可比本中期末的现金流量表。

第六条 财务报表项目在报告中期作了调整或者修订的，上年度比较财务报表项目有关金额应当按照本年度中期财务报表的要求重新分类，并在附注中说明重新分类的原因及其内容，无法重新分类的，应当在附注中说明不能重新分类的原因。

第七条 中期财务报告中的附注应当以年初至本中期末为基础编制，披露自上年度资产负债表日之后发生的，有助于理解企业财务状况、经营成果和现金流量变化情况的重要交易或者事项。

对于理解本中期财务状况、经营成果和现金流量有关的重要交易或者事项，也应当在附注中作相应披露。

第八条 中期财务报告中的附注至少应当包括下列信息：

（一）中期财务报表所采用的会计政策与上年度财务报表相一致的声明。

会计政策发生变更的，应当说明会计政策变更的性质、内容、原因及其影响数；无法进行追溯调整的，应当说明原因。

（二）会计估计变更的内容、原因及其影响数；影响数不能确定的，应当说明原因。

（三）前期差错的性质及其更正金额；无法进行追溯重述的，应当说明原因。

（四）企业经营的季节性或者周期性特征。

（五）存在控制关系的关联方发生变化的情况；关联方之间发生交易的，应当披露关联方关系的性质、交易类型和交易要素。

（六）合并财务报表的合并范围发生变化的情况。

（七）对性质特别或者金额异常的财务报表项目的说明。

（八）证券发行、回购和偿还情况。

（九）向所有者分配利润的情况，包括在中期内实施的利润分配和已提出或者已批准但尚未实施的利润分配情况。

（十）根据《企业会计准则第 35 号——分部报告》规定披露分部报告信息的，应当披露主要报告形式的分部收入与分部利润（亏损）。[①]

（十一）中期资产负债表日至中期财务报告批准报出日之间发生的非调整事项。

（十二）上年度资产负债表日以后所发生的或有负债和或有资产的变化情况。

（十三）企业结构变化情况，包括企业合并，对被投资单位具有重大影响、共同控制或者控制关系的长期股权投资的购买或者处置，终止经营等。

（十四）其他重大交易或者事项，包括重大的长期资产转让及其出售情况、重大的固定资产和无形资产取得情况、重大的研究和开发支出、重大的资产减值损失情况等。

企业在提供上述（五）和（十）有关关联方交易、分部收入与分部利润（亏损）信息时，应当同时提供本中期（或者本中期末）和本年度年初至本中期末的数据，以及上年度可比本中期（或者可比期末）和可比年初至本中期末的比较数据。

第九条 企业在确认、计量和报告各中期财务报表项目时，对项目重要性程度的判断，应当以中期财务数据为基础，不应以年度财务数据为基础。中期会计计量与年度财务数据相比，可在更大程度上依赖于估计，但是，企业应当确保所提供的中期财务报告包括了相关的重要信息。

第十条 在同一会计年度内，以前中期财务报告中报告的某项估计金额在最后一个中期发生了重大变更、企业又不单独编制该中期财务报告的，应当在年度财务报告的附注中披露该项估计变更的内容、原因及其影响金额。

第三章 确认和计量

第十一条 企业在中期财务报表中应当采用与年度财务报表相一致的会计

[①] 《企业会计准则解释第 3 号》（财会〔2009〕8 号）对《企业会计准则第 35 号——分部报告》（财会〔2006〕3 号）进行了修订，企业应当以经营分部为基础确定报告分部，不再区分主要报告形式和次要报告形式。

政策。

上年度资产负债表日之后发生了会计政策变更，且变更后的会计政策将在年度财务报表中采用的，中期财务报表应当采用变更后的会计政策，并按照本准则第十四条的规定处理。

第十二条 中期会计计量应当以年初至本中期末为基础，财务报告的频率不应当影响年度结果的计量。

在同一会计年度内，以前中期财务报表项目在以后中期发生了会计估计变更的，以后中期财务报表应当反映该会计估计变更后的金额，但对以前中期财务报表项目金额不作调整。同时，该会计估计变更应当按照本准则第八条（二）或者第十条的规定在附注中作相应披露。

第十三条 企业取得的季节性、周期性或者偶然性收入，应当在发生时予以确认和计量，不应在中期财务报表中预计或者递延，但会计年度末允许预计或者递延的除外。

企业在会计年度中不均匀发生的费用，应当在发生时予以确认和计量，不应在中期财务报表中预提或者待摊，但会计年度末允许预提或者待摊的除外。

第十四条 企业在中期发生了会计政策变更的，应当按照《企业会计准则第28号——会计政策、会计估计变更和差错更正》处理，并按照本准则第八条（一）的规定在附注中作相应披露。

会计政策变更的累积影响数能够合理确定、且涉及本会计年度以前中期财务报表相关项目数字的，应当予以追溯调整，视同该会计政策在整个会计年度一贯采用；同时，上年度可比财务报表也应当作相应调整。

合并财务报表准则

企业会计准则第33号
——合并财务报表

(财会〔2014〕10号 2014年2月17日)

第一章 总 则

第一条 为了规范合并财务报表的编制和列报,根据《企业会计准则——基本准则》,制定本准则。

第二条 合并财务报表,是指反映母公司和其全部子公司形成的企业集团整体财务状况、经营成果和现金流量的财务报表。

母公司,是指控制一个或一个以上主体(含企业、被投资单位中可分割的部分,以及企业所控制的结构化主体等,下同)的主体。

子公司,是指被母公司控制的主体。

第三条 合并财务报表至少应当包括下列组成部分:

(一)合并资产负债表;

(二)合并利润表;

(三)合并现金流量表;

(四)合并所有者权益(或股东权益,下同)变动表;

(五)附注。

企业集团中期期末编制合并财务报表的,至少应当包括合并资产负债表、合并利润表、合并现金流量表和附注。

第四条 母公司应当编制合并财务报表。

如果母公司是投资性主体，且不存在为其投资活动提供相关服务的子公司，则不应当编制合并财务报表，该母公司按照本准则第二十一条规定以公允价值计量其对所有子公司的投资，且公允价值变动计入当期损益。

第五条 外币财务报表折算，适用《企业会计准则第 19 号——外币折算》和《企业会计准则第 31 号——现金流量表》。

第六条 关于在子公司权益的披露，适用《企业会计准则第 41 号——在其他主体中权益的披露》。

第二章 合并范围

第七条 合并财务报表的合并范围应当以控制为基础予以确定。

控制，是指投资方拥有对被投资方的权力，通过参与被投资方的相关活动而享有可变回报，并且有能力运用对被投资方的权力影响其回报金额。

本准则所称相关活动，是指对被投资方的回报产生重大影响的活动。被投资方的相关活动应当根据具体情况进行判断，通常包括商品或劳务的销售和购买、金融资产的管理、资产的购买和处置、研究与开发活动以及融资活动等。

第八条 投资方应当在综合考虑所有相关事实和情况的基础上对是否控制被投资方进行判断。一旦相关事实和情况的变化导致对控制定义所涉及的相关要素发生变化的，投资方应当进行重新评估。相关事实和情况主要包括：

（一）被投资方的设立目的。

（二）被投资方的相关活动以及如何对相关活动作出决策。

（三）投资方享有的权利是否使其目前有能力主导被投资方的相关活动。

（四）投资方是否通过参与被投资方的相关活动而享有可变回报。

（五）投资方是否有能力运用对被投资方的权力影响其回报金额。

（六）投资方与其他方的关系。

第九条 投资方享有现时权利使其目前有能力主导被投资方的相关活动，而不论其是否实际行使该权利，视为投资方拥有对被投资方的权力。

第十条 两个或两个以上投资方分别享有能够单方面主导被投资方不同相关活动的现时权利的，能够主导对被投资方回报产生最重大影响的活动的一方拥有对被投资方的权力。

第十一条 投资方在判断是否拥有对被投资方的权力时，应当仅考虑与被投资方相关的实质性权利，包括自身所享有的实质性权利以及其他方所享有的实质性权利。

实质性权利，是指持有人在对相关活动进行决策时有实际能力行使的可执行权利。判断一项权利是否为实质性权利，应当综合考虑所有相关因素，包括权利持有人行使该项权利是否存在财务、价格、条款、机制、信息、运营、法律法规等方面的障碍；当权利由多方持有或者行权需要多方同意时，是否存在实际可行的机制使得这些权利持有人在其愿意的情况下能够一致行权；权利持有人能否从行权中获利等。

某些情况下，其他方享有的实质性权利有可能会阻止投资方对被投资方的控制。这种实质性权利既包括提出议案以供决策的主动性权利，也包括对已提出议案作出决策的被动性权利。

第十二条 仅享有保护性权利的投资方不拥有对被投资方的权力。

保护性权利，是指仅为了保护权利持有人利益却没有赋予持有人对相关活动决策权的一项权利。保护性权利通常只能在被投资方发生根本性改变或某些例外情况发生时才能够行使，它既没有赋予其持有人对被投资方拥有权力，也不能阻止其他方对被投资方拥有权力。

第十三条 除非有确凿证据表明其不能主导被投资方相关活动，下列情况，表明投资方对被投资方拥有权力：

（一）投资方持有被投资方半数以上的表决权的。

（二）投资方持有被投资方半数或以下的表决权，但通过与其他表决权持有人之间的协议能够控制半数以上表决权的。

第十四条 投资方持有被投资方半数或以下的表决权，但综合考虑下列事实和情况后，判断投资方持有的表决权足以使其目前有能力主导被投资方相关活动的，视为投资方对被投资方拥有权力：

（一）投资方持有的表决权相对于其他投资方持有的表决权份额的大小，以及其他投资方持有表决权的分散程度。

（二）投资方和其他投资方持有的被投资方的潜在表决权，如可转换公司债券、可执行认股权证等。

（三）其他合同安排产生的权利。

（四）被投资方以往的表决权行使情况等其他相关事实和情况。

第十五条 当表决权不能对被投资方的回报产生重大影响时，如仅与被投资方的日常行政管理活动有关，并且被投资方的相关活动由合同安排所决定，投资方需要评估这些合同安排，以评价其享有的权利是否足够使其拥有对被投资方的权力。

第十六条 某些情况下，投资方可能难以判断其享有的权利是否足以使其拥有对被投资方的权力。在这种情况下，投资方应当考虑其具有实际能力以单方面主导被投资方相关活动的证据，从而判断其是否拥有对被投资方的权力。投资方应考虑的因素包括但不限于下列事项：

（一）投资方能否任命或批准被投资方的关键管理人员。

（二）投资方能否出于其自身利益决定或否决被投资方的重大交易。

（三）投资方能否掌控被投资方董事会等类似权力机构成员的任命程序，或者从其他表决权持有人手中获得代理权。

（四）投资方与被投资方的关键管理人员或董事会等类似权力机构中的多数成员是否存在关联方关系。

投资方与被投资方之间存在某种特殊关系的，在评价投资方是否拥有对被投资方的权力时，应当适当考虑这种特殊关系的影响。特殊关系通常包括：被投资方的关键管理人员是投资方的现任或前任职工、被投资方的经营依赖于投资方、被投资方活动的重大部分有投资方参与其中或者是以投资方的名义进行、投资方自被投资方承担可变回报的风险或享有可变回报的收益远超过其持有的表决权或其他类似权利的比例等。

第十七条 投资方自被投资方取得的回报可能会随着被投资方业绩而变动的，视为享有可变回报。投资方应当基于合同安排的实质而非回报的法律形式对回报的可变性进行评价。

第十八条 投资方在判断是否控制被投资方时，应当确定其自身是以主要责任人还是代理人的身份行使决策权，在其他方拥有决策权的情况下，还需要确定其他方是否以其代理人的身份代为行使决策权。

代理人仅代表主要责任人行使决策权，不控制被投资方。投资方将被投资方相关活动的决策权委托给代理人的，应当将该决策权视为自身直接持有。

第十九条 在确定决策者是否为代理人时，应当综合考虑该决策者与被投资方以及其他投资方之间的关系。

（一）存在单独一方拥有实质性权利可以无条件罢免决策者的，该决策者为代理人。

（二）除（一）以外的情况下，应当综合考虑决策者对被投资方的决策权范围、其他方享有的实质性权利、决策者的薪酬水平、决策者因持有被投资方中的其他权益所承担可变回报的风险等相关因素进行判断。

第二十条　投资方通常应当对是否控制被投资方整体进行判断。但极个别情况下，有确凿证据表明同时满足下列条件并且符合相关法律法规规定的，投资方应当将被投资方的一部分（以下简称"该部分"）视为被投资方可分割的部分（单独主体），进而判断是否控制该部分（单独主体）。

（一）该部分的资产是偿付该部分负债或该部分其他权益的唯一来源，不能用于偿还该部分以外的被投资方的其他负债；

（二）除与该部分相关的各方外，其他方不享有与该部分资产相关的权利，也不享有与该部分资产剩余现金流量相关的权利。

第二十一条　母公司应当将其全部子公司（包括母公司所控制的单独主体）纳入合并财务报表的合并范围。

如果母公司是投资性主体，则母公司应当仅将为其投资活动提供相关服务的子公司（如有）纳入合并范围并编制合并财务报表；其他子公司不应当予以合并，母公司对其他子公司的投资应当按照公允价值计量且其变动计入当期损益。

第二十二条　当母公司同时满足下列条件时，该母公司属于投资性主体：

（一）该公司是以向投资者提供投资管理服务为目的，从一个或多个投资者处获取资金；

（二）该公司的唯一经营目的，是通过资本增值、投资收益或两者兼有而让投资者获得回报；

（三）该公司按照公允价值对几乎所有投资的业绩进行考量和评价。

第二十三条　母公司属于投资性主体的，通常情况下应当符合下列所有特征：

（一）拥有一个以上投资；

（二）拥有一个以上投资者；

（三）投资者不是该主体的关联方；

（四）其所有者权益以股权或类似权益方式存在。

第二十四条　投资性主体的母公司本身不是投资性主体，则应当将其控制的全部主体，包括那些通过投资性主体所间接控制的主体，纳入合并财务报表范围。

第二十五条　当母公司由非投资性主体转变为投资性主体时，除仅将为其投资活动提供相关服务的子公司纳入合并财务报表范围编制合并财务报表外，企业自转变日起对其他子公司不再予以合并，并参照本准则第四十九条的规定,按照视同在转变日处置子公司但保留剩余股权的原则进行会计处理。

当母公司由投资性主体转变为非投资性主体时,应将原未纳入合并财务报表范围的子公司于转变日纳入合并财务报表范围,原未纳入合并财务报表范围的子公司在转变日的公允价值视同为购买的交易对价。

第三章 合并程序

第二十六条 母公司应当以自身和其子公司的财务报表为基础,根据其他有关资料,编制合并财务报表。

母公司编制合并财务报表,应当将整个企业集团视为一个会计主体,依据相关企业会计准则的确认、计量和列报要求,按照统一的会计政策,反映企业集团整体财务状况、经营成果和现金流量。

(一)合并母公司与子公司的资产、负债、所有者权益、收入、费用和现金流等项目。

(二)抵销母公司对子公司的长期股权投资与母公司在子公司所有者权益中所享有的份额。

(三)抵销母公司与子公司、子公司相互之间发生的内部交易的影响。内部交易表明相关资产发生减值损失的,应当全额确认该部分损失。

(四)站在企业集团角度对特殊交易事项予以调整。

第二十七条 母公司应当统一子公司所采用的会计政策,使子公司采用的会计政策与母公司保持一致。

子公司所采用的会计政策与母公司不一致的,应当按照母公司的会计政策对子公司财务报表进行必要的调整;或者要求子公司按照母公司的会计政策另行编报财务报表。

第二十八条 母公司应当统一子公司的会计期间,使子公司的会计期间与母公司保持一致。

子公司的会计期间与母公司不一致的,应当按照母公司的会计期间对子公司财务报表进行调整;或者要求子公司按照母公司的会计期间另行编报财务报表。

第二十九条 在编制合并财务报表时,子公司除了应当向母公司提供财务报表外,还应当向母公司提供下列有关资料:

(一)采用的与母公司不一致的会计政策及其影响金额;

（二）与母公司不一致的会计期间的说明；

（三）与母公司、其他子公司之间发生的所有内部交易的相关资料；

（四）所有者权益变动的有关资料；

（五）编制合并财务报表所需要的其他资料。

第一节　合并资产负债表

第三十条　合并资产负债表应当以母公司和子公司的资产负债表为基础，在抵销母公司与子公司、子公司相互之间发生的内部交易对合并资产负债表的影响后，由母公司合并编制。

（一）母公司对子公司的长期股权投资与母公司在子公司所有者权益中所享有的份额应当相互抵销，同时抵销相应的长期股权投资减值准备。

子公司持有母公司的长期股权投资，应当视为企业集团的库存股，作为所有者权益的减项，在合并资产负债表中所有者权益项目下以"减：库存股"项目列示。

子公司相互之间持有的长期股权投资，应当比照母公司对子公司的股权投资的抵销方法，将长期股权投资与其对应的子公司所有者权益中所享有的份额相互抵销。

（二）母公司与子公司、子公司相互之间的债权与债务项目应当相互抵销，同时抵销相应的减值准备。

（三）母公司与子公司、子公司相互之间销售商品（或提供劳务，下同）或其他方式形成的存货、固定资产、工程物资、在建工程、无形资产等所包含的未实现内部销售损益应当抵销。

对存货、固定资产、工程物资、在建工程和无形资产等计提的跌价准备或减值准备与未实现内部销售损益相关的部分应当抵销。

（四）母公司与子公司、子公司相互之间发生的其他内部交易对合并资产负债表的影响应当抵销。

（五）因抵销未实现内部销售损益导致合并资产负债表中资产、负债的账面价值与其在所属纳税主体的计税基础之间产生暂时性差异的，在合并资产负债表中应当确认递延所得税资产或递延所得税负债，同时调整合并利润表中的所得税费用，但与直接计入所有者权益的交易或事项及企业合并相关的递延所得税除外。

第三十一条　子公司所有者权益中不属于母公司的份额，应当作为少数股东权益，在合并资产负债表中所有者权益项目下以"少数股东权益"项目列示。

第三十二条 母公司在报告期内因同一控制下企业合并增加的子公司以及业务，编制合并资产负债表时，应当调整合并资产负债表的期初数，同时应当对比较报表的相关项目进行调整，视同合并后的报告主体自最终控制方开始控制时点起一直存在。

因非同一控制下企业合并或其他方式增加的子公司以及业务，编制合并资产负债表时，不应当调整合并资产负债表的期初数。

第三十三条 母公司在报告期内处置子公司以及业务，编制合并资产负债表时，不应当调整合并资产负债表的期初数。

第二节 合并利润表

第三十四条 合并利润表应当以母公司和子公司的利润表为基础，在抵销母公司与子公司、子公司相互之间发生的内部交易对合并利润表的影响后，由母公司合并编制。

（一）母公司与子公司、子公司相互之间销售商品所产生的营业收入和营业成本应当抵销。

母公司与子公司、子公司相互之间销售商品，期末全部实现对外销售的，应当将购买方的营业成本与销售方的营业收入相互抵销。

母公司与子公司、子公司相互之间销售商品，期末未实现对外销售而形成存货、固定资产、工程物资、在建工程、无形资产等资产的，在抵销销售商品的营业成本和营业收入的同时，应当将各项资产所包含的未实现内部销售损益予以抵销。

（二）在对母公司与子公司、子公司相互之间销售商品形成的固定资产或无形资产所包含的未实现内部销售损益进行抵销的同时，也应当对固定资产的折旧额或无形资产的摊销额与未实现内部销售损益相关的部分进行抵销。

（三）母公司与子公司、子公司相互之间持有对方债券所产生的投资收益、利息收入及其他综合收益等，应当与其相对应的发行方利息费用相互抵销。

（四）母公司对子公司、子公司相互之间持有对方长期股权投资的投资收益应当抵销。

（五）母公司与子公司、子公司相互之间发生的其他内部交易对合并利润表的影响应当抵销。

第三十五条 子公司当期净损益中属于少数股东权益的份额，应当在合并利润表中净利润项目下以"少数股东损益"项目列示。

子公司当期综合收益中属于少数股东权益的份额，应当在合并利润表中综合收益总额项目下以"归属于少数股东的综合收益总额"项目列示。

第三十六条 母公司向子公司出售资产所发生的未实现内部交易损益，应当全额抵销"归属于母公司所有者的净利润"。

子公司向母公司出售资产所发生的未实现内部交易损益，应当按照母公司对该子公司的分配比例在"归属于母公司所有者的净利润"和"少数股东损益"之间分配抵销。

子公司之间出售资产所发生的未实现内部交易损益，应当按照母公司对出售方子公司的分配比例在"归属于母公司所有者的净利润"和"少数股东损益"之间分配抵销。

第三十七条 子公司少数股东分担的当期亏损超过了少数股东在该子公司期初所有者权益中所享有的份额的，其余额仍应当冲减少数股东权益。

第三十八条 母公司在报告期内因同一控制下企业合并增加的子公司以及业务，应当将该子公司以及业务合并当期期初至报告期末的收入、费用、利润纳入合并利润表，同时应当对比较报表的相关项目进行调整，视同合并后的报告主体自最终控制方开始控制时点起一直存在。

因非同一控制下企业合并或其他方式增加的子公司以及业务，应当将该子公司以及业务购买日至报告期末的收入、费用、利润纳入合并利润表。

第三十九条 母公司在报告期内处置子公司以及业务，应当将该子公司以及业务期初至处置日的收入、费用、利润纳入合并利润表。

第三节 合并现金流量表

第四十条 合并现金流量表应当以母公司和子公司的现金流量表为基础，在抵销母公司与子公司、子公司相互之间发生的内部交易对合并现金流量表的影响后，由母公司合并编制。

本准则提及现金时，除非同时提及现金等价物，均包括现金和现金等价物。

第四十一条 编制合并现金流量表应当符合下列要求：

（一）母公司与子公司、子公司相互之间当期以现金投资或收购股权增加的投资所产生的现金流量应当抵销。

（二）母公司与子公司、子公司相互之间当期取得投资收益、利息收入收到的现金，应当与分配股利、利润或偿付利息支付的现金相互抵销。

（三）母公司与子公司、子公司相互之间以现金结算债权与债务所产生的现金流量应当抵销。

（四）母公司与子公司、子公司相互之间当期销售商品所产生的现金流量应当抵销。

（五）母公司与子公司、子公司相互之间处置固定资产、无形资产和其他长期资产收回的现金净额，应当与购建固定资产、无形资产和其他长期资产支付的现金相互抵销。

（六）母公司与子公司、子公司相互之间当期发生的其他内部交易所产生的现金流量应当抵销。

第四十二条 合并现金流量表及其补充资料也可以根据合并资产负债表和合并利润表进行编制。

第四十三条 母公司在报告期内因同一控制下企业合并增加的子公司以及业务，应当将该子公司以及业务合并当期期初至报告期末的现金流量纳入合并现金流量表，同时应当对比较报表的相关项目进行调整，视同合并后的报告主体自最终控制方开始控制时点起一直存在。

因非同一控制下企业合并增加的子公司以及业务，应当将该子公司购买日至报告期末的现金流量纳入合并现金流量表。

第四十四条 母公司在报告期内处置子公司以及业务，应当将该子公司以及业务期初至处置日的现金流量纳入合并现金流量表。

第四节 合并所有者权益变动表

第四十五条 合并所有者权益变动表应当以母公司和子公司的所有者权益变动表为基础，在抵销母公司与子公司、子公司相互之间发生的内部交易对合并所有者权益变动表的影响后，由母公司合并编制。

（一）母公司对子公司的长期股权投资应当与母公司在子公司所有者权益中所享有的份额相互抵销。

子公司持有母公司的长期股权投资以及子公司相互之间持有的长期股权投资，应当按照本准则第三十条规定处理。

（二）母公司对子公司、子公司相互之间持有对方长期股权投资的投资收益应当抵销。

（三）母公司与子公司、子公司相互之间发生的其他内部交易对所有者权益变动的影响应当抵销。

合并所有者权益变动表也可以根据合并资产负债表和合并利润表进行编制。

第四十六条 有少数股东的，应当在合并所有者权益变动表中增加"少数股东权益"栏目，反映少数股东权益变动的情况。

第四章　特殊交易的会计处理

第四十七条 母公司购买子公司少数股东拥有的子公司股权，在合并财务报表中，因购买少数股权新取得的长期股权投资与按照新增持股比例计算应享有子公司自购买日或合并日开始持续计算的净资产份额之间的差额，应当调整资本公积（资本溢价或股本溢价），资本公积不足冲减的，调整留存收益。

第四十八条 企业因追加投资等原因能够对非同一控制下的被投资方实施控制的，在合并财务报表中，对于购买日之前持有的被购买方的股权，应当按照该股权在购买日的公允价值进行重新计量，公允价值与其账面价值的差额计入当期投资收益；购买日之前持有的被购买方的股权涉及权益法核算下的其他综合收益等的，与其相关的其他综合收益等应当转为购买日所属当期收益。购买方应当在附注中披露其在购买日之前持有的被购买方的股权在购买日的公允价值、按照公允价值重新计量产生的相关利得或损失的金额。

第四十九条 母公司在不丧失控制权的情况下部分处置对子公司的长期股权投资，在合并财务报表中，处置价款与处置长期股权投资相对应享有子公司自购买日或合并日开始持续计算的净资产份额之间的差额，应当调整资本公积（资本溢价或股本溢价），资本公积不足冲减的，调整留存收益。

第五十条 企业因处置部分股权投资等原因丧失了对被投资方的控制权的，在编制合并财务报表时，对于剩余股权，应当按照其在丧失控制权日的公允价值进行重新计量。处置股权取得的对价与剩余股权公允价值之和，减去按原持股比例计算应享有原有子公司自购买日或合并日开始持续计算的净资产的份额之间的差额，计入丧失控制权当期的投资收益，同时冲减商誉。与原有子公司股权投资相关的其他综合收益等，应当在丧失控制权时转为当期投资收益。

第五十一条 企业通过多次交易分步处置对子公司股权投资直至丧失控制权的,如果处置对子公司股权投资直至丧失控制权的各项交易属于一揽子交易的,应当将各项交易作为一项处置子公司并丧失控制权的交易进行会计处理;但是,在丧失控制权之前每一次处置价款与处置投资对应的享有该子公司净资产份额的差额,在合并财务报表中应当确认为其他综合收益,在丧失控制权时一并转入丧失控制权当期的损益。

处置对子公司股权投资的各项交易的条款、条件以及经济影响符合下列一种或多种情况,通常表明应将多次交易事项作为一揽子交易进行会计处理:

(一)这些交易是同时或者在考虑了彼此影响的情况下订立的。

(二)这些交易整体才能达成一项完整的商业结果。

(三)一项交易的发生取决于其他至少一项交易的发生。

(四)一项交易单独考虑时是不经济的,但是和其他交易一并考虑时是经济的。

第五十二条 对于本章未列举的交易或者事项,如果站在企业集团合并财务报表角度的确认和计量结果与其所属的母公司或子公司的个别财务报表层面的确认和计量结果不一致的,则在编制合并财务报表时,也应当按照本准则第二十六条第二款第(四)项的规定,对其确认和计量结果予以相应调整。

第五章 衔接规定

第五十三条 首次采用本准则的企业应当根据本准则的规定对被投资方进行重新评估,确定其是否应纳入合并财务报表范围。因首次采用本准则导致合并范围发生变化的,应当进行追溯调整,追溯调整不切实可行的除外。比较期间已丧失控制权的原子公司,不再追溯调整。

第六章 附 则

第五十四条 本准则自 2014 年 7 月 1 日起施行。

企业会计准则解释中与合并财务报表准则相关的内容

一、中国境内企业设在境外的子公司在境外发生的有关交易或事项，境内不存在且受相关法律法规等限制或交易不常见，企业会计准则未作规范的，如何进行处理？（《企业会计准则解释第1号》第二项）

答：中国境内企业设在境外的子公司在境外发生的交易或事项，境内不存在且受法律法规等限制或交易不常见，企业会计准则未作出规范的，可以将境外子公司已经进行的会计处理结果，在符合《企业会计准则——基本准则》的原则下，按照国际财务报告准则进行调整后，并入境内母公司合并财务报表的相关项目。

二、企业在编制合并财务报表时，因抵销未实现内部销售损益在合并财务报表中产生的暂时性差异是否应当确认递延所得税？母公司对于纳入合并范围子公司的未确认投资损失，执行新会计准则后在合并财务报表中如何列报？（《企业会计准则解释第1号》第九项）

答：（一）企业在编制合并财务报表时，因抵销未实现内部销售损益导致合并资产负债表中资产、负债的账面价值与其在所属纳税主体的计税基础之间产生暂时性差异的，在合并资产负债表中应当确认递延所得税资产或递延所得税负债，同时调整合并利润表中的所得税费用，但与直接计入所有者权益的交易或事项及企业合并相关的递延所得税除外。

（二）执行新会计准则后，母公司对于纳入合并范围子公司的未确认投资损失，在合并资产负债表中应当冲减未分配利润，不再单独作为"未确认的投资损失"项目列报。[①]

[①] 《企业会计准则第33号——合并财务报表》（财会〔2014〕10号）第三十七条对此条款进行了修订。

三、企业改制过程中的资产、负债，应当如何进行确认和计量？（《企业会计准则解释第 1 号》第十项）

答：企业引入新股东改制为股份有限公司，相关资产、负债应当按照公允价值计量，并以改制时确定的公允价值为基础持续核算的结果并入控股股东的合并财务报表。改制企业的控股股东在确认对股份有限公司的长期股权投资时，初始投资成本为投出资产的公允价值及相关费用之和。

四、企业购买子公司少数股东拥有对子公司的股权应当如何处理？企业或其子公司进行公司制改制的，相关资产、负债的账面价值应当如何调整？（《企业会计准则解释第 2 号》第二项）

答：（一）母公司购买子公司少数股权所形成的长期股权投资，应当按照《企业会计准则第 2 号——长期股权投资》第四条①的规定确定其投资成本。

母公司在编制合并财务报表时，因购买少数股权新取得的长期股权投资与按照新增持股比例计算应享有子公司自购买日（或合并日）开始持续计算的净资产份额之间的差额，应当调整所有者权益（资本公积），资本公积不足冲减的，调整留存收益。

上述规定仅适用于本规定发布之后发生的购买子公司少数股权交易，之前已经发生的购买子公司少数股权交易未按照上述原则处理的，不予追溯调整。

（二）企业进行公司制改制的，应以经评估确认的资产、负债价值作为认定成本，该成本与其账面价值的差额，应当调整所有者权益；企业的子公司进行公司制改制的，母公司通常应当按照《企业会计准则解释第 1 号》的相关规定确定对子公司长期股权投资的成本，该成本与长期股权投资账面价值的差额，应当调整所有者权益。

五、企业对于合营企业是否应纳入合并财务报表的合并范围？（《企业会计准则解释第 2 号》第三项）

答：按照《企业会计准则第 33 号——合并财务报表》的规定，投资企业对于与其他投资方一起实施共同控制的被投资单位，应当采用权益法核算，不应采用比例合并法。但是，如果根据有关章程、协议等，表明投资企

---

① 《企业会计准则第 2 号——长期股权投资》（财会〔2014〕14 号）第六条规定了投资成本的确定。

业能够对被投资单位实施控制的,应当将被投资单位纳入合并财务报表的合并范围。

六、在合并财务报表中,子公司少数股东分担的当期亏损超过了少数股东在该子公司期初所有者权益中所享有的份额的,其余额应当如何进行会计处理?(《企业会计准则解释第 4 号》第六项)

答:在合并财务报表中,子公司少数股东分担的当期亏损超过了少数股东在该子公司期初所有者权益中所享有的份额的,其余额仍应当冲减少数股东权益。

本解释发布前子公司少数股东权益未按照上述规定处理的,应当进行追溯调整,追溯调整不切实可行的除外。

七、投资方因其他投资方对其子公司增资而导致本投资方持股比例下降,从而丧失控制权但能实施共同控制或施加重大影响的,投资方应如何进行会计处理?[①](《企业会计准则解释第 7 号》第一项)

答:该问题主要涉及《企业会计准则第 2 号——长期股权投资》《企业会计准则第 33 号——合并财务报表》等准则。

投资方应当区分个别财务报表和合并财务报表进行相关会计处理:

(一)在个别财务报表中,应当对该项长期股权投资从成本法转为权益法核算。首先,按照新的持股比例确认本投资方应享有的原子公司因增资扩股而增加净资产的份额,与应结转持股比例下降部分所对应的长期股权投资原账面价值之间的差额计入当期损益;然后,按照新的持股比例视同自取得投资时即采用权益法核算进行调整。

(二)在合并财务报表中,应当按照《企业会计准则第 33 号——合并财务报表》的有关规定进行会计处理。

八、子公司发行优先股等其他权益工具的,应如何计算母公司合并利润表中的"归属于母公司股东的净利润"?(《企业会计准则解释第 7 号》第三项)

答:该问题主要涉及《企业会计准则第 33 号——合并财务报表》等准则。

---

① 本条款不要求追溯调整。

子公司发行累积优先股等其他权益工具的,无论当期是否宣告发放其股利,在计算列报母公司合并利润表中的"归属于母公司股东的净利润"时,应扣除当期归属于除母公司之外的其他权益工具持有者的可累积分配股利,扣除金额应在"少数股东损益"项目中列示。

子公司发行不可累积优先股等其他权益工具的,在计算列报母公司合并利润表中的"归属于母公司股东的净利润"时,应扣除当期宣告发放的归属于除母公司之外的其他权益工具持有者的不可累积分配股利,扣除金额应在"少数股东损益"项目中列示。

本解释发布前企业的合并财务报表未按照上述规定列报的,应当对可比期间的数据进行相应调整。

九、商业银行及其子公司(以下统称为"商业银行")应当如何判断是否控制其按照银行业监督管理委员会相关规定发行的理财产品(以下称为"理财产品")?(《企业会计准则解释第 8 号》第一项)

答:商业银行应当按照《企业会计准则第 33 号——合并财务报表》(以下简称《合并财务报表准则》)的相关规定,判断是否控制其发行的理财产品。如果商业银行控制该理财产品,应当按照《合并财务报表准则》的规定将该理财产品纳入合并范围。

商业银行在判断是否控制其发行的理财产品时,应当综合考虑其本身直接享有以及通过所有子公司(包括控制的结构化主体)间接享有权利而拥有的权力、可变回报及其联系。分析可变回报时,至少应当关注以下方面:

可变回报通常包括商业银行因向理财产品提供管理服务等获得的决策者薪酬和其他利益:前者包括各种形式的理财产品管理费(含各种形式的固定管理费和业绩报酬等),还可能包括以销售费、托管费以及其他各种服务收费的名义收取的实质上为决策者薪酬的收费;后者包括各种形式的直接投资收益,提供信用增级或支持等而获得的补偿或报酬,因提供信用增级或支持等而可能发生或承担的损失,与理财产品进行其他交易或者持有理财产品其他利益而取得的可变回报,以及销售费、托管费和其他各种名目的服务收费等。其中,提供的信用增级包括担保(例如保证理财产品投资者的本金或收益、为理财产品的债务提供保证等)、信贷承诺等;提供的支持包括财务或其他支持,例如流动性支持、回购承诺、向理财产品提供融资、购买理财产品持有的资产、同理财产品进行衍生交易等。

商业银行在分析享有的可变回报时，不仅应当分析与理财产品相关的法律法规及各项合同安排的实质，还应当分析理财产品成本与收益是否清晰明确，交易定价（含收费）是否符合市场或行业惯例，以及是否存在其他可能导致商业银行最终承担理财产品损失的情况等。商业银行应当慎重考虑其是否在没有合同义务的情况下，对过去发行的具有类似特征的理财产品提供过信用增级或支持的事实或情况，至少包括以下几个方面：

1. 提供该信用增级或支持的触发事件及其原因，以及预期未来发生类似事件的可能性和频率。

2. 商业银行提供该信用增级或支持的原因，以及做出这一决定的内部控制和管理流程；预期未来出现类似触发事件时，是否仍将提供信用增级和支持（此评估应当基于商业银行对于此类事件的应对机制以及内部控制和管理流程，且应当考虑历史经验）。

3. 因提供信用增级或支持而从理财产品获取的对价，包括但不限于该对价是否公允，收取该对价是否存在不确定性以及不确定性的程度。

4. 因提供信用增级或支持而面临损失的风险程度。

如果商业银行按照《合并财务报表准则》判断对所发行的理财产品不构成控制，但在该理财产品的存续期内，商业银行向该理财产品提供了合同义务以外的信用增级或支持，商业银行应当至少考虑上述各项事实和情况，重新评估是否对该理财产品形成控制。经重新评估后认定对理财产品具有控制的，商业银行应当将该理财产品纳入合并范围。同时，对于发行的具有类似特征（如具有类似合同条款、基础资产构成、投资者构成、商业银行参与理财产品而享有可变回报的构成等）的理财产品，商业银行也应当按照一致性原则予以重新评估。

商业银行应当在2016年度及以后期间的财务报告中适用本解释要求。本解释生效前商业银行对理财产品的会计处理与本解释不一致的，应当进行追溯调整，追溯调整不可行的除外。

关于修订印发合并财务报表格式（2019版）的通知

（财会〔2019〕16号　2019年9月19日）

国务院有关部委、有关直属机构，各省、自治区、直辖市、计划单列市财政厅（局），新疆生产建设兵团财政局，财政部各地监管局，有关企业：

为解决企业在合并财务报表编制中的实际问题，针对2019年1月1日起分阶段实施的《企业会计准则第21号——租赁》（财会〔2018〕35号，以下称新租赁准则），以及企业会计准则实施中的有关情况，在《财政部关于修订印发2019年度一般企业财务报表格式的通知》（财会〔2019〕6号）和《财政部关于修订印发2018年度金融企业财务报表格式的通知》（财会〔2018〕36号）的基础上，我部对合并财务报表格式进行了修订，现予印发。《财政部关于修订印发2018年度合并财务报表格式的通知》（财会〔2019〕1号）同时废止。

本通知适用于执行企业会计准则的企业2019年度合并财务报表及以后期间的合并财务报表。我部于2017年先后印发了《企业会计准则第22号——金融工具确认和计量》（财会〔2017〕7号）、《企业会计准则第23号——金融资产转移》（财会〔2017〕8号）、《企业会计准则第24号——套期会计》（财会〔2017〕9号）、《企业会计准则第37号——金融工具列报》（财会〔2017〕14号）（以下称"新金融准则"）、《企业会计准则第14号——收入》（财会〔2017〕22号，以下称"新收入准则"），自2018年1月1日起分阶段实施。已执行新金融准则、新收入准则和新租赁准则的企业，应当按照企业会计准则和本通知附件的要求编制合并财务报表；已执行新金融准则但未执行新收入准则和新租赁准则的企业，或已执行新金融准则和新收入准则但未执行新租赁准则的企业，应当结合本通知附件的要求对合并财务报表项目进行相应调整；未执行新金融准则、新收入准则和新租赁准则的企业，应当结合《财政部关于修订印发2019年度一般企业财务报表格式的通知》（财会〔2019〕6号）的要求，对合并财务报表项目进行相应调整。

本通知附件中的合并财务报表格式涵盖母公司和从事各类经济业务的子公司的情况，包括一般企业、商业银行、保险公司和证券公司等。企业应根据重要性原则并结合本企业实际情况，对确需单独列示的内容，可增加合并财务报表项目；对不存在相应业务的合并财务报表项目，可进行必要删减。以金融企业为主的企业集团，应以金融企业财务报表格式为基础，结合一般企业财务报表格式和本通知的要求，对合并财务报表项目进行调整后编制。

执行中有何问题，请及时反馈我部。

附件：1. 合并财务报表格式（2019 版）
      2. 合并财务报表格式主要变动说明

财政部
2019 年 9 月 19 日

附件 1：

合并财务报表格式（2019 版）

合并资产负债表

会合 01 表

编制单位：　　　　　　　　　　___年___月___日　　　　　　　　　单位：元

资产	期末余额	上年年末余额	负债和所有者权益（或股东权益）	期末余额	上年年末余额
流动资产：			流动负债：		
货币资金			短期借款		
结算备付金*			向中央银行借款*		
拆出资金*			拆入资金*		
交易性金融资产			交易性金融负债		
衍生金融资产			衍生金融负债		
应收票据			应付票据		
应收账款			应付账款		

续表

资产	期末余额	上年年末余额	负债和所有者权益（或股东权益）	期末余额	上年年末余额
应收款项融资			预收款项		
预付款项			合同负债		
应收保费*			卖出回购金融资产款*		
应收分保账款*			吸收存款及同业存放*		
应收分保合同准备金*			代理买卖证券款*		
其他应收款			代理承销证券款*		
买入返售金融资产*			应付职工薪酬		
存货			应交税费		
合同资产			其他应付款		
持有待售资产			应付手续费及佣金*		
一年内到期的非流动资产			应付分保账款*		
其他流动资产			持有待售负债		
流动资产合计			一年内到期的非流动负债		
非流动资产：			其他流动负债		
发放贷款和垫款*			流动负债合计		
债权投资			非流动负债：		
其他债权投资			保险合同准备金*		
长期应收款			长期借款		
长期股权投资			应付债券		
其他权益工具投资			其中：优先股		
其他非流动金融资产			永续债		
投资性房地产			租赁负债		
固定资产			长期应付款		
在建工程			预计负债		
生产性生物资产			递延收益		
油气资产			递延所得税负债		
使用权资产			其他非流动负债		
无形资产			非流动负债合计		
开发支出			负债合计		

续表

资产	期末余额	上年年末余额	负债和所有者权益（或股东权益）	期末余额	上年年末余额
商誉			所有者权益（或股东权益）：		
长期待摊费用			实收资本（或股本）		
递延所得税资产			其他权益工具		
其他非流动资产			其中：优先股		
非流动资产合计			永续债		
			资本公积		
			减：库存股		
			其他综合收益		
			专项储备		
			盈余公积		
			一般风险准备*		
			未分配利润		
			归属于母公司所有者权益（或股东权益）合计		
			少数股东权益		
			所有者权益（或股东权益）合计		
资产总计			负债和所有者权益（或股东权益）总计		

注：标注"*"的项目为金融企业专用行项目。

金融企业资产负债表中的有关行项目在本表中的列示说明：

1. 金融企业资产负债表中的"现金及存放中央银行款项"行项目在本表中的"货币资金"行项目中列示。

2. 金融企业资产负债表中的"存放同业款项""融出资金"行项目在本表中的"拆出资金"行项目中列示。

3. 金融企业资产负债表中的"应收款项"行项目在本表中的"应收票据""应收账款""应收款项融资"行项目中列示。

4. 金融企业资产负债表中的"存出保证金""应收代位追偿款""保户质押贷款"行项目在本表中的"其他流动资产"行项目中列示。

5. 金融企业资产负债表中的"应收分保未到期责任准备金""应收分保未决赔款准备金""应收分保寿险责任准备金""应收分保长期健康险责任准备金"行项目在本表中的"应收分保合同准备金"行项目中列示。

6. 金融企业资产负债表中"金融投资"行项目下的"交易性金融资产""债权投资""其他债权投资""其他权益工具投资"子项目分别在本表中的"交易性金融资产""债权投资""其他债权投资""其他权益工具投资"行项目中列示。

7. 金融企业资产负债表中的"存出资本保证金""独立账户资产"行项目在本表中的"其他非流动资产"行项目中列示。

8. 金融企业资产负债表中的"应付短期融资款"行项目在本表中的"短期借款"行项目中列示。

9. 金融企业资产负债表中的"应付款项"行项目在本表中的"应付票据""应付账款"行项目中列示。

10. 金融企业资产负债表中的"应付赔付款"行项目在本表中的"应付账款"行项目中列示。

11. 金融企业资产负债表中的"预收保费"行项目在本表中的"预收款项"行项目中列示。

12. 金融企业资产负债表中的"同业及其他金融机构存放款项""吸收存款"行项目在本表中的"吸收存款及同业存放"行项目中列示。

13. 金融企业资产负债表中的"应付保单红利"行项目在本表中的"其他应付款"行项目中列示。

14. 金融企业资产负债表中的"保户储金及投资款"行项目在本表中的"其他流动负债"行项目中列示。

15. 金融企业资产负债表中的"未到期责任准备金""未决赔款准备金""寿险责任准备金""长期健康险责任准备金"行项目在本表中的"保险合同准备金"行项目中列示。

16. 金融企业资产负债表中的"独立账户负债"行项目在本表中的"其他非流动负债"行项目中列示。

17. 金融企业资产负债表中的"其他资产""其他负债"行项目进行分析后在本表相关项目中列示。

18. 有贵金属业务的,在本表中增加"贵金属"行项目对相关贵金属资产进行列示。

合并利润表

会合 02 表

编制单位：　　　　　　　　　___年___月　　　　　　　　　单位：元

项目	本期金额	上期金额
一、营业总收入		
其中：营业收入		
利息收入*		
已赚保费*		
手续费及佣金收入*		
二、营业总成本		
其中：营业成本		
利息支出*		
手续费及佣金支出*		
退保金*		
赔付支出净额*		
提取保险责任准备金净额*		
保单红利支出*		
分保费用*		
税金及附加		
销售费用		
管理费用		
研发费用		
财务费用		
其中：利息费用		
利息收入		
加：其他收益		
投资收益（损失以"－"号填列）		
其中：对联营企业和合营企业投资收益		
以摊余成本计量的金融资产终止确认收益		
汇兑收益（损失以"－"号填列）*		

续表

项目	本期金额	上期金额
净敞口套期收益（损失以"-"号填列）		
公允价值变动收益（损失以"-"号填列）		
信用减值损失（损失以"-"号填列）		
资产减值损失（损失以"-"号填列）		
资产处置收益（损失以"-"号填列）		
三、营业利润（亏损以"-"号填列）		
加：营业外收入		
减：营业外支出		
四、利润总额（亏损总额以"-"号填列）		
减：所得税费用		
五、净利润（净亏损以"-"号填列）		
（一）按经营持续性分类		
1. 持续经营净利润（净亏损以"-"号填列）		
2. 终止经营净利润（净亏损以"-"号填列）		
（二）按所有权归属分类		
1. 归属于母公司股东的净利润（净亏损以"-"号填列）		
2. 少数股东损益（净亏损以"-"号填列）		
六、其他综合收益的税后净额		
（一）归属于母公司所有者的其他综合收益的税后净额		
1. 不能重分类进损益的其他综合收益		
（1）重新计量设定受益计划变动额		
（2）权益法下不能转损益的其他综合收益		
（3）其他权益工具投资公允价值变动		
（4）企业自身信用风险公允价值变动		
……		
2. 将重分类进损益的其他综合收益		
（1）权益法下可转损益的其他综合收益		
（2）其他债权投资公允价值变动		
（3）金融资产重分类计入其他综合收益的金额		
（4）其他债权投资信用减值准备		

续表

项目	本期金额	上期金额
（5）现金流量套期储备		
（6）外币财务报表折算差额		
……		
（二）归属于少数股东的其他综合收益的税后净额		
七、综合收益总额		
（一）归属于母公司所有者的综合收益总额		
（二）归属于少数股东的综合收益总额		
八、每股收益		
（一）基本每股收益		
（二）稀释每股收益		

注：标注"*"的项目为金融企业专用行项目。

金融企业利润表中的有关行项目在本表中的列示说明：

1. 金融企业利润表中的"其他业务收入"行项目在本表中的"营业收入"行项目中列示。

2. 金融企业利润表中的"赔付支出"与"减：摊回赔付支出"行项目的净额在本表中的"赔付支出净额"行项目中列示。

3. 金融企业利润表中的"提取保险责任准备金"与"减：摊回保险责任准备金"行项目的净额在本表中的"提取保险责任准备金净额"行项目中列示。

4. 金融企业利润表中的"业务及管理费"与"减：摊回分保费用"行项目的净额在本表中的"管理费用"行项目中列示。

5. 金融企业利润表中的"其他资产减值损失"行项目在本表中的"资产减值损失"行项目中列示。

6. 金融企业利润表中的"其他业务成本"行项目在本表中的"营业成本"行项目中列示。

合并现金流量表

会合03表

编制单位：　　　　　　　　　　___年___月　　　　　　　　　　单位：元

项目	本期金额	上期金额
一、经营活动产生的现金流量		
销售商品、提供劳务收到的现金		
客户存款和同业存放款项净增加额*		
向中央银行借款净增加额*		
向其他金融机构拆入资金净增加额*		
收到原保险合同保费取得的现金*		
收到再保业务现金净额*		
保户储金及投资款净增加额*		
收取利息、手续费及佣金的现金*		
拆入资金净增加额*		
回购业务资金净增加额*		
代理买卖证券收到的现金净额*		
收到的税费返还		
收到其他与经营活动有关的现金		
经营活动现金流入小计		
购买商品、接受劳务支付的现金		
客户贷款及垫款净增加额*		
存放中央银行和同业款项净增加额*		
支付原保险合同赔付款项的现金*		
拆出资金净增加额*		
支付利息、手续费及佣金的现金*		
支付保单红利的现金*		

续表

项目	本期金额	上期金额
支付给职工及为职工支付的现金		
支付的各项税费		
支付其他与经营活动有关的现金		
经营活动现金流出小计		
经营活动产生的现金流量净额		
二、投资活动产生的现金流量		
收回投资收到的现金		
取得投资收益收到的现金		
处置固定资产、无形资产和其他长期资产收回的现金净额		
处置子公司及其他营业单位收到的现金净额		
收到其他与投资活动有关的现金		
投资活动现金流入小计		
购建固定资产、无形资产和其他长期资产支付的现金		
投资支付的现金		
质押贷款净增加额*		
取得子公司及其他营业单位支付的现金净额		
支付其他与投资活动有关的现金		
投资活动现金流出小计		
投资活动产生的现金流量净额		
三、筹资活动产生的现金流量		
吸收投资收到的现金		
其中：子公司吸收少数股东投资收到的现金		
取得借款收到的现金		
收到其他与筹资活动有关的现金		
筹资活动现金流入小计		

续表

项目	本期金额	上期金额
偿还债务支付的现金		
分配股利、利润或偿付利息支付的现金		
其中：子公司支付给少数股东的股利、利润		
支付其他与筹资活动有关的现金		
筹资活动现金流出小计		
筹资活动产生的现金流量净额		
四、汇率变动对现金及现金等价物的影响		
五、现金及现金等价物净增加额		
加：期初现金及现金等价物余额		
六、期末现金及现金等价物余额		

注：标注"*"的项目为金融企业专用行项目。

金融企业现金流量表中的有关行项目在本表中的列示说明：

1. 金融企业现金流量表中"一、经营活动产生的现金流量"下的"返售业务资金净增加额"行项目（银行、证券公司专用）在本表中的"支付其他与经营活动有关的现金"行项目中列示。

2. 金融企业现金流量表中"二、投资活动产生的现金流量"下的"返售业务资金净增加额"行项目（保险公司专用）在本表中的"支付其他与投资活动有关的现金"行项目中列示。

3. 金融企业现金流量表中"回购业务资金净增加额"行项目（保险公司专用）在本表中的"收到其他与筹资活动有关的现金"行项目中列示。

合并所有者权益变动表

编制单位：　　　　　　　　　　　　　　年度　　　　　　　　　　　　　会合 04 表
单位：元

项目	本年金额													上年金额												
	归属于母公司所有者权益											少数股东权益	所有者权益合计	归属于母公司所有者权益											少数股东权益	所有者权益合计
	实收资本（或股本）	其他权益工具			资本公积	减：库存股	其他综合收益	专项储备	盈余公积	一般风险准备*	未分配利润	小计			实收资本（或股本）	其他权益工具			资本公积	减：库存股	其他综合收益	专项储备	盈余公积	一般风险准备*	未分配利润	小计		
		优先股	永续债	其他												优先股	永续债	其他										
一、上年年末余额																											
加：会计政策变更																											
前期差错更正																											
其他																											
二、本年年初余额																											
三、本年增减变动金额（减少以"-"号填列）																											
（一）综合收益总额																											
（二）所有者投入和减少资本																											
1. 所有者投入的普通股																											

续表

项目	本年金额													上年金额												
	归属于母公司所有者权益												少数股东权益	所有者权益合计	归属于母公司所有者权益												少数股东权益	所有者权益合计
	实收资本（或股本）	其他权益工具			资本公积	减：库存股	其他综合收益	专项储备	盈余公积	一般风险准备*	未分配利润	小计			实收资本（或股本）	其他权益工具			资本公积	减：库存股	其他综合收益	专项储备	盈余公积	一般风险准备*	未分配利润	小计		
		优先股	永续债	其他												优先股	永续债	其他									
2. 其他权益工具持有者投入资本																											
3. 股份支付计入所有者权益的金额																											
4. 其他																											
（三）利润分配																											
1. 提取盈余公积																											
2. 提取一般风险准备*																											
3. 对所有者（或股东）的分配																											
4. 其他																											
（四）所有者权益内部结转																											
1. 资本公积转增资本（或股本）																											
2. 盈余公积转增资本（或股本）																											

续表

项目	本年金额													上年金额												
	归属于母公司所有者权益											少数股东权益	所有者权益合计	归属于母公司所有者权益											少数股东权益	所有者权益合计
	实收资本（或股本）	其他权益工具		资本公积	减：库存股	其他综合收益	专项储备	盈余公积	一般风险准备*	未分配利润	小计			实收资本（或股本）	其他权益工具		资本公积	减：库存股	其他综合收益	专项储备	盈余公积	一般风险准备*	未分配利润	小计		
		优先股 永续债	其他												优先股 永续债	其他										
3. 盈余公积弥补亏损																									
4. 设定受益计划变动额结转留存收益																									
5. 其他综合收益结转留存收益																									
6. 其他																									
四、本年年末余额																									

注：标注"*"的项目为金融企业专用行项目。

附件2：

合并财务报表格式主要变动说明

与《财政部关于修订印发2018年度合并财务报表格式的通知》（财会〔2019〕1号）附件中的合并财务报表格式相比，本通知附件1中的合并财务报表格式的主要变动如下：

一是根据新租赁准则和新金融准则等规定，在原合并资产负债表中增加了"使用权资产""租赁负债"等行项目，在原合并利润表中"投资收益"行项目下增加了"其中：以摊余成本计量的金融资产终止确认收益"行项目。

二是结合企业会计准则实施有关情况调整了部分项目，将原合并资产负债表中的"应收票据及应收账款"行项目分拆为"应收票据""应收账款""应收款项融资"三个行项目，将"应付票据及应付账款"行项目分拆为"应付票据""应付账款"两个行项目，将原合并利润表中"资产减值损失""信用减值损失"行项目的列报行次进行了调整，删除了原合并现金流量表中"为交易目的而持有的金融资产净增加额""发行债券收到的现金"等行项目，在原合并资产负债表和合并所有者权益变动表中分别增加了"专项储备"行项目和列项目。

每股收益准则

企业会计准则第 34 号
——每股收益

(财会〔2006〕3 号　2006 年 2 月 15 日)

第一章　总　则

第一条　为了规范每股收益的计算方法及其列报,根据《企业会计准则——基本准则》,制定本准则。

第二条　本准则适用于普通股或潜在普通股已公开交易的企业,以及正处于公开发行普通股或潜在普通股过程中的企业。

潜在普通股,是指赋予其持有者在报告期或以后期间享有取得普通股权利的一种金融工具或其他合同,包括可转换公司债券、认股权证、股份期权等。

第三条　合并财务报表中,企业应当以合并财务报表为基础计算和列报每股收益。

第二章　基本每股收益

第四条　企业应当按照归属于普通股股东的当期净利润,除以发行在外普通股的加权平均数计算基本每股收益。

第五条　发行在外普通股加权平均数按下列公式计算:

发行在外普通股加权平均数＝期初发行在外普通股股数＋当期新发行普通股股数×已发行时间÷报告期时间－当期回购普通股股数×已回购时间÷报告期时间

已发行时间、报告期时间和已回购时间一般按照天数计算；在不影响计算结果合理性的前提下，也可以采用简化的计算方法。

第六条 新发行普通股股数，应当根据发行合同的具体条款，从应收对价之日（一般为股票发行日）起计算确定。通常包括下列情况：

（一）为收取现金而发行的普通股股数，从应收现金之日起计算。

（二）因债务转资本而发行的普通股股数，从停计债务利息之日或结算日起计算。

（三）非同一控制下的企业合并，作为对价发行的普通股股数，从购买日起计算；同一控制下的企业合并，作为对价发行的普通股股数，应当计入各列报期间普通股的加权平均数。

（四）为收购非现金资产而发行的普通股股数，从确认收购之日起计算。

第三章 稀释每股收益

第七条 企业存在稀释性潜在普通股的，应当分别调整归属于普通股股东的当期净利润和发行在外普通股的加权平均数，并据以计算稀释每股收益。

稀释性潜在普通股，是指假设当期转换为普通股会减少每股收益的潜在普通股。

第八条 计算稀释每股收益，应当根据下列事项对归属于普通股股东的当期净利润进行调整：

（一）当期已确认为费用的稀释性潜在普通股的利息；

（二）稀释性潜在普通股转换时将产生的收益或费用。

上述调整应当考虑相关的所得税影响。

第九条 计算稀释每股收益时，当期发行在外普通股的加权平均数应当为计算基本每股收益时普通股的加权平均数与假定稀释性潜在普通股转换为已发行普通股而增加的普通股股数的加权平均数之和。

计算稀释性潜在普通股转换为已发行普通股而增加的普通股股数的加权平均数时，以前期间发行的稀释性潜在普通股，应当假设在当期期初转换；当期发行的稀释性潜在普通股，应当假设在发行日转换。

第十条 认股权证和股份期权等的行权价格低于当期普通股平均市场价格时，应当考虑其稀释性。计算稀释每股收益时，增加的普通股股数按下列公式计算：

增加的普通股股数 = 拟行权时转换的普通股股数 − 行权价格 × 拟行权时转换的普通股股数 ÷ 当期普通股平均市场价格

第十一条 企业承诺将回购其股份的合同中规定的回购价格高于当期普通股平均市场价格时，应当考虑其稀释性。计算稀释每股收益时，增加的普通股股数按下列公式计算：

增加的普通股股数 = 回购价格 × 承诺回购的普通股股数 ÷ 当期普通股平均市场价格 − 承诺回购的普通股股数

第十二条 稀释性潜在普通股应当按照其稀释程度从大到小的顺序计入稀释每股收益，直至稀释每股收益达到最小值。

第四章 列 报

第十三条 发行在外普通股或潜在普通股的数量因派发股票股利、公积金转增资本、拆股而增加或因并股而减少，但不影响所有者权益金额的，应当按调整后的股数重新计算各列报期间的每股收益。上述变化发生于资产负债表日至财务报告批准报出日之间的，应当以调整后的股数重新计算各列报期间的每股收益。

按照《企业会计准则第 28 号——会计政策、会计估计变更和差错更正》的规定对以前年度损益进行追溯调整或追溯重述的，应当重新计算各列报期间的每股收益。

第十四条 企业应当在利润表中单独列示基本每股收益和稀释每股收益。

第十五条 企业应当在附注中披露与每股收益有关的下列信息：

（一）基本每股收益和稀释每股收益分子、分母的计算过程。

（二）列报期间不具有稀释性但以后期间很可能具有稀释性的潜在普通股。

（三）在资产负债表日至财务报告批准报出日之间，企业发行在外普通股或潜在普通股股数发生重大变化的情况。

《企业会计准则第 34 号
——每股收益》应用指南

(财会〔2006〕18 号　2006 年 10 月 30 日)

一、发行在外普通股加权平均数的计算

根据本准则第五条规定，计算发行在外普通股加权平均数，作为权数的已发行时间、报告期时间和已回购时间通常按天数计算；在不影响计算结果合理性的前提下，也可以采用简化的计算方法，如按月数计算。

二、稀释每股收益的计算

根据本准则第七条规定，企业存在稀释性潜在普通股的，应当计算稀释每股收益。潜在普通股主要包括：可转换公司债券、认股权证和股份期权等。

（一）可转换公司债券

对于可转换公司债券，计算稀释每股收益时，分子的调整项目为可转换公司债券当期已确认为费用的利息等的税后影响额；分母的调整项目为假定可转换公司债券当期期初或发行日转换为普通股的股数加权平均数。

（二）认股权证和股份期权

根据本准则第十条规定，认股权证、股份期权等的行权价格低于当期普通股平均市场价格时，应当考虑其稀释性。

计算稀释每股收益时，作为分子的净利润金额一般不变；分母的调整项目为按照本准则第十条中规定的公式所计算的增加的普通股股数，同时还应考虑时间权数。

公式中的行权价格和拟行权时转换的普通股股数，按照有关认股权证合同和股份期权合约确定。公式中的当期普通股平均市场价格，通常按照每周或每月具有代表性的股票交易价格进行简单算术平均计算。在股票价格比较平稳的情况下，可以采用每周或每月股票的收盘价作为代表性价格；在股票价格波动

较大的情况下，可以采用每周或每月股票最高价与最低价的平均值作为代表性价格。无论采用何种方法计算平均市场价格，一经确定，不得随意变更，除非有确凿证据表明原计算方法不再适用。当期发行认股权证或股份期权的，普通股平均市场价格应当自认股权证或股份期权的发行日起计算。

(三) 多项潜在普通股

根据本准则第十二条规定，稀释性潜在普通股应当按照其稀释程度从大到小的顺序计入稀释每股收益，直至稀释每股收益达到最小值。其中"稀释程度"，根据不同潜在普通股转换的增量股的每股收益大小进行衡量，即：假定稀释性潜在普通股转换为普通股时，将增加的归属于普通股股东的当期净利润除以增加的普通股股数加权平均数所确定的金额。

在确定计入稀释每股收益的顺序时，通常应首先考虑股份期权和认股权证的影响。

每次发行的潜在普通股应当视为不同的潜在普通股，分别判断其稀释性，而不能将其作为一个总体考虑。

三、计算每股收益时应考虑的其他调整因素

(一) 企业派发股票股利、公积金转增资本、拆股或并股等，会增加或减少其发行在外普通股或潜在普通股的数量，但不影响所有者权益总额，也不改变企业的盈利能力。企业应当在相关报批手续全部完成后，按调整后的股数重新计算各列报期间的每股收益。上述变化发生于资产负债表日至财务报告批准报出日之间的，应当以调整后的股数重新计算各列报期间的每股收益。

(二) 企业当期发生配股的情况下，计算基本每股收益时，应当考虑配股中包含的送股因素，据以调整各列报期间发行在外普通股的加权平均数。计算公式如下：

$$\text{每股理论除权价格} = \frac{\text{行权前发行在外普通股的公允价值} + \text{配股收到的款项}}{\text{行权后发行在外的普通股股数}}$$

$$\text{调整系数} = \frac{\text{行权前每股公允价值}}{\text{每股理论除权价格}}$$

$$\text{因配股重新计算的上年度基本每股收益} = \frac{\text{上年度基本每股收益}}{\text{调整系数}}$$

$$\text{本年度基本每股收益} = \frac{\text{归属于普通股股东的当期净利润}}{\text{行权前发行在外普通股股数} \times \text{调整系数} \times \text{行权前普通股发行在外的时间权数} + \text{行权后发行在外普通股加权平均数}}$$

存在非流通股的企业可以采用简化的计算方法，不考虑配股中内含的送股因素，而将配股视为发行新股处理。

四、以合并财务报表为基础计算和列报每股收益

本准则第三条规定，合并财务报表中，企业应当以合并财务报表为基础计算和列报每股收益。其中，计算基本每股收益时，分子为归属于母公司普通股股东的合并净利润，分母为母公司发行在外普通股的加权平均数。

企业会计准则解释中与每股收益准则相关的内容

对于授予限制性股票的股权激励计划，企业应如何进行会计处理？等待期内企业应如何考虑限制性股票对每股收益计算的影响？（《企业会计准则解释第7号》第五项）

答：该问题主要涉及《企业会计准则第11号——股份支付》、《企业会计准则第22号——金融工具确认和计量》、《企业会计准则第34号——每股收益》和《企业会计准则第37号——金融工具列报》等准则。

（一）授予限制性股票的会计处理

上市公司实施限制性股票的股权激励安排中，常见做法是上市公司以非公开发行的方式向激励对象授予一定数量的公司股票，并规定锁定期和解锁期，在锁定期和解锁期内，不得上市流通及转让。达到解锁条件，可以解锁；如果全部或部分股票未被解锁而失效或作废，通常由上市公司按照事先约定的价格立即进行回购。

对于此类授予限制性股票的股权激励计划，向职工发行的限制性股票按有关规定履行了注册登记等增资手续的，上市公司应当根据收到职工缴纳的认股款确认股本和资本公积（股本溢价），按照职工缴纳的认股款，借记"银行存款"等科目，按照股本金额，贷记"股本"科目，按照其差额，贷记"资本公积——股本溢价"科目；同时，就回购义务确认负债（作收购库存股处理），按照发行限制性股票的数量以及相应的回购价格计算确定的金额，借记"库存股"科目，贷记"其他应付款——限制性股票回购义务"（包括未满足条件而须立即回购的部分）等科目。

上市公司应当综合考虑限制性股票锁定期和解锁期等相关条款，按照《企业会计准则第 11 号——股份支付》相关规定判断等待期，进行与股份支付相关的会计处理。对于因回购产生的义务确认的负债，应当按照《企业会计准则第 22 号——金融工具确认和计量》相关规定进行会计处理。上市公司未达到限制性股票解锁条件而需回购的股票，按照应支付的金额，借记"其他应付款——限制性股票回购义务"等科目，贷记"银行存款"等科目；同时，按照注销的限制性股票数量相对应的股本金额，借记"股本"科目，按照注销的限制性股票数量相对应的库存股的账面价值，贷记"库存股"科目，按其差额，借记"资本公积——股本溢价"科目。上市公司达到限制性股票解锁条件而无须回购的股票，按照解锁股票相对应的负债的账面价值，借记"其他应付款——限制性股票回购义务"等科目，按照解锁股票相对应的库存股的账面价值，贷记"库存股"科目，如有差额，则借记或贷记"资本公积——股本溢价"科目。

（二）等待期内发放现金股利的会计处理和基本每股收益的计算

上市公司在等待期内发放现金股利的会计处理及基本每股收益的计算，应视其发放的现金股利是否可撤销采取不同的方法：

1. 现金股利可撤销，即一旦未达到解锁条件，被回购限制性股票的持有者将无法获得（或需要退回）其在等待期内应收（或已收）的现金股利。

等待期内，上市公司在核算应分配给限制性股票持有者的现金股利时，应合理估计未来解锁条件的满足情况，该估计与进行股份支付会计处理时在等待期内每个资产负债表日对可行权权益工具数量进行的估计应当保持一致。对于预计未来可解锁限制性股票持有者，上市公司应分配给限制性股票持有者的现金股利应当作为利润分配进行会计处理，借记"利润分配——应付现金股利或利润"科目，贷记"应付股利——限制性股票股利"科目；同时，按分配的现金股利金额，借记"其他应付款——限制性股票回购义务"等科目，贷记"库存股"科目；实际支付时，借记"应付股利——限制性股票股利"科目，贷记"银行存款"等科目。对于预计未来不可解锁限制性股票持有者，上市公司应分配给限制性股票持有者的现金股利应当冲减相关的负债，借记"其他应付款——限制性股票回购义务"等科目,贷记"应付股利——限制性股票股利"科目;实际支付时,借记"应付股利——限制性股票股利"科目,贷记"银行存款"等科目。后续信息表明不可解锁限制性股票的数量与以前估计不同的,应当作为会计估计变更处理,直到解锁日预计不可解锁限制性股票的数量与实际未解锁限制性股票的数量一致。

等待期内计算基本每股收益时,分子应扣除当期分配给预计未来可解锁限制性股票持有者的现金股利;分母不应包含限制性股票的股数。

2. 现金股利不可撤销,即不论是否达到解锁条件,限制性股票持有者仍有权获得(或不得被要求退回)其在等待期内应收(或已收)的现金股利。

等待期内,上市公司在核算应分配给限制性股票持有者的现金股利时,应合理估计未来解锁条件的满足情况,该估计与进行股份支付会计处理时在等待期内每个资产负债表日对可行权权益工具数量进行的估计应当保持一致。对于预计未来可解锁限制性股票持有者,上市公司应分配给限制性股票持有者的现金股利应当作为利润分配进行会计处理,借记"利润分配——应付现金股利或利润"科目,贷记"应付股利——限制性股票股利"科目;实际支付时,借记"应付股利——限制性股票股利"科目,贷记"银行存款"等科目。对于预计未来不可解锁限制性股票持有者,上市公司应分配给限制性股票持有者的现金股利应当计入当期成本费用,借记"管理费用"等科目,贷记"应付股利——应付限制性股票股利"科目;实际支付时,借记"应付股利——限制性股票股利"科目,贷记"银行存款"等科目。后续信息表明不可解锁限制性股票的数量与以前估计不同的,应当作为会计估计变更处理,直到解锁日预计不可解锁限制性股票的数量与实际未解锁限制性股票的数量一致。

等待期内计算基本每股收益时,应当将预计未来可解锁限制性股票作为同普通股一起参加剩余利润分配的其他权益工具处理,分子应扣除归属于预计未来可解锁限制性股票的净利润;分母不应包含限制性股票的股数。

(三)等待期内稀释每股收益的计算

等待期内计算稀释每股收益时,应视解锁条件不同采取不同的方法:

1. 解锁条件仅为服务期限条件的,企业应假设资产负债表日尚未解锁的限制性股票已于当期期初(或晚于期初的授予日)全部解锁,并参照《企业会计准则第 34 号——每股收益》中股份期权的有关规定考虑限制性股票的稀释性。其中,行权价格为限制性股票的发行价格加上资产负债表日尚未取得的职工服务按《企业会计准则第 11 号——股份支付》有关规定计算确定的公允价值。锁定期内计算稀释每股收益时，分子应加回计算基本每股收益分子时已扣除的当期分配给预计未来可解锁限制性股票持有者的现金股利或归属于预计未来可解锁限制性股票的净利润。

2. 解锁条件包含业绩条件的，企业应假设资产负债表日即为解锁日并据以判断资产负债表日的实际业绩情况是否满足解锁要求的业绩条件。若满足业绩条件的，应当参照上述解锁条件仅为服务期限条件的有关规定计算稀释性每股收益；若不满足业绩条件的，计算稀释性每股收益时不必考虑此限制性股票的影响。

本解释发布前限制性股票未按照上述规定处理的，应当追溯调整，并重新计算各列报期间的每股收益，追溯调整不切实可行的除外。

分部报告准则

企业会计准则第 35 号——分部报告[①]

（财会〔2006〕3 号　2006 年 2 月 15 日）

第一章　总　　则

第一条　为了规范分部报告的编制和相关信息的披露，根据《企业会计准则——基本准则》，制定本准则。

第二条　企业存在多种经营或跨地区经营的，应当按照本准则规定披露分部信息。但是，法律、行政法规另有规定的除外。

第三条　企业应当以对外提供的财务报表为基础披露分部信息。对外提供合并财务报表的企业，应当以合并财务报表为基础披露分部信息。

第二章　报告分部的确定

第四条　企业披露分部信息，应当区分业务分部和地区分部。

第五条　业务分部，是指企业内可区分的、能够提供单项或一组相关产品或劳务的组成部分。该组成部分承担了不同于其他组成部分的风险和报酬。

企业在确定业务分部时，应当结合企业内部管理要求，并考虑下列因素：

（一）各单项产品或劳务的性质，包括产品或劳务的规格、型号、最终用途等；

[①]《企业会计准则第 35 号——分部报告》（财会〔2006〕3 号）已被《企业会计准则解释第 3 号》（财会〔2009〕8 号）修订，企业应当按照《企业会计准则解释第 3 号》（财会〔2009〕8 号）及其中有关《企业会计准则第 35 号——分部报告》（财会〔2006〕3 号）的规定处理。

（二）生产过程的性质，包括采用劳动密集或资本密集方式组织生产、使用相同或者相似设备和原材料、采用委托生产或加工方式等；

（三）产品或劳务的客户类型，包括大宗客户、零散客户等；

（四）销售产品或提供劳务的方式，包括批发、零售、自产自销、委托销售、承包等；

（五）生产产品或提供劳务受法律、行政法规的影响，包括经营范围或交易定价限制等。

第六条 地区分部，是指企业内可区分的、能够在一个特定的经济环境内提供产品或劳务的组成部分。该组成部分承担了不同于在其他经济环境内提供产品或劳务的组成部分的风险和报酬。

企业在确定地区分部时，应当结合企业内部管理要求，并考虑下列因素：

（一）所处经济、政治环境的相似性，包括境外经营所在地区经济和政治的稳定程度等；

（二）在不同地区经营之间的关系，包括在某地区进行产品生产，而在其他地区进行销售等；

（三）经营的接近程度大小，包括在某地区生产的产品是否需在其他地区进一步加工生产等；

（四）与某一特定地区经营相关的特别风险，包括气候异常变化等；

（五）外汇管理规定，即境外经营所在地区是否实行外汇管制；

（六）外汇风险。

第七条 两个或两个以上的业务分部或地区分部同时满足下列条件的，可以予以合并：

（一）具有相近的长期财务业绩，包括具有相近的长期平均毛利率、资金回报率、未来现金流量等；

（二）确定业务分部或地区分部所考虑的因素类似。

第八条 企业应当以业务分部或地区分部为基础确定报告分部。业务分部或地区分部的大部分收入是对外交易收入，且满足下列条件之一的，应当将其确定为报告分部：

（一）该分部的分部收入占所有分部收入合计的10%或者以上。

（二）该分部的分部利润（亏损）的绝对额，占所有盈利分部利润合计额或者所有亏损分部亏损合计额的绝对额两者中较大者的10%或者以上。

（三）该分部的分部资产占所有分部资产合计额的10%或者以上。

第九条 业务分部或地区分部未满足本准则第八条规定条件的,可以按照下列规定处理:

(一)不考虑该分部的规模,直接将其指定为报告分部;

(二)不将该分部直接指定为报告分部的,可将该分部与一个或一个以上类似的、未满足本准则第八条规定条件的其他分部合并为一个报告分部;

(三)不将该分部指定为报告分部且不与其他分部合并的,应当在披露分部信息时,将其作为其他项目单独披露。

第十条 报告分部的对外交易收入合计额占合并总收入或企业总收入的比重未达到75%的,应当将其他的分部确定为报告分部(即使它们未满足本准则第八条规定的条件),直到该比重达到75%。

第十一条 企业的内部管理按照垂直一体化经营的不同层次来划分的,即使其大部分收入不通过对外交易取得,仍可将垂直一体化经营的不同层次确定为独立的报告业务分部。

第十二条 对于上期确定为报告分部的,企业本期认为其依然重要,即使本期未满足本准则第八条规定条件的,仍应将其确定为本期的报告分部。

第三章 分部信息的披露

第十三条 企业应当区分主要报告形式和次要报告形式披露分部信息。

(一)风险和报酬主要受企业的产品和劳务差异影响的,披露分部信息的主要形式应当是业务分部,次要形式是地区分部。

(二)风险和报酬主要受企业在不同的国家或地区经营活动影响的,披露分部信息的主要形式应当是地区分部,次要形式是业务分部。

(三)风险和报酬同时较大地受企业产品和劳务的差异以及经营活动所在国家或地区差异影响的,披露分部信息的主要形式应当是业务分部,次要形式是地区分部。

第十四条 对于主要报告形式,企业应当在附注中披露分部收入、分部费用、分部利润(亏损)、分部资产总额和分部负债总额等。

(一)分部收入,是指可归属于分部的对外交易收入和对其他分部交易收入。分部的对外交易收入和对其他分部交易收入,应当分别披露。

(二)分部费用,是指可归属于分部的对外交易费用和对其他分部交易费用。分部的折旧费用、摊销费用以及其他重大的非现金费用,应当分别披露。

（三）分部利润（亏损），是指分部收入减去分部费用后的余额。在合并利润表中，分部利润（亏损）应当在调整少数股东损益前确定。

（四）分部资产，是指分部经营活动使用的可归属于该分部的资产，不包括递延所得税资产。

分部资产的披露金额应当按照扣除相关累计折旧或摊销额以及累计减值准备后的金额确定。

披露分部资产总额时，当期发生的在建工程成本总额、购置的固定资产和无形资产的成本总额，应当单独披露。

（五）分部负债，是指分部经营活动形成的可归属于该分部的负债，不包括递延所得税负债。

第十五条 分部的日常活动是金融性质的，利息收入和利息费用应当作为分部收入和分部费用进行披露。

第十六条 企业披露的分部信息，应当与合并财务报表或企业财务报表中的总额信息相衔接。

分部收入应当与企业的对外交易收入（包括企业对外交易取得的、未包括在任何分部收入中的收入）相衔接；分部利润（亏损）应当与企业营业利润（亏损）和企业净利润（净亏损）相衔接；分部资产总额应当与企业资产总额相衔接；分部负债总额应当与企业负债总额相衔接。

第十七条 分部信息的主要报告形式是业务分部的，应当就次要报告形式披露下列信息：

（一）对外交易收入占企业对外交易收入总额10%或者以上的地区分部，以外部客户所在地为基础披露对外交易收入。

（二）分部资产占所有地区分部资产总额10%或者以上的地区分部，以资产所在地为基础披露分部资产总额。

第十八条 分部信息的主要报告形式是地区分部的，应当就次要报告形式披露下列信息：

（一）对外交易收入占企业对外交易收入总额10%或者以上的业务分部，应当披露对外交易收入。

（二）分部资产占所有业务分部资产总额10%或者以上的业务分部，应当披露分部资产总额。

第十九条 分部间转移交易应当以实际交易价格为基础计量。转移价格的确定基础及其变更情况，应当予以披露。

第二十条　企业应当披露分部会计政策，但分部会计政策与合并财务报表或企业财务报表一致的除外。

分部会计政策变更影响重大的，应当按照《企业会计准则第 28 号——会计政策、会计估计变更和差错更正》进行披露，并提供相关比较数据。提供比较数据不切实可行的，应当说明原因。

企业改变分部的分类且提供比较数据不切实可行的，应当在改变分部分类的年度，分别披露改变前和改变后的报告分部信息。

分部会计政策，是指编制合并财务报表或企业财务报表时采用的会计政策，以及与分部报告特别相关的会计政策。与分部报告特别相关的会计政策包括分部的确定、分部间转移价格的确定方法，以及将收入和费用分配给分部的基础等。

第二十一条　企业在披露分部信息时，应当提供前期比较数据。但是，提供比较数据不切实可行的除外。

企业会计准则解释中与分部报告准则相关的内容

企业应当如何改进报告分部信息？[①]（《企业会计准则解释第 3 号》第八项）

答：企业应当以内部组织结构、管理要求、内部报告制度为依据确定经营分部，以经营分部为基础确定报告分部，并按下列规定披露分部信息。原有关确定地区分部和业务分部以及按照主要报告形式、次要报告形式披露分部信息的规定不再执行。

（一）经营分部，是指企业内同时满足下列条件的组成部分：

1. 该组成部分能够在日常活动中产生收入、发生费用；

---

① 本条款不要求追溯调整。

2. 企业管理层能够定期评价该组成部分的经营成果，以决定向其配置资源、评价其业绩；

3. 企业能够取得该组成部分的财务状况、经营成果和现金流量等有关会计信息。

企业存在相似经济特征的两个或多个经营分部，同时满足《企业会计准则第35号——分部报告》第五条相关规定的，可以合并为一个经营分部。

（二）企业以经营分部为基础确定报告分部时，应当满足《企业会计准则第35号——分部报告》第八条规定的三个条件之一。未满足规定条件，但企业认为披露该经营分部信息对财务报告使用者有用的，也可将其确定为报告分部。

报告分部的数量通常不应超过10个。报告分部的数量超过10个需要合并的，应当以经营分部的合并条件为基础，对相关的报告分部予以合并。

（三）企业报告分部确定后，应当披露下列信息：

1. 确定报告分部考虑的因素、报告分部的产品和劳务的类型；

2. 每一报告分部的利润（亏损）总额相关信息，包括利润（亏损）总额组成项目及计量的相关会计政策信息；

3. 每一报告分部的资产总额、负债总额相关信息，包括资产总额组成项目的信息，以及有关资产、负债计量的相关会计政策。

（四）除上述已经作为报告分部信息组成部分披露的外，企业还应当披露下列信息：

1. 每一产品和劳务或每一类似产品和劳务组合的对外交易收入；

2. 企业取得的来自本国的对外交易收入总额以及位于本国的非流动资产（不包括金融资产、独立账户资产、递延所得税资产，下同）总额，企业从其他国家取得的对外交易收入总额以及位于其他国家的非流动资产总额；

3. 企业对主要客户的依赖程度。

关联方披露准则

企业会计准则第 36 号
——关联方披露

(财会〔2006〕3 号 2006 年 2 月 15 日)

第一章 总 则

第一条 为了规范关联方及其交易的信息披露,根据《企业会计准则——基本准则》,制定本准则。

第二条 企业财务报表中应当披露所有关联方关系及其交易的相关信息。对外提供合并财务报表的,对于已经包括在合并范围内各企业之间的交易不予披露,但应当披露与合并范围外各关联方的关系及其交易。

第二章 关 联 方

第三条[①] 一方控制、共同控制另一方或对另一方施加重大影响,以及两方或两方以上同受一方控制、共同控制或重大影响的,构成关联方。

控制,是指有权决定一个企业的财务和经营政策,并能据以从该企业的经营活动中获取利益。

共同控制,是指按照合同约定对某项经济活动所共有的控制,仅在与该项经济活动相关的重要财务和经营决策需要分享控制权的投资方一致同意时

[①]《企业会计准则解释第 13 号》(财会〔2019〕21 号)对此条款进行了修订,两方或两方以上同受一方重大影响的,不构成关联方。

存在。

重大影响，是指对一个企业的财务和经营政策有参与决策的权力，但并不能够控制或者与其他方一起共同控制这些政策的制定。

第四条 下列各方构成企业的关联方：

（一）该企业的母公司。

（二）该企业的子公司。

（三）与该企业受同一母公司控制的其他企业。

（四）对该企业实施共同控制的投资方。

（五）对该企业施加重大影响的投资方。

（六）该企业的合营企业。

（七）该企业的联营企业。

（八）该企业的主要投资者个人及与其关系密切的家庭成员。主要投资者个人，是指能够控制、共同控制一个企业或者对一个企业施加重大影响的个人投资者。

（九）该企业或其母公司的关键管理人员及与其关系密切的家庭成员。关键管理人员，是指有权力并负责计划、指挥和控制企业活动的人员。与主要投资者个人或关键管理人员关系密切的家庭成员，是指在处理与企业的交易时可能影响该个人或受该个人影响的家庭成员。

（十）该企业主要投资者个人、关键管理人员或与其关系密切的家庭成员控制、共同控制或施加重大影响的其他企业。[①]

第五条 仅与企业存在下列关系的各方，不构成企业的关联方：

（一）与该企业发生日常往来的资金提供者、公用事业部门、政府部门和机构。

（二）与该企业发生大量交易而存在经济依存关系的单个客户、供应商、特许商、经销商或代理商。

（三）与该企业共同控制合营企业的合营者。

第六条 仅仅同受国家控制而不存在其他关联方关系的企业，不构成关联方。

---

① 《企业会计准则解释第13号》（财会〔2019〕21号）对此条款进行了修订，两方或两方以上同受一方重大影响的，不构成关联方。

第三章 关联方交易

第七条 关联方交易,是指关联方之间转移资源、劳务或义务的行为,而不论是否收取价款。

第八条 关联方交易的类型通常包括下列各项:

(一)购买或销售商品。

(二)购买或销售商品以外的其他资产。

(三)提供或接受劳务。

(四)担保。

(五)提供资金(贷款或股权投资)。

(六)租赁。

(七)代理。

(八)研究与开发项目的转移。

(九)许可协议。

(十)代表企业或由企业代表另一方进行债务结算。

(十一)关键管理人员薪酬。

第四章 披　　露

第九条 企业无论是否发生关联方交易,均应当在附注中披露与母公司和子公司有关的下列信息:

(一)母公司和子公司的名称。

母公司不是该企业最终控制方的,还应当披露最终控制方名称。

母公司和最终控制方均不对外提供财务报表的,还应当披露母公司之上与其最相近的对外提供财务报表的母公司名称。

(二)母公司和子公司的业务性质、注册地、注册资本(或实收资本、股本)及其变化。

(三)母公司对该企业或者该企业对子公司的持股比例和表决权比例。

第十条 企业与关联方发生关联方交易的,应当在附注中披露该关联方关系的性质、交易类型及交易要素。交易要素至少应当包括:

(一)交易的金额。

（二）未结算项目的金额、条款和条件，以及有关提供或取得担保的信息。

（三）未结算应收项目的坏账准备金额。

（四）定价政策。

第十一条 关联方交易应当分别关联方以及交易类型予以披露。类型相似的关联方交易，在不影响财务报表阅读者正确理解关联方交易对财务报表影响的情况下，可以合并披露。

第十二条 企业只有在提供确凿证据的情况下，才能披露关联方交易是公平交易。

企业会计准则解释中与关联方披露准则相关的内容

一、关于关键管理人员服务的提供方与接受方是否为关联方？（《企业会计准则解释第12号》）

（一）涉及的主要准则

该问题主要涉及《企业会计准则第36号——关联方披露》（财会〔2006〕3号，以下简称第36号准则）。

（二）涉及的主要问题

根据第36号准则第四条，企业的关键管理人员构成该企业的关联方。根据上述规定，提供关键管理人员服务的主体（以下简称服务提供方）与接受该服务的主体（以下简称服务接受方）之间是否构成关联方？例如，证券公司与其设立并管理的资产管理计划之间存在提供和接受关键管理人员服务的关系的，是否仅因此就构成了关联方，即证券公司在财务报表中是否将资产管理计划作为关联方披露，以及资产管理计划在财务报表中是否将证券公司作为关联方披露。

（三）会计确认、计量和列报要求

服务提供方向服务接受方提供关键管理人员服务的，服务接受方在编制财务报表时,应当将服务提供方作为关联方进行相关披露;服务提供方在编制财务报表时,不应仅仅因为向服务接受方提供了关键管理人员服务就将其认定为关联方,而应当按照第 36 号准则判断双方是否构成关联方并进行相应的会计处理。

服务接受方可以不披露服务提供方所支付或应支付给服务提供方有关员工的报酬,但应当披露其接受服务而应支付的金额。

(四)生效日期和新旧衔接

本解释自 2018 年 1 月 1 日起施行,不要求追溯调整。

二、关于企业与其所属企业集团其他成员企业等相关的关联方判断[①]

(《企业会计准则解释第 13 号》第一项)

该问题主要涉及《企业会计准则第 36 号——关联方披露》(财会〔2006〕3 号,以下简称"第 36 号准则")等准则。

除第 36 号准则第四条规定外,下列各方构成关联方,应当按照第 36 号准则进行相关披露:(一)企业与其所属企业集团的其他成员单位(包括母公司和子公司)的合营企业或联营企业;(二)企业的合营企业与企业的其他合营企业或联营企业。

除第 36 号准则第五条和第六条规定外,两方或两方以上同受一方重大影响的,不构成关联方。

第 36 号准则中所指的联营企业包括联营企业及其子公司,合营企业包括合营企业及其子公司。

[①] 本条款不要求追溯调整。

金融工具列报准则

企业会计准则第 37 号
——金融工具列报

(财会〔2017〕14 号　2017 年 5 月 2 日)

第一章　总　　则

第一条　为了规范金融工具的列报，根据《企业会计准则——基本准则》，制定本准则。

金融工具列报，包括金融工具列示和金融工具披露。

第二条　金融工具列报的信息，应当有助于财务报表使用者了解企业所发行金融工具的分类、计量和列报的情况，以及企业所持有的金融资产和承担的金融负债的情况，并就金融工具对企业财务状况和经营成果影响的重要程度、金融工具使企业在报告期间和期末所面临风险的性质和程度，以及企业如何管理这些风险作出合理评价。

第三条　本准则适用于所有企业各种类型的金融工具，但下列各项适用其他会计准则：

（一）由《企业会计准则第 2 号——长期股权投资》、《企业会计准则第 33 号——合并财务报表》和《企业会计准则第 40 号——合营安排》规范的对子公司、合营企业和联营企业的投资，其披露适用《企业会计准则第 41 号——在其他主体中权益的披露》。但企业持有的与在子公司、合营企业或联营企业中的权益相联系的衍生工具，适用本准则。

企业按照《企业会计准则第 22 号——金融工具确认和计量》相关规定对

联营企业或合营企业的投资进行会计处理的,以及企业符合《企业会计准则第33号——合并财务报表》有关投资性主体定义,且根据该准则规定对子公司的投资以公允价值计量且其变动计入当期损益的,对上述合营企业、联营企业或子公司的相关投资适用本准则。

(二)由《企业会计准则第9号——职工薪酬》规范的职工薪酬相关计划形成的企业的权利和义务,适用《企业会计准则第9号——职工薪酬》。

(三)由《企业会计准则第11号——股份支付》规范的股份支付中涉及的金融工具以及其他合同和义务,适用《企业会计准则第11号——股份支付》。但是,股份支付中属于本准则范围的买入或卖出非金融项目的合同,以及与股份支付相关的企业发行、回购、出售或注销的库存股,适用本准则。

(四)由《企业会计准则第12号——债务重组》规范的债务重组,适用《企业会计准则第12号——债务重组》。但债务重组中涉及金融资产转移披露的,适用本准则。

(五)由《企业会计准则第14号——收入》规范的属于金融工具的合同权利和义务,适用《企业会计准则第14号——收入》。由《企业会计准则第14号——收入》要求在确认和计量相关合同权利的减值损失和利得时,应当按照《企业会计准则第22号——金融工具确认和计量》进行会计处理的合同权利,适用本准则有关信用风险披露的规定。

(六)由保险合同相关会计准则规范的保险合同所产生的权利和义务,适用保险合同相关会计准则。

因具有相机分红特征而由保险合同相关会计准则规范的合同所产生的权利和义务,适用保险合同相关会计准则。但对于嵌入保险合同的衍生工具,该嵌入衍生工具本身不是保险合同的,适用本准则;该嵌入衍生工具本身为保险合同的,适用保险合同相关会计准则。

企业选择按照《企业会计准则第22号——金融工具确认和计量》进行会计处理的财务担保合同,适用本准则;企业选择按照保险合同相关会计准则进行会计处理的财务担保合同,适用保险合同相关会计准则。

第四条 本准则适用于能够以现金或其他金融工具净额结算,或通过交换金融工具结算的买入或卖出非金融项目的合同。但企业按预定的购买、销售或使用要求签订并持有,旨在收取或交付非金融项目的合同,适用其他相关会计准则,但是企业根据《企业会计准则第22号——金融工具确认和计量》第八条的规定将该合同指定为以公允价值计量且其变动计入当期损益的金融资产或金融负债的，适用本准则。

第五条 本准则第六章至第八章的规定，除适用于企业已按照《企业会计准则第 22 号——金融工具确认和计量》确认的金融工具外，还适用于未确认的金融工具。

第六条 本准则规定的交易或事项涉及所得税的，应当按照《企业会计准则第 18 号——所得税》进行处理。

第二章 金融负债和权益工具的区分

第七条 企业应当根据所发行金融工具的合同条款及其所反映的经济实质而非仅以法律形式，结合金融资产、金融负债和权益工具的定义，在初始确认时将该金融工具或其组成部分分类为金融资产、金融负债或权益工具。

第八条 金融负债，是指企业符合下列条件之一的负债：

（一）向其他方交付现金或其他金融资产的合同义务。

（二）在潜在不利条件下，与其他方交换金融资产或金融负债的合同义务。

（三）将来须用或可用企业自身权益工具进行结算的非衍生工具合同，且企业根据该合同将交付可变数量的自身权益工具。

（四）将来须用或可用企业自身权益工具进行结算的衍生工具合同，但以固定数量的自身权益工具交换固定金额的现金或其他金融资产的衍生工具合同除外。企业对全部现有同类别非衍生自身权益工具的持有方同比例发行配股权、期权或认股权证，使之有权按比例以固定金额的任何货币换取固定数量的该企业自身权益工具的，该类配股权、期权或认股权证应当分类为权益工具。其中，企业自身权益工具不包括应按照本准则第三章分类为权益工具的金融工具，也不包括本身就要求在未来收取或交付企业自身权益工具的合同。

第九条 权益工具，是指能证明拥有某个企业在扣除所有负债后的资产中的剩余权益的合同。企业发行的金融工具同时满足下列条件的，符合权益工具的定义，应当将该金融工具分类为权益工具：

（一）该金融工具应当不包括交付现金或其他金融资产给其他方，或在潜在不利条件下与其他方交换金融资产或金融负债的合同义务；

（二）将来须用或可用企业自身权益工具结算该金融工具。如为非衍生工具，该金融工具应当不包括交付可变数量的自身权益工具进行结算的合同义务；如为衍生工具，企业只能通过以固定数量的自身权益工具交换固定金额的现金或其他金融资产结算该金融工具。企业自身权益工具不包括应按照本准则第三章分类为权益工具的金融工具，也不包括本身就要求在未来收取或交付企业自身权益工具的合同。

第十条 企业不能无条件地避免以交付现金或其他金融资产来履行一项合同义务的，该合同义务符合金融负债的定义。有些金融工具虽然没有明确地包含交付现金或其他金融资产义务的条款和条件，但有可能通过其他条款和条件间接地形成合同义务。

如果一项金融工具须用或可用企业自身权益工具进行结算，需要考虑用于结算该工具的企业自身权益工具，是作为现金或其他金融资产的替代品，还是为了使该工具持有方享有在发行方扣除所有负债后的资产中的剩余权益。如果是前者，该工具是发行方的金融负债；如果是后者，该工具是发行方的权益工具。在某些情况下，一项金融工具合同规定企业须用或可用自身权益工具结算该金融工具，其中合同权利或合同义务的金额等于可获取或需交付的自身权益工具的数量乘以其结算时的公允价值，则无论该合同权利或合同义务的金额是固定的，还是完全或部分地基于除企业自身权益工具的市场价格以外变量（例如利率、某种商品的价格或某项金融工具的价格）的变动而变动的，该合同应当分类为金融负债。

第十一条 除根据本准则第三章分类为权益工具的金融工具外，如果一项合同使发行方承担了以现金或其他金融资产回购自身权益工具的义务，即使发行方的回购义务取决于合同对手方是否行使回售权，发行方应当在初始确认时将该义务确认为一项金融负债，其金额等于回购所需支付金额的现值（如远期回购价格的现值、期权行权价格的现值或其他回售金额的现值）。如果最终发行方无须以现金或其他金融资产回购自身权益工具，应当在合同到期时将该项金融负债按照账面价值重分类为权益工具。

第十二条 对于附有或有结算条款的金融工具，发行方不能无条件地避免交付现金、其他金融资产或以其他导致该工具成为金融负债的方式进行结算的，应当分类为金融负债。但是，满足下列条件之一的，发行方应当将其分类为权益工具：

（一）要求以现金、其他金融资产或以其他导致该工具成为金融负债的方式进行结算的或有结算条款几乎不具有可能性，即相关情形极端罕见、显著异常且几乎不可能发生。

（二）只有在发行方清算时，才需以现金、其他金融资产或以其他导致该工具成为金融负债的方式进行结算。

（三）按照本准则第三章分类为权益工具的可回售工具。

附有或有结算条款的金融工具，指是否通过交付现金或其他金融资产进行结算，或者是否以其他导致该金融工具成为金融负债的方式进行结算，需要由发行方和持有方均不能控制的未来不确定事项（如股价指数、消费价格指数变动、利率或税法变动、发行方未来收入、净收益或债务权益比率等）的发生或不发生（或发行方和持有方均不能控制的未来不确定事项的结果）来确定的金融工具。

第十三条 对于存在结算选择权的衍生工具（例如合同规定发行方或持有方能选择以现金净额或以发行股份交换现金等方式进行结算的衍生工具），发行方应当将其确认为金融资产或金融负债，但所有可供选择的结算方式均表明该衍生工具应当确认为权益工具的除外。

第十四条 企业应对发行的非衍生工具进行评估，以确定所发行的工具是否为复合金融工具。企业所发行的非衍生工具可能同时包含金融负债成分和权益工具成分。对于复合金融工具，发行方应于初始确认时将各组成部分分别分类为金融负债、金融资产或权益工具。

企业发行的一项非衍生工具同时包含金融负债成分和权益工具成分的，应于初始计量时先确定金融负债成分的公允价值（包括其中可能包含的非权益性嵌入衍生工具的公允价值），再从复合金融工具公允价值中扣除负债成分的公允价值，作为权益工具成分的价值。复合金融工具中包含非权益性嵌入衍生工具的，非权益性嵌入衍生工具的公允价值应当包含在金融负债成分的公允价值中，并且按照《企业会计准则第22号——金融工具确认和计量》的规定对该金融负债成分进行会计处理。

第十五条 在合并财务报表中对金融工具（或其组成部分）进行分类时，企业应当考虑企业集团成员和金融工具的持有方之间达成的所有条款和条件。企业集团作为一个整体，因该工具承担了交付现金、其他金融资产或以其他导致该工具成为金融负债的方式进行结算的义务的，该工具在企业集团合并财务报表中应当分类为金融负债。

第三章 特殊金融工具的区分

第十六条 符合金融负债定义，但同时具有下列特征的可回售工具，应当分类为权益工具：

（一）赋予持有方在企业清算时按比例份额获得该企业净资产的权利。这里所指企业净资产是扣除所有优先于该工具对企业资产要求权之后的剩余资产；这里所指按比例份额是清算时将企业的净资产分拆为金额相等的单位，并且将单位金额乘以持有方所持有的单位数量。

（二）该工具所属的类别次于其他所有工具类别，即该工具在归属于该类别前无须转换为另一种工具，且在清算时对企业资产没有优先于其他工具的要求权。

（三）该工具所属的类别中（该类别次于其他所有工具类别），所有工具具有相同的特征（例如它们必须都具有可回售特征，并且用于计算回购或赎回价格的公式或其他方法都相同）。

（四）除了发行方应当以现金或其他金融资产回购或赎回该工具的合同义务外，该工具不满足本准则规定的金融负债定义中的任何其他特征。

（五）该工具在存续期内的预计现金流量总额，应当实质上基于该工具存续期内企业的损益、已确认净资产的变动、已确认和未确认净资产的公允价值变动（不包括该工具的任何影响）。

可回售工具，是指根据合同约定，持有方有权将该工具回售给发行方以获取现金或其他金融资产的权利，或者在未来某一不确定事项发生或者持有方死亡或退休时，自动回售给发行方的金融工具。

第十七条 符合金融负债定义，但同时具有下列特征的发行方仅在清算时才有义务向另一方按比例交付其净资产的金融工具，应当分类为权益工具：

（一）赋予持有方在企业清算时按比例份额获得该企业净资产的权利；

（二）该工具所属的类别次于其他所有工具类别；

（三）该工具所属的类别中（该类别次于其他所有工具类别），发行方对该类别中所有工具都应当在清算时承担按比例份额交付其净资产的同等合同义务。

产生上述合同义务的清算确定将会发生并且不受发行方的控制（如发行方本身是有限寿命主体），或者发生与否取决于该工具的持有方。

第十八条 分类为权益工具的可回售工具，或发行方仅在清算时才有义务向另一方按比例交付其净资产的金融工具，除应当具有本准则第十六条或第十七条所述特征外，其发行方应当没有同时具备下列特征的其他金融工具或合同：

（一）现金流量总额实质上基于企业的损益、已确认净资产的变动、已确认和未确认净资产的公允价值变动（不包括该工具或合同的任何影响）；

（二）实质上限制或固定了本准则第十六条或第十七条所述工具持有方所获得的剩余回报。

在运用上述条件时，对于发行方与本准则第十六条或第十七条所述工具持有方签订的非金融合同，如果其条款和条件与发行方和其他方之间可能订立的同等合同类似，不应考虑该非金融合同的影响。但如果不能作出此判断，则不得将该工具分类为权益工具。

第十九条 按照本章规定分类为权益工具的金融工具，自不再具有本准则第十六条或第十七条所述特征，或发行方不再满足本准则第十八条规定条件之日起，发行方应当将其重分类为金融负债，以重分类日该工具的公允价值计量，并将重分类日权益工具的账面价值和金融负债的公允价值之间的差额确认为权益。

按照本章规定分类为金融负债的金融工具，自具有本准则第十六条或第十七条所述特征，且发行方满足本准则第十八条规定条件之日起，发行方应当将其重分类为权益工具，以重分类日金融负债的账面价值计量。

第二十条 企业发行的满足本章规定分类为权益工具的金融工具，在企业集团合并财务报表中对应的少数股东权益部分，应当分类为金融负债。

第四章 收益和库存股

第二十一条 金融工具或其组成部分属于金融负债的，相关利息、股利（或股息）、利得或损失，以及赎回或再融资产生的利得或损失等，应当计入当期损益。

第二十二条 金融工具或其组成部分属于权益工具的，其发行（含再融资）、回购、出售或注销时，发行方应当作为权益的变动处理。发行方不应当确认权益工具的公允价值变动。

发行方向权益工具持有方的分配应当作为其利润分配处理，发放的股票股利不影响发行方的所有者权益总额。

第二十三条 与权益性交易相关的交易费用应当从权益中扣减。

企业发行或取得自身权益工具时发生的交易费用（例如登记费，承销费，法律、会计、评估及其他专业服务费用，印刷成本和印花税等），可直接归属于权益性交易的，应当从权益中扣减。终止的未完成权益性交易所发生的交易费用应当计入当期损益。

第二十四条 发行复合金融工具发生的交易费用，应当在金融负债成分和权益工具成分之间按照各自占总发行价款的比例进行分摊。与多项交易相关的共同交易费用，应当在合理的基础上，采用与其他类似交易一致的方法，在各项交易间进行分摊。

第二十五条 发行方分类为金融负债的金融工具支付的股利，在利润表中应当确认为费用，与其他负债的利息费用合并列示，并在财务报表附注中单独披露。

作为权益扣减项的交易费用，应当在财务报表附注中单独披露。

第二十六条 回购自身权益工具（库存股）支付的对价和交易费用，应当减少所有者权益，不得确认金融资产。库存股可由企业自身购回和持有，也可由企业集团合并财务报表范围内的其他成员购回和持有。

第二十七条 企业应当按照《企业会计准则第30号——财务报表列报》的规定在资产负债表中单独列示所持有的库存股金额。

企业从关联方回购自身权益工具的，还应当按照《企业会计准则第36号——关联方披露》的相关规定进行披露。

第五章 金融资产和金融负债的抵销

第二十八条 金融资产和金融负债应当在资产负债表内分别列示，不得相互抵销。但同时满足下列条件的，应当以相互抵销后的净额在资产负债表内列示：

（一）企业具有抵销已确认金额的法定权利，且该种法定权利是当前可执行的；

（二）企业计划以净额结算，或同时变现该金融资产和清偿该金融负债。

不满足终止确认条件的金融资产转移，转出方不得将已转移的金融资产和相关负债进行抵销。

第二十九条 抵销权是债务人根据合同或其他协议，以应收债权人的金额全部或部分抵销应付债权人的金额的法定权利。在某些情况下，如果债务人、债权人和第三方三者之间签署的协议明确表示债务人拥有该抵销权，并且不违反法律法规或其他相关规定，债务人可能拥有以应收第三方的金额抵销应付债权人的金额的法定权利。

第三十条 抵销权应当不取决于未来事项，而且在企业和所有交易对手方的正常经营过程中，或在出现违约、无力偿债或破产等各种情形下，企业均可执行该法定权利。

在确定抵销权是否可执行时，企业应当充分考虑法律法规或其他相关规定以及合同约定等各方面因素。

第三十一条 当前可执行的抵销权不构成相互抵销的充分条件，企业既不打算行使抵销权（即净额结算），又无计划同时结算金融资产和金融负债的，该金融资产和金融负债不得抵销。

在没有法定权利的情况下，一方或双方即使有意向以净额为基础进行结算或同时结算相关金融资产和金融负债的，该金融资产和金融负债也不得抵销。

第三十二条 企业同时结算金融资产和金融负债的，如果该结算方式相当于净额结算，则满足本准则第二十八条（二）以净额结算的标准。这种结算方式必须在同一结算过程或周期内处理了相关应收和应付款项，最终消除或几乎消除了信用风险和流动性风险。如果某结算方式同时具备如下特征，可视为满足净额结算标准：

（一）符合抵销条件的金融资产和金融负债在同一时点提交处理；

（二）金融资产和金融负债一经提交处理，各方即承诺履行结算义务；

（三）金融资产和金融负债一经提交处理，除非处理失败，这些资产和负债产生的现金流量不可能发生变动；

（四）以证券作为担保物的金融资产和金融负债，通过证券结算系统或其他类似机制进行结算（例如券款对付），即如果证券交付失败，则以证券作为抵押的应收款项或应付款项的处理也将失败，反之亦然；

（五）若发生本条（四）所述的失败交易，将重新进入处理程序，直至结算完成；

（六）由同一结算机构执行；

（七）有足够的日间信用额度，并且能够确保该日间信用额度一经申请提取即可履行，以支持各方能够在结算日进行支付处理。

第三十三条 在下列情况下，通常认为不满足本准则第二十八条所列条件，不得抵销相关金融资产和金融负债：

（一）使用多项不同金融工具来仿效单项金融工具的特征（即合成工具）。例如利用浮动利率长期债券与收取浮动利息且支付固定利息的利率互换，合成一项固定利率长期负债。

（二）金融资产和金融负债虽然具有相同的主要风险敞口（例如远期合同或其他衍生工具组合中的资产和负债），但涉及不同的交易对手方。

（三）无追索权金融负债与作为其担保物的金融资产或其他资产。

（四）债务人为解除某项负债而将一定的金融资产进行托管（例如偿债基金或类似安排），但债权人尚未接受以这些资产清偿负债。

（五）因某些导致损失的事项而产生的义务预计可以通过保险合同向第三方索赔而得以补偿。

第三十四条 企业与同一交易对手方进行多项金融工具交易时，可能与对手方签订总互抵协议。只有满足本准则第二十八条所列条件时，总互抵协议下的相关金融资产和金融负债才能抵销。

总互抵协议，是指协议所涵盖的所有金融工具中的任何一项合同在发生违约或终止时，就协议所涵盖的所有金融工具按单一净额进行结算。

第三十五条 企业应当区分金融资产和金融负债的抵销与终止确认。抵销金融资产和金融负债并在资产负债表中以净额列示，不应当产生利得或损失；终止确认是从资产负债表列示的项目中移除相关金融资产或金融负债，有可能产生利得或损失。

第六章　金融工具对财务状况和经营成果影响的列报

第一节　一般性规定

第三十六条 企业在对金融工具各项目进行列报时，应当根据金融工具的特点及相关信息的性质对金融工具进行归类，并充分披露与金融工具相关的信息，使得财务报表附注中的披露与财务报表列示的各项目相互对应。

第三十七条 在确定金融工具的列报类型时，企业至少应当将本准则范围内的金融工具区分为以摊余成本计量和以公允价值计量的类型。

第三十八条 企业应当披露编制财务报表时对金融工具所采用的重要会计政策、计量基础和与理解财务报表相关的其他会计政策等信息，主要包括：

（一）对于指定为以公允价值计量且其变动计入当期损益的金融资产，企业应当披露下列信息：

1. 指定的金融资产的性质；

2. 企业如何满足运用指定的标准。企业应当披露该指定所针对的确认或计量不一致的描述性说明。

（二）对于指定为以公允价值计量且其变动计入当期损益的金融负债，企业应当披露下列信息：

1. 指定的金融负债的性质；

2. 初始确认时对上述金融负债作出指定的标准；

3. 企业如何满足运用指定的标准。对于以消除或显著减少会计错配为目的的指定，企业应当披露该指定所针对的确认或计量不一致的描述性说明。对于以更好地反映组合的管理实质为目的的指定，企业应当披露该指定符合企业正式书面文件载明的风险管理或投资策略的描述性说明。对于整体指定为以公允价值计量且其变动计入当期损益的混合工具，企业应当披露运用指定标准的描述性说明。

（三）如何确定每类金融工具的利得或损失。

第二节 资产负债表中的列示及相关披露

第三十九条 企业应当在资产负债表或相关附注中列报下列金融资产或金融负债的账面价值：

（一）以摊余成本计量的金融资产。

（二）以摊余成本计量的金融负债。

（三）以公允价值计量且其变动计入其他综合收益的金融资产，并分别反映：（1）根据《企业会计准则第22号——金融工具确认和计量》第十八条的规定分类为以公允价值计量且其变动计入其他综合收益的金融资产；（2）根据《企业会计准则第22号——金融工具确认和计量》第十九条的规定在初始确认时被指定为以公允价值计量且其变动计入其他综合收益的非交易性权益工具投资。

（四）以公允价值计量且其变动计入当期损益的金融资产，并分别反映：（1）根据《企业会计准则第22号——金融工具确认和计量》第十九条的规定分类为以公允价值计量且其变动计入当期损益的金融资产；（2）根据《企业会计准则第22号——金融工具确认和计量》第二十条的规定指定为以公允价值计量且其变动计入当期损益的金融资产；（3）根据《企业会计准则第24号——套期会计》第三十四条的规定在初始确认或后续计量时指定为以公允价值计量且其变动计入当期损益的金融资产。

（五）以公允价值计量且其变动计入当期损益的金融负债，并分别反映：（1）根据《企业会计准则第 22 号——金融工具确认和计量》第二十一条的规定分类为以公允价值计量且其变动计入当期损益的金融负债；（2）根据《企业会计准则第 22 号——金融工具确认和计量》第二十二条的规定在初始确认时指定为以公允价值计量且其变动计入当期损益的金融负债；（3）根据《企业会计准则第 24 号——套期会计》第三十四条的规定在初始确认和后续计量时指定为以公允价值计量且其变动计入当期损益的金融负债。

第四十条 企业将本应按摊余成本或以公允价值计量且其变动计入其他综合收益计量的一项或一组金融资产指定为以公允价值计量且其变动计入当期损益的金融资产的，应当披露下列信息：

（一）该金融资产在资产负债表日使企业面临的最大信用风险敞口；

（二）企业通过任何相关信用衍生工具或类似工具使得该最大信用风险敞口降低的金额；

（三）该金融资产因信用风险变动引起的公允价值本期变动额和累计变动额；

（四）相关信用衍生工具或类似工具自该金融资产被指定以来的公允价值本期变动额和累计变动额。

信用风险，是指金融工具的一方不履行义务，造成另一方发生财务损失的风险。

金融资产在资产负债表日的最大信用风险敞口，通常是金融工具账面余额减去减值损失准备后的金额（已减去根据本准则规定已抵销的金额）。

第四十一条 企业将一项金融负债指定为以公允价值计量且其变动计入当期损益的金融负债，且企业自身信用风险变动引起的该金融负债公允价值的变动金额计入其他综合收益的，应当披露下列信息：

（一）该金融负债因自身信用风险变动引起的公允价值本期变动额和累计变动额；

（二）该金融负债的账面价值与按合同约定到期应支付债权人金额之间的差额；

（三）该金融负债的累计利得或损失本期从其他综合收益转入留存收益的金额和原因。

第四十二条 企业将一项金融负债指定为以公允价值计量且其变动计入当

期损益的金融负债,且该金融负债（包括企业自身信用风险变动的影响）的全部利得或损失计入当期损益的,应当披露下列信息：

（一）该金融负债因自身信用风险变动引起的公允价值本期变动额和累计变动额；

（二）该金融负债的账面价值与按合同约定到期应支付债权人金额之间的差额。

第四十三条 企业应当披露用于确定本准则第四十条（三）所要求披露的金融资产因信用风险变动引起的公允价值变动额的估值方法,以及用于确定本准则第四十一条（一）和第四十二条（一）所要求披露的金融负债因自身信用风险变动引起的公允价值变动额的估值方法,并说明选用该方法的原因。如果企业认为披露的信息未能如实反映相关金融工具公允价值变动中由信用风险引起的部分,则应当披露企业得出此结论的原因及其他需要考虑的因素。

企业应当披露其用于确定金融负债自身信用风险变动引起的公允价值的变动计入其他综合收益是否会造成或扩大损益中的会计错配的方法。企业根据《企业会计准则第22号——金融工具确认和计量》第六十八条的规定将金融负债因企业自身信用风险变动引起的公允价值变动计入当期损益的,企业应当披露该金融负债与预期能够抵销其自身信用风险变动引起的公允价值变动的金融工具之间的经济关系。

第四十四条 企业将非交易性权益工具投资指定为以公允价值计量且其变动计入其他综合收益的,应当披露下列信息：

（一）企业每一项指定为以公允价值计量且其变动计入其他综合收益的权益工具投资；

（二）企业作出该指定的原因；

（三）企业每一项指定为以公允价值计量且其变动计入其他综合收益的权益工具投资的期末公允价值；

（四）本期确认的股利收入,其中对本期终止确认的权益工具投资相关的股利收入和资产负债表日仍持有的权益工具投资相关的股利收入应当分别单独披露；

（五）该权益工具投资的累计利得和损失本期从其他综合收益转入留存收益的金额及其原因。

第四十五条 企业本期终止确认了指定为以公允价值计量且其变动计入其他综合收益的非交易性权益工具投资的,应当披露下列信息：

（一）企业处置该权益工具投资的原因；

（二）该权益工具投资在终止确认时的公允价值；

（三）该权益工具投资在终止确认时的累计利得或损失。

第四十六条 企业在当期或以前报告期间将金融资产进行重分类的，对于每一项重分类，应当披露重分类日、对业务模式变更的具体说明及其对财务报表影响的定性描述，以及该金融资产重分类前后的金额。

企业自上一年度报告日起将以公允价值计量且其变动计入其他综合收益的金融资产重分类为以摊余成本计量的金融资产的，或者将以公允价值计量且其变动计入当期损益的金融资产重分类为其他类别的，应当披露下列信息：

（一）该金融资产在资产负债表日的公允价值；

（二）如果未被重分类，该金融资产原来应在当期损益或其他综合收益中确认的公允价值利得或损失。

企业将以公允价值计量且其变动计入当期损益的金融资产重分类为其他类别的，自重分类日起到终止确认的每一个报告期间内，都应当披露该金融资产在重分类日确定的实际利率和当期已确认的利息收入。

第四十七条 对于所有可执行的总互抵协议或类似协议下的已确认金融工具，以及符合本准则第二十八条抵销条件的已确认金融工具，企业应当在报告期末以表格形式（除非企业有更恰当的披露形式）分别按金融资产和金融负债披露下列定量信息：

（一）已确认金融资产和金融负债的总额。

（二）按本准则规定抵销的金额。

（三）在资产负债表中列示的净额。

（四）可执行的总互抵协议或类似协议确定的，未包含在本条（二）中的金额，包括：

1. 不满足本准则抵销条件的已确认金融工具的金额；

2. 与财务担保物（包括现金担保）相关的金额，以在资产负债表中列示的净额扣除本条（四）1 后的余额为限。

（五）资产负债表中列示的净额扣除本条（四）后的余额。

企业应当披露本条（四）所述协议中抵销权的条款及其性质等信息，以及不同计量基础的金融工具适用本条时产生的计量差异。

上述信息未在财务报表同一附注中披露的，企业应当提供不同附注之间的交叉索引。

第四十八条 按照本准则第三章分类为权益工具的可回售工具，企业应当披露下列信息：

（一）可回售工具的汇总定量信息；

（二）对于按持有方要求承担的回购或赎回义务，企业的管理目标、政策和程序及其变化；

（三）回购或赎回可回售工具的预期现金流出金额以及确定方法。

第四十九条 企业将本准则第三章规定的特殊金融工具在金融负债和权益工具之间重分类的，应当分别披露重分类前后的公允价值或账面价值，以及重分类的时间和原因。

第五十条 企业应当披露作为负债或或有负债担保物的金融资产的账面价值，以及与该项担保有关的条款和条件。根据《企业会计准则第23号——金融资产转移》第二十六条的规定，企业（转出方）向金融资产转入方提供了非现金担保物（如债务工具或权益工具投资等），转入方按照合同或惯例有权出售该担保物或将其再作为担保物的，企业应当将该非现金担保物在财务报表中单独列报。

第五十一条 企业取得担保物（担保物为金融资产或非金融资产），在担保物所有人未违约时可将该担保物出售或再抵押的，应当披露该担保物的公允价值、企业已出售或再抵押担保物的公允价值，以及承担的返还义务和使用担保物的条款和条件。

第五十二条 对于按照《企业会计准则第22号——金融工具确认和计量》第十八条的规定分类为以公允价值计量且其变动计入其他综合收益的金融资产，企业应当在财务报表附注中披露其确认的损失准备，但不应在资产负债表中将损失准备作为金融资产账面金额的扣减项目单独列示。

第五十三条 对于企业发行的包含金融负债成分和权益工具成分的复合金融工具，嵌入了价值相互关联的多项衍生工具（如可赎回的可转换债务工具）的，应当披露相关特征。

第五十四条 对于除基于正常信用条款的短期贸易应付款项之外的金融负债，企业应当披露下列信息：

（一）本期发生违约的金融负债的本金、利息、偿债基金、赎回条款的详细情况；

（二）发生违约的金融负债的期末账面价值；

（三）在财务报告批准对外报出前，就违约事项已采取的补救措施、对债务条款的重新议定等情况。

企业本期发生其他违反合同的情况，且债权人有权在发生违约或其他违反合同情况时要求企业提前偿还的，企业应当按上述要求披露。如果在期末前违约或其他违反合同情况已得到补救或已重新议定债务条款，则无须披露。

第三节 利润表中的列示及相关披露

第五十五条 企业应当披露与金融工具有关的下列收入、费用、利得或损失：

（一）以公允价值计量且其变动计入当期损益的金融资产和金融负债所产生的利得或损失。其中，指定为以公允价值计量且其变动计入当期损益的金融资产和金融负债，以及根据《企业会计准则第 22 号——金融工具确认和计量》第十九条的规定必须分类为以公允价值计量且其变动计入当期损益的金融资产和根据《企业会计准则第 22 号——金融工具确认和计量》第二十一条的规定必须分类为以公允价值计量且其变动计入当期损益的金融负债的净利得或净损失，应当分别披露。

（二）对于指定为以公允价值计量且其变动计入当期损益的金融负债，企业应当分别披露本期在其他综合收益中确认的和在当期损益中确认的利得或损失。

（三）对于根据《企业会计准则第 22 号——金融工具确认和计量》第十八条的规定分类为以公允价值计量且其变动计入其他综合收益的金融资产，企业应当分别披露当期在其他综合收益中确认的以及当期终止确认时从其他综合收益转入当期损益的利得或损失。

（四）对于根据《企业会计准则第 22 号——金融工具确认和计量》第十九条的规定指定为以公允价值计量且其变动计入其他综合收益的非交易性权益工具投资，企业应当分别披露在其他综合收益中确认的利得和损失以及在当期损益中确认的股利收入。

（五）除以公允价值计量且其变动计入当期损益的金融资产或金融负债外，按实际利率法计算的金融资产或金融负债产生的利息收入或利息费用总额，以及在确定实际利率时未予包括并直接计入当期损益的手续费收入或支出。

（六）企业通过信托和其他托管活动代他人持有资产或进行投资而形成的，直接计入当期损益的手续费收入或支出。

第五十六条　企业应当分别披露以摊余成本计量的金融资产终止确认时在利润表中确认的利得和损失金额及其相关分析，包括终止确认金融资产的原因。

第四节　套期会计相关披露

第五十七条　企业应当披露与套期会计有关的下列信息：

（一）企业的风险管理策略以及如何应用该策略来管理风险；

（二）企业的套期活动可能对其未来现金流量金额、时间和不确定性的影响；

（三）套期会计对企业的资产负债表、利润表及所有者权益变动表的影响。

企业在披露套期会计相关信息时，应当合理确定披露的详细程度、披露的重点、恰当的汇总或分解水平，以及财务报表使用者是否需要额外的说明以评估企业披露的定量信息。企业按照本准则要求所确定的信息披露汇总或分解水平应当和《企业会计准则第39号——公允价值计量》的披露要求所使用的汇总或分解水平相同。

第五十八条　企业应当披露其进行套期和运用套期会计的各类风险的风险敞口的风险管理策略相关信息，从而有助于财务报表使用者评价：每类风险是如何产生的、企业是如何管理各类风险的（包括企业是对某一项目整体的所有风险进行套期还是对某一项目的单个或多个风险成分进行套期及其理由），以及企业管理风险敞口的程度。与风险管理策略相关的信息应当包括：

（一）企业指定的套期工具；

（二）企业如何运用套期工具对被套期项目的特定风险敞口进行套期；

（三）企业如何确定被套期项目与套期工具的经济关系以评估套期有效性；

（四）套期比率的确定方法；

（五）套期无效部分的来源。

第五十九条　企业将某一特定的风险成分指定为被套期项目的，除应当披露本准则第五十八条规定的相关信息外，还应当披露下列定性或定量信息：

（一）企业如何确定该风险成分，包括风险成分与项目整体之间关系性质的说明；

（二）风险成分与项目整体的关联程度（例如被指定的风险成分以往平均

涵盖项目整体公允价值变动的百分比）。

第六十条 企业应当按照风险类型披露相关定量信息，从而有助于财务报表使用者评价套期工具的条款和条件及这些条款和条件如何影响企业未来现金流量的金额、时间和不确定性。这些要求披露的明细信息应当包括：

（一）套期工具名义金额的时间分布；

（二）套期工具的平均价格或利率（如适用）。

第六十一条 在因套期工具和被套期项目频繁变更而导致企业频繁地重设（即终止及重新开始）套期关系的情况下，企业无须披露本准则第六十条规定的信息，但应当披露下列信息：

（一）企业基本风险管理策略与该套期关系相关的信息；

（二）企业如何通过运用套期会计以及指定特定的套期关系来反映其风险管理策略；

（三）企业重设套期关系的频率。

在因套期工具和被套期项目频繁变更而导致企业频繁地重设套期关系的情况下，如果资产负债表日的套期关系数量并不代表本期内的正常数量，企业应当披露这一情况以及该数量不具代表性的原因。

第六十二条 企业应当按照风险类型披露在套期关系存续期内预期将影响套期关系的套期无效部分的来源，如果在套期关系中出现导致套期无效部分的其他来源，也应当按照风险类型披露相关来源及导致套期无效的原因。

第六十三条 企业应当披露已运用套期会计但预计不再发生的预期交易的现金流量套期。

第六十四条 对于公允价值套期，企业应当以表格形式、按风险类型分别披露与被套期项目相关的下列金额：

（一）在资产负债表中确认的被套期项目的账面价值，其中资产和负债应当分别单独列示；

（二）资产负债表中已确认的被套期项目的账面价值、针对被套期项目的公允价值套期调整的累计金额，其中资产和负债应当分别单独列示；

（三）包含被套期项目的资产负债表列示项目；

（四）本期用作确认套期无效部分基础的被套期项目价值变动；

（五）被套期项目为以摊余成本计量的金融工具的，若已终止针对套期利得和损失进行调整，则应披露在资产负债表中保留的公允价值套期调整的累计金额。

第六十五条　对于现金流量套期和境外经营净投资套期，企业应当以表格形式、按风险类型分别披露与被套期项目相关的下列金额：

（一）本期用作确认套期无效部分基础的被套期项目价值变动；

（二）根据《企业会计准则第 24 号——套期会计》第二十四条的规定继续按照套期会计处理的现金流量套期储备的余额；

（三）根据《企业会计准则第 24 号——套期会计》第二十七条的规定继续按照套期会计处理的境外经营净投资套期计入其他综合收益的余额；

（四）套期会计不再适用的套期关系所导致的现金流量套期储备和境外经营净投资套期中计入其他综合收益的利得和损失的余额。

第六十六条　对于每类套期类型，企业应当以表格形式、按风险类型分别披露与套期工具相关的下列金额：

（一）套期工具的账面价值，其中金融资产和金融负债应当分别单独列示；

（二）包含套期工具的资产负债表列示项目；

（三）本期用作确认套期无效部分基础的套期工具的公允价值变动；

（四）套期工具的名义金额或数量。

第六十七条　对于公允价值套期，企业应当以表格形式、按风险类型分别披露与套期工具相关的下列金额：

（一）计入当期损益的套期无效部分；

（二）计入其他综合收益的套期无效部分；

（三）包含已确认的套期无效部分的利润表列示项目。

第六十八条　对于现金流量套期和境外经营净投资套期，企业应当以表格形式、按风险类型分别披露与套期工具相关的下列金额：

（一）当期计入其他综合收益的套期利得或损失；

（二）计入当期损益的套期无效部分；

（三）包含已确认的套期无效部分的利润表列示项目；

（四）从现金流量套期储备或境外经营净投资套期计入其他综合收益的利得和损失重分类至当期损益的金额，并应区分之前已运用套期会计但因被套期项目的未来现金流量预计不再发生而转出的金额和因被套期项目影响当期损益而转出的金额；

（五）包含重分类调整的利润表列示项目；

（六）对于风险净敞口套期，计入利润表中单列项目的套期利得或损失。

第六十九条 企业按照《企业会计准则第 30 号——财务报表列报》的规定在提供所有者权益各组成部分的调节情况以及其他综合收益的分析时，应当按照风险类型披露下列信息：

（一）分别披露按照本准则第六十八条（一）和（四）的规定披露的金额；

（二）分别披露按照《企业会计准则第 24 号——套期会计》第二十五条（一）和（三）的规定处理的现金流量套期储备的金额；

（三）分别披露对与交易相关的被套期项目进行套期的期权时间价值所涉及的金额，以及对与时间段相关的被套期项目进行套期的期权时间价值所涉及的金额；

（四）分别披露对与交易相关的被套期项目进行套期的远期合同的远期要素和金融工具的外汇基差所涉及的金额，以及对与时间段相关的被套期项目进行套期的远期合同的远期要素和金融工具的外汇基差所涉及的金额。

第七十条 企业因使用信用衍生工具管理金融工具的信用风险敞口而将金融工具（或其一定比例）指定为以公允价值计量且其变动计入当期损益的，应当披露下列信息：

（一）对于用于管理根据《企业会计准则第 24 号——套期会计》第三十四条的规定被指定为以公允价值计量且其变动计入当期损益的金融工具信用风险敞口的信用衍生工具，每一项名义金额与当期期初和期末公允价值的调节表；

（二）根据《企业会计准则第 24 号——套期会计》第三十四条的规定将金融工具（或其一定比例）指定为以公允价值计量且其变动计入当期损益时，在损益中确认的利得或损失；

（三）当企业根据《企业会计准则第 24 号——套期会计》第三十五条的规定对该金融工具（或其一定比例）终止以公允价值计量且其变动计入当期损益时，作为其新账面价值的该金融工具的公允价值和相关的名义金额或本金金额，企业在后续期间无须继续披露这一信息，除非根据《企业会计准则第 30 号——财务报表列报》的规定需要提供比较信息。

第五节 公允价值披露

第七十一条 除了本准则第七十三条规定情况外，企业应当披露每一类金融资产和金融负债的公允价值，并与账面价值进行比较。对于在资产负债表中相互抵销的金融资产和金融负债，其公允价值应当以抵销后的金额披露。

第七十二条 金融资产或金融负债初始确认的公允价值与交易价格存在差异时，如果其公允价值并非基于相同资产或负债在活跃市场中的报价确定的，也非基于仅使用可观察市场数据的估值技术确定的，企业在初始确认金融资产或金融负债时不应确认利得或损失。在此情况下，企业应当按金融资产或金融负债的类型披露下列信息：

（一）企业在损益中确认交易价格与初始确认的公允价值之间差额时所采用的会计政策，以反映市场参与者对资产或负债进行定价时所考虑的因素（包括时间因素）的变动；

（二）该项差异期初和期末尚未在损益中确认的总额和本期变动额的调节表；

（三）企业如何认定交易价格并非公允价值的最佳证据，以及确定公允价值的证据。

第七十三条 企业可以不披露下列金融资产或金融负债的公允价值信息：

（一）账面价值与公允价值差异很小的金融资产或金融负债（如短期应收账款或应付账款）；

（二）包含相机分红特征且其公允价值无法可靠计量的合同；

（三）租赁负债。

第七十四条 在本准则第七十三条（二）所述的情况下，企业应当披露下列信息：

（一）对金融工具的描述及其账面价值，以及因公允价值无法可靠计量而未披露其公允价值的事实和说明；

（二）金融工具的相关市场信息；

（三）企业是否有意图处置以及如何处置这些金融工具；

（四）之前公允价值无法可靠计量的金融工具终止确认的，应当披露终止确认的事实，终止确认时该金融工具的账面价值和所确认的利得或损失金额。

第七章 与金融工具相关的风险披露

第一节 定性和定量信息

第七十五条 企业应当披露与各类金融工具风险相关的定性和定量信息，

以便财务报表使用者评估报告期末金融工具产生的风险的性质和程度,更好地评价企业所面临的风险敞口。相关风险包括信用风险、流动性风险、市场风险等。

第七十六条 对金融工具产生的各类风险,企业应当披露下列定性信息:

(一)风险敞口及其形成原因,以及在本期发生的变化;

(二)风险管理目标、政策和程序以及计量风险的方法及其在本期发生的变化。

第七十七条 对金融工具产生的各类风险,企业应当按类别披露下列定量信息:

(一)期末风险敞口的汇总数据。该数据应当以向内部关键管理人员提供的相关信息为基础。企业运用多种方法管理风险的,披露的信息应当以最相关和可靠的方法为基础。

(二)按照本准则第七十八条至第九十七条披露的信息。

(三)期末风险集中度信息,包括管理层确定风险集中度的说明和参考因素(包括交易对手方、地理区域、货币种类、市场类型等),以及各风险集中度相关的风险敞口金额。

上述期末定量信息不能代表企业本期风险敞口情况的,应当进一步提供相关信息。

第二节 信用风险披露

第七十八条 对于适用《企业会计准则第 22 号——金融工具确认和计量》金融工具减值规定的各类金融工具和相关合同权利,企业应当按照本准则第八十条至第八十七条的规定披露。

对于始终按照相当于整个存续期内预期信用损失的金额计量其减值损失准备的应收款项、合同资产和租赁应收款,在逾期超过 30 日后对合同现金流量作出修改的,适用本准则第八十五条(一)的规定。

租赁应收款不适用本准则第八十六条(二)的规定。

第七十九条 为使财务报表使用者了解信用风险对未来现金流量的金额、时间和不确定性的影响,企业应当披露与信用风险有关的下列信息:

(一)企业信用风险管理实务的相关信息及其与预期信用损失的确认和计量的关系,包括计量金融工具预期信用损失的方法、假设和信息;

(二)有助于财务报表使用者评价在财务报表中确认的预期信用损失金额

的定量和定性信息，包括预期信用损失金额的变动及其原因；

（三）企业的信用风险敞口，包括重大信用风险集中度；

（四）其他有助于财务报表使用者了解信用风险对未来现金流量金额、时间和不确定性的影响的信息。

第八十条 信用风险信息已经在其他报告（例如管理层讨论与分析）中予以披露并与财务报告交叉索引，且财务报告和其他报告可以同时同条件获得的，则信用风险信息无须重复列报。企业应当根据自身实际情况，合理确定相关披露的详细程度、汇总或分解水平以及是否需对所披露的定量信息作补充说明。

第八十一条 企业应当披露与信用风险管理实务有关的下列信息：

（一）企业评估信用风险自初始确认后是否已显著增加的方法，并披露下列信息：

1. 根据《企业会计准则第22号——金融资产确认和计量》第五十五条的规定，在资产负债表日只具有较低的信用风险的金融工具及其确定依据（包括适用该情况的金融工具类别）；

2. 逾期超过30日，而信用风险自初始确认后未被认定为显著增加的金融资产及其确定依据。

（二）企业对违约的界定及其原因。

（三）以组合为基础评估预期信用风险的金融工具的组合方法。

（四）确定金融资产已发生信用减值的依据。

（五）企业直接减记金融工具的政策，包括没有合理预期金融资产可以收回的迹象和已经直接减记但仍受执行活动影响的金融资产相关政策的信息。

（六）根据《企业会计准则第22号——金融工具确认和计量》第五十六条的规定评估合同现金流量修改后金融资产的信用风险的，企业应当披露其信用风险的评估方法以及下列信息：

1. 对于损失准备相当于整个存续期预期信用损失的金融资产，在发生合同现金流修改时，评估信用风险是否已下降，从而企业可以按照相当于该金融资产未来12个月内预期信用损失的金额确认计量其损失准备；

2. 对于符合本条（六）1中所述的金融资产，企业应当披露其如何监控后续该金融资产的信用风险是否显著增加，从而按照相当于整个存续期预期信用损失的金额重新计量损失准备。

第八十二条 企业应当披露《企业会计准则第22号——金融工具确认和

计量》第八章有关金融工具减值所采用的输入值、假设和估值技术等相关信息，具体包括：

（一）用于确定下列各事项或数据的输入值、假设和估计技术：

1. 未来 12 个月内预期信用损失和整个存续期的预期信用损失的计量；

2. 金融工具的信用风险自初始确认后是否已显著增加；

3. 金融资产是否已发生信用减值。

（二）确定预期信用损失时如何考虑前瞻性信息，包括宏观经济信息的使用。

（三）报告期估计技术或重大假设的变更及其原因。

第八十三条 企业应当以表格形式按金融工具的类别编制损失准备期初余额与期末余额的调节表，分别说明下列项目的变动情况：

（一）按相当于未来 12 个月预期信用损失的金额计量的损失准备。

（二）按相当于整个存续期预期信用损失的金额计量的下列各项的损失准备：

1. 自初始确认后信用风险已显著增加但并未发生信用减值的金融工具；

2. 对于资产负债表日已发生信用减值但并非购买或源生的已发生信用减值的金融资产；

3. 根据《企业会计准则第 22 号——金融工具确认和计量》第六十三条的规定计量减值损失准备的应收账款、合同资产和租赁应收款。

（三）购买或源生的已发生信用减值的金融资产的变动。除调节表外，企业还应当披露本期初始确认的该类金融资产在初始确认时未折现的预期信用损失总额。

第八十四条 为有助于财务报表使用者了解企业按照本准则第八十三条规定披露的损失准备变动信息，企业应当对本期发生损失准备变动的金融工具账面余额显著变动情况作出说明，这些说明信息应当包括定性和定量信息，并应当对按照本准则第八十三条规定披露损失准备的各项目分别单独披露，具体可包括下列情况下发生损失准备变动的金融工具账面余额显著变动信息：

（一）本期因购买或源生的金融工具所导致的变动。

（二）未导致终止确认的金融资产的合同现金流量修改所导致的变动。

（三）本期终止确认的金融工具（包括直接减记的金融工具）所导致的变动。

对于当期已直接减记但仍受执行活动影响的金融资产，还应当披露尚未结算的合同金额。

（四）因按照相当于未来 12 个月预期信用损失或整个存续期内预期信用损失金额计量损失准备而导致的金融工具账面余额变动信息。

第八十五条　为有助于财务报表使用者了解未导致终止确认的金融资产合同现金流量修改的性质和影响，及其对预期信用损失计量的影响，企业应当披露下列信息：

（一）企业在本期修改了金融资产合同现金流量，且修改前损失准备是按相当于整个存续期预期信用损失金额计量的，应当披露修改或重新议定合同前的摊余成本及修改合同现金流量的净利得或净损失；

（二）对于之前按照相当于整个存续期内预期信用损失的金额计量了损失准备的金融资产，而当期按照相当于未来 12 个月内预期信用损失的金额计量该金融资产的损失准备的，应当披露该金融资产在资产负债表日的账面余额。

第八十六条　为有助于财务报表使用者了解担保物或其他信用增级对源自预期信用损失的金额的影响，企业应当按照金融工具的类别披露下列信息：

（一）在不考虑可利用的担保物或其他信用增级的情况下，企业在资产负债表日的最大信用风险敞口。

（二）作为抵押持有的担保物和其他信用增级的描述，包括：

1. 所持有担保物的性质和质量的描述；

2. 本期由于信用恶化或企业担保政策变更，导致担保物或信用增级的质量发生显著变化的说明；

3. 由于存在担保物而未确认损失准备的金融工具的信息。

（三）企业在资产负债表日持有的担保物和其他信用增级为已发生信用减值的金融资产作抵押的定量信息（例如对担保物和其他信用增级降低信用风险程度的量化信息）。

第八十七条　为有助于财务报表使用者评估企业的信用风险敞口并了解其重大信用风险集中度，企业应当按照信用风险等级披露相关金融资产的账面余额以及贷款承诺和财务担保合同的信用风险敞口。这些信息应当按照下列各类金融工具分别披露：

（一）按相当于未来 12 个月预期信用损失的金额计量损失准备的金融工具。

（二）按相当于整个存续期预期信用损失的金额计量损失准备的下列金融工具：

1. 自初始确认后信用风险已显著增加的金融工具（但并非已发生信用减值的金融资产）；

2. 在资产负债表日已发生信用减值但并非所购买或源生的已发生信用减值的金融资产；

3. 根据《企业会计准则第 22 号——金融工具确认和计量》第六十三条规定计量减值损失准备的应收账款、合同资产或者租赁应收款。

（三）购买或源生的已发生信用减值的金融资产。

信用风险等级是指基于金融工具发生违约的风险对信用风险划分的等级。

第八十八条 对于属于本准则范围，但不适用《企业会计准则第 22 号——金融工具确认和计量》金融工具减值规定的各类金融工具，企业应当披露与每类金融工具信用风险有关的下列信息：

（一）在不考虑可利用的担保物或其他信用增级的情况下，企业在资产负债表日的最大信用风险敞口。金融工具的账面价值能代表最大信用风险敞口的，不再要求披露此项信息。

（二）无论是否适用本条（一）中的披露要求，企业都应当披露可利用担保物或其他信用增级的信息及其对最大信用风险敞口的财务影响。

第八十九条 企业本期通过取得担保物或其他信用增级所确认的金融资产或非金融资产，应当披露下列信息：

（一）所确认资产的性质和账面价值；

（二）对于不易变现的资产，应当披露处置或拟将其用于日常经营的政策等。

第三节 流动性风险披露

第九十条 企业应当披露金融负债按剩余到期期限进行的到期期限分析，以及管理这些金融负债流动性风险的方法：

（一）对于非衍生金融负债（包括财务担保合同），到期期限分析应当基于合同剩余到期期限。对于包含嵌入衍生工具的混合金融工具，应当将其整体视为非衍生金融负债进行披露。

（二）对于衍生金融负债，如果合同到期期限是理解现金流量时间分布的关键因素，到期期限分析应当基于合同剩余到期期限。

当企业将所持有的金融资产作为流动性风险管理的一部分，且披露金融资产的到期期限分析使财务报表使用者能够恰当地评估企业流动性风险的性质和范围时，企业应当披露金融资产的到期期限分析。

流动性风险，是指企业在履行以交付现金或其他金融资产的方式结算的义务时发生资金短缺的风险。

第九十一条 企业在披露到期期限分析时，应当运用职业判断确定适当的时间段。列入各时间段内按照本准则第九十条的规定披露的金额，应当是未经折现的合同现金流量。

企业可以但不限于按下列时间段进行到期期限分析：

（一）一个月以内（含一个月，下同）；

（二）一个月至三个月以内；

（三）三个月至一年以内；

（四）一年至五年以内；

（五）五年以上。

第九十二条 债权人可以选择收回债权时间的，债务人应当将相应的金融负债列入债权人可以要求收回债权的最早时间段内。

债务人应付债务金额不固定的，应当根据资产负债表日的情况确定到期期限分析所披露的金额。如分期付款的，债务人应当把每期将支付的款项列入相应的最早时间段内。

财务担保合同形成的金融负债，担保人应当将最大担保金额列入相关方可以要求支付的最早时间段内。

第九十三条 企业应当披露流动性风险敞口汇总定量信息的确定方法。此类汇总定量信息中的现金（或另一项金融资产）流出符合下列条件之一的，应当说明相关事实，并提供有助于评价该风险程度的额外定量信息：

（一）该现金的流出可能显著早于汇总定量信息中所列示的时间。

（二）该现金的流出可能与汇总定量信息中所列示的金额存在重大差异。

如果以上信息已包括在本准则第九十条规定的到期期限分析中，则无须披露上述额外定量信息。

第四节　市场风险披露

第九十四条 金融工具的市场风险，是指金融工具的公允价值或未来现金流量因市场价格变动而发生波动的风险，包括汇率风险、利率风险和其他价格风险。

汇率风险，是指金融工具的公允价值或未来现金流量因外汇汇率变动而发生波动的风险。汇率风险可源于以记账本位币之外的外币进行计价的金融工具。

利率风险,是指金融工具的公允价值或未来现金流量因市场利率变动而发生波动的风险。利率风险可源于已确认的计息金融工具和未确认的金融工具(如某些贷款承诺)。

其他价格风险,是指金融工具的公允价值或未来现金流量因汇率风险和利率风险以外的市场价格变动而发生波动的风险,无论这些变动是由于与单项金融工具或其发行方有关的因素而引起的,还是由于与市场内交易的所有类似金融工具有关的因素而引起的。其他价格风险可源于商品价格或权益工具价格等的变化。

第九十五条 在对市场风险进行敏感性分析时,应当以整个企业为基础,披露下列信息:

(一)资产负债表日所面临的各类市场风险的敏感性分析。该项披露应当反映资产负债表日相关风险变量发生合理、可能的变动时,将对企业损益和所有者权益产生的影响。

对具有重大汇率风险敞口的每一种货币,应当分币种进行敏感性分析。

(二)本期敏感性分析所使用的方法和假设,以及本期发生的变化和原因。

第九十六条 企业采用风险价值法或类似方法进行敏感性分析能够反映金融风险变量之间(如利率和汇率之间等)的关联性,且企业已采用该种方法管理金融风险的,可不按照本准则第九十五条的规定进行披露,但应当披露下列信息:

(一)用于该种敏感性分析的方法、选用的主要参数和假设;

(二)所用方法的目的,以及该方法提供的信息在反映相关资产和负债公允价值方面的局限性。

第九十七条 按照本准则第九十五条或第九十六条对敏感性分析的披露不能反映金融工具市场风险的(例如期末的风险敞口不能反映当期的风险状况),企业应当披露这一事实及其原因。

第八章 金融资产转移的披露

第九十八条 企业应当就资产负债表日存在的所有未终止确认的已转移金

融资产，以及对已转移金融资产的继续涉入，按本准则要求单独披露。

本章所述的金融资产转移，包括下列两种情形：

（一）企业将收取金融资产现金流量的合同权利转移给另一方。

（二）企业保留了收取金融资产现金流量的合同权利，但承担了将收取的现金流量支付给一个或多个最终收款方的合同义务。

第九十九条 企业对于金融资产转移所披露的信息，应当有助于财务报表使用者了解未整体终止确认的已转移金融资产与相关负债之间的关系，评价企业继续涉入已终止确认金融资产的性质和相关风险。

企业按照本准则第一百零一条和第一百零二条所披露信息不能满足本条前款要求的，应当披露其他补充信息。

第一百条 本章所述的继续涉入，是指企业保留了已转移金融资产中内在的合同权利或义务，或者取得了与已转移金融资产相关的新合同权利或义务。转出方与转入方签订的转让协议或与第三方单独签订的与转让相关的协议，都有可能形成对已转移金融资产的继续涉入。如果企业对已转移金融资产的未来业绩不享有任何利益，也不承担与已转移金融资产相关的任何未来支付义务，则不形成继续涉入。下列情形不形成继续涉入：

（一）与转移的真实性以及合理、诚信和公平交易等原则有关的常规声明和保证，这些声明和保证可能因法律行为导致转移无效。

（二）以公允价值回购已转移金融资产的远期、期权和其他合同。

（三）使企业保留了收取金融资产现金流量的合同权利但承担了将收取的现金流量支付给一个或多个最终收款方的合同义务的安排，且这类安排满足《企业会计准则第23号——金融资产转移》第六条（二）中的三个条件。

第一百零一条 对于已转移但未整体终止确认的金融资产，企业应当按照类别披露下列信息：

（一）已转移金融资产的性质；

（二）仍保留的与所有权有关的风险和报酬的性质；

（三）已转移金融资产与相关负债之间关系的性质，包括因转移引起的对企业使用已转移金融资产的限制；

（四）在转移金融资产形成的相关负债的交易对手方仅对已转移金融资产有追索权的情况下，应当以表格形式披露所转移金融资产和相关负债的公允价值以及净头寸，即已转移金融资产和相关负债公允价值之间的差额；

（五）继续确认已转移金融资产整体的，披露已转移金融资产和相关负债的账面价值；

（六）按继续涉入程度确认所转移金融资产的，披露转移前该金融资产整体的账面价值、按继续涉入程度确认的资产和相关负债的账面价值。

第一百零二条 对于已整体终止确认但转出方继续涉入已转移金融资产的，企业应当至少按照类别披露下列信息：

（一）因继续涉入确认的资产和负债的账面价值和公允价值，以及在资产负债表中对应的项目。

（二）因继续涉入导致企业发生损失的最大风险敞口及确定方法。

（三）应当或可能回购已终止确认的金融资产需要支付的未折现现金流量（如期权协议中的行权价格）或其他应向转入方支付的款项，以及对这些现金流量或款项的到期期限分析。如果到期期限可能为一个区间，应当以企业必须或可能支付的最早日期为依据归入相应的时间段。到期期限分析应当分别反映企业应当支付的现金流量（如远期合同）、企业可能支付的现金流量（如签出看跌期权）以及企业可选择支付的现金流量（如购入看涨期权）。在现金流量不固定的情形下，上述金额应当基于每个资产负债表日的情况披露。

（四）对本条（一）至（三）定量信息的解释性说明，包括对已转移金融资产、继续涉入的性质和目的，以及企业所面临风险的描述等。其中，对企业所面临风险的描述包括下列各项：

1. 企业对继续涉入已终止确认金融资产的风险进行管理的方法；

2. 企业是否应先于其他方承担有关损失，以及先于本企业承担损失的其他方应承担损失的顺序及金额；

3. 企业向已转移金融资产提供财务支持或回购该金融资产的义务的触发条件。

（五）金融资产转移日确认的利得或损失，以及因继续涉入已终止确认金融资产当期和累计确认的收益或费用（如衍生工具的公允价值变动）。

（六）终止确认产生的收款总额在本期分布不均衡的（例如大部分转移金额在临近报告期末发生），企业应当披露本期最大转移活动发生的时间段、该段期间所确认的金额（如相关利得或损失）和收款总额。

企业在披露本条所规定的信息时，应当按照其继续涉入面临的风险敞口类型分类汇总披露。例如，可按金融工具类别（如附担保或看涨期权继续涉入方式）或转让类型（如应收账款保理、证券化和融券）分类汇总披露。

企业对某项终止确认的金融资产存在多种继续涉入方式的，可按其中一类汇总披露。

第一百零三条 企业按照本准则第一百条的规定确定是否继续涉入已转移金融资产时，应当以自身财务报告为基础进行考虑。

第九章 衔接规定

第一百零四条 自本准则施行日起，企业应当按照本准则的要求列报金融工具相关信息。企业比较财务报表列报的信息与本准则要求不一致的，不需要按照本准则的要求进行调整。

第十章 附则

第一百零五条 本准则自2018年1月1日起施行。

企业会计准则解释中与金融工具列报准则相关的内容

一、企业发生的融资融券业务，应当执行何种会计标准？（《企业会计准则解释第4号》第九项）

答：融资融券业务，是指证券公司向客户出借资金供其买入证券或者出借证券供其卖出，并由客户交存相应担保物的经营活动。企业发生的融资融券业务，分为融资业务和融券业务两类。

关于融资业务，证券公司及其客户均应当按照《企业会计准则第22号——金融工具确认和计量》有关规定进行会计处理。证券公司融出的资金，应当确认应收债权，并确认相应利息收入；客户融入的资金，应当确认应付债务，并确认相应利息费用。

关于融券业务，证券公司融出的证券，按照《企业会计准则第 23 号——金融资产转移》有关规定，不应终止确认该证券，但应确认相应利息收入；客户融入的证券，应当按照《企业会计准则第 22 号——金融工具确认和计量》有关规定进行会计处理，并确认相应利息费用。

证券公司对客户融资融券并代客户买卖证券时，应当作为证券经纪业务进行会计处理。

证券公司及其客户发生的融资融券业务，应当按照《企业会计准则第 37 号——金融工具列报》有关规定披露相关会计信息。

本解释发布前融资融券业务未按照上述规定进行处理的，应当进行追溯调整，追溯调整不切实可行的除外。

二、企业开展信用风险缓释工具相关业务，应当如何进行会计处理？[①]
（《企业会计准则解释第 5 号》第二项）

答：信用风险缓释工具，是指信用风险缓释合约、信用风险缓释凭证及其他用于管理信用风险的信用衍生产品。信用风险缓释合约，是指交易双方达成的、约定在未来一定期限内，信用保护买方按照约定的标准和方式向信用保护卖方支付信用保护费用，由信用保护卖方就约定的标的债务向信用保护买方提供信用风险保护的金融合约。信用风险缓释凭证，是指由标的实体以外的机构创设，为凭证持有人就标的债务提供信用风险保护的、可交易流通的有价凭证。

信用保护买方和卖方应当根据信用风险缓释工具的合同条款，按照实质重于形式的原则，判断信用风险缓释工具是否属于财务担保合同，并分别下列情况进行处理：

（一）属于财务担保合同的信用风险缓释工具，除融资性担保公司根据《企业会计准则解释第 4 号》第八条的规定处理外，信用保护买方和卖方应当按照《企业会计准则第 22 号——金融工具确认和计量》中有关财务担保合同的规定进行会计处理。其中，信用保护买方支付的信用保护费用和信用保护卖方取得的信用保护收入，应当在财务担保合同期间内按照合理的基础进行摊销，计入各期损益。

---

① 本条款不要求追溯调整。

（二）不属于财务担保合同的其他信用风险缓释工具，信用保护买方和卖方应当按照《企业会计准则第 22 号——金融工具确认和计量》的规定，将其归类为衍生工具进行会计处理。

财务担保合同，是指当特定债务人到期不能按照最初或修改后的债务工具条款偿付时，要求签发人向蒙受损失的合同持有人赔付特定金额的合同。

开展信用风险缓释工具相关业务的信用保护买方和卖方，应当根据信用风险缓释工具的分类，分别按照《企业会计准则第 37 号——金融工具列报》、《企业会计准则第 25 号——原保险合同》或《企业会计准则第 26 号——再保险合同》以及《企业会计准则第 30 号——财务报表列报》进行列报。

三、对于授予限制性股票的股权激励计划，企业应如何进行会计处理？等待期内企业应如何考虑限制性股票对每股收益计算的影响？（《企业会计准则解释第 7 号》第五项）

答：该问题主要涉及《企业会计准则第 11 号——股份支付》、《企业会计准则第 22 号——金融工具确认和计量》、《企业会计准则第 34 号——每股收益》和《企业会计准则第 37 号——金融工具列报》等准则。

（一）授予限制性股票的会计处理

上市公司实施限制性股票的股权激励安排中，常见做法是上市公司以非公开发行的方式向激励对象授予一定数量的公司股票，并规定锁定期和解锁期，在锁定期和解锁期内，不得上市流通及转让。达到解锁条件，可以解锁；如果全部或部分股票未被解锁而失效或作废，通常由上市公司按照事先约定的价格立即进行回购。

对于此类授予限制性股票的股权激励计划，向职工发行的限制性股票按有关规定履行了注册登记等增资手续的，上市公司应当根据收到职工缴纳的认股款确认股本和资本公积（股本溢价），按照职工缴纳的认股款，借记"银行存款"等科目，按照股本金额，贷记"股本"科目，按照其差额，贷记"资本公积——股本溢价"科目；同时，就回购义务确认负债（作收购库存股处理），按照发行限制性股票的数量以及相应的回购价格计算确定的金额，借记"库存股"科目，贷记"其他应付款——限制性股票回购义务"（包括未满足条件而须立即回购的部分）等科目。

上市公司应当综合考虑限制性股票锁定期和解锁期等相关条款，按照《企业会计准则第 11 号——股份支付》相关规定判断等待期，进行与股份支付相关的会计处理。对于因回购产生的义务确认的负债，应当按照《企业会计准则第 22 号——金融工具确认和计量》相关规定进行会计处理。上市公司未达到限制性股票解锁条件而需回购的股票，按照应支付的金额，借记"其他应付款——限制性股票回购义务"等科目，贷记"银行存款"等科目；同时，按照注销的限制性股票数量相对应的股本金额，借记"股本"科目，按照注销的限制性股票数量相对应的库存股的账面价值，贷记"库存股"科目，按其差额，借记"资本公积——股本溢价"科目。上市公司达到限制性股票解锁条件而无须回购的股票，按照解锁股票相对应的负债的账面价值，借记"其他应付款——限制性股票回购义务"等科目，按照解锁股票相对应的库存股的账面价值，贷记"库存股"科目，如有差额，则借记或贷记"资本公积——股本溢价"科目。

（二）等待期内发放现金股利的会计处理和基本每股收益的计算

上市公司在等待期内发放现金股利的会计处理及基本每股收益的计算，应视其发放的现金股利是否可撤销采取不同的方法：

1. 现金股利可撤销，即一旦未达到解锁条件，被回购限制性股票的持有者将无法获得（或需要退回）其在等待期内应收（或已收）的现金股利。

等待期内，上市公司在核算应分配给限制性股票持有者的现金股利时，应合理估计未来解锁条件的满足情况，该估计与进行股份支付会计处理时在等待期内每个资产负债表日对可行权权益工具数量进行的估计应当保持一致。对于预计未来可解锁限制性股票持有者，上市公司应分配给限制性股票持有者的现金股利应当作为利润分配进行会计处理，借记"利润分配——应付现金股利或利润"科目，贷记"应付股利——限制性股票股利"科目；同时，按分配的现金股利金额，借记"其他应付款——限制性股票回购义务"等科目，贷记"库存股"科目；实际支付时，借记"应付股利——限制性股票股利"科目，贷记"银行存款"等科目。对于预计未来不可解锁限制性股票持有者，上市公司应分配给限制性股票持有者的现金股利应当冲减相关的负债，借记"其他应付款——限制性股票回购义务"等科目，贷记"应付股利——限制性股票股利"科目；实际支付时，借记"应付股利——限制性股票股利"科目，贷记"银行存款"等科目。后续信息表明不可解锁限制性股票的数量与以前估计不同的，应当作为会计估计变更处理，直到解锁日预计不可解锁限制性股票的数量与实际未解锁限制性股票的数量一致。

等待期内计算基本每股收益时，分子应扣除当期分配给预计未来可解锁限制性股票持有者的现金股利；分母不应包含限制性股票的股数。

2. 现金股利不可撤销，即不论是否达到解锁条件，限制性股票持有者仍有权获得（或不得被要求退回）其在等待期内应收（或已收）的现金股利。

等待期内，上市公司在核算应分配给限制性股票持有者的现金股利时，应合理估计未来解锁条件的满足情况，该估计与进行股份支付会计处理时在等待期内每个资产负债表日对可行权权益工具数量进行的估计应当保持一致。对于预计未来可解锁限制性股票持有者，上市公司应分配给限制性股票持有者的现金股利应当作为利润分配进行会计处理，借记"利润分配——应付现金股利或利润"科目，贷记"应付股利——限制性股票股利"科目；实际支付时，借记"应付股利——限制性股票股利"科目，贷记"银行存款"等科目。对于预计未来不可解锁限制性股票持有者，上市公司应分配给限制性股票持有者的现金股利应当计入当期成本费用，借记"管理费用"等科目，贷记"应付股利——应付限制性股票股利"科目；实际支付时，借记"应付股利——限制性股票股利"科目，贷记"银行存款"等科目。后续信息表明不可解锁限制性股票的数量与以前估计不同的，应当作为会计估计变更处理，直到解锁日预计不可解锁限制性股票的数量与实际未解锁限制性股票的数量一致。

等待期内计算基本每股收益时，应当将预计未来可解锁限制性股票作为同普通股一起参加剩余利润分配的其他权益工具处理，分子应扣除归属于预计未来可解锁限制性股票的净利润；分母不应包含限制性股票的股数。

（三）等待期内稀释每股收益的计算

等待期内计算稀释每股收益时，应视解锁条件不同采取不同的方法：

1. 解锁条件仅为服务期限条件的，企业应假设资产负债表日尚未解锁的限制性股票已于当期期初（或晚于期初的授予日）全部解锁，并参照《企业会计准则第34号——每股收益》中股份期权的有关规定考虑限制性股票的稀释性。其中，行权价格为限制性股票的发行价格加上资产负债表日尚未取得的职工服务按《企业会计准则第11号——股份支付》有关规定计算确定的公允价值。锁定期内计算稀释每股收益时，分子应加回计算基本每股收益分子时已扣除的当期分配给预计未来可解锁限制性股票持有者的现金股利或归属于预计未来可解锁限制性股票的净利润。

2. 解锁条件包含业绩条件的，企业应假设资产负债表日即为解锁日并据以判断资产负债表日的实际业绩情况是否满足解锁要求的业绩条件。若满足业绩条件的，应当参照上述解锁条件仅为服务期限条件的有关规定计算稀释性每股收益；若不满足业绩条件的，计算稀释性每股收益时不必考虑此限制性股票的影响。

本解释发布前限制性股票未按照上述规定处理的，应当追溯调整，并重新计算各列报期间的每股收益，追溯调整不切实可行的除外。

四、关于基准利率改革导致相关合同现金流量的确定基础发生变更的会计处理[①]（《企业会计准则解释第 14 号》第二项）

该问题主要涉及《企业会计准则第 21 号——租赁》《企业会计准则第 22 号——金融工具确认和计量》《企业会计准则第 37 号——金融工具列报》等准则。

基准利率改革是金融市场对基准利率形成机制的改革，包括以基于实际交易的近似无风险基准利率替代银行间报价利率、改进银行间报价利率的报价机制等，例如针对伦敦银行间同业拆借利率（LIBOR）的改革。

（一）相关会计处理

1. 基准利率改革导致金融资产或金融负债合同现金流量的确定基础发生变更的会计处理。

基准利率改革可能导致金融资产或金融负债合同现金流量的确定基础发生变更，包括修改合同条款以将参考基准利率替换为替代基准利率、改变参考基准利率的计算方法、因基准利率改革触发现行合同中有关更换参考基准利率的条款等情形。

（1）对仅因基准利率改革导致变更的会计处理。

当仅因基准利率改革直接导致采用实际利率法确定利息收入或费用的金融资产或金融负债合同现金流量的确定基础发生变更，且变更前后的确定基础在经济上相当时，企业无需评估该变更是否导致终止确认该金融资产或金融负债，也不调整该金融资产或金融负债的账面余额，而应当参照浮动利率变动的处理方法，按照仅因基准利率改革导致变更后的未来现金流量重新计算实际利率，并以此为基础进行后续计量。

企业通常应当根据变更前后金融资产或金融负债的合同现金流量整体是否基本相似判断其确定基础是否在经济上相当。企业可能通过以下方式使变更前

[①] 本条款自 2021 年 1 月 26 日起施行。2021 年 1 月 1 日至本条款施行日新增的本条款规定的业务，企业应当根据本条款进行调整。

后的确定基础在经济上相当（下同）：在替换参考基准利率或变更参考基准利率计算方法时增加必要的固定利差，以补偿变更前后确定基础之间的基差；为适应基准利率改革变更重设期间、重设日期或票息支付日之间的天数；增加包含前两项内容的补充条款等。

（2）同时发生其他变更的会计处理。

除仅因基准利率改革导致的上述变更外，采用实际利率法确定利息收入或费用的金融资产或金融负债同时发生其他变更的，企业应当先根据上述规定对基准利率改革导致的变更进行会计处理，即按照仅因基准利率改革导致变更后的未来现金流量重新计算实际利率，再根据《企业会计准则第22号——金融工具确认和计量》的规定评估其他变更是否导致终止确认该金融资产或金融负债。导致终止确认的，企业应当按照《企业会计准则第22号——金融工具确认和计量》有关终止确认的规定进行会计处理；未导致终止确认的，企业应当根据考虑所有变更后的未来现金流量按照上述规定重新计算的实际利率折现的现值重新确定金融资产或金融负债的账面余额，并将相关利得或损失计入当期损益。

2. 基准利率改革导致的租赁变更的会计处理。

基准利率改革可能导致租赁变更，包括修改租赁合同以将租赁付款额的参考基准利率替换为替代基准利率，从而导致租赁合同现金流量的确定基础发生变更等情形。

（1）对仅因基准利率改革导致租赁变更的会计处理。

当仅因基准利率改革直接导致租赁变更，以致未来租赁付款额的确定基础发生变更且变更前后的确定基础在经济上相当时，承租人应当按照仅因基准利率改革导致变更后的租赁付款额的现值重新计量租赁负债，并相应调整使用权资产的账面价值。在重新计量租赁负债时，承租人应当根据租赁付款额的确定基础因基准利率改革发生的变更，参照浮动利率变动的处理方法对原折现率进行相应调整。

（2）同时发生其他变更的会计处理。

除仅因基准利率改革导致的上述变更外，同时发生其他租赁变更的，承租人应当将所有租赁变更适用《企业会计准则第21号——租赁》有关租赁变更的规定。

（二）附注披露

企业除按照《企业会计准则第37号——金融工具列报》进行披露外，还应当披露因基准利率改革所面临风险的性质和程度，以及企业管理这些风险的方式。具体包括以下相关信息：

1. 参考基准利率替换的进展情况，以及企业对该替换的管理情况；

2. 按照重要基准利率并区分非衍生金融资产、非衍生金融负债和衍生工具，分别披露截至报告期末尚未完成参考基准利率替换的金融工具的定量信息；

3. 企业因基准利率改革而面临风险导致其风险管理策略发生变化的，披露风险管理策略的变化情况。

对于基准利率改革导致的租赁变更，企业应当按照《企业会计准则第21号——租赁》的有关规定进行披露。

（三）新旧衔接

2020年12月31日前发生的基准利率改革相关业务，未按照上述规定处理的，应当进行追溯调整，追溯调整不切实可行的除外。企业无需调整前期比较财务报表数据。在本解释施行日，金融资产、金融负债等原账面价值与新账面价值之间的差额，应当计入本解释施行日所在年度报告期间的期初留存收益或其他综合收益。

关于修订印发2018年度金融企业财务报表格式的通知

（财会〔2018〕36号 2018年12月26日）

国务院有关部委、有关直属机构，各省、自治区、直辖市、计划单列市财政厅（局），新疆生产建设兵团财政局，财政部驻各省、自治区、直辖市、计划单列市财政监察专员办事处，有关中央管理企业：

为进一步规范金融企业财务报表列报，保证会计信息质量，根据《企业会计准则第22号——金融工具确认和计量》（财会〔2017〕7号）、《企业会计准则第23号——金融资产转移》（财会〔2017〕8号）、《企业会计准则第24号——套期会计》（财会〔2017〕9号）、《企业会计准则第37号——金融工具列报》（财会〔2017〕14号）（以上四项统称"新金融工具准则"）、《企会计准则第 14 号——收入》（财会〔2017〕22 号，简称"新收入准则"）、《企业会计准则第 16 号——政府补助》（财会〔2017〕15 号）、《企业会计准则第 42 号——持有待售的非流动资产、处置组和终止经营》（财会〔2017〕13 号）等七项企业会计准则的新变化，以及企业会计准则实施情况，我部对金融企业财务报表格式进行了修订，现予印发。

已执行新金融工具准则与新收入准则的金融企业应当按照企业会计准则和本通知要求编制财务报表；已执行新金融工具准则但未执行其他新准则的金融企业可参照本通知要求编制财务报表；已执行其他新准则但尚未执行新金融工具准则的金融企业暂不执行本通知要求。金融企业对不存在相应业务的报表项目可根据重要性原则并结合本企业的实际情况进行必要删减，对确需单独列示的内容可增加报表项目。执行本通知要求的金融企业不再执行我部于 2006 年 10 月 13 日印发的《企业会计准则——应用指南》（财会〔2006〕18 号）中的财务报表格式。

金融企业在执行中有何问题，请及时反馈我部。

附件：2018 年度金融企业财务报表格式

财政部
2018 年 12 月 26 日

附件：2018 年度金融企业财务报表格式

资产负债表

编制单位：　　　　　　　　　　　年　月　日

会金融 01 表
单位：元

资产	期末余额	上年年末余额	负债和所有者权益（或股东权益）	期末余额	上年年末余额
资产：			负债：		
［现金及存放中央银行款项］[3]			短期借款		
货币资金			［向中央银行借款］[3]		
［其中：客户资金存款］[1]			［应付短期融资款］[1]		

续表

资产	期末余额	上年年末余额	负债和所有者权益（或股东权益）	期末余额	上年年末余额
结算备付金			[同业及其他金融机构存放款项]3		
[其中：客户备付金]1			拆入资金		
[存放同业款项]3			交易性金融负债		
贵金属			衍生金融负债		
拆出资金			卖出回购金融资产款		
[融出资金]1			[吸收存款]3		
衍生金融资产			[代理买卖证券款]1		
[存出保证金]1			[代理承销证券款]1		
应收款项			[预收保费]2		
合同资产			[应付手续费及佣金]2		
[应收保费]2			[应付分保账款]2		
[应收代位追偿款]2			应付职工薪酬		
[应收分保账款]2			应交税费		
[应收分保未到期责任准备金]2			应付款项		
[应收分保未决赔款准备金]2			合同负债		
[应收分保寿险责任准备金]2			持有待售负债		
[应收分保长期健康险责任准备金]2			[应付赔付款]2		
[保户质押贷款]2			[应付保单红利]2		
买入返售金融资产			[保户储金及投资款]2		
持有待售资产			[未到期责任准备金]2		
[发放贷款和垫款]3			[未决赔款准备金]2		
金融投资：			[寿险责任准备金]2		
交易性金融资产			[长期健康险责任准备金]2		
债权投资			预计负债		
其他债权投资			长期借款		
其他权益工具投资			应付债券		

续表

资产	期末余额	上年年末余额	负债和所有者权益（或股东权益）	期末余额	上年年末余额
长期股权投资			其中：优先股		
[存出资本保证金]²			永续债		
投资性房地产			[独立账户负债]²		
固定资产			递延所得税负债		
在建工程			其他负债		
无形资产			负债合计		
[独立账户资产]²			所有者权益（或股东权益）：		
递延所得税资产			实收资本（或股本）		
其他资产			其他权益工具		
			其中：优先股		
			永续债		
			资本公积		
			减：库存股		
			其他综合收益		
			盈余公积		
			一般风险准备		
			未分配利润		
			所有者权益（或股东权益）合计		
资产总计			负债和所有者权益（或股东权益）总计		

注1：[……]¹系证券公司专用项目，企业正式使用时不加方括号。下同。
注2：[……]²系保险公司专用项目。
注3：[……]³系银行专用项目。
注4：无方括号和角标的项目为通用项目，适用于两类及两类以上金融企业。

修订、新增项目的说明：

1．"应收款项"项目，反映资产负债表日企业因销售商品和提供服务等经营活动形成的收取款项的合同权利以及收到的商业汇票（包括银行承兑汇票和商业承兑汇票）的期末账面价值。

2．"合同资产"和"合同负债"项目。企业应按照《企业会计准则第14号——收入》（2017年修订）的相关规定根据企业履行履约义务与客户付款之间的关系，在资产负债表中列示合同资产或合同负债。同一合同下的合同资产和合同负债应当以净额列示，其中净额为借方余额的，应当扣除损失准备后在"合同资产"项目中填列；净额为贷方余额的，应当在"合同负债"项目中填列。

3."持有待售资产"项目，反映资产负债表日企业分类为持有待售类别的非流动资产及分类为持有待售类别的处置组中的流动资产和非流动资产的期末账面价值（扣除减值准备）。

4."发放贷款和垫款"项目，反映银行发放贷款和垫款业务形成的金融资产的期末账面价值，包括以摊余成本计量的发放贷款和垫款、分类为以公允价值计量且其变动计入其他综合收益的贷款和垫款，以及以公允价值计量且其变动计入当期损益的贷款和垫款。企业应根据《企业会计准则第37号——金融工具列报》（2017年修订）第三十九条的规定在附注中披露各明细项的账面价值。

5."金融投资：交易性金融资产"项目，即符合《企业会计准则第22号——金融工具确认和计量》（2017年修订）第十六条（三）规定的金融资产分类的金融投资，包括资产负债表日企业列示在"金融投资"项下的下列资产的期末账面价值：为交易目的持有的金融资产，企业持有的指定为以公允价值计量且其变动计入当期损益的金融资产，以及因不符合分类为摊余成本计量的金融资产或以公允价值计量且其变动计入其他综合收益的金融资产的条件而分类为以公允价值计量且其变动计入当期损益的金融资产。企业同时应当在附注中分别单独反映《企业会计准则第37号——金融工具列报》（2017年修订）第三十九条（四）所要求披露的以公允价值计量且其变动计入当期损益的金融资产的各明细项。

6."金融投资：债权投资"项目，即符合《企业会计准则第22号——金融工具确认和计量》（2017年修订）第十六条（一）规定的金融资产分类的金融投资，反映资产负债表日企业列示在"金融投资"项下的以摊余成本计量的金融资产的期末账面价值（扣除损失准备）。该项目金额与其他以摊余成本计量的金融资产（例如"发放贷款和垫款"项目中的以摊余成本计量的金融资产）金额的合计，为《企业会计准则第37号——金融工具列报》（2017年修订）第三十九条（一）所要求列报的"以摊余成本计量的金融资产"的金额。

7."金融投资：其他债权投资"项目，即符合《企业会计准则第22

号——金融工具确认和计量》（2017年修订）第十六条（二）规定的金融资产分类的金融投资，反映资产负债表日企业列示在"金融投资"项下的按照《企业会计准则第22号——金融工具确认和计量》（2017年修订）第十八条分类为以公允价值计量且其变动计入其他综合收益的金融资产的期末账面价值。该项目金额与其他分类为以公允价值计量且其变动计入其他综合收益的金融资产（例如"发放贷款和垫款"项目中的分类为以公允价值计量且其变动计入其他综合收益的金融资产）金额的合计，为《企业会计准则第37号——金融工具列报》（2017年修订）第三十九条（三）所要求列报的"以公允价值计量且其变动计入其他综合收益的金融资产"的金额。

8. "金融投资：其他权益工具投资"项目，即企业按照《企业会计准则第22号——金融工具确认和计量》（2017年修订）第十九条第二款指定计量的金融投资，反映资产负债表日企业指定为以公允价值计量且其变动计入其他综合收益的非交易性权益工具投资的期末账面价值。此处"权益工具投资"中的权益工具，是指从该工具发行方角度满足《企业会计准则第37号——金融工具列报》（2017年修订）中权益工具定义的工具。

9. 企业应当按照《企业会计准则第22号——金融工具确认和计量》（2017年修订）的相关规定确认利息收入和利息费用。基于实际利率法计提的金融工具的利息应包含在相应金融工具的账面余额中，并反映在相关"拆出资金""金融投资：债权投资""金融投资：其他债权投资""发放贷款和垫款""应付债券""长期借款"等项目中，而不应单独列示"应收利息"项目或"应付利息"项目。"应收利息"科目和"应付利息"科目应仅反映相关金融工具已到期可收取或应支付但于资产负债表日尚未收到或尚未支付的利息，通常由于金额相对较小，应在"其他资产"或"其他负债"项目中列示。

10. 企业按照《企业会计准则第14号——收入》（2017年修订）相关规定确认为资产的合同取得成本、合同履约成本与应收退货成本，应当扣除相关减值准备后在"其他资产"项目中填列。

11. "交易性金融负债"项目，即企业按照《企业会计准则第22号——金融工具确认和计量》（2017年修订）第二十一条规定分类的金融负债，反映资产负债表日企业承担的分类为以公允价值计量且其变动计入当期损益的金融负债（含企业指定为以公允价值计量且其变动计入当期损益的金融负债）的期末账面价值。

12. "应付款项"项目，反映资产负债表日以摊余成本计量的、企业因购买商品和接受服务等经营活动形成的支付款项的合同义务以及开出、承兑的商业汇票（包括银行承兑汇票和商业承兑汇票）的账面价值（即摊余成本）。

13. "持有待售负债"项目，反映资产负债表日处置组中与划分为持有待售类别的资产直接相关的负债的期末账面价值。

14. 企业按照《企业会计准则第 14 号——收入》（2017 年修订）相关规定确认为预计负债的应付退货款，应当在"预计负债"项目中填列。

15. 企业按照《企业会计准则第 22 号——金融工具确认和计量》（2017 年修订）相关规定对贷款承诺、财务担保合同等项目计提的损失准备，应当在"预计负债"项目中填列。

16. 企业应根据实际情况在"应付债券"项目下增设"其中：优先股"和"永续债"两个项目，分别反映资产负债表日企业发行在外的分类为金融负债的优先股和永续工具的期末账面价值。

17. "其他权益工具"项目，反映资产负债表日企业发行在外的除普通股以外分类为权益工具的金融工具的账面价值。企业应根据实际情况在"其他权益工具"项目下设"其中：优先股"和"永续债"两个项目，分别反映资产负债表日企业发行在外的分类为权益工具的优先股和永续工具的账面价值。

18. "其他综合收益"项目，反映企业根据企业会计准则规定应在其他综合收益中确认的各项税后净利得和净损失的累计余额等。

19. 本表中的"上年年末余额"栏目，企业按照《企业会计准则第 22 号——金融工具确认和计量》（2017 年修订）和《企业会计准则第 14 号——收入》（2017 年修订）的规定，未调整前期比较财务报表数据的，应当根据未经新金融工具准则及新收入准则调整的财务报表格式及数字填列，上期项目与本期不一致的，应当分别列示新旧项目名称及其金额，并按照《企业会计准则第 37 号——金融工具列报》（2017 年修订）和《企业会计准则第 14 号——收入》（2017 年修订）及其应用指南有关规定在附注中披露执行新金融工具准则导致的分类、减值等变化的影响和执行新收入准则对当期财务报表相关项目的影响。

20. 修订后本表中的部分金融资产项目的金额可能反映多种计量基础。企业在附注中披露的《企业会计准则第 37 号——金融工具列报》（2017 年修订）第三十九条（一）至（四）所规定的金额，应当分别反映同一计量基础在不同项目中的金额之和。

利润表

会金融02表

编制单位：　　　　　　　　年　　月　　　　　　　　　　单位：元

项目	本期金额	上期金额
一、营业总收入		
利息收入		
[已赚保费		
保险业务收入		
其中：分保费收入		
减：分出保费		
提取未到期责任准备金]²		
手续费及佣金收入		
[其中：经纪业务手续费收入		
投资银行业务手续费收入		
资产管理业务手续费收入]¹		
投资收益（损失以"-"号填列）		
其中：对联营企业和合营企业的投资收益		
以摊余成本计量的金融资产终止确认产生的收益（损失以"-"号填列）		
净敞口套期收益（损失以"-"号填列）		
其他收益		
公允价值变动收益（损失以"-"号填列）		
汇兑收益（损失以"-"号填列）		
其他业务收入		
资产处置收益（损失以"-"号填列）		
二、营业总支出		
利息支出		
手续费及佣金支出		
[其中：经纪业务手续费支出		
投资银行业务手续费支出		
资产管理业务手续费支出]¹		

续表

项目	本期金额	上期金额
［退保金］2		
［赔付支出		
减：摊回赔付支出］2		
［提取保险责任准备金		
减：摊回保险责任准备金］2		
［保单红利支出］2		
［分保费用］2		
税金及附加		
业务及管理费		
［减：摊回分保费用］2		
信用减值损失		
其他资产减值损失		
其他业务成本		
三、营业利润（亏损以"－"号填列）		
加：营业外收入		
减：营业外支出		
四、利润总额（亏损总额以"－"号填列）		
减：所得税费用		
五、净利润（净亏损以"－"号填列）		
（一）持续经营净利润（净亏损以"－"号填列）		
（二）终止经营净利润（净亏损以"－"号填列）		
六、其他综合收益的税后净额		
（一）不能重分类进损益的其他综合收益		
1. 重新计量设定受益计划变动额		
2. 权益法下不能转损益的其他综合收益		
3. 其他权益工具投资公允价值变动		
4. 企业自身信用风险公允价值变动		
……		

续表

项目	本期金额	上期金额
（二）将重分类进损益的其他综合收益		
1. 权益法下可转损益的其他综合收益		
2. 其他债权投资公允价值变动		
3. 金融资产重分类计入其他综合收益的金额		
4. 其他债权投资信用损失准备		
5. 现金流量套期储备		
6. 外币财务报表折算差额		
……		
七、综合收益总额		
八、每股收益：		
（一）基本每股收益		
（二）稀释每股收益		

注1：［……］[1]系证券公司专用项目，企业正式使用时不加方括号。下同。

注2：［……］[2]系保险公司专用项目。

注3：［……］[3]系银行专用项目。

注4：无方括号和角标的项目为通用项目，适用于两类及两类以上金融企业。

修订、新增项目的说明：

1. "利息收入"项目，反映企业按照《企业会计准则第22号——金融工具确认和计量》（2017年修订）相关规定对分类为以摊余成本计量的金融资产和分类为以公允价值计量且其变动计入其他综合收益的金融资产按照实际利率法计算的利息收入。其他项目的利息收入不得计入本项目；应计入本项目的利息收入金额也不得计入"投资收益"等其他项目。

银行及证券公司可在营业总收入下列示"利息净收入"项目，并在"利息净收入"项目下分列"利息收入"项目与"利息支出"项目。

2. "手续费及佣金收入"与"手续费及佣金支出"项目。银行可在营业总收入下列示"手续费及佣金净收入"项目，并在"手续费及佣金净收入"项目下分列"手续费及佣金收入"项目和"手续费及佣金支出"项目。证券公司可在营业总收入下列示"手续费及佣金净收入"项目，并在"手续费及佣金净收入"项目下分列"经纪业务手续费净收入""投资银行业务手续费净收入"和"资产管理业务手续费净收入"等项目。

3."其中：以摊余成本计量的金融资产终止确认产生的收益"项目，反映企业因转让等情形导致终止确认以摊余成本计量的金融资产而产生的损益。如为损失，以"-"号填列。该项目在"投资收益"项目中单独列示。

4."净敞口套期收益"项目，反映企业开展的净敞口套期下被套期项目累计公允价值变动转入当期损益的金额或现金流量套期储备转入当期损益的金额。如为损失，以"-"号填列。

5."其他收益"项目，反映企业计入其他收益的政府补助等。

6."汇兑收益"项目，主要包括外币交易因汇率变动而产生的损益以及外汇衍生金融工具产生的损益。如为损失，以"-"号填列。

7."资产处置收益"项目，反映企业出售分类为持有待售的非流动资产（金融工具、长期股权投资和投资性房地产除外）或处置组（子公司和业务除外）时确认的处置利得或损失，以及处置未划分为持有待售的固定资产、在建工程、生产性生物资产及无形资产而产生的处置利得或损失。债务重组[①]中因处置非流动资产产生的利得或损失和非货币性资产交换中换出非流动资产产生的利得或损失在本项目中反映。商业银行、证券公司等金融企业处置抵押、质押资产的利得或损失，依据被处置资产的类别在本项目或"投资收益"等相关项目中反映。如为处置损失，以"-"号填列。

8."信用减值损失"项目，反映企业按照《企业会计准则第22号——金融工具确认和计量》（2017年修订）相关规定计提金融工具信用损失准备所确认的信用损失。

9."其他资产减值损失"项目，反映除"信用减值损失"外，企业按照相关企业会计准则的规定计提其他资产的减值准备所确认的减值损失。

10."营业外收入"项目，反映企业发生的除营业利润以外的收益，主要包括债务重组利得、与企业日常活动无关的政府补助、盘盈利得、捐赠利得（企业接受股东或股东的子公司直接或间接的捐赠，经济实质属于股东对企业的资本性投入的除外）等。

11."营业外支出"项目，反映企业发生的除营业利润以外的支出，主要包括债务重组损失、公益性捐赠支出、非常损失、盘亏损失、非流动资产毁损报废损失等。

12."净利润"项目下的"（一）持续经营净利润"和"（二）终止经营

[①] 根据《企业会计准则第12号——债务重组》（财会〔2019〕9号），债务重组中因处置非金融资产产生的利得或损失在"其他收益"项目中反映。

净利润"项目,分别反映净利润中与持续经营相关的净利润和与终止经营相关的净利润;如为净亏损,以"-"号填列。该两个项目应按照《企业会计准则第42号——持有待售的非流动资产、处置组和终止经营》(2017年修订)的相关规定分别列报。

现金流量表

会金融03表

编制单位:　　　　　　　　　　　年　　月　　　　　　　　　　单位:元

项目	本期金额	上期金额
一、经营活动产生的现金流量:		
销售商品、提供劳务收到的现金		
[客户存款和同业存放款项净增加额][3]		
[向中央银行借款净增加额][3]		
向其他金融机构拆入资金净增加额		
[收到原保险合同保费取得的现金][2]		
[收到再保业务现金净额][2]		
[保户储金及投资款净增加额][2]		
收取利息、手续费及佣金的现金		
拆入资金净增加额		
回购业务资金净增加额		
[代理买卖证券收到的现金净额][1]		
收到其他与经营活动有关的现金		
经营活动现金流入小计		
[客户贷款及垫款净增加额][3]		
[存放中央银行和同业款项净增加额][3]		
[支付原保险合同赔付款项的现金][2]		
为交易目的而持有的金融资产净增加额		

续表

项目	本期金额	上期金额
拆出资金净增加额		
返售业务资金净增加额		
支付利息、手续费及佣金的现金		
［支付保单红利的现金］2		
支付给职工及为职工支付的现金		
支付的各项税费		
支付其他与经营活动有关的现金		
经营活动现金流出小计		
经营活动产生的现金流量净额		
二、投资活动产生的现金流量：		
收回投资收到的现金		
取得投资收益收到的现金		
处置固定资产、无形资产和其他长期资产收回的现金净额		
收到其他与投资活动有关的现金		
投资活动现金流入小计		
投资支付的现金		
［返售业务资金净增加额］2		
［质押贷款净增加额］2		
购建固定资产、无形资产和其他长期资产支付的现金		
支付其他与投资活动有关的现金		
投资活动现金流出小计		
投资活动产生的现金流量净额		
三、筹资活动产生的现金流量：		
吸收投资收到的现金		
取得借款收到的现金		

续表

项目	本期金额	上期金额
发行债券收到的现金		
［回购业务资金净增加额］²		
收到其他与筹资活动有关的现金		
筹资活动现金流入小计		
偿还债务支付的现金		
分配股利、利润或偿付利息支付的现金		
支付其他与筹资活动有关的现金		
筹资活动现金流出小计		
筹资活动产生的现金流量净额		
四、汇率变动对现金及现金等价物的影响		
五、现金及现金等价物净增加额		
加：期初现金及现金等价物余额		
六、期末现金及现金等价物余额		

注1：［……］¹系证券公司专用项目，企业正式使用时不加方括号。下同。
注2：［……］²系保险公司专用项目。
注3：［……］³系银行专用项目。
注4：无方括号和角标的项目为通用项目，适用于两类及两类以上金融企业。

修订、新增项目的说明：

"为交易目的而持有的金融资产净增加额"项目，反映企业因买卖为交易目的而持有的金融资产所支付与收到的经营活动净现金流量。

所有者权益变动表

会金融04表

编制单位：　　　　　　　　　　　　年度　　　　　　　　　　　　　　单位：元

项目	本年金额											上年金额										
	实收资本（或股本）	其他权益工具			资本公积	减：库存股	其他综合收益	盈余公积	一般风险准备	未分配利润	所有者权益合计	实收资本（或股本）	其他权益工具			资本公积	减：库存股	其他综合收益	盈余公积	一般风险准备	未分配利润	所有者权益合计
		优先股	永续债	其他									优先股	永续债	其他							
一、上年年末余额																						
加：会计政策变更																						
前期差错更正																						
其他																						
二、本年年初余额																						
三、本年增减变动金额（减少以"-"号填列）																						
（一）综合收益总额																						
（二）所有者投入和减少资本																						
1. 所有者投入的普通股																						
2. 其他权益工具持有者投入资本																						
3. 股份支付计入所有者权益的金额																						

442

续表

项目	本年金额											上年金额										
	实收资本（或股本）	其他权益工具			资本公积	减：库存股	其他综合收益	盈余公积	一般风险准备	未分配利润	所有者权益合计	实收资本（或股本）	其他权益工具			资本公积	减：库存股	其他综合收益	盈余公积	一般风险准备	未分配利润	所有者权益合计
		优先股	永续债	其他									优先股	永续债	其他							
4. 其他																						
（三）利润分配																						
1. 提取盈余公积																						
2. 提取一般风险准备																						
3. 对所有者（或股东）的分配																						
4. 其他																						
（四）所有者权益内部结转																						
1. 资本公积转增资本（或股本）																						
2. 盈余公积转增资本（或股本）																						
3. 盈余公积弥补亏损																						
4. 设定受益计划变动额结转留存收益																						
5. 其他综合收益结转留存收益																						
6. 其他																						
四、本年末余额																						

修订、新增的项目说明：

1. "其他权益工具"项目，反映企业发行的除普通股以外分类为权益工具的金融工具。企业应根据实际情况在该项目下设"优先股""永续债"和"其他"三个项目，分别反映企业发行的分类为权益工具的优先股和永续工具等项目。

2. "其他权益工具持有者投入资本"项目，反映企业发行的除普通股以外分类为权益工具的金融工具的持有者投入资本的金额。

3. "对所有者（或股东）的分配"项目，反映企业对普通股东以及企业发行的除普通股以外分类为权益工具的金融工具持有者的股利分配。

4. "其他综合收益结转留存收益"项目，主要反映：（1）企业指定为以公允价值计量且其变动计入其他综合收益的非交易性权益工具投资终止确认时，之前计入其他综合收益的累计利得或损失从其他综合收益中转入留存收益的金额；（2）企业指定为以公允价值计量且其变动计入当期损益的金融负债终止确认时，之前由企业自身信用风险变动引起而计入其他综合收益的累计利得或损失从其他综合收益中转入留存收益的金额等。

首次执行企业会计准则

企业会计准则第 38 号
——首次执行企业会计准则

(财会〔2006〕3 号 2006 年 2 月 15 日)

第一章 总 则

第一条 为了规范首次执行企业会计准则对会计要素的确认、计量和财务报表列报，根据《企业会计准则——基本准则》，制定本准则。

第二条 首次执行企业会计准则，是指企业第一次执行企业会计准则体系，包括基本准则、具体准则和会计准则应用指南。

第三条 首次执行企业会计准则后发生的会计政策变更，适用《企业会计准则第 28 号——会计政策、会计估计变更和差错更正》。

第二章 确认和计量

第四条 在首次执行日，企业应当对所有资产、负债和所有者权益按照企业会计准则的规定进行重新分类、确认和计量，并编制期初资产负债表。

编制期初资产负债表时，除按照本准则第五条至第十九条规定要求追溯调整的项目外，其他项目不应追溯调整。

第五条 对于首次执行日的长期股权投资，应当分别下列情况处理：

(一) 根据《企业会计准则第 20 号——企业合并》属于同一控制下企业

合并产生的长期股权投资，尚未摊销完毕的股权投资差额应全额冲销，并调整留存收益，以冲销股权投资差额后的长期股权投资账面余额作为首次执行日的认定成本。

（二）除上述（一）以外的其他采用权益法核算的长期股权投资，存在股权投资贷方差额的，应冲销贷方差额，调整留存收益，并以冲销贷方差额后的长期股权投资账面余额作为首次执行日的认定成本；存在股权投资借方差额的，应当将长期股权投资的账面余额作为首次执行日的认定成本。

第六条 对于有确凿证据表明可以采用公允价值模式计量的投资性房地产，在首次执行日可以按照公允价值进行计量，并将账面价值与公允价值的差额调整留存收益。

第七条 在首次执行日，对于满足预计负债确认条件且该日之前尚未计入资产成本的弃置费用，应当增加该项资产成本，并确认相应的负债；同时，将应补提的折旧（折耗）调整留存收益。

第八条 对于首次执行日存在的解除与职工的劳动关系计划，满足《企业会计准则第9号——职工薪酬》预计负债确认条件的，应当确认因解除与职工的劳动关系给予补偿而产生的负债，并调整留存收益。

第九条 对于企业年金基金在运营中所形成的投资，应当在首次执行日按照公允价值进行计量，并将账面价值与公允价值的差额调整留存收益。

第十条 对于可行权日在首次执行日或之后的股份支付，应当根据《企业会计准则第11号——股份支付》的规定，按照权益工具、其他方服务或承担的以权益工具为基础计算确定的负债的公允价值，将应计入首次执行日之前等待期的成本费用金额调整留存收益，相应增加所有者权益或负债。

首次执行日之前可行权的股份支付，不应追溯调整。

第十一条 在首次执行日，企业应当按照《企业会计准则第13号——或有事项》的规定，将满足预计负债确认条件的重组义务，确认为负债，并调整留存收益。

第十二条 企业应当按照《企业会计准则第18号——所得税》的规定，在首次执行日对资产、负债的账面价值与计税基础不同形成的暂时性差异的所得税影响进行追溯调整，并将影响金额调整留存收益。

第十三条 除下列项目外，对于首次执行日之前发生的企业合并不应追溯调整：

（一）按照《企业会计准则第20号——企业合并》属于同一控制下企业

合并，原已确认商誉的摊余价值应当全额冲销，并调整留存收益。

按照该准则的规定属于非同一控制下企业合并的，应当将商誉在首次执行日的摊余价值作为认定成本，不再进行摊销。

（二）首次执行日之前发生的企业合并，合并合同或协议中约定根据未来事项的发生对合并成本进行调整的，如果首次执行日预计未来事项很可能发生并对合并成本的影响金额能够可靠计量的，应当按照该影响金额调整已确认商誉的账面价值。

（三）企业应当按照《企业会计准则第 8 号——资产减值》的规定，在首次执行日对商誉进行减值测试，发生减值的，应当以计提减值准备后的金额确认，并调整留存收益。

第十四条[①] 在首次执行日，企业应当将所持有的金融资产（不含《企业会计准则第 2 号——长期股权投资》规范的投资），划分为以公允价值计量且其变动计入当期损益的金融资产、持有至到期投资、贷款和应收款项、可供出售金融资产。

（一）划分为以公允价值计量且其变动计入当期损益或可供出售金融资产的，应当在首次执行日按照公允价值计量，并将账面价值与公允价值的差额调整留存收益。

（二）划分为持有至到期投资、贷款和应收款项的，应当自首次执行日起改按实际利率法，在随后的会计期间采用摊余成本计量。

第十五条 对于在首次执行日指定为以公允价值计量且其变动计入当期损益的金融负债，应当在首次执行日按照公允价值计量，并将账面价值与公允价值的差额调整留存收益。

第十六条 对于未在资产负债表内确认、或已按成本计量的衍生金融工具（不包括套期工具），应当在首次执行日按照公允价值计量，同时调整留存收益。

第十七条 对于嵌入衍生金融工具，按照《企业会计准则第 22 号——金融工具确认和计量》规定应从混合工具分拆的，应当在首次执行日将其从混合工具分拆并单独处理，但嵌入衍生金融工具的公允价值难以合理确定的除外。

对于企业发行的包含负债和权益成份的非衍生金融工具，应当按照《企业会计准则第 37 号——金融工具列报》的规定，在首次执行日将负债和权益成

---

① 《企业会计准则第 22 号——金融工具确认和计量》（财会〔2017〕7 号）对金融工具的确认和计量进行了修订。

份分拆，但负债成份的公允价值难以合理确定的除外。

第十八条[①]　在首次执行日，对于不符合《企业会计准则第 24 号——套期保值》规定的套期会计方法运用条件的套期保值，应当终止采用原套期会计方法，并按照《企业会计准则第 24 号——套期保值》处理。

第十九条　发生再保险分出业务的企业，应当在首次执行日按照《企业会计准则第 26 号——再保险合同》的规定，将应向再保险接受人摊回的相应准备金确认为资产，并调整各项准备金的账面价值。

第三章　列　　报

第二十条　在首次执行日后按照企业会计准则编制的首份年度财务报表（以下简称首份年度财务报表）期间，企业应当按照《企业会计准则第 30 号——财务报表列报》和《企业会计准则第 31 号——现金流量表》的规定，编报资产负债表、利润表、现金流量表和所有者权益变动表及附注。

对外提供合并财务报表的，应当遵循《企业会计准则第 33 号——合并财务报表》的规定。

在首份年度财务报表涵盖的期间内对外提供中期财务报告的，应当遵循《企业会计准则第 32 号——中期财务报告》的规定。

企业应当在附注中披露首次执行企业会计准则财务报表项目金额的变动情况。

第二十一条　首份年度财务报表至少应当包括上年度按照企业会计准则列报的比较信息。财务报表项目的列报发生变更的，应当对上年度比较数据按照企业会计准则的列报要求进行调整，但不切实可行的除外。

对于原未纳入合并范围但按照《企业会计准则第 33 号——合并财务报表》规定应纳入合并范围的子公司，在上年度的比较合并财务报表中，企业应当将该子公司纳入合并范围。对于原已纳入合并范围但按照该准则规定不应纳入合并范围的子公司，在上年度的比较合并财务报表中，企业不应将该子公司纳入合并范围。上年度比较合并财务报表中列示的少数股东权益，应当按照该准则的规定，在所有者权益类列示。

应当列示每股收益的企业，比较财务报表中上年度的每股收益按照《企业

[①]《企业会计准则第 24 号——套期保值》（财会〔2006〕3 号）已被《企业会计准则第 24 号——套期会计》（财会〔2017〕9 号）取代。

会计准则第 34 号——每股收益》的规定计算和列示。

应当披露分部信息的企业，比较财务报表中上年度关于分部的信息按照《企业会计准则第 35 号——分部报告》的规定披露。

《企业会计准则第 38 号 ——首次执行企业会计准则》应用指南

(财会〔2006〕18 号　2006 年 10 月 30 日)

一、首次执行日采用追溯调整法有关项目的处理

(一) 预计的资产弃置费用

根据本准则第七条规定，企业在预计首次执行日前尚未计入资产成本的弃置费用时，应当满足预计负债的确认条件，选择该项资产初始确认时适用的折现率，以该项预计负债折现后的金额增加资产成本，据此计算确认应补提的固定资产折旧（或油气资产折耗），同时调整期初留存收益。

折现率的选择应当考虑货币时间价值和相关期间通货膨胀等因素的影响。

预计弃置费用的范围，适用《企业会计准则第 4 号——固定资产》《企业会计准则第 27 号——石油天然气开采》等限定的资产范围。

(二) 可行权日在首次执行日或之后的股份支付

根据本准则第十条规定，授予职工以权益结算的股份支付，应当按照权益工具在授予日的公允价值调整期初留存收益，相应增加资本公积；授予日的公允价值不能可靠计量的，应当按照权益工具在首次执行日的公允价值计量。

授予职工以现金结算的股份支付，应当按照权益工具在等待期内首次执行日之前各资产负债表日的公允价值调整期初留存收益，相应增加应付职工薪酬。上述各资产负债表日的公允价值不能可靠计量的，应当按照权益工具在首次执行日的公允价值计量。

授予其他方的股份支付，在首次执行日比照授予职工的股份支付处理。

(三) 所得税

根据本准则第十二条规定，在首次执行日，企业应当停止采用应付税款法或原纳税影响会计法，改按《企业会计准则第 18 号——所得税》规定的资产负债表债务法对所得税进行处理。

原采用应付税款法核算所得税费用的，应当按照企业会计准则相关规定调整后的资产、负债账面价值与其计税基础进行比较，确定应纳税暂时性差异和可抵扣暂时性差异，采用适用的税率计算递延所得税负债和递延所得税资产的金额，相应调整期初留存收益。

原采用纳税影响会计法核算所得税费用的，应当根据《企业会计准则第 18 号——所得税》的相关规定，计算递延所得税负债和递延所得税资产的金额，同时冲销递延税款余额，根据上述两项金额之间的差额调整期初留存收益。

在首次执行日，企业对于能够结转以后年度的可抵扣亏损和税款抵减，应以很可能获得用来抵扣可抵扣亏损和税款抵减的未来应纳税所得额为限，确认相应的递延所得税资产，同时调整期初留存收益。

(四) 金融工具的分拆

根据本准则第十七条规定，对于嵌入衍生金融工具，按照《企业会计准则第 22 号——金融工具确认和计量》规定应从混合工具中分拆的，应当在首次执行日按其在该日的公允价值，将其从混合工具中分拆并单独处理。首次执行日嵌入衍生金融工具的公允价值难以合理确定的，应当将该混合工具整体指定为以公允价值计量且其变动计入当期损益的金融资产或金融负债。

企业发行的包含负债和权益成份的非衍生金融工具，在首次执行日按照《企业会计准则第 37 号——金融工具列报》进行分拆时，先按该项负债在首次执行日的公允价值作为其初始确认金额，再按该项金融工具的账面价值扣除负债公允价值后的金额，作为权益成份的初始确认金额。首次执行日负债成分的公允价值难以合理确定的，不应对该项金融工具进行分拆，仍然作为负债处理。

二、首次执行日采用未来适用法有关项目的处理

根据本准则第四条规定，除本准则第五条至第十九条规定要求追溯调整的项目外，其他项目不应追溯调整，应当自首次执行日起采用未来适用法。

(一) 借款费用

对于处于开发阶段的内部开发项目、处于生产过程中的需要经过相当长时

间才能达到预定可销售状态的存货（如飞机和船舶），以及营造、繁殖需要经过相当长时间才能达到预定可使用或可销售状态的生物资产，首次执行日之前未予资本化的借款费用，不应追溯调整。上述尚未完成开发或尚未完工的各项资产，首次执行日及以后发生的借款费用，符合《企业会计准则第17号——借款费用》规定的资本化条件的部分，应当予以资本化。

（二）超过正常信用条件延期付款（或收款）、实质上具有融资性质的购销业务

对于首次执行日处于收款过程中的采用递延收款方式、实质上具有融资性质的销售商品或提供劳务收入，比如采用分期收款方式的销售，首次执行日之前已确认的收入和结转的成本不再追溯调整。首次执行日后的第一个会计期间，企业应当将尚未确认但符合收入确认条件的合同或协议剩余价款部分确认为长期应收款，按其公允价值确认为营业收入，两者的差额作为未实现融资收益，在剩余收款期限内采用实际利率法进行摊销。在确认收入的同时，应当相应地结转成本。

首次执行日之前购买的固定资产、无形资产在超过正常信用条件的期限内延期付款、实质上具有融资性质的，首次执行日之前已计提的折旧和摊销额，不再追溯调整。在首次执行日，企业应当以尚未支付的款项与其现值之间的差额，减少资产的账面价值，同时确认为未确认融资费用。首次执行日后，企业应当以调整后的资产账面价值作为认定成本并以此为基础计提折旧，未确认融资费用应当在剩余付款期限内采用实际利率法进行摊销。

（三）无形资产

首次执行日处于开发阶段的内部开发项目，首次执行日之前已经费用化的开发支出，不应追溯调整；根据《企业会计准则第6号——无形资产》规定，首次执行日及以后发生的开发支出，符合无形资产确认条件的，应当予以资本化。

企业持有的无形资产，应当以首次执行日的摊余价值作为认定成本，对于使用寿命有限的无形资产，应当在剩余使用寿命内根据《企业会计准则第6号——无形资产》的规定进行摊销。对于使用寿命不确定的无形资产，在首次执行日后应当停止摊销，按照《企业会计准则第6号——无形资产》的规定处理。

首次执行日之前已计入在建工程和固定资产的土地使用权，符合《企业会计准则第6号——无形资产》的规定应当单独确认为无形资产的，首次执行日

应当进行重分类,将归属于土地使用权的部分从原资产账面价值中分离,作为土地使用权的认定成本,按照《企业会计准则第6号——无形资产》的规定处理。

(四) 开办费

首次执行日企业的开办费余额,应当在首次执行日后第一个会计期间内全部确认为管理费用。

(五) 职工福利费

首次执行日企业的职工福利费余额,应当全部转入应付职工薪酬(职工福利)。首次执行日后第一个会计期间,按照《企业会计准则第9号——职工薪酬》规定,根据企业实际情况和职工福利计划确认应付职工薪酬(职工福利),该项金额与原转入的应付职工薪酬(职工福利)之间的差额调整管理费用。

三、首份中期财务报告和首份年度财务报表的列报

根据本准则第二十条和第二十一条规定,企业应当按照《企业会计准则第30号——财务报表列报》、《企业会计准则第31号——现金流量表》、《企业会计准则第32号——中期财务报告》和《企业会计准则第33号——合并财务报表》等准则及其应用指南的规定,编制首份中期财务报告和首份年度财务报表。

(一) 首份中期财务报告和首份年度财务报表

1. 首份中期财务报告至少应当包括资产负债表、利润表、现金流量表和附注,上年度可比中期的财务报表也应当按照企业会计准则列报。

2. 首份年度财务报表应当是一套完整的财务报表,至少包括资产负债表、利润表、现金流量表、所有者权益变动表和附注。在首份年度财务报表中,至少应当按照企业会计准则列报上年度全部比较信息。

3. 母公司执行企业会计准则、但子公司尚未执行企业会计准则的,母公司在编制合并财务报表时,应当按照企业会计准则的规定调整子公司的财务报表。

母公司尚未执行企业会计准则、而子公司已执行企业会计准则的,母公司在编制合并财务报表时,可以将子公司的财务报表按照母公司的会计政策进行调整后合并,也可以将子公司按照企业会计准则编制的财务报表直接合并。

（二）首份中期财务报告和首份年度财务报表的附注

企业在首份中期财务报告和首份年度财务报表的附注中，应当以列表形式详细披露下列数据的调节过程：

1. 按原会计制度或准则列报的比较报表最早期间的期初所有者权益，调整为按企业会计准则列报的所有者权益。

2. 按原会计制度或准则列报的最近年度年末所有者权益，调整为按企业会计准则列报的所有者权益。

3. 按原会计制度或准则列报的最近年度损益，调整为按企业会计准则列报的损益。

4. 比较中期期末按原会计制度或准则列报的所有者权益，调整为按企业会计准则列报的所有者权益。

5. 比较中期按原会计制度或准则列报的损益（可比中期和上年初至可比中期期末累计数），调整为同一期间按企业会计准则列报的损益。

执行企业会计准则后首份季报（或首份半年报），需要披露上述1至5项数据的调节过程，其他季度季报（或半年报）只需提供上述4、5项数据的调节过程。首份年度财务报表中只需提供上述1至3项数据的调节过程。

企业会计准则解释中与首次执行企业会计准则相关的内容

企业在编制年报时，首次执行日有关资产、负债及所有者权益项目的金额是否要进一步复核？原同时按照国内及国际财务报告准则对外提供财务报告的B股、H股等上市公司，首次执行日如何调整？（《企业会计准则解释第1号》第一项）

答：企业在编制首份年报时，应当对首次执行日有关资产、负债及所有者权益项目的账面余额进行复核，经注册会计师审计后，在附注中以列表形式披露年初所有者权益的调节过程以及作出修正的项目、影响金额及其原因。

原同时按照国内及国际财务报告准则对外提供财务报告的 B 股、H 股等上市公司，首次执行日根据取得的相关信息，能够对因会计政策变更所涉及的交易或事项的处理结果进行追溯调整的，以追溯调整后的结果作为首次执行日的余额。

公允价值计量准则

企业会计准则第 39 号
——公允价值计量

(财会〔2014〕6 号　2014 年 1 月 26 日)

第一章　总　　则

第一条　为了规范公允价值的计量和披露，根据《企业会计准则——基本准则》，制定本准则。

第二条　公允价值，是指市场参与者在计量日发生的有序交易中，出售一项资产所能收到或者转移一项负债所需支付的价格。

第三条　本准则适用于其他相关会计准则要求或者允许采用公允价值进行计量或披露的情形，本准则第四条和第五条所列情形除外。

第四条　下列各项的计量和披露适用其他相关会计准则：

（一）与公允价值类似的其他计量属性的计量和披露，如《企业会计准则第 1 号——存货》规范的可变现净值、《企业会计准则第 8 号——资产减值》规范的预计未来现金流量现值，分别适用《企业会计准则第 1 号——存货》和《企业会计准则第 8 号——资产减值》。

（二）股份支付业务相关的计量和披露，适用《企业会计准则第 11 号——股份支付》。

（三）租赁业务相关的计量和披露，适用《企业会计准则第 21 号——租赁》。

第五条　下列各项的披露适用其他相关会计准则：

（一）以公允价值减去处置费用后的净额确定可收回金额的资产的披露，适用《企业会计准则第 8 号——资产减值》。

（二）以公允价值计量的职工离职后福利计划资产的披露，适用《企业会计准则第 9 号——职工薪酬》。

（三）以公允价值计量的企业年金基金投资的披露，适用《企业会计准则第 10 号——企业年金基金》。

第二章　相关资产或负债

第六条　企业以公允价值计量相关资产或负债，应当考虑该资产或负债的特征。

相关资产或负债的特征，是指市场参与者在计量日对该资产或负债进行定价时考虑的特征，包括资产状况及所在位置、对资产出售或者使用的限制等。

第七条　以公允价值计量的相关资产或负债可以是单项资产或负债（如一项金融工具、一项非金融资产等），也可以是资产组合、负债组合或者资产和负债的组合（如《企业会计准则第 8 号——资产减值》规范的资产组、《企业会计准则第 20 号——企业合并》规范的业务等）。企业是以单项还是以组合的方式对相关资产或负债进行公允价值计量，取决于该资产或负债的计量单元。

计量单元，是指相关资产或负债以单独或者组合方式进行计量的最小单位。相关资产或负债的计量单元应当由要求或者允许以公允价值计量的其他相关会计准则规定，但本准则第十章规范的市场风险或信用风险可抵销的金融资产和金融负债的公允价值计量除外。

第三章　有序交易和市场

第八条　企业以公允价值计量相关资产或负债，应当假定市场参与者在计量日出售资产或者转移负债的交易，是在当前市场条件下的有序交易。

有序交易，是指在计量日前一段时期内相关资产或负债具有惯常市场活动的交易。清算等被迫交易不属于有序交易。

第九条　企业以公允价值计量相关资产或负债，应当假定出售资产或者转移负债的有序交易在相关资产或负债的主要市场进行。不存在主要市场的，企业应当假定该交易在相关资产或负债的最有利市场进行。

主要市场，是指相关资产或负债交易量最大和交易活跃程度最高的市场。

最有利市场，是指在考虑交易费用和运输费用后，能够以最高金额出售相关资产或者以最低金额转移相关负债的市场。

交易费用，是指在相关资产或负债的主要市场（或最有利市场）中，发生的可直接归属于资产出售或者负债转移的费用。交易费用是直接由交易引起的、交易所必需的，而且不出售资产或者不转移负债就不会发生的费用。

运输费用，是指将资产从当前位置运抵主要市场（或最有利市场）发生的费用。

第十条 企业在识别主要市场（或最有利市场）时，应当考虑所有可合理取得的信息，但没有必要考察所有市场。

通常情况下，企业正常进行资产出售或者负债转移的市场可以视为主要市场（或最有利市场）。

第十一条 主要市场（或最有利市场）应当是企业在计量日能够进入的交易市场，但不要求企业于计量日在该市场上实际出售资产或者转移负债。

由于不同企业可以进入的市场不同，对于不同企业，相同资产或负债可能具有不同的主要市场（或最有利市场）。

第十二条 企业应当以主要市场的价格计量相关资产或负债的公允价值。不存在主要市场的，企业应当以最有利市场的价格计量相关资产或负债的公允价值。

企业不应当因交易费用对该价格进行调整。交易费用不属于相关资产或负债的特征，只与特定交易有关。交易费用不包括运输费用。

相关资产所在的位置是该资产的特征，发生的运输费用能够使该资产从当前位置转移到主要市场（或最有利市场）的，企业应当根据使该资产从当前位置转移到主要市场（或最有利市场）的运输费用调整主要市场（或最有利市场）的价格。

第十三条 当计量日不存在能够提供出售资产或者转移负债的相关价格信息的可观察市场时，企业应当从持有资产或者承担负债的市场参与者角度，假定计量日发生了出售资产或者转移负债的交易，并以该假定交易的价格为基础计量相关资产或负债的公允价值。

第四章　市场参与者

第十四条　企业以公允价值计量相关资产或负债，应当采用市场参与者在对该资产或负债定价时为实现其经济利益最大化所使用的假设。

市场参与者，是指在相关资产或负债的主要市场（或最有利市场）中，同时具备下列特征的买方和卖方：

（一）市场参与者应当相互独立，不存在《企业会计准则第36号——关联方披露》所述的关联方关系；

（二）市场参与者应当熟悉情况，能够根据可取得的信息对相关资产或负债以及交易具备合理认知；

（三）市场参与者应当有能力并自愿进行相关资产或负债的交易。

第十五条　企业在确定市场参与者时，应当考虑所计量的相关资产或负债、该资产或负债的主要市场（或最有利市场）以及在该市场上与企业进行交易的市场参与者等因素，从总体上识别市场参与者。

第五章　公允价值初始计量

第十六条　企业应当根据交易性质和相关资产或负债的特征等，判断初始确认时的公允价值是否与其交易价格相等。

在企业取得资产或者承担负债的交易中，交易价格是取得该项资产所支付或者承担该项负债所收到的价格（即进入价格）。公允价值是出售该项资产所能收到或者转移该项负债所需支付的价格（即脱手价格）。相关资产或负债在初始确认时的公允价值通常与其交易价格相等，但在下列情况中两者可能不相等：

（一）交易发生在关联方之间。但企业有证据表明该关联方交易是在市场条件下进行的除外。

（二）交易是被迫的。

（三）交易价格所代表的计量单元与按照本准则第七条确定的计量单元不同。

（四）交易市场不是相关资产或负债的主要市场（或最有利市场）。

第十七条　其他相关会计准则要求或者允许企业以公允价值对相关资产或

负债进行初始计量，且其交易价格与公允价值不相等的，企业应当将相关利得或损失计入当期损益，但其他相关会计准则另有规定的除外。

第六章 估 值 技 术

第十八条 企业以公允价值计量相关资产或负债，应当采用在当前情况下适用并且有足够可利用数据和其他信息支持的估值技术。企业使用估值技术的目的，是为了估计在计量日当前市场条件下，市场参与者在有序交易中出售一项资产或者转移一项负债的价格。

企业以公允价值计量相关资产或负债，使用的估值技术主要包括市场法、收益法和成本法。企业应当使用与其中一种或多种估值技术相一致的方法计量公允价值。企业使用多种估值技术计量公允价值的，应当考虑各估值结果的合理性，选取在当前情况下最能代表公允价值的金额作为公允价值。

市场法，是利用相同或类似的资产、负债或资产和负债组合的价格以及其他相关市场交易信息进行估值的技术。

收益法，是将未来金额转换成单一现值的估值技术。

成本法，是反映当前要求重置相关资产服务能力所需金额（通常指现行重置成本）的估值技术。

第十九条 企业在估值技术的应用中，应当优先使用相关可观察输入值，只有在相关可观察输入值无法取得或取得不切实可行的情况下，才可以使用不可观察输入值。

输入值，是指市场参与者在给相关资产或负债定价时所使用的假设，包括可观察输入值和不可观察输入值。

可观察输入值，是指能够从市场数据中取得的输入值。该输入值反映了市场参与者在对相关资产或负债定价时所使用的假设。

不可观察输入值，是指不能从市场数据中取得的输入值。该输入值应当根据可获得的市场参与者在对相关资产或负债定价时所使用假设的最佳信息确定。

第二十条 企业以交易价格作为初始确认时的公允价值，且在公允价值后续计量中使用了涉及不可观察输入值的估值技术的，应当在估值过程中校正该估值技术，以使估值技术确定的初始确认结果与交易价格相等。

企业在公允价值后续计量中使用估值技术的，尤其是涉及不可观察输入值的，应当确保该估值技术反映了计量日可观察的市场数据，如类似资产或负债的价格等。

第二十一条 公允价值计量使用的估值技术一经确定，不得随意变更，但变更估值技术或其应用能使计量结果在当前情况下同样或者更能代表公允价值的情况除外，包括但不限于下列情况：

（一）出现新的市场。

（二）可以取得新的信息。

（三）无法再取得以前使用的信息。

（四）改进了估值技术。

（五）市场状况发生变化。

企业变更估值技术或其应用的，应当按照《企业会计准则第28号——会计政策、会计估计变更和差错更正》的规定作为会计估计变更，并根据本准则的披露要求对估值技术及其应用的变更进行披露，而不需要按照《企业会计准则第28号——会计政策、会计估计变更和差错更正》的规定对相关会计估计变更进行披露。

第二十二条 企业采用估值技术计量公允价值时，应当选择与市场参与者在相关资产或负债的交易中所考虑的资产或负债特征相一致的输入值，包括流动性折溢价、控制权溢价或少数股东权益折价等，但不包括与本准则第七条规定的计量单元不一致的折溢价。

企业不应当考虑因其大量持有相关资产或负债所产生的折价或溢价。该折价或溢价反映了市场正常日交易量低于企业在当前市场出售或转让其持有的相关资产或负债数量时，市场参与者对该资产或负债报价的调整。

第二十三条 以公允价值计量的相关资产或负债存在出价和要价的，企业应当以在出价和要价之间最能代表当前情况下公允价值的价格确定该资产或负债的公允价值。企业可以使用出价计量资产头寸、使用要价计量负债头寸。

本准则不限制企业使用市场参与者在实务中使用的在出价和要价之间的中间价或其他定价惯例计量相关资产或负债。

第七章 公允价值层次

第二十四条 企业应当将公允价值计量所使用的输入值划分为三个层次，并首先使用第一层次输入值，其次使用第二层次输入值，最后使用第三层次输入值。

第一层次输入值是在计量日能够取得的相同资产或负债在活跃市场上未经调整的报价。活跃市场，是指相关资产或负债的交易量和交易频率足以持续提供定价信息的市场。

第二层次输入值是除第一层次输入值外相关资产或负债直接或间接可观察的输入值。

第三层次输入值是相关资产或负债的不可观察输入值。

公允价值计量结果所属的层次，由对公允价值计量整体而言具有重要意义的输入值所属的最低层次决定。企业应当在考虑相关资产或负债特征的基础上判断所使用的输入值是否重要。公允价值计量结果所属的层次，取决于估值技术的输入值，而不是估值技术本身。

第二十五条 第一层次输入值为公允价值提供了最可靠的证据。在所有情况下，企业只要能够获得相同资产或负债在活跃市场上的报价，就应当将该报价不加调整地应用于该资产或负债的公允价值计量，但下列情况除外：

（一）企业持有大量类似但不相同的以公允价值计量的资产或负债，这些资产或负债存在活跃市场报价，但难以获得每项资产或负债在计量日单独的定价信息。在这种情况下，企业可以采用不单纯依赖报价的其他估值模型。

（二）活跃市场报价未能代表计量日的公允价值，如因发生影响公允价值计量的重大事件等导致活跃市场的报价未能代表计量日的公允价值。

（三）本准则第三十四条（二）所述情况。

企业因上述情况对相同资产或负债在活跃市场上的报价进行调整的，公允价值计量结果应当划分为较低层次。

第二十六条 企业在使用第二层次输入值对相关资产或负债进行公允价值计量时，应当根据该资产或负债的特征，对第二层次输入值进行调整。这些特征包括资产状况或所在位置、输入值与类似资产或负债的相关程度［包括本准则第三十四条（二）规定的因素］、可观察输入值所在市场的交易量和活跃程度等。

对于具有合同期限等具体期限的相关资产或负债，第二层次输入值应当在几乎整个期限内是可观察的。

第二层次输入值包括：

（一）活跃市场中类似资产或负债的报价；

（二）非活跃市场中相同或类似资产或负债的报价；

（三）除报价以外的其他可观察输入值，包括在正常报价间隔期间可观察的利率和收益率曲线、隐含波动率和信用利差等；

（四）市场验证的输入值等。市场验证的输入值，是指通过相关性分析或其他手段获得的主要来源于可观察市场数据或者经过可观察市场数据验证的输入值。

企业使用重要的不可观察输入值对第二层次输入值进行调整，且该调整对公允价值计量整体而言是重要的，公允价值计量结果应当划分为第三层次。

第二十七条 企业只有在相关资产或负债不存在市场活动或者市场活动很少导致相关可观察输入值无法取得或取得不切实可行的情况下，才能使用第三层次输入值，即不可观察输入值。

不可观察输入值应当反映市场参与者对相关资产或负债定价时所使用的假设，包括有关风险的假设，如特定估值技术的固有风险和估值技术输入值的固有风险等。

第二十八条 企业在确定不可观察输入值时，应当使用在当前情况下可合理取得的最佳信息，包括所有可合理取得的市场参与者假设。

企业可以使用内部数据作为不可观察输入值，但如果有证据表明其他市场参与者将使用不同于企业内部数据的其他数据，或者这些企业内部数据是企业特定数据、其他市场参与者不具备企业相关特征时，企业应当对其内部数据作出相应调整。

第八章　非金融资产的公允价值计量

第二十九条 企业以公允价值计量非金融资产，应当考虑市场参与者将该资产用于最佳用途产生经济利益的能力，或者将该资产出售给能够用于最佳用途的其他市场参与者产生经济利益的能力。

最佳用途，是指市场参与者实现一项非金融资产或其所属的资产和负债组合的价值最大化时该非金融资产的用途。

第三十条 企业确定非金融资产的最佳用途，应当考虑法律上是否允许、实物上是否可能以及财务上是否可行等因素：

（一）企业判断非金融资产的用途在法律上是否允许，应当考虑市场参与者在对该资产定价时考虑的资产使用在法律上的限制。

（二）企业判断非金融资产的用途在实物上是否可能，应当考虑市场参与者在对该资产定价时考虑的资产实物特征。

（三）企业判断非金融资产的用途在财务上是否可行，应当考虑在法律上允许且实物上可能的情况下，使用该资产能否产生足够的收益或现金流量，从而在补偿使资产用于该用途所发生的成本后，仍然能够满足市场参与者所要求的投资回报。

第三十一条 企业应当从市场参与者的角度确定非金融资产的最佳用途。

通常情况下，企业对非金融资产的现行用途可以视为最佳用途，除非市场因素或者其他因素表明市场参与者按照其他用途使用该资产可以实现价值最大化。

第三十二条 企业以公允价值计量非金融资产，应当基于最佳用途确定下列估值前提：

（一）市场参与者单独使用一项非金融资产产生最大价值的，该非金融资产的公允价值应当是将其出售给同样单独使用该资产的市场参与者的当前交易价格。

（二）市场参与者将一项非金融资产与其他资产（或者其他资产或负债的组合）组合使用产生最大价值的，该非金融资产的公允价值应当是将其出售给以同样组合方式使用该资产的市场参与者的当前交易价格，并且该市场参与者可以取得组合中的其他资产和负债。其中，负债包括企业为筹集营运资金产生的负债，但不包括企业为组合之外的资产筹集资金所产生的负债。最佳用途的假定应当一致地应用于组合中所有与最佳用途相关的资产。

企业应当从市场参与者的角度判断该资产的最佳用途是单独使用、与其他资产组合使用、还是与其他资产和负债组合使用，但在计量非金融资产的公允价值时，应当假定按照本准则第七条确定的计量单元出售该资产。

第九章 负债和企业自身权益工具的公允价值计量

第三十三条 企业以公允价值计量负债，应当假定在计量日将该负债转移给其他市场参与者，而且该负债在转移后继续存在，并由作为受让方的市场参与者履行义务。

企业以公允价值计量自身权益工具，应当假定在计量日将该自身权益工具转移给其他市场参与者，而且该自身权益工具在转移后继续存在，并由作为受让方的市场参与者取得与该工具相关的权利、承担相应的义务。

第三十四条　企业以公允价值计量负债或自身权益工具，应当遵循下列原则：

（一）存在相同或类似负债或企业自身权益工具可观察市场报价的，应当以该报价为基础确定该负债或企业自身权益工具的公允价值。

（二）不存在相同或类似负债或企业自身权益工具可观察市场报价，但其他方将其作为资产持有的，企业应当在计量日从持有该资产的市场参与者角度，以该资产的公允价值为基础确定该负债或自身权益工具的公允价值。

当该资产的某些特征不适用于所计量的负债或企业自身权益工具时，企业应当根据该资产的公允价值进行调整，以调整后的价值确定负债或企业自身权益工具的公允价值。这些特征包括资产出售受到限制、资产与所计量负债或企业自身权益工具类似但不相同、资产的计量单元与负债或企业自身权益工具的计量单元不完全相同等。

（三）不存在相同或类似负债或企业自身权益工具可观察市场报价，并且其他方未将其作为资产持有的，企业应当从承担负债或者发行权益工具的市场参与者角度，采用估值技术确定该负债或企业自身权益工具的公允价值。

第三十五条　企业以公允价值计量负债，应当考虑不履约风险，并假定不履约风险在负债转移前后保持不变。

不履约风险，是指企业不履行义务的风险，包括但不限于企业自身信用风险。

第三十六条　企业以公允价值计量负债或自身权益工具，并且该负债或自身权益工具存在限制转移因素的，如果公允价值计量的输入值中已经考虑了该因素，企业不应当再单独设置相关输入值，也不应当对其他输入值进行相关调整。

第三十七条　企业以公允价值计量活期存款等具有可随时要求偿还特征的金融负债的，该金融负债的公允价值不应当低于债权人随时要求偿还时的应付金额，即从债权人可要求偿还的第一天起折现的现值。

第十章　市场风险或信用风险可抵销的金融资产和金融负债的公允价值计量

第三十八条　企业以市场风险和信用风险的净敞口为基础管理金融资产和金融负债的，可以以计量日市场参与者在当前市场条件下有序交易中出售净多头（即资产）或者转移净空头（即负债）的价格为基础，计量该金融资产和金融负债组合的公允价值。

市场风险或信用风险可抵销的金融资产或金融负债，应当是由《企业会计准则第22号——金融工具确认和计量》规范的金融资产和金融负债，也包括不符合金融资产或金融负债定义但按照《企业会计准则第22号——金融工具确认和计量》进行会计处理的其他合同。

与市场风险或信用风险可抵销的金融资产和金融负债相关的财务报表列报，应当适用其他相关会计准则。

第三十九条　企业按照本准则第三十八条规定计量金融资产和金融负债组合的公允价值的，应当同时满足下列条件：

（一）企业风险管理或投资策略的正式书面文件已载明，企业以特定市场风险或特定对手信用风险的净敞口为基础，管理金融资产和金融负债的组合；

（二）企业以特定市场风险或特定对手信用风险的净敞口为基础，向企业关键管理人员报告金融资产和金融负债组合的信息；

（三）企业在每个资产负债表日以公允价值计量组合中的金融资产和金融负债。

第四十条　企业按照本准则第三十八条规定计量金融资产和金融负债组合的公允价值的，该金融资产和金融负债面临的特定市场风险及其期限实质上应当相同。

企业按照本准则第三十八条规定计量金融资产和金融负债组合的公允价值的，如果市场参与者将会考虑假定出现违约情况下能够减小信用风险敞口的所有现行安排，企业应当考虑特定对手的信用风险净敞口的影响或特定对手对企业的信用风险净敞口的影响，并预计市场参与者依法强制执行这些安排的可能性。

第四十一条　企业采用本准则第三十八条规定的，应当按照《企业会计准则第28号——会计政策、会计估计变更和差错更正》的规定确定相关会计政策，并且一经确定，不得随意变更。

第十一章　公允价值披露

第四十二条　企业应当根据相关资产或负债的性质、特征、风险以及公允价值计量的层次对该资产或负债进行恰当分组，并按照组别披露公允价值计量的相关信息。

为确定资产和负债的组别,企业通常应当对资产负债表列报项目做进一步分解。企业应当披露各组别与报表列报项目之间的调节信息。

其他相关会计准则明确规定了相关资产或负债组别且其分组原则符合本条规定的,企业可以直接使用该组别提供相关信息。

第四十三条 企业应当区分持续的公允价值计量和非持续的公允价值计量。

持续的公允价值计量,是指其他相关会计准则要求或者允许企业在每个资产负债表日持续以公允价值进行的计量。

非持续的公允价值计量,是指其他相关会计准则要求或者允许企业在特定情况下的资产负债表中以公允价值进行的计量。

第四十四条 在相关资产或负债初始确认后的每个资产负债表日,企业至少应当在附注中披露持续以公允价值计量的每组资产和负债的下列信息:

(一)其他相关会计准则要求或者允许企业在资产负债表日持续以公允价值计量的项目和金额。

(二)公允价值计量的层次。

(三)在各层次之间转换的金额和原因,以及确定各层次之间转换时点的政策。每一层次的转入与转出应当分别披露。

(四)对于第二层次的公允价值计量,企业应当披露使用的估值技术和输入值的描述性信息。当变更估值技术时,企业还应当披露这一变更以及变更的原因。

(五)对于第三层次的公允价值计量,企业应当披露使用的估值技术、输入值和估值流程的描述性信息。当变更估值技术时,企业还应当披露这一变更以及变更的原因。企业应当披露公允价值计量中使用的重要的、可合理取得的不可观察输入值的量化信息。

(六)对于第三层次的公允价值计量,企业应当披露期初余额与期末余额之间的调节信息,包括计入当期损益的已实现利得或损失总额,以及确认这些利得或损失时的损益项目;计入当期损益的未实现利得或损失总额,以及确认这些未实现利得或损失时的损益项目(如相关资产或负债的公允价值变动损益等);计入当期其他综合收益的利得或损失总额,以及确认这些利得或损失时的其他综合收益项目;分别披露相关资产或负债购买、出售、发行及结算情况。

（七）对于第三层次的公允价值计量，当改变不可观察输入值的金额可能导致公允价值显著变化时，企业应当披露有关敏感性分析的描述性信息。

这些输入值和使用的其他不可观察输入值之间具有相关关系的，企业应当描述这种相关关系及其影响，其中不可观察输入值至少包括本条（五）要求披露的不可观察输入值。

对于金融资产和金融负债，如果为反映合理、可能的其他假设而变更一个或多个不可观察输入值将导致公允价值的重大改变，企业还应当披露这一事实、变更的影响金额及其计算方法。

（八）当非金融资产的最佳用途与其当前用途不同时，企业应当披露这一事实及其原因。

第四十五条 在相关资产或负债初始确认后的资产负债表中，企业至少应当在附注中披露非持续以公允价值计量的每组资产和负债的下列信息：

（一）其他相关会计准则要求或者允许企业在特定情况下非持续以公允价值计量的项目和金额，以及以公允价值计量的原因。

（二）公允价值计量的层次。

（三）对于第二层次的公允价值计量，企业应当披露使用的估值技术和输入值的描述性信息。当变更估值技术时，企业还应当披露这一变更以及变更的原因。

（四）对于第三层次的公允价值计量，企业应当披露使用的估值技术、输入值和估值流程的描述性信息，当变更估值技术时，企业还应当披露这一变更以及变更的原因。企业应当披露公允价值计量中使用的重要不可观察输入值的量化信息。

（五）当非金融资产的最佳用途与其当前用途不同时，企业应当披露这一事实及其原因。

第四十六条 企业调整公允价值计量层次转换时点的相关会计政策应当在前后各会计期间保持一致，并按照本准则第四十四条（三）的规定进行披露。企业调整公允价值计量层次转换时点的相关会计政策应当一致地应用于转出的公允价值计量层次和转入的公允价值计量层次。

第四十七条 企业采用本准则第三十八条规定的会计政策的，应当披露该事实。

第四十八条 对于在资产负债表中不以公允价值计量但以公允价值披露的各组资产和负债，企业应当按照本准则第四十四条（二）、（四）、（五）和

（八）披露信息，但不需要按照本准则第四十四条（五）披露第三层次公允价值计量的估值流程和使用的重要不可观察输入值的量化信息。

第四十九条 对于以公允价值计量且在发行时附有不可分割的第三方信用增级的负债，发行人应当披露这一事实，并说明该信用增级是否已反映在该负债的公允价值计量中。

第五十条 企业应当以表格形式披露本准则要求的量化信息，除非其他形式更适当。

第十二章 衔接规定

第五十一条 本准则施行日之前的公允价值计量与本准则要求不一致的，企业不作追溯调整。

第五十二条 比较财务报表中披露的本准则施行日之前的信息与本准则要求不一致的，企业不需要按照本准则的规定进行调整。

第十三章 附则

第五十三条 本准则自 2014 年 7 月 1 日起施行。

合营安排准则

企业会计准则第 40 号
——合营安排

(财会〔2014〕11 号 2014 年 2 月 17 日)

第一章 总 则

第一条 为了规范合营安排的认定、分类以及各参与方在合营安排中权益等的会计处理,根据《企业会计准则——基本准则》,制定本准则。

第二条 合营安排,是指一项由两个或两个以上的参与方共同控制的安排。合营安排具有下列特征:

(一) 各参与方均受到该安排的约束;

(二) 两个或两个以上的参与方对该安排实施共同控制。任何一个参与方都不能够单独控制该安排,对该安排具有共同控制的任何一个参与方均能够阻止其他参与方或参与方组合单独控制该安排。

第三条 合营安排不要求所有参与方都对该安排实施共同控制。合营安排参与方既包括对合营安排享有共同控制的参与方(即合营方),也包括对合营安排不享有共同控制的参与方。

第四条 合营方在合营安排中权益的披露,适用《企业会计准则第 41 号——在其他主体中权益的披露》。

第二章 合营安排的认定和分类

第五条 共同控制,是指按照相关约定对某项安排所共有的控制,并且该安排的相关活动必须经过分享控制权的参与方一致同意后才能决策。

本准则所称相关活动，是指对某项安排的回报产生重大影响的活动。某项安排的相关活动应当根据具体情况进行判断，通常包括商品或劳务的销售和购买、金融资产的管理、资产的购买和处置、研究与开发活动以及融资活动等。

第六条 如果所有参与方或一组参与方必须一致行动才能决定某项安排的相关活动，则称所有参与方或一组参与方集体控制该安排。

在判断是否存在共同控制时，应当首先判断所有参与方或参与方组合是否集体控制该安排，其次再判断该安排相关活动的决策是否必须经过这些集体控制该安排的参与方一致同意。

第七条 如果存在两个或两个以上的参与方组合能够集体控制某项安排的，不构成共同控制。

第八条 仅享有保护性权利的参与方不享有共同控制。

第九条 合营安排分为共同经营和合营企业。

共同经营，是指合营方享有该安排相关资产且承担该安排相关负债的合营安排。

合营企业，是指合营方仅对该安排的净资产享有权利的合营安排。

第十条 合营方应当根据其在合营安排中享有的权利和承担的义务确定合营安排的分类。对权利和义务进行评价时应当考虑该安排的结构、法律形式以及合同条款等因素。

第十一条 未通过单独主体达成的合营安排，应当划分为共同经营。

单独主体，是指具有单独可辨认的财务架构的主体，包括单独的法人主体和不具备法人主体资格但法律认可的主体。

第十二条 通过单独主体达成的合营安排，通常应当划分为合营企业。但有确凿证据表明满足下列任一条件并且符合相关法律法规规定的合营安排应当划分为共同经营：

（一）合营安排的法律形式表明，合营方对该安排中的相关资产和负债分别享有权利和承担义务。

（二）合营安排的合同条款约定，合营方对该安排中的相关资产和负债分别享有权利和承担义务。

（三）其他相关事实和情况表明，合营方对该安排中的相关资产和负债分别享有权利和承担义务，如合营方享有与合营安排相关的几乎所有产出，并且该安排中负债的清偿持续依赖于合营方的支持。

不能仅凭合营方对合营安排提供债务担保即将其视为合营方承担该安排相关负债。合营方承担向合营安排支付认缴出资义务的，不视为合营方承担该安排相关负债。

第十三条 相关事实和情况变化导致合营方在合营安排中享有的权利和承担的义务发生变化的，合营方应当对合营安排的分类进行重新评估。

第十四条 对于为完成不同活动而设立多项合营安排的一个框架性协议，企业应当分别确定各项合营安排的分类。

第三章 共同经营参与方的会计处理

第十五条 合营方应当确认其与共同经营中利益份额相关的下列项目，并按照相关企业会计准则的规定进行会计处理：

（一）确认单独所持有的资产，以及按其份额确认共同持有的资产；

（二）确认单独所承担的负债，以及按其份额确认共同承担的负债；

（三）确认出售其享有的共同经营产出份额所产生的收入；

（四）按其份额确认共同经营因出售产出所产生的收入；

（五）确认单独所发生的费用，以及按其份额确认共同经营发生的费用。

第十六条 合营方向共同经营投出或出售资产等（该资产构成业务的除外），在该资产等由共同经营出售给第三方之前，应当仅确认因该交易产生的损益中归属于共同经营其他参与方的部分。投出或出售的资产发生符合《企业会计准则第8号——资产减值》等规定的资产减值损失的，合营方应当全额确认该损失。

第十七条 合营方自共同经营购买资产等（该资产构成业务的除外），在将该资产等出售给第三方之前，应当仅确认因该交易产生的损益中归属于共同经营其他参与方的部分。购入的资产发生符合《企业会计准则第8号——资产减值》等规定的资产减值损失的，合营方应当按其承担的份额确认该部分损失。

第十八条 对共同经营不享有共同控制的参与方，如果享有该共同经营相关资产且承担该共同经营相关负债的，应当按照本准则第十五条至第十七条的规定进行会计处理；否则，应当按照相关企业会计准则的规定进行会计处理。

第四章　合营企业参与方的会计处理

第十九条　合营方应当按照《企业会计准则第 2 号——长期股权投资》的规定对合营企业的投资进行会计处理。

第二十条　对合营企业不享有共同控制的参与方应当根据其对该合营企业的影响程度进行会计处理：

（一）对该合营企业具有重大影响的，应当按照《企业会计准则第 2 号——长期股权投资》的规定进行会计处理。

（二）对该合营企业不具有重大影响的，应当按照《企业会计准则第 22 号——金融工具确认和计量》的规定进行会计处理。

第五章　衔　接　规　定

第二十一条　首次采用本准则的企业应当根据本准则的规定对其合营安排进行重新评估，确定其分类。

第二十二条　合营企业重新分类为共同经营的，合营方应当在比较财务报表最早期间期初终止确认以前采用权益法核算的长期股权投资，以及其他实质上构成对合营企业净投资的长期权益；同时根据比较财务报表最早期间期初采用权益法核算时使用的相关信息，确认本企业在共同经营中的利益份额所产生的各项资产（包括商誉）和负债，所确认资产和负债的账面价值与其计税基础之间存在暂时性差异的，应当按照《企业会计准则第 18 号——所得税》的规定进行会计处理。

确认的各项资产和负债的净额与终止确认的长期股权投资以及其他实质上构成对合营企业净投资的长期权益的账面金额存在差额的，应当按照下列规定处理：

（一）前者大于后者的，其差额应当首先抵减与该投资相关的商誉，仍有余额的，再调增比较财务报表最早期间的期初留存收益；

（二）前者小于后者的，其差额应当冲减比较财务报表最早期间的期初留存收益。

第六章　附　　则

第二十三条　本准则自 2014 年 7 月 1 日起施行。

在其他主体中权益的披露准则

企业会计准则第 41 号
——在其他主体中权益的披露

(财会〔2014〕16 号 2014 年 3 月 14 日)

第一章 总 则

第一条 为了规范在其他主体中权益的披露,根据《企业会计准则——基本准则》,制定本准则。

第二条 企业披露的在其他主体中权益的信息,应当有助于财务报表使用者评估企业在其他主体中权益的性质和相关风险,以及该权益对企业财务状况、经营成果和现金流量的影响。

第三条 本准则所指的在其他主体中的权益,是指通过合同或其他形式能够使企业参与其他主体的相关活动并因此享有可变回报的权益。参与方式包括持有其他主体的股权、债权,或向其他主体提供资金、流动性支持、信用增级和担保等。企业通过这些参与方式实现对其他主体的控制、共同控制或重大影响。

其他主体包括企业的子公司、合营安排(包括共同经营和合营企业)、联营企业以及未纳入合并财务报表范围的结构化主体等。

结构化主体,是指在确定其控制方时没有将表决权或类似权利作为决定因素而设计的主体。

第四条 本准则适用于企业在子公司、合营安排、联营企业和未纳入合并财务报表范围的结构化主体中权益的披露。

企业同时提供合并财务报表和母公司个别财务报表的，应当在合并财务报表附注中披露本准则要求的信息，不需要在母公司个别财务报表附注中重复披露相关信息。

第五条 下列各项的披露适用其他相关会计准则：

（一）离职后福利计划或其他长期职工福利计划，适用《企业会计准则第9号——职工薪酬》。

（二）企业在其参与的但不享有共同控制的合营安排中的权益，适用《企业会计准则第37号——金融工具列报》。但是，企业对该合营安排具有重大影响或该合营安排是结构化主体的，适用本准则。

（三）企业持有的由《企业会计准则第22号——金融工具确认和计量》规范的在其他主体中的权益，适用《企业会计准则第37号——金融工具列报》。但是，企业在未纳入合并财务报表范围的结构化主体中的权益，以及根据其他相关会计准则以公允价值计量且其变动计入当期损益的在联营企业或合营企业中的权益，适用本准则。

第二章 重大判断和假设的披露

第六条 企业应当披露对其他主体实施控制、共同控制或重大影响的重大判断和假设，以及这些判断和假设变更的情况，包括但不限于下列各项：

（一）企业持有其他主体半数或以下的表决权但仍控制该主体的判断和假设，或者持有其他主体半数以上的表决权但并不控制该主体的判断和假设。

（二）企业持有其他主体20%以下的表决权但对该主体具有重大影响的判断和假设，或者持有其他主体20%或以上的表决权但对该主体不具有重大影响的判断和假设。

（三）企业通过单独主体达成合营安排的，确定该合营安排是共同经营还是合营企业的判断和假设。

（四）确定企业是代理人还是委托人的判断和假设。

第七条 企业应当披露按照《企业会计准则第33号——合并财务报表》被确定为投资性主体的重大判断和假设，以及虽然不符合《企业会计准则第33号——合并财务报表》有关投资性主体的一项或多项特征但仍被确定为投资性主体的原因。

企业（母公司）由非投资性主体转变为投资性主体的，应当披露该变化及其原因，并披露该变化对财务报表的影响，包括对变化当日不再纳入合并财务报表范围子公司的投资的公允价值、按照公允价值重新计量产生的利得或损失以及相应的列报项目。

企业（母公司）由投资性主体转变为非投资性主体的，应当披露该变化及其原因。

第三章　在子公司中权益的披露

第八条　企业应当在合并财务报表附注中披露企业集团的构成，包括子公司的名称、主要经营地及注册地、业务性质、企业的持股比例（或类似权益比例，下同）等。

子公司少数股东持有的权益对企业集团重要的，企业还应当在合并财务报表附注中披露下列信息：

（一）子公司少数股东的持股比例。子公司少数股东的持股比例不同于其持有的表决权比例的，企业还应当披露该表决权比例。

（二）当期归属于子公司少数股东的损益以及向少数股东支付的股利。

（三）子公司在当期期末累计的少数股东权益余额。

（四）子公司的主要财务信息。

第九条　使用企业集团资产和清偿企业集团债务存在重大限制的，企业应当在合并财务报表附注中披露下列信息：

（一）该限制的内容，包括对母公司或其子公司与企业集团内其他主体相互转移现金或其他资产的限制，以及对企业集团内主体之间发放股利或进行利润分配、发放或收回贷款或垫款等的限制。

（二）子公司少数股东享有保护性权利、并且该保护性权利对企业使用企业集团资产或清偿企业集团负债的能力存在重大限制的，该限制的性质和程度。

（三）该限制涉及的资产和负债在合并财务报表中的金额。

第十条　企业存在纳入合并财务报表范围的结构化主体的，应当在合并财务报表附注中披露下列信息：

（一）合同约定企业或其子公司向该结构化主体提供财务支持的，应当披露提供财务支持的合同条款，包括可能导致企业承担损失的事项或情况。

（二）在没有合同约定的情况下，企业或其子公司当期向该结构化主体提供了财务支持或其他支持，应当披露所提供支持的类型、金额及原因，包括帮助该结构化主体获得财务支持的情况。其中，企业或其子公司当期对以前未纳入合并财务报表范围的结构化主体提供了财务支持或其他支持并且该支持导致企业控制了该结构化主体的，还应当披露决定提供支持的相关因素。

（三）企业存在向该结构化主体提供财务支持或其他支持的意图的，应当披露该意图，包括帮助该结构化主体获得财务支持的意图。

第十一条　企业在其子公司所有者权益份额发生变化且该变化未导致企业丧失对子公司控制权的，应当在合并财务报表附注中披露该变化对本企业所有者权益的影响。

企业丧失对子公司控制权的，应当在合并财务报表附注中披露按照《企业会计准则第33号——合并财务报表》计算的下列信息：

（一）由于丧失控制权而产生的利得或损失以及相应的列报项目。

（二）剩余股权在丧失控制权日按照公允价值重新计量而产生的利得或损失。

第十二条　企业是投资性主体且存在未纳入合并财务报表范围的子公司、并对该子公司权益按照公允价值计量且其变动计入当期损益的，应当在财务报表附注中对该情况予以说明。同时，对于未纳入合并财务报表范围的子公司，企业应当披露下列信息：

（一）子公司的名称、主要经营地及注册地。

（二）企业对子公司的持股比例。持股比例不同于企业持有的表决权比例的，企业还应当披露该表决权比例。

企业的子公司也是投资性主体且该子公司存在未纳入合并财务报表范围的下属子公司的，企业应当按照上述要求披露该下属子公司的相关信息。

第十三条　企业是投资性主体的，对其在未纳入合并财务报表范围的子公司中的权益，应当披露与该权益相关的风险信息：

（一）该未纳入合并财务报表范围的子公司以发放现金股利、归还贷款或垫款等形式向企业转移资金的能力存在重大限制的，企业应当披露该限制的性质和程度。

（二）企业存在向未纳入合并财务报表范围的子公司提供财务支持或其他支持的承诺或意图的，企业应当披露该承诺或意图，包括帮助该子公司获得财务支持的承诺或意图。

在没有合同约定的情况下，企业或其子公司当期向未纳入合并财务报表范围的子公司提供财务支持或其他支持的，企业应当披露提供支持的类型、金额及原因。

（三）合同约定企业或其未纳入合并财务报表范围的子公司向未纳入合并财务报表范围、但受企业控制的结构化主体提供财务支持的，企业应当披露相关合同条款，以及可能导致企业承担损失的事项或情况。

在没有合同约定的情况下，企业或其未纳入合并财务报表范围的子公司当期向原先不受企业控制且未纳入合并财务报表范围的结构化主体提供财务支持或其他支持，并且所提供的支持导致企业控制该结构化主体的，企业应当披露决定提供上述支持的相关因素。

第四章　在合营安排或联营企业中权益的披露

第十四条　存在重要的合营安排或联营企业的，企业应当披露下列信息：

（一）合营安排或联营企业的名称、主要经营地及注册地。

（二）企业与合营安排或联营企业的关系的性质，包括合营安排或联营企业活动的性质，以及合营安排或联营企业对企业活动是否具有战略性等。

（三）企业的持股比例。持股比例不同于企业持有的表决权比例的，企业还应当披露该表决权比例。

第十五条　对于重要的合营企业或联营企业，企业除了应当按照本准则第十四条披露相关信息外，还应当披露对合营企业或联营企业投资的会计处理方法，从合营企业或联营企业收到的股利，以及合营企业或联营企业在其自身财务报表中的主要财务信息。

企业对上述合营企业或联营企业投资采用权益法进行会计处理的，上述主要财务信息应当是按照权益法对合营企业或联营企业相关财务信息调整后的金额；同时，企业应当披露将上述主要财务信息按照权益法调整至企业对合营企业或联营企业投资账面价值的调节过程。

企业对上述合营企业或联营企业投资采用权益法进行会计处理但该投资存在公开报价的，还应当披露其公允价值。

第十六条　企业在单个合营企业或联营企业中的权益不重要的，应当分别就合营企业和联营企业两类披露下列信息：

（一）按照权益法进行会计处理的对合营企业或联营企业投资的账面价值

合计数。

（二）对合营企业或联营企业的净利润、终止经营的净利润、其他综合收益、综合收益等项目，企业按照其持股比例计算的金额的合计数。

第十七条 合营企业或联营企业以发放现金股利、归还贷款或垫款等形式向企业转移资金的能力存在重大限制的，企业应当披露该限制的性质和程度。

第十八条 企业对合营企业或联营企业投资采用权益法进行会计处理，被投资方发生超额亏损且投资方不再确认其应分担合营企业或联营企业损失份额的，应当披露未确认的合营企业或联营企业损失份额，包括当期份额和累积份额。

第十九条 企业应当单独披露与其对合营企业投资相关的未确认承诺，以及与其对合营企业或联营企业投资相关的或有负债。

第二十条 企业是投资性主体的，不需要披露本准则第十五条和第十六条规定的信息。

第五章 在未纳入合并财务报表范围的结构化主体中权益的披露

第二十一条 对于未纳入合并财务报表范围的结构化主体，企业应当披露下列信息：

（一）未纳入合并财务报表范围的结构化主体的性质、目的、规模、活动及融资方式。

（二）在财务报表中确认的与企业在未纳入合并财务报表范围的结构化主体中权益相关的资产和负债的账面价值及其在资产负债表中的列报项目。

（三）在未纳入合并财务报表范围的结构化主体中权益的最大损失敞口及其确定方法。企业不能量化最大损失敞口的，应当披露这一事实及其原因。

（四）在财务报表中确认的与企业在未纳入合并财务报表范围的结构化主体中权益相关的资产和负债的账面价值与其最大损失敞口的比较。

企业发起设立未纳入合并财务报表范围的结构化主体，但资产负债表日在该结构化主体中没有权益的，企业不需要披露上述（二）至（四）项要求的信息，但应当披露企业作为该结构化主体发起人的认定依据，并分类披露企业当期从该结构化主体获得的收益、收益类型，以及转移至该结构化主体的所有资产在转移时的账面价值。

第二十二条　企业应当披露其向未纳入合并财务报表范围的结构化主体提供财务支持或其他支持的意图，包括帮助该结构化主体获得财务支持的意图。在没有合同约定的情况下，企业当期向结构化主体（包括企业前期或当期持有权益的结构化主体）提供财务支持或其他支持的，还应当披露提供支持的类型、金额及原因，包括帮助该结构化主体获得财务支持的情况。

第二十三条　企业是投资性主体的，对受其控制但未纳入合并财务报表范围的结构化主体，应当按照本准则第十二条和第十三条的规定进行披露，不需要按照本章规定进行披露。

第六章　衔接规定

第二十四条　企业比较财务报表中披露的本准则施行日之前的信息与本准则要求不一致的，应当按照本准则的规定进行调整，但有关未纳入合并财务报表范围的结构化主体的披露要求除外。

第七章　附　则

第二十五条　本准则自 2014 年 7 月 1 日起施行。

持有待售的非流动资产、处置组和终止经营准则

企业会计准则第42号——持有待售的非流动资产、处置组和终止经营

（财会〔2017〕13号　2017年4月28日）

第一章　总　　则

第一条　为了规范企业持有待售的非流动资产或处置组的分类、计量和列报，以及终止经营的列报，根据《企业会计准则——基本准则》，制定本准则。

第二条　本准则的分类和列报规定适用于所有非流动资产和处置组。

处置组，是指在一项交易中作为整体通过出售或其他方式一并处置的一组资产，以及在该交易中转让的与这些资产直接相关的负债。处置组所属的资产组或资产组组合按照《企业会计准则第8号——资产减值》分摊了企业合并中取得的商誉的，该处置组应当包含分摊至处置组的商誉。

第三条　本准则的计量规定适用于所有非流动资产，但下列各项的计量适用其他相关会计准则：

（一）采用公允价值模式进行后续计量的投资性房地产，适用《企业会计准则第3号——投资性房地产》；

（二）采用公允价值减去出售费用后的净额计量的生物资产，适用《企业会计准则第 5 号——生物资产》；

（三）职工薪酬形成的资产，适用《企业会计准则第 9 号——职工薪酬》；

（四）递延所得税资产，适用《企业会计准则第 18 号——所得税》；

（五）由金融工具相关会计准则规范的金融资产，适用金融工具相关会计准则；

（六）由保险合同相关会计准则规范的保险合同所产生的权利，适用保险合同相关会计准则。

处置组包含适用本准则计量规定的非流动资产的，本准则的计量规定适用于整个处置组。处置组中负债的计量适用相关会计准则。

第四条 终止经营，是指企业满足下列条件之一的、能够单独区分的组成部分，且该组成部分已经处置或划分为持有待售类别：

（一）该组成部分代表一项独立的主要业务或一个单独的主要经营地区；

（二）该组成部分是拟对一项独立的主要业务或一个单独的主要经营地区进行处置的一项相关联计划的一部分；

（三）该组成部分是专为转售而取得的子公司。

第二章 持有待售的非流动资产或处置组的分类

第五条 企业主要通过出售（包括具有商业实质的非货币性资产交换，下同）而非持续使用一项非流动资产或处置组收回其账面价值的，应当将其划分为持有待售类别。

第六条 非流动资产或处置组划分为持有待售类别，应当同时满足下列条件：

（一）根据类似交易中出售此类资产或处置组的惯例，在当前状况下即可立即出售；

（二）出售极可能发生，即企业已经就一项出售计划作出决议且获得确定的购买承诺，预计出售将在一年内完成。有关规定要求企业相关权力机构或者监管部门批准后方可出售的，应当已经获得批准。

确定的购买承诺，是指企业与其他方签订的具有法律约束力的购买协议，该协议包含交易价格、时间和足够严厉的违约惩罚等重要条款，使协议出现重大调整或者撤销的可能性极小。

第七条 企业专为转售而取得的非流动资产或处置组，在取得日满足"预计出售将在一年内完成"的规定条件，且短期（通常为3个月）内很可能满足持有待售类别的其他划分条件的，企业应当在取得日将其划分为持有待售类别。

第八条 因企业无法控制的下列原因之一，导致非关联方之间的交易未能在一年内完成，且有充分证据表明企业仍然承诺出售非流动资产或处置组的，企业应当继续将非流动资产或处置组划分为持有待售类别：

（一）买方或其他方意外设定导致出售延期的条件，企业针对这些条件已经及时采取行动，且预计能够自设定导致出售延期的条件起一年内顺利化解延期因素；

（二）因发生罕见情况，导致持有待售的非流动资产或处置组未能在一年内完成出售，企业在最初一年内已经针对这些新情况采取必要措施且重新满足了持有待售类别的划分条件。

第九条 持有待售的非流动资产或处置组不再满足持有待售类别划分条件的，企业不应当继续将其划分为持有待售类别。

部分资产或负债从持有待售的处置组中移除后，处置组中剩余资产或负债新组成的处置组仍然满足持有待售类别划分条件的，企业应当将新组成的处置组划分为持有待售类别，否则应当将满足持有待售类别划分条件的非流动资产单独划分为持有待售类别。

第十条 企业因出售对子公司的投资等原因导致其丧失对子公司控制权的，无论出售后企业是否保留部分权益性投资，应当在拟出售的对子公司投资满足持有待售类别划分条件时，在母公司个别财务报表中将对子公司投资整体划分为持有待售类别，在合并财务报表中将子公司所有资产和负债划分为持有待售类别。

第十一条 企业不应当将拟结束使用而非出售的非流动资产或处置组划分为持有待售类别。

第三章 持有待售的非流动资产或处置组的计量

第十二条 企业将非流动资产或处置组首次划分为持有待售类别前，应当按照相关会计准则规定计量非流动资产或处置组中各项资产和负债的账面价值。

第十三条 企业初始计量或在资产负债表日重新计量持有待售的非流动资产或处置组时，其账面价值高于公允价值减去出售费用后的净额的，应当将账面价值减记至公允价值减去出售费用后的净额，减记的金额确认为资产减值损失，计入当期损益，同时计提持有待售资产减值准备。

第十四条 对于取得日划分为持有待售类别的非流动资产或处置组，企业应当在初始计量时比较假定其不划分为持有待售类别情况下的初始计量金额和公允价值减去出售费用后的净额，以两者孰低计量。除企业合并中取得的非流动资产或处置组外，由非流动资产或处置组以公允价值减去出售费用后的净额作为初始计量金额而产生的差额，应当计入当期损益。

第十五条 企业在资产负债表日重新计量持有待售的处置组时，应当首先按照相关会计准则规定计量处置组中不适用本准则计量规定的资产和负债的账面价值，然后按照本准则第十三条的规定进行会计处理。

第十六条 对于持有待售的处置组确认的资产减值损失金额，应当先抵减处置组中商誉的账面价值，再根据处置组中适用本准则计量规定的各项非流动资产账面价值所占比重，按比例抵减其账面价值。

第十七条 后续资产负债表日持有待售的非流动资产公允价值减去出售费用后的净额增加的，以前减记的金额应当予以恢复，并在划分为持有待售类别后确认的资产减值损失金额内转回，转回金额计入当期损益。划分为持有待售类别前确认的资产减值损失不得转回。

第十八条 后续资产负债表日持有待售的处置组公允价值减去出售费用后的净额增加的，以前减记的金额应当予以恢复，并在划分为持有待售类别后适用本准则计量规定的非流动资产确认的资产减值损失金额内转回，转回金额计入当期损益。已抵减的商誉账面价值，以及适用本准则计量规定的非流动资产在划分为持有待售类别前确认的资产减值损失不得转回。

第十九条 持有待售的处置组确认的资产减值损失后续转回金额，应当根据处置组中除商誉外适用本准则计量规定的各项非流动资产账面价值所占比重，按比例增加其账面价值。

第二十条 持有待售的非流动资产或处置组中的非流动资产不应计提折旧或摊销，持有待售的处置组中负债的利息和其他费用应当继续予以确认。

第二十一条 非流动资产或处置组因不再满足持有待售类别的划分条件而不再继续划分为持有待售类别或非流动资产从持有待售的处置组中移除时，应当按照以下两者孰低计量：

（一）划分为持有待售类别前的账面价值，按照假定不划分为持有待售类别情况下本应确认的折旧、摊销或减值等进行调整后的金额；

（二）可收回金额。

第二十二条 企业终止确认持有待售的非流动资产或处置组时，应当将尚未确认的利得或损失计入当期损益。

第四章 列　　报

第二十三条 企业应当在资产负债表中区别于其他资产单独列示持有待售的非流动资产或持有待售的处置组中的资产，区别于其他负债单独列示持有待售的处置组中的负债。持有待售的非流动资产或持有待售的处置组中的资产与持有待售的处置组中的负债不应当相互抵销，应当分别作为流动资产和流动负债列示。

第二十四条 企业应当在利润表中分别列示持续经营损益和终止经营损益。不符合终止经营定义的持有待售的非流动资产或处置组，其减值损失和转回金额及处置损益应当作为持续经营损益列报。终止经营的减值损失和转回金额等经营损益及处置损益应当作为终止经营损益列报。

第二十五条 企业应当在附注中披露下列信息：

（一）持有待售的非流动资产或处置组的出售费用和主要类别，以及每个类别的账面价值和公允价值；

（二）持有待售的非流动资产或处置组的出售原因、方式和时间安排；

（三）列报持有待售的非流动资产或处置组的分部；

（四）持有待售的非流动资产或持有待售的处置组中的资产确认的减值损失及其转回金额；

（五）与持有待售的非流动资产或处置组有关的其他综合收益累计金额；

（六）终止经营的收入、费用、利润总额、所得税费用（收益）和净利润；

（七）终止经营的资产或处置组确认的减值损失及其转回金额；

（八）终止经营的处置损益总额、所得税费用（收益）和处置净损益；

（九）终止经营的经营活动、投资活动和筹资活动现金流量净额；

（十）归属于母公司所有者的持续经营损益和终止经营损益。

非流动资产或处置组在资产负债表日至财务报告批准报出日之间满足持有

待售类别划分条件的,应当作为资产负债表日后非调整事项进行会计处理,并按照本条（一）至（三）的规定进行披露。

企业专为转售而取得的持有待售的子公司,应当按照本条（二）至（五）和（十）的规定进行披露。

第二十六条 对于当期首次满足持有待售类别划分条件的非流动资产或处置组,不应当调整可比会计期间资产负债表。

第二十七条 对于当期列报的终止经营,企业应当在当期财务报表中,将原来作为持续经营损益列报的信息重新作为可比会计期间的终止经营损益列报,并按照本准则第二十五条（六）、（七）、（九）、（十）的规定披露可比会计期间的信息。

第二十八条 拟结束使用而非出售的处置组满足终止经营定义中有关组成部分的条件的,应当自停止使用日起作为终止经营列报。

第二十九条 企业因出售对子公司的投资等原因导致其丧失对子公司控制权,且该子公司符合终止经营定义的,应当在合并利润表中列报相关终止经营损益,并按照本准则第二十五条（六）至（十）的规定进行披露。

第三十条 企业应当在利润表中将终止经营处置损益的调整金额作为终止经营损益列报,并在附注中披露调整的性质和金额。可能引起调整的情形包括：

（一）最终确定处置条款,如与买方商定交易价格调整额和补偿金；

（二）消除与处置相关的不确定因素,如确定卖方保留的环保义务或产品质量保证义务；

（三）履行与处置相关的职工薪酬支付义务。

第三十一条 非流动资产或处置组不再继续划分为持有待售类别或非流动资产从持有待售的处置组中移除的,企业应当在当期利润表中将非流动资产或处置组的账面价值调整金额作为持续经营损益列报。企业的子公司、共同经营、合营企业、联营企业以及部分对合营企业或联营企业的投资不再继续划分为持有待售类别或从持有待售的处置组中移除的,企业应当在当期财务报表中相应调整各个划分为持有待售类别后可比会计期间的比较数据。企业应当在附注中披露下列信息：

（一）企业改变非流动资产或处置组出售计划的原因；

（二）可比会计期间财务报表中受影响的项目名称和影响金额。

第三十二条 终止经营不再满足持有待售类别划分条件的,企业应当在当期财务报表中,将原来作为终止经营损益列报的信息重新作为可比会计期间的持续经营损益列报,并在附注中说明这一事实。

第五章 附　　则

第三十三条 本准则自 2017 年 5 月 28 日起施行。

对于本准则施行日存在的持有待售的非流动资产、处置组和终止经营,应当采用未来适用法处理。

附 录

保险合同相关会计处理规定

(财会〔2009〕15号 2009年12月22日)

为了规范保险混合合同分拆、重大保险风险测试和保险合同准备金计量等问题,现就有关会计处理规定如下:

一、保险混合合同分拆

(一)保险人与投保人签订的合同,使保险人既承担保险风险又承担其他风险的,应当分别下列情况进行处理:

1. 保险风险部分和其他风险部分能够区分,并且能够单独计量的,应当将保险风险部分和其他风险部分进行分拆。保险风险部分,确定为保险合同;其他风险部分,不确定为保险合同。

2. 保险风险部分和其他风险部分不能够区分,或者虽能够区分但不能够单独计量的,如果保险风险重大,应当将整个合同确定为保险合同;如果保险风险不重大,不应当将整个合同确定为保险合同。

(二)确定为保险合同的,应当按照《企业会计准则第25号——原保险合同》《企业会计准则第26号——再保险合同》等进行处理;不确定为保险合同的,应当按照《企业会计准则第22号——金融工具确认和计量》《企业会计准则第37号——金融工具列报》等进行处理。

二、重大保险风险测试

(一)保险人与投保人签订的需要进行重大保险风险测试的合同,应当在合同初始确认日进行重大保险风险测试。保险人应当以单项合同为基础进行重大保险风险测试;不同合同的保险风险同质的,可以按合同组合为基础进行重大保险风险测试。

测试结果表明，发生合同约定的保险事故可能导致保险人支付重大附加利益的，即认定该保险风险重大，但不具有商业实质的除外。合同的签发对交易双方的经济利益没有可辨认的影响的，表明保险人与投保人签订的合同不具有商业实质。附加利益，是指保险人在发生保险事故时的支付额，超过不发生保险事故时的支付额的金额。

（二）保险人应当在附注中披露与重大保险风险测试有关的下列信息：

1. 重大保险风险的测试方法和标准；

2. 重大保险风险测试中合同的分组标准和选取方法；

3. 重大保险风险测试假设的设定依据。

经过重大保险风险测试后，未确认为保险合同的重大合同，应当披露其交易金额、保险责任、保险期间等信息。

三、保险合同准备金计量

保险人应当在资产负债表日计量保险合同准备金，以如实反映保险合同负债。寿险保险合同准备金包括寿险责任准备金、长期健康险责任准备金，分别由未到期责任准备金和未决赔款准备金组成。非寿险保险合同准备金包括未到期责任准备金、未决赔款准备金。

（一）保险合同准备金计量的基本要求

1. 保险人在确定保险合同准备金时，应当将单项保险合同作为一个计量单元，也可以将具有同质保险风险的保险合同组合作为一个计量单元。计量单元的确定标准应当在各个会计期间保持一致，不得随意变更。

2. 保险合同准备金应当以保险人履行保险合同相关义务所需支出的合理估计金额为基础进行计量。

保险人履行保险合同相关义务所需支出，是指由保险合同产生的预期未来现金流出与预期未来现金流入的差额，即预期未来净现金流出。其中，预期未来现金流出，是指保险人为履行保险合同相关义务所必需的合理现金流出，主要包括：（1）根据保险合同承诺的保证利益，包括死亡给付、残疾给付、疾病给付、生存给付、满期给付等；（2）根据保险合同构成推定义务的非保证利益，包括保单红利给付等；（3）管理保险合同或处理相关赔付必需的合理费用，包括保单维持费用、理赔费用等。预期未来现金流入，是指保险人为承担保险合同相关义务而获得的现金流入，包括保险费和其他收费。

预期未来净现金流出的合理估计金额,应当以资产负债表日可获取的当前信息为基础,按照各种情形的可能结果及相关概率计算确定。

3. 保险人在确定保险合同准备金时,应当考虑边际因素,并单独计量。保险人应当在保险期间内,采用系统、合理的方法,将边际计入当期损益。

保险人在保险合同初始确认日不应当确认首日利得,发生首日损失的,应当予以确认并计入当期损益。

4. 保险人在确定保险合同准备金时,应当考虑货币时间价值的影响。

货币时间价值影响重大的,应当对相关未来现金流量进行折现。计量货币时间价值所采用的折现率,应当以资产负债表日可获取的当前信息为基础确定,不得锁定。

5. 原保险合同现金流量和与其相关的再保险合同现金流量应当分别估计,并应当将从再保险分入人摊回的保险合同准备金确认为资产。

6. 保险人在确定保险合同准备金时,不得计提以平滑收益为目的的巨灾准备金、平衡准备金、平滑准备金等。

(二)未到期责任准备金的计量假设和期间

1. 未到期责任准备金计量假设应当以资产负债表日可获取的当前信息为基础确定。

(1) 对于未来保险利益不受对应资产组合投资收益影响的保险合同,用于计算未到期责任准备金的折现率,应当根据与负债现金流出期限和风险相当的市场利率确定;对于未来保险利益随对应资产组合投资收益变化的保险合同,用于计算未到期责任准备金的折现率,应当根据对应资产组合预期产生的未来投资收益率确定。

(2) 保险人应当根据实际经验和未来的发展变化趋势,确定合理估计值,作为保险事故发生率假设,如死亡发生率、疾病发生率、伤残率等。

(3) 保险人应当根据实际经验和未来的发展变化趋势,确定合理估计值,作为退保率假设。

(4) 保险人应当根据费用分析结果和未来的发展变化趋势,确定合理估计值,作为费用假设。

未来费用水平对通货膨胀反应敏感的,保险人在确定费用假设时应当考虑通货膨胀因素的影响。保险人确定的通货膨胀率假设,应当与确定折现率假设时采用的通货膨胀率假设保持一致。

(5) 保险人应当根据分红保险账户的预期投资收益率、管理层的红利政策、保单持有人的合理预期等因素，确定合理估计值，作为保单红利假设。

2. 保险人在计量未到期责任准备金时，预测未来净现金流出的期间为整个保险期间。对于包含可续保选择权的保险合同，如果保单持有人很可能执行续保选择权并且保险人不具有重新厘定保险费的权利，保险人应当将预测期间延长至续保选择权终止的期间。

（三）未决赔款准备金的计量方法

1. 未决赔款准备金包括已发生已报案未决赔款准备金、已发生未报案未决赔款准备金和理赔费用准备金等。

2. 保险人应当采用逐案估损法、案均赔款法等方法，以最终赔付的合理估计金额为基础，同时考虑边际因素，计量已发生已报案未决赔款准备金。

3. 保险人应当根据保险风险的性质和分布、赔款发展模式、经验数据等因素，采用链梯法、案均赔款法、准备金进展法、B–F法等方法，以最终赔付的合理估计金额为基础，同时考虑边际因素，计量已发生未报案未决赔款准备金。

4. 保险人应当以未来必需发生的理赔费用的合理估计金额为基础，计量理赔费用准备金。

（四）相关信息的披露

保险人应当在附注中披露与保险合同准备金计量有关的下列信息：

1. 各项保险合同准备金的增减变动情况；

2. 考虑分出业务和不考虑分出业务的索赔进展情况；

3. 保险合同准备金的计量方法、计量单元及其确定方法；

4. 预期未来现金流入和流出金额的组成内容和计量方法；

5. 保险合同准备金包含的边际的计量方法和计入当期损益的方法；

6. 计量保险合同准备金使用的重大假设及其来源，重大假设的敏感性分析，以及不同假设之间的关系；

7. 对重大假设产生影响的不确定性事项及其影响程度，以及重大假设确定过程中如何考虑过去经验和当前情况的描述；

8. 计量保险合同准备金使用的重大假设与可观察到的市场参数或其他公开信息的符合程度及其原因；

9. 计量保险合同准备金使用的方法和重大假设发生变更的，应当披露变更的事实、原因及其影响。

四、新旧衔接

保险公司应当自编制 2009 年年度财务报告开始实施本规定。以前年度发生的有关交易或事项的会计处理与本规定不一致的,应当进行追溯调整。但是,追溯调整不切实可行的除外。

规范"三去一降一补"有关业务的会计处理规定

(财会〔2016〕17号 2016年9月22日)

一、关于国有独资或全资企业之间无偿划拨子公司的会计处理

在"三去一降一补"工作中，有关企业集团出于深化国企改革或去产能、调结构等原因，按照国有资产监管部门（以下简称国资监管部门）有关规定，对所属的子公司的股权进行集团之间的无偿划拨。本规定所称的国有独资或全资企业，包括国有独资公司、非公司制国有独资企业、国有全资企业、事业单位投资设立的一人有限责任公司及其再投资设立的一人有限责任公司。国有独资或全资企业之间按有关规定无偿划拨子公司，导致对被划拨企业的控制权从划出企业转移到划入企业的，应当进行以下会计处理：

（一）划入企业的会计处理。

1. 个别财务报表。被划拨企业按照国有产权无偿划拨的有关规定开展审计等，上报国资监管部门作为无偿划拨依据的，划入企业在取得被划拨企业的控制权之日，编制个别财务报表时，应当根据国资监管部门批复的有关金额，借记"长期股权投资"科目，贷记"资本公积（资本溢价）"科目（若批复明确作为资本金投入的，记入"实收资本"科目，下同）。

2. 合并财务报表。划入企业在取得被划拨企业的控制权后编制合并财务报表，一般包括资产负债表、利润表、现金流量表和所有者权益变动表等：

（1）合并资产负债表。划入企业应当以被划拨企业经审计等确定并经国资监管部门批复的资产和负债的账面价值及其在被划拨企业控制权转移之前发生的变动为基础，对被划拨企业的资产负债表进行调整，调整后应享有的被划拨企业资产和负债之间的差额，计入资本公积（资本溢价）。

（2）合并利润表。划入企业编制取得被划拨企业的控制权当期的合并利润表时，应包含被划拨企业自国资监管部门批复的基准日起至控制权转移当期

期末发生的净利润。

(3) 合并现金流量表。划入企业编制取得被划拨企业的控制权当期的合并现金流量表时,应包含被划拨企业自国资监管部门批复的基准日起至控制权转移当期期末产生的现金流量。

(4) 合并所有者权益变动表。划入企业编制当期的合并所有者权益变动表时,应包含被划拨企业自国资监管部门批复的基准日起至控制权转移当期期末的所有者权益变动情况。合并所有者权益变动表可以根据合并资产负债表和合并利润表编制。

(二) 划出企业的会计处理。

1. 个别财务报表。划出企业在丧失对被划拨企业的控制权之日,编制个别财务报表时,应当按照对被划拨企业的长期股权投资的账面价值,借记"资本公积(资本溢价)"科目(若批复明确冲减资本金的,应借记"实收资本"科目,下同),贷记"长期股权投资(被划拨企业)"科目;资本公积(资本溢价)不足冲减的,依次冲减盈余公积和未分配利润。

2. 合并财务报表。划出企业在丧失对被划拨企业的控制权之日,编制合并财务报表时,不应再将被划拨企业纳入合并财务报表范围,终止确认原在合并财务报表中反映的被划拨企业相关资产、负债、少数股东权益以及其他权益项目,相关差额冲减资本公积(资本溢价),资本公积(资本溢价)不足冲减的,依次冲减盈余公积和未分配利润。同时,划出企业与被划拨企业之间在控制权转移之前发生的未实现内部损益,应转入资本公积(资本溢价),资本公积(资本溢价)不足冲减的,依次冲减盈余公积和未分配利润。

二、关于即将关闭出清的"僵尸企业"的会计处理

(一) 即将关闭出清的"僵尸企业"自身的会计处理。

根据《国务院关于钢铁行业化解过剩产能实现脱困发展的意见》(国发〔2016〕6号)和《国务院关于煤炭行业化解过剩产能实现脱困发展的意见》(国发〔2016〕7号)等文件规定,地方可以综合运用兼并重组、债务重组和破产清算等方式,加快处置"僵尸企业",实现市场出清。

企业按照政府推动化解过剩产能的有关规定界定为"僵尸企业"且列入即将关闭出清的"僵尸企业"名单的(以下简称此类"僵尸企业"),应自被列为此类"僵尸企业"的当期期初开始,对资产改按清算价值计量、负债改按预计的结算金额计量,有关差额计入营业外支出(收入)。此类"僵尸企

业"不应再对固定资产和无形资产计提折旧或摊销。

此类"僵尸企业"应在附注中披露财务报表的编制基础及其原因、财务报表上有关资产和负债的状况、清理的进展情况、是否会因资产变现以及负债清偿等原因需预计大额的损失或额外负债等重要信息。

此类"僵尸企业"进入破产清算程序且被法院指定的破产管理人接管的，应改按有关破产清算的会计处理规定进行会计处理。

（二）即将关闭出清的"僵尸企业"的母公司的会计处理。

此类"僵尸企业"的母公司（以下简称"母公司"）应当区分个别财务报表和合并财务报表进行会计处理：

1. 母公司在编制个别财务报表时，对该子公司长期股权投资，应当按照资产负债表日的可收回金额与账面价值孰低进行计量，前者低于后者的，其差额计入资产减值损失。

2. 母公司在编制合并财务报表时，应当以该子公司按本条规定编制的财务报表为基础，按与该子公司相同的基础对该子公司的资产、负债进行计量，计量金额与原在合并财务报表中反映的相关资产、负债以及商誉的金额之间的差额，应计入当期损益。母公司因其所属子公司进入破产清算程序且被法院指定的破产管理人接管等，丧失了对该子公司控制权的，不应再将其纳入合并财务报表范围。

3. 母公司应当在合并财务报表附注中披露子公司财务报表的编制基础及其原因、母公司计量基础的有关变化对其当期财务状况、经营成果、现金流量等方面的影响、子公司清理的进展情况、是否会因资产变现以及负债清偿等原因需预计大额的损失或额外负债等重要信息。

（三）即将关闭出清的"僵尸企业"的母公司以外的其他权益性投资方的会计处理。

本规定所称的其他权益性投资方，是指对此类"僵尸企业"具有共同控制或能够施加重大影响的投资企业。这些投资企业对该"僵尸企业"的长期股权投资，应当按照可收回金额与账面价值孰低进行计量，前者低于后者的，其差额计入资产减值损失。

三、关于中央企业对工业企业结构调整专项奖补资金的会计处理

根据《财政部关于印发〈工业企业结构调整专项奖补资金管理办法〉的通知》（财建〔2016〕253号，以下简称"253号文"），中央财政将安排工业

企业结构调整专项奖补资金（以下简称"专项奖补资金"），用于支持地方政府和中央企业推动钢铁、煤炭等行业化解过剩产能。

中央企业在收到预拨的专项奖补资金时，应当暂通过"专项应付款"科目核算，借记"银行存款"等科目，贷记"专项应付款"科目。中央企业按要求开展化解产能相关工作后，按照253号文规定的计算标准等，能够合理可靠地确定因完成任务所取得的专项奖补资金金额的，借记"专项应付款"科目，贷记有关损益科目；不能合理可靠地确定因完成任务所取得的专项奖补资金金额的，应当经财政部核查清算后，按照清算的有关金额，借记"专项应付款"科目，贷记有关损益科目；预拨的专项奖补资金小于企业估计应享有的金额的，不足部分的差额借记"其他应收款"；因未能完成有关任务而按规定向财政部缴回资金的，按缴回资金金额，借记"专项应付款"科目，贷记"银行存款"等科目。

四、本规定自发布之日起施行，不要求追溯调整

增值税会计处理规定

(财会〔2016〕22号 2016年12月3日)

根据《中华人民共和国增值税暂行条例》和《关于全面推开营业税改征增值税试点的通知》（财税〔2016〕36号）等有关规定，现对增值税有关会计处理规定如下：

一、会计科目及专栏设置

增值税一般纳税人应当在"应交税费"科目下设置"应交增值税""未交增值税""预交增值税""待抵扣进项税额""待认证进项税额""待转销项税额""增值税留抵税额""简易计税""转让金融商品应交增值税""代扣代交增值税"等明细科目。

（一）增值税一般纳税人应在"应交增值税"明细账内设置"进项税额""销项税额抵减""已交税金""转出未交增值税""减免税款""出口抵减内销产品应纳税额""销项税额""出口退税""进项税额转出""转出多交增值税"等专栏。其中：

1. "进项税额"专栏，记录一般纳税人购进货物、加工修理修配劳务、服务、无形资产或不动产而支付或负担的、准予从当期销项税额中抵扣的增值税额；

2. "销项税额抵减"专栏，记录一般纳税人按照现行增值税制度规定因扣减销售额而减少的销项税额；

3. "已交税金"专栏，记录一般纳税人当月已交纳的应交增值税额；

4. "转出未交增值税"和"转出多交增值税"专栏，分别记录一般纳税人月度终了转出当月应交未交或多交的增值税额；

5. "减免税款"专栏，记录一般纳税人按现行增值税制度规定准予减免的增值税额；

6. "出口抵减内销产品应纳税额"专栏，记录实行"免、抵、退"办法的一般纳税人按规定计算的出口货物的进项税抵减内销产品的应纳税额；

7."销项税额"专栏，记录一般纳税人销售货物、加工修理修配劳务、服务、无形资产或不动产应收取的增值税额；

8."出口退税"专栏，记录一般纳税人出口货物、加工修理修配劳务、服务、无形资产按规定退回的增值税额；

9."进项税额转出"专栏，记录一般纳税人购进货物、加工修理修配劳务、服务、无形资产或不动产等发生非正常损失以及其他原因而不应从销项税额中抵扣、按规定转出的进项税额。

（二）"未交增值税"明细科目，核算一般纳税人月度终了从"应交增值税"或"预交增值税"明细科目转入当月应交未交、多交或预缴的增值税额，以及当月交纳以前期间未交的增值税额。

（三）"预交增值税"明细科目，核算一般纳税人转让不动产、提供不动产经营租赁服务、提供建筑服务、采用预收款方式销售自行开发的房地产项目等，以及其他按现行增值税制度规定应预缴的增值税额。

（四）"待抵扣进项税额"明细科目，核算一般纳税人已取得增值税扣税凭证并经税务机关认证，按照现行增值税制度规定准予以后期间从销项税额中抵扣的进项税额。包括：一般纳税人自2016年5月1日后取得并按固定资产核算的不动产或者2016年5月1日后取得的不动产在建工程，按现行增值税制度规定准予以后期间从销项税额中抵扣的进项税额；实行纳税辅导期管理的一般纳税人取得的尚未交叉稽核比对的增值税扣税凭证上注明或计算的进项税额。

（五）"待认证进项税额"明细科目，核算一般纳税人由于未经税务机关认证而不得从当期销项税额中抵扣的进项税额。包括：一般纳税人已取得增值税扣税凭证、按照现行增值税制度规定准予从销项税额中抵扣，但尚未经税务机关认证的进项税额；一般纳税人已申请稽核但尚未取得稽核相符结果的海关缴款书进项税额。

（六）"待转销项税额"明细科目，核算一般纳税人销售货物、加工修理修配劳务、服务、无形资产或不动产，已确认相关收入（或利得）但尚未发生增值税纳税义务而需于以后期间确认为销项税额的增值税额。

（七）"增值税留抵税额"明细科目，核算兼有销售服务、无形资产或者不动产的原增值税一般纳税人，截至纳入营改增试点之日前的增值税期末留抵税额按照现行增值税制度规定不得从销售服务、无形资产或不动产的销项税额中抵扣的增值税留抵税额。

（八）"简易计税"明细科目，核算一般纳税人采用简易计税方法发生的增值税计提、扣减、预缴、缴纳等业务。

（九）"转让金融商品应交增值税"明细科目，核算增值税纳税人转让金融商品发生的增值税额。

（十）"代扣代交增值税"明细科目，核算纳税人购进在境内未设经营机构的境外单位或个人在境内的应税行为代扣代缴的增值税。

小规模纳税人只需在"应交税费"科目下设置"应交增值税"明细科目，不需要设置上述专栏及除"转让金融商品应交增值税""代扣代交增值税"外的明细科目。

二、账务处理

（一）取得资产或接受劳务等业务的账务处理。

1. 采购等业务进项税额允许抵扣的账务处理。一般纳税人购进货物、加工修理修配劳务、服务、无形资产或不动产，按应计入相关成本费用或资产的金额，借记"在途物资"或"原材料""库存商品""生产成本""无形资产""固定资产""管理费用"等科目，按当月已认证的可抵扣增值税额，借记"应交税费——应交增值税（进项税额）"科目，按当月未认证的可抵扣增值税额，借记"应交税费——待认证进项税额"科目，按应付或实际支付的金额，贷记"应付账款""应付票据""银行存款"等科目。发生退货的，如原增值税专用发票已做认证，应根据税务机关开具的红字增值税专用发票做相反的会计分录；如原增值税专用发票未做认证，应将发票退回并做相反的会计分录。

2. 采购等业务进项税额不得抵扣的账务处理。一般纳税人购进货物、加工修理修配劳务、服务、无形资产或不动产，用于简易计税方法计税项目、免征增值税项目、集体福利或个人消费等，其进项税额按照现行增值税制度规定不得从销项税额中抵扣的，取得增值税专用发票时，应借记相关成本费用或资产科目，借记"应交税费——待认证进项税额"科目，贷记"银行存款""应付账款"等科目，经税务机关认证后，应借记相关成本费用或资产科目，贷记"应交税费——应交增值税（进项税额转出）"科目。

3. 购进不动产或不动产在建工程按规定进项税额分年抵扣的账务处理。一般纳税人自2016年5月1日后取得并按固定资产核算的不动产或者2016年5

月1日后取得的不动产在建工程，其进项税额按现行增值税制度规定自取得之日起分2年从销项税额中抵扣的，应当按取得成本，借记"固定资产""在建工程"等科目，按当期可抵扣的增值税额，借记"应交税费——应交增值税（进项税额）"科目，按以后期间可抵扣的增值税额，借记"应交税费——待抵扣进项税额"科目，按应付或实际支付的金额，贷记"应付账款""应付票据""银行存款"等科目。尚未抵扣的进项税额待以后期间允许抵扣时，按允许抵扣的金额，借记"应交税费——应交增值税（进项税额）"科目，贷记"应交税费——待抵扣进项税额"科目。

4. 货物等已验收入库但尚未取得增值税扣税凭证的账务处理。一般纳税人购进的货物等已到达并验收入库，但尚未收到增值税扣税凭证并未付款的，应在月末按货物清单或相关合同协议上的价格暂估入账，不需要将增值税的进项税额暂估入账。下月初，用红字冲销原暂估入账金额，待取得相关增值税扣税凭证并经认证后，按应计入相关成本费用或资产的金额，借记"原材料""库存商品""固定资产""无形资产"等科目，按可抵扣的增值税额，借记"应交税费——应交增值税（进项税额）"科目，按应付金额，贷记"应付账款"等科目。

5. 小规模纳税人采购等业务的账务处理。小规模纳税人购买物资、服务、无形资产或不动产，取得增值税专用发票上注明的增值税应计入相关成本费用或资产，不通过"应交税费——应交增值税"科目核算。

6. 购买方作为扣缴义务人的账务处理。按照现行增值税制度规定，境外单位或个人在境内发生应税行为，在境内未设有经营机构的，以购买方为增值税扣缴义务人。境内一般纳税人购进服务、无形资产或不动产，按应计入相关成本费用或资产的金额，借记"生产成本""无形资产""固定资产""管理费用"等科目，按可抵扣的增值税额，借记"应交税费——应交增值税（进项税额）"科目（小规模纳税人应借记相关成本费用或资产科目），按应付或实际支付的金额，贷记"应付账款"等科目，按应代扣代缴的增值税额，贷记"应交税费——代扣代交增值税"科目。实际缴纳代扣代缴增值税时，按代扣代缴的增值税额，借记"应交税费——代扣代交增值税"科目，贷记"银行存款"科目。

（二）销售等业务的账务处理。

1. 销售业务的账务处理。企业销售货物、加工修理修配劳务、服务、无形资产或不动产，应当按应收或已收的金额，借记"应收账款""应收票据"

"银行存款"等科目，按取得的收入金额，贷记"主营业务收入""其他业务收入""固定资产清理""工程结算"等科目，按现行增值税制度规定计算的销项税额（或采用简易计税方法计算的应纳增值税额），贷记"应交税费——应交增值税（销项税额）"或"应交税费——简易计税"科目（小规模纳税人应贷记"应交税费——应交增值税"科目）。发生销售退回的，应根据按规定开具的红字增值税专用发票做相反的会计分录。

按照国家统一的会计制度确认收入或利得的时点早于按照增值税制度确认增值税纳税义务发生时点的，应将相关销项税额计入"应交税费——待转销项税额"科目，待实际发生纳税义务时再转入"应交税费——应交增值税（销项税额）"或"应交税费——简易计税"科目。

按照增值税制度确认增值税纳税义务发生时点早于按照国家统一的会计制度确认收入或利得的时点的，应将应纳增值税额，借记"应收账款"科目，贷记"应交税费——应交增值税（销项税额）"或"应交税费——简易计税"科目，按照国家统一的会计制度确认收入或利得时，应按扣除增值税销项税额后的金额确认收入。

2. 视同销售的账务处理。企业发生税法上视同销售的行为，应当按照企业会计准则制度相关规定进行相应的会计处理，并按照现行增值税制度规定计算的销项税额（或采用简易计税方法计算的应纳增值税额），借记"应付职工薪酬""利润分配"等科目，贷记"应交税费——应交增值税（销项税额）"或"应交税费——简易计税"科目（小规模纳税人应计入"应交税费——应交增值税"科目）。

3. 全面试行营业税改征增值税前已确认收入，此后产生增值税纳税义务的账务处理。企业营业税改征增值税前已确认收入，但因未产生营业税纳税义务而未计提营业税的，在达到增值税纳税义务时点时，企业应在确认应交增值税销项税额的同时冲减当期收入；已经计提营业税且未缴纳的，在达到增值税纳税义务时点时，应借记"应交税费——应交营业税""应交税费——应交城市维护建设税""应交税费——应交教育费附加"等科目，贷记"主营业务收入"科目，并根据调整后的收入计算确定计入"应交税费——待转销项税额"科目的金额，同时冲减收入。

全面试行营业税改征增值税后，"营业税金及附加"科目名称调整为"税金及附加"科目，该科目核算企业经营活动发生的消费税、城市维护建设税、资源税、教育费附加及房产税、土地使用税、车船使用税、印花税等相关税费；利润表中的"营业税金及附加"项目调整为"税金及附加"项目。

（三）差额征税的账务处理。

1. 企业发生相关成本费用允许扣减销售额的账务处理。按现行增值税制度规定企业发生相关成本费用允许扣减销售额的，发生成本费用时，按应付或实际支付的金额，借记"主营业务成本""存货""工程施工"等科目，贷记"应付账款""应付票据""银行存款"等科目。待取得合规增值税扣税凭证且纳税义务发生时，按照允许抵扣的税额，借记"应交税费——应交增值税（销项税额抵减）"或"应交税费——简易计税"科目（小规模纳税人应借记"应交税费——应交增值税"科目），贷记"主营业务成本""存货""工程施工"等科目。

2. 金融商品转让按规定以盈亏相抵后的余额作为销售额的账务处理。金融商品实际转让月末，如产生转让收益，则按应纳税额借记"投资收益"等科目，贷记"应交税费——转让金融商品应交增值税"科目；如产生转让损失，则按可结转下月抵扣税额，借记"应交税费——转让金融商品应交增值税"科目，贷记"投资收益"等科目。交纳增值税时，应借记"应交税费——转让金融商品应交增值税"科目，贷记"银行存款"科目。年末，本科目如有借方余额，则借记"投资收益"等科目，贷记"应交税费——转让金融商品应交增值税"科目。

（四）出口退税的账务处理。

为核算纳税人出口货物应收取的出口退税款，设置"应收出口退税款"科目，该科目借方反映销售出口货物按规定向税务机关申报应退回的增值税、消费税等，贷方反映实际收到的出口货物应退回的增值税、消费税等。期末借方余额，反映尚未收到的应退税额。

1. 未实行"免、抵、退"办法的一般纳税人出口货物按规定退税的，按规定计算的应收出口退税额，借记"应收出口退税款"科目，贷记"应交税费——应交增值税（出口退税）"科目，收到出口退税时，借记"银行存款"科目，贷记"应收出口退税款"科目；退税额低于购进时取得的增值税专用发票上的增值税额的差额，借记"主营业务成本"科目，贷记"应交税费——应交增值税（进项税额转出）"科目。

2. 实行"免、抵、退"办法的一般纳税人出口货物，在货物出口销售后结转产品销售成本时，按规定计算的退税额低于购进时取得的增值税专用发票上的增值税额的差额，借记"主营业务成本"科目，贷记"应交税费——应交增值税（进项税额转出）"科目；按规定计算的当期出口货物的进项税抵减内销产品的应纳税额，借记"应交税费——应交增值税（出口抵减内销产品应纳税额）"科目，贷记"应交税费——应交增值税（出口退税）"科目。在规定期限内，内销产品的应纳税额不足以抵减出口货物的进项税额，不足部分按有关税法规定给予退税的，应在实际收到退税款时，借记"银行存款"科目，贷记"应交税费——应交增值税（出口退税）"科目。

（五）进项税额抵扣情况发生改变的账务处理。

因发生非正常损失或改变用途等，原已计入进项税额、待抵扣进项税额或待认证进项税额，但按现行增值税制度规定不得从销项税额中抵扣的，借记"待处理财产损溢""应付职工薪酬""固定资产""无形资产"等科目，贷记"应交税费——应交增值税（进项税额转出）""应交税费——待抵扣进项税额"或"应交税费——待认证进项税额"科目；原不得抵扣且未抵扣进项税额的固定资产、无形资产等，因改变用途等用于允许抵扣进项税额的应税项目的，应按允许抵扣的进项税额，借记"应交税费——应交增值税（进项税额）"科目，贷记"固定资产""无形资产"等科目。固定资产、无形资产等经上述调整后，应按调整后的账面价值在剩余尚可使用寿命内计提折旧或摊销。

一般纳税人购进时已全额计提进项税额的货物或服务等转用于不动产在建工程的，对于结转以后期间的进项税额，应借记"应交税费——待抵扣进项税额"科目，贷记"应交税费——应交增值税（进项税额转出）"科目。

（六）月末转出多交增值税和未交增值税的账务处理。

月度终了，企业应当将当月应交未交或多交的增值税自"应交增值税"明细科目转入"未交增值税"明细科目。对于当月应交未交的增值税，借记"应交税费——应交增值税（转出未交增值税）"科目，贷记"应交税费——未交增值税"科目；对于当月多交的增值税，借记"应交税费——未交增值税"科目，贷记"应交税费——应交增值税（转出多交增值税）"科目。

（七）交纳增值税的账务处理。

1. 交纳当月应交增值税的账务处理。企业交纳当月应交的增值税，借记"应交税费——应交增值税（已交税金）"科目（小规模纳税人应借记"应交税费——应交增值税"科目），贷记"银行存款"科目。

2. 交纳以前期间未交增值税的账务处理。企业交纳以前期间未交的增值税，借记"应交税费——未交增值税"科目，贷记"银行存款"科目。

3. 预缴增值税的账务处理。企业预缴增值税时，借记"应交税费——预交增值税"科目，贷记"银行存款"科目。月末，企业应将"预交增值税"明细科目余额转入"未交增值税"明细科目，借记"应交税费——未交增值税"科目，贷记"应交税费——预交增值税"科目。房地产开发企业等在预缴增值税后，应直至纳税义务发生时方可从"应交税费——预交增值税"科目结转至"应交税费——未交增值税"科目。

4. 减免增值税的账务处理。对于当期直接减免的增值税，借记"应交税费——应交增值税（减免税款）"科目，贷记损益类相关科目。

（八）增值税期末留抵税额的账务处理。

纳入营改增试点当月月初，原增值税一般纳税人应按不得从销售服务、无形资产或不动产的销项税额中抵扣的增值税留抵税额，借记"应交税费——增值税留抵税额"科目，贷记"应交税费——应交增值税（进项税额转出）"科目。待以后期间允许抵扣时，按允许抵扣的金额，借记"应交税费——应交增值税（进项税额）"科目，贷记"应交税费——增值税留抵税额"科目。

（九）增值税税控系统专用设备和技术维护费用抵减增值税额的账务处理。

按现行增值税制度规定，企业初次购买增值税税控系统专用设备支付的费用以及缴纳的技术维护费允许在增值税应纳税额中全额抵减的，按规定抵减的增值税应纳税额，借记"应交税费——应交增值税（减免税款）"科目（小规模纳税人应借记"应交税费——应交增值税"科目），贷记"管理费用"等科目。

（十）关于小微企业免征增值税的会计处理规定。

小微企业在取得销售收入时，应当按照税法的规定计算应交增值税，并确认为应交税费，在达到增值税制度规定的免征增值税条件时，将有关应交增值税转入当期损益。

三、财务报表相关项目列示

"应交税费"科目下的"应交增值税""未交增值税""待抵扣进项税额""待认证进项税额""增值税留抵税额"等明细科目期末借方余额应根据情况，在资产负债表中的"其他流动资产"或"其他非流动资产"项目列示；"应交税费——待转销项税额"等科目期末贷方余额应根据情况，在资产负债表中的"其他流动负债"或"其他非流动负债"项目列示；"应交税费"科目下的"未交增值税""简易计税""转让金融商品应交增值税""代扣代交增值税"等科目期末贷方余额应在资产负债表中的"应交税费"项目列示。

四、附则

本规定自发布之日起施行，国家统一的会计制度中相关规定与本规定不一致的，应按本规定执行。2016年5月1日至本规定施行之间发生的交易由于本规定而影响资产、负债等金额的，应按本规定调整。《营业税改征增值税试点有关企业会计处理规定》（财会〔2012〕13号）及《关于小微企业免征增值税和营业税的会计处理规定》（财会〔2013〕24号）等原有关增值税会计处理的规定同时废止。

企业破产清算有关会计处理规定

(财会〔2016〕23号 2016年12月20日)

第一章 总 则

第一条 为规范企业破产清算的会计处理,向人民法院和债权人会议等提供企业破产清算期间的相关财务信息,根据《中华人民共和国会计法》《中华人民共和国企业破产法》(以下简称《破产法》)及其相关规定,制定本规定。

第二条 本规定适用于经法院宣告破产处于破产清算期间的企业法人(以下简称破产企业)。

第二章 编制基础和计量属性

第三条 破产企业会计确认、计量和报告以非持续经营为前提。

第四条 企业经法院宣告破产的,应当按照法院或债权人会议要求的时点(包括破产宣告日、债权人会议确定的编报日、破产终结申请日等,以下简称破产报表日)编制清算财务报表,并由破产管理人签章。

第五条 破产企业在破产清算期间的资产应当以破产资产清算净值计量。本规定所称的资产,是指破产法规定的债务人(破产企业)财产。

破产资产清算净值,是指在破产清算的特定环境下和规定时限内,最可能的变现价值扣除相关的处置税费后的净额。最可能的变现价值应当为公开拍卖的变现价值,但是债权人会议另有决议或国家规定不能拍卖或限制转让的资产除外;债权人会议另有决议的,最可能的变现价值应当为其决议的处置方式下的变现价值;按照国家规定不能拍卖或限制转让的,应当将按照国家规定的方式处理后的所得作为变现价值。

第六条 破产企业在破产清算期间的负债应当以破产债务清偿价值计量。

破产债务清偿价值，是指在不考虑破产企业的实际清偿能力和折现等因素的情况下，破产企业按照相关法律规定或合同约定应当偿付的金额。

第三章 确认和计量

第七条 破产企业被法院宣告破产的，应当按照破产资产清算净值对破产宣告日的资产进行初始确认计量；按照破产债务清偿价值对破产宣告日的负债进行初始确认计量；相关差额直接计入清算净值。

第八条 破产企业在破产清算期间的资产，应当按照破产资产清算净值进行后续计量，负债按照破产债务清偿价值进行后续计量。破产企业应当按照破产报表日的破产资产清算净值和破产债务清偿价值，对资产和负债的账面价值分别进行调整，差额计入清算损益。

第九条 破产清算期间发生资产处置的，破产企业应当终止确认相关被处置资产，并将处置所得金额与被处置资产的账面价值的差额扣除直接相关的处置费用后，计入清算损益。

破产清算期间发生债务清偿的，破产企业应当按照偿付金额，终止确认相应部分的负债。在偿付义务完全解除时，破产企业应当终止确认该负债的剩余账面价值，同时确认清算损益。

第十条 破产清算期间发生各项费用、取得各项收益应当直接计入清算损益。

第十一条 在破产清算期间，破产企业按照税法规定需缴纳企业所得税的，应当计算所得税费用，并将其计入清算损益。所得税费用应当仅反映破产企业当期应交的所得税。

第十二条 破产企业因盘盈、追回等方式在破产清算期间取得的资产，应当按照取得时的破产资产清算净值进行初始确认计量，初始确认计量的账面价值与取得该资产的成本之间存在差额的，该差额应当计入清算损益。

第十三条 破产企业在破产清算期间新承担的债务，应当按照破产债务清偿价值进行初始确认计量，并计入清算损益。

第四章 清算财务报表的列报

第十四条 破产企业应当按照本规定编制清算财务报表，向法院、债权人会议等报表使用者反映破产企业在破产清算过程中的财务状况、清算损益、现金流量变动和债务偿付状况。

第十五条　破产企业的财务报表包括清算资产负债表、清算损益表、清算现金流量表、债务清偿表及相关附注。

法院宣告企业破产的，破产企业应当以破产宣告日为破产报表日编制清算资产负债表及相关附注。

法院或债权人会议等要求提供清算财务报表的，破产企业应当根据其要求提供清算财务报表的时点确定破产报表日，编制清算资产负债表、清算损益表、清算现金流量表、债务清偿表及相关附注。

向法院申请裁定破产终结的，破产企业应当编制清算损益表、债务清偿表及相关附注。

第十六条　清算资产负债表反映破产企业在破产报表日资产的破产资产清算净值，以及负债的破产债务清偿价值。

资产项目和负债项目的差额在清算资产负债表中作为清算净值列示。

第十七条　清算损益表反映破产企业在破产清算期间发生的各项收益、费用。清算损益表至少应当单独列示反映下列信息的项目：资产处置净收益（损失）、债务清偿净收益（损失）、破产资产和负债净值变动净收益（损失）、破产费用、共益债务支出、所得税费用等。

第十八条　清算现金流量表反映破产企业在破产清算期间货币资金余额的变动情况。清算现金流量表应当采用直接法编制，至少应当单独列示反映下列信息的项目：处置资产收到的现金净额、清偿债务支付的现金、支付破产费用的现金、支付共益债务支出的现金、支付所得税的现金等。

第十九条　债务清偿表反映破产企业在破产清算期间发生的债务清偿情况。债务清偿表应当根据破产法规定的债务清偿顺序，按照各项债务的明细单独列示。债务清偿表中列示的各项债务至少应当反映其确认金额、清偿比例、实际需清偿金额、已清偿金额、尚未清偿金额等信息。

第二十条　破产企业应当在清算财务报表附注中披露下列信息：

（一）破产资产明细信息；

（二）破产管理人依法追回的账外资产明细信息；

（三）破产管理人依法取回的质物和留置物的明细信息；

（四）未经法院确认的债务的明细信息；

（五）应付职工薪酬的明细信息；

（六）期末货币资金余额中已经提存用于向特定债权人分配或向国家缴纳税款的金额；

（七）资产处置损益的明细信息，包括资产性质、处置收入、处置费用及处置净收益；

（八）破产费用的明细信息，包括费用性质、金额等；

（九）共益债务支出的明细信息，包括具体项目、金额等。

第五章　附　　则

第二十一条　在本规定施行之后经法院宣告破产的企业，应当按照本规定进行会计处理。

第二十二条　本规定自发布之日起施行。《国有企业试行破产有关会计处理问题暂行规定》（财会字〔1997〕28号）同时废止。

附：1. 会计科目使用说明及账务处理
　　2. 破产企业清算财务报表及其附注

附1：

会计科目使用说明及账务处理

一、科目设置

破产企业的会计档案等财务资料经法院裁定由破产管理人接管的，应当在企业被法院宣告破产后，可以比照原有资产、负债类会计科目，根据实际情况设置相关科目，并增设相关负债类、清算净值类和清算损益类等会计科目。破产企业还可以根据实际需要，在一级科目下自行设置明细科目。

（一）负债类科目设置。

1. "应付破产费用"科目，本科目核算破产企业在破产清算期间发生的破产法规定的各类破产费用。

2. "应付共益债务"科目，本科目核算破产企业在破产清算期间发生的破产法规定的各类共益债务。

共益债务，是指在人民法院受理破产申请后，为全体债权人的共同利益而管理、变卖和分配破产财产而负担的债务，主要包括因管理人或者债务人（破产企业，下同）请求对方当事人履行双方均未履行完毕的合同所产生的债务、债务人财产受无因管理所产生的债务、因债务人不当得利所产生的债务、为债务人继续营业而应当支付的劳动报酬和社会保险费用以及由此产生的其他债务、管理人或者相关人员执行职务致人损害所产生的债务以及债务人财产致人损害所产生的债务。

（二）清算净值类科目设置。

"清算净值"科目，本科目核算破产企业在破产报表日结转的清算净损益科目余额。破产企业资产与负债的差额，也在本科目核算。

（三）清算损益类科目设置。

1. "资产处置净损益"科目，本科目核算破产企业在破产清算期间处置破产资产产生的、扣除相关处置费用后的净损益。

2. "债务清偿净损益"科目，本科目核算破产企业在破产清算期间清偿债务产生的净损益。

3. "破产资产和负债净值变动净损益"科目，本科目核算破产企业在破产清算期间按照破产资产清算净值调整资产账面价值，以及按照破产债务清偿价值调整负债账面价值产生的净损益。

4. "其他收益"科目，本科目核算除资产处置、债务清偿以外，在破产清算期间发生的其他收益。

5. "破产费用"科目，本科目核算破产企业破产清算期间发生的破产法规定的各项破产费用，主要包括破产案件的诉讼费用，管理、变价和分配债务人资产的费用，管理人执行职务的费用、报酬和聘用工作人员的费用。本科目应按发生的费用项目设置明细账。

6. "共益债务支出"科目，本科目核算破产企业破产清算期间发生的破产法规定的共益债务相关的各项支出。

7. "其他费用"科目，本科目核算破产企业破产清算期间发生的除破产费用和共益债务支出之外的各项其他费用。

8. "所得税费用"科目，本科目核算破产企业破产清算期间发生的企业所得税费用。

9. "清算净损益"科目，本科目核算破产企业破产清算期间结转的上述各类清算损益科目余额。

破产企业可根据具体情况增设、减少或合并某些会计科目。

二、账务处理

（一）破产宣告日余额结转。

法院宣告企业破产时，应当根据破产企业移交的科目余额表，将部分会计科目的相关余额转入以下新科目，并编制新的科目余额表。

1. 原"应付账款""其他应付款"等科目中属于破产法所规定的破产费用的余额，转入"应付破产费用"科目。

2. 原"应付账款""其他应付款"等科目中属于破产法所规定的共益债务的余额，转入"应付共益债务"科目。

3. 原"商誉""长期待摊费用""递延所得税资产""递延所得税负债""递延收益""股本""资本公积""盈余公积""其他综合收益""未分配利润"等科目的余额，转入"清算净值"科目。

（二）破产宣告日余额调整。

1. 关于各类资产。破产企业应当对拥有的各类资产（包括原账面价值为零的已提足折旧的固定资产、已摊销完毕的无形资产等）登记造册，估计其破产资产清算净值，按照其破产资产清算净值对各资产科目余额进行调整，并相应调整"清算净值"科目。

2. 关于各类负债。破产企业应当对各类负债进行核查，按照第六条规定对各负债科目余额进行调整，并相应调整"清算净值"科目。

（三）处置破产资产。

1. 破产企业收回应收票据、应收款项类债权、应收款项类投资，按照收回的款项，借记"现金""银行存款"等科目，按照应收款项类债权或应收款项类投资的账面价值，贷记相关资产科目，按其差额，借记或贷记"资产处置净损益"科目。

2. 破产企业出售各类投资，按照收到的款项，借记"现金""银行存款"等科目，按照相关投资的账面价值，贷记相关资产科目，按其差额，借记或贷记"资产处置净损益"科目。

3. 破产企业出售存货、投资性房地产、固定资产及在建工程等实物资产，按照收到的款项，借记"现金""银行存款"等科目，按照实物资产的账面价值，贷记相关资产科目，按应当缴纳的税费贷记"应交税费"科目，按上述各科目发生额的差额，借记或贷记"资产处置净损益"科目。

4. 破产企业出售无形资产，按照收到的款项，借记"现金""银行存款"

等科目，按照无形资产的账面价值，贷记"无形资产"科目，按应当缴纳的税费贷记"应交税费"科目，按上述各科目发生额的差额，借记或贷记"资产处置净损益"科目。

5. 破产企业的划拨土地使用权被国家收回，国家给予一定补偿的，按照收到的补偿金额，借记"现金""银行存款"等科目，贷记"其他收益"科目。

6. 破产企业处置破产资产发生的各类评估、变价、拍卖等费用，按照发生的金额，借记"破产费用"科目，贷记"现金""银行存款""应付破产费用"等科目。

（四）清偿债务。

1. 破产企业清偿破产费用和共益债务，按照相关已确认负债的账面价值，借记"应付破产费用""应付共益债务"等科目，按照实际支付的金额，贷记"现金""银行存款"等科目，按其差额，借记或贷记"破产费用""共益债务支出"科目。

2. 破产企业按照经批准的职工安置方案，支付的所欠职工的工资和医疗、伤残补助、抚恤费用，应当划入职工个人账户的基本养老保险、基本医疗保险费用和其他社会保险费用，以及法律、行政法规规定应当支付给职工的补偿金，按照相关账面价值借记"应付职工薪酬"等科目，按照实际支付的金额，贷记"现金""银行存款"等科目，按其差额，借记或贷记"债务清偿净损益"科目。

3. 破产企业支付所欠税款，按照相关账面价值，借记"应交税费"等科目，按照实际支付的金额，贷记"现金""银行存款"等科目，按其差额，借记或贷记"债务清偿净损益"科目。

4. 破产企业清偿破产债务，按照实际支付的金额，借记相关债务科目，贷记"现金""银行存款"等科目。

破产企业以非货币性资产清偿债务的，按照清偿的价值借记相关负债科目，按照非货币性资产的账面价值，贷记相关资产科目，按其差额，借记或贷记"债务清偿净损益"科目。

债权人依法行使抵销权的，按照经法院确认的抵销金额，借记相关负债科目，贷记相关资产科目，按其差额，借记或贷记"债务清偿净损益"科目。

（五）其他账务处理。

1. 在破产清算期间通过清查、盘点等方式取得的未入账资产，应当按照取得日的破产资产清算净值，借记相关资产科目，贷记"其他收益"科目。

2. 在破产清算期间通过债权人申报发现的未入账债务，应当按照破产债务清偿价值确定计量金额，借记"其他费用"科目，贷记相关负债科目。

3. 在编制破产清算期间的财务报表时，应当对所有资产项目按其于破产报表日的破产资产清算净值重新计量，借记或贷记相关资产科目，贷记或借记"破产资产和负债净值变动净损益"科目；应当对所有负债项目按照破产债务清偿价值重新计量，借记或贷记相关负债科目，贷记或借记"破产资产和负债净值变动净损益"科目。

4. 破产企业在破产清算期间，作为买入方继续履行尚未履行完毕的合同的，按照收到的资产的破产资产清算净值，借记相关资产科目，按照相应的增值税进项税额，借记"应交税费"科目，按照应支付或已支付的款项，贷记"现金""银行存款""应付共益债务"或"预付款项"等科目，按照上述各科目的差额，借记"其他费用"或贷记"其他收益"科目；企业作为卖出方继续履行尚未履行完毕的合同的，按照应收或已收的金额，借记"现金""银行存款""应收账款"等科目，按照转让的资产账面价值，贷记相关资产科目，按照应缴纳相关税费，贷记"应交税费"科目，按照上述各科目的差额，借记"其他费用"科目或贷记"其他收益"科目。

5. 破产企业发生破产法第四章相关事实，破产管理人依法追回相关破产资产的，按照追回资产的破产资产清算净值，借记相关资产科目，贷记"其他收益"科目。

6. 破产企业收到的利息、股利、租金等孳息，借记"现金""银行存款"等科目，贷记"其他收益"科目。

7. 破产企业在破产清算终结日，剩余破产债务不再清偿的，按照其账面价值，借记相关负债科目，贷记"其他收益"科目。

8. 在编制破产清算期间的财务报表时，有已实现的应纳税所得额的，考虑可以抵扣的金额后，应当据此提存应交所得税，借记"所得税费用"科目、贷记"应交税费"科目。

9. 在编制破产清算期间的财务报表时，应当将"资产处置净损益""债务清偿净损益""破产资产和负债净值变动净损益""其他收益""破产费用""共益债务支出""其他费用""所得税费用"科目结转至"清算净损益"科目，并将"清算净损益"科目余额转入"清算净值"科目。

附2：

破产企业清算财务报表及其附注

一、清算资产负债表及其附注

清算资产负债表

会清01表

编制单位：　　　　　　　　　___年___月___日　　　　　　　　　单位：元

资产	行次	期末数	负债及清算净值	行次	期末数
货币资金			负债：		
应收票据			借款		
应收账款			应付票据		
其他应收款			应付账款		
预付款项			预收款项		
存货			其他应付款		
金融资产投资			应付债券		
长期股权投资			应付破产费用		
投资性房地产			应付共益债务		
固定资产			应付职工薪酬		
在建工程			应交税费		
无形资产			……		
……					
资产总计			负债合计		
			清算净值：		
			清算净值		
			负债及清算净值总计		

本表反映破产企业在破产报表日关于资产、负债、清算净值及其相互关系的信息。

本表列示的项目不区分流动和非流动,其中,"应收账款"或"其他应收款"项目,应分别根据"应收账款"或"其他应收款"的科目余额填列,同时,"长期应收款"科目余额也在上述两项目中分析填列;"借款"项目,应根据"短期借款"和"长期借款"科目余额合计数填列;"应付账款"或"其他应付款"项目,应分别根据"应付账款""其他应付款"的科目余额填列,同时,"长期应付款"科目余额也在该项目中分析填列;"金融资产投资"项目,应根据"以公允价值计量且其变动计入当期损益的金融资产"、"持有至到期投资"和"可供出售金融资产"的科目余额合计数填列。

本表的"清算净值"项目反映破产企业于破产报表日的清算净值。本项目应根据"清算净值"科目余额填列。

破产企业应当在破产资产负债表附注中,区分是否用作担保,分别披露破产资产明细信息。

破产企业应当在破产资产负债表附注中,披露依法追回的账外资产、取回的质物和留置物等明细信息,如追回或取回有关资产的时间、有关资产的名称、破产资产清算净值等。

破产企业应当在破产资产负债表附注中,分别披露经法院确认以及未经法院确认的债务的明细信息,如债务项目名称以及有关金额等。

破产企业应当在破产资产负债表附注中,披露应付职工薪酬的明细信息,如所欠职工的工资和医疗、伤残补助、抚恤费用,所欠的应当划入职工个人账户的基本养老保险、基本医疗保险费用,以及法律、行政法规规定应当支付给职工的补偿金。

二、清算损益表及其附注

清算损益表

会清02表

编制单位:　　　　___年___月___日至___年___月___日　　　　单位:元

项目	行次	本期数	累计数
一、清算收益(清算损失以"-"号表示)			
(一)资产处置净收益(净损失以"-"号表示)			
(二)债务清偿净收益(净损失以"-"号表示)			

续表

项目	行次	本期数	累计数
（三）破产资产和负债净值变动净收益（净损失以"－"号表示）			
（四）其他收益			
小计			
二、清算费用			
（一）破产费用（以"－"号表示）			
（二）共益债务支出（以"－"号表示）			
（三）其他费用（以"－"号表示）			
（四）所得税费用（以"－"号表示）			
小计			
三、清算净收益（清算净损失以"－"号表示）			

本表反映破产企业在清算期间发生的各项收益、费用。本期数反映破产企业从上一破产报表日至本破产报表日期间有关项目的发生额，累计数反映破产企业从被法院宣告破产之日至本破产报表日期间有关项目的发生额。

"资产处置净收益"项目，根据"资产处置净损益"科目的发生额填列，如为净损失以"－"号表示。

"债务清偿净收益"项目，根据"债务清偿净损益"科目的发生额填列，如为净损失以"－"号表示。

"破产资产和负债净值变动净收益"项目，根据"破产资产和负债净值变动净损益"科目的发生额填列，如为净损失以"－"号表示。

"清算净收益"项目，根据"清算净损益"科目的发生额填列，如为清算净损失以"－"号表示。"清算净收益"项目金额应当为"清算收益"与"清算费用"之和。

破产企业应当在清算损益表附注中，披露资产处置损益的明细信息，包括资产性质、处置收入、处置费用及处置净收益。

破产企业应当在清算损益表附注中，披露破产费用的明细信息，包括费用性质、金额等。

破产企业应当在清算损益表附注中，披露共益债务支出的明细信息，包括具体项目、金额等。

三、清算现金流量表及其附注

清算现金流量表

会清03表

编制单位： ___年___月___日至___年___月___日　　　　单位：元

	行次	本期数	累计数
一、期初货币资金余额			
二、清算现金流入			
（一）处置资产收到的现金净额			
（二）收到的其他现金			
清算现金流入小计			
三、清算现金流出			
（一）清偿债务支付的现金			
（二）支付破产费用的现金			
（三）支付共益债务的现金			
（四）支付所得税费用的现金			
（五）支付的其他现金			
清算现金流出小计			
四、期末货币资金余额			

清算现金流量表反映破产企业在破产清算期间货币资金余额的变动情况，本表应当根据货币资金科目的变动额分析填列。本期数反映破产企业从上一破产报表日至本破产报表日期间有关项目的发生额，累计数反映破产企业从被法院宣告破产之日至本破产报表日期间有关项目的发生额。

破产企业应当在清算现金流量表附注中，披露期末货币资金余额中已经提存用于向特定债权人分配或向国家缴纳税款的金额。

四、债务清偿表

债务清偿表

会清 04 表

编制单位：　　　　　　　　　　___年___月___日　　　　　　　　　　单位：元

债务项目	行次	期末数	经法院确认债务的金额	清偿比例	实际需清偿金额	已清偿金额	尚未清偿金额
		①	②	③	④=②×③	⑤	⑥=④-⑤
有担保的债务：							
××银行				×			
××企业				×			
……				×			
小计				×			
普通债务：							
第一顺序：劳动债务							
其中：应付职工薪酬							
……							
……							
第二顺序：国家税款债务							
其中：应交税费							
……							
……							
第三顺序：普通债务							
其中：借款							
——××银行							
——××企业							
应付债务工具							
——××银行							
——××企业							

续表

债务项目	行次	期末数	经法院确认债务的金额	清偿比例	实际需清偿金额	已清偿金额	尚未清偿金额
		①	②	③	④=②×③	⑤	⑥=④-⑤
应付票据							
应付款项							
——××银行							
——××企业							
小计				×			
合计				×			

本表反映破产企业债务清偿情况。

本表应按有担保的债务和普通债务分类设项。

期末数为负债按照破产债务清偿价值确定的金额。

经法院确认的债务金额为经债权人申报并由法院确认的金额；未经确认的债务，无需填写该金额。

清偿比例为根据破产法的规定，当破产资产不足以清偿同一顺序的清偿要求时，按比例进行分配时所采用的比例。

关于保险公司执行新金融工具相关会计准则有关过渡办法的通知[①]

(财会〔2017〕20号 2017年6月22日)

国务院有关部委、有关直属机构,各省、自治区、直辖市、计划单列市财政厅(局),新疆生产建设兵团财务局,财政部驻各省、自治区、直辖市、计划单列市财政监察专员办事处,有关中央管理企业:

为规范保险公司执行财政部于2017年3月31日发布的《企业会计准则第22号——金融工具确认和计量》(财会〔2017〕7号)、《企业会计准则第23号——金融资产转移》(财会〔2017〕8号)、《企业会计准则第24号——套期会计》(财会〔2017〕9号)和2017年5月2日发布的《企业会计准则第37号——金融工具列报》(财会〔2017〕14号)等准则(以下简称"新金融工具相关会计准则"),确保新旧会计准则平稳过渡,现通知如下:

一、保险公司执行新金融工具相关会计准则的时间安排

(一)在境内外同时上市的保险公司以及在境外上市并采用国际财务报告准则或企业会计准则编制财务报告的保险公司,符合本办法第二部分规定的"保险公司暂缓执行新金融工具相关会计准则的条件"的,允许暂缓至2021年1月1日起执行新金融工具相关会计准则,并应当按照本办法第三部分规定的要求补充披露相关信息;不符合本办法第二部分规定条件的,自2018年1月1日起执行新金融工具相关会计准则。

(二)其他保险公司自2021年1月1日起执行新金融工具相关会计准则。鼓励保险公司提前执行新金融工具相关会计准则。

[①] 根据《关于进一步贯彻落实新金融工具相关会计准则的通知》(财会〔2020〕22号),符合本通知中关于暂缓执行新金融工具相关会计准则条件的保险公司,执行新金融工具相关会计准则的日期允许暂缓至执行《企业会计准则第25号——保险合同》(财会〔2020〕20号)的日期。

二、保险公司暂缓执行新金融工具相关会计准则的条件

保险公司可以暂缓执行新金融工具相关会计准则的,其活动应当主要与保险相关联。保险公司应当以其2015年12月31日的财务状况为基础判断其活动是否主要与保险相关联。

(一)保险公司的活动是否主要与保险相关联的判断标准

1. 同时满足下列条件的,保险公司的活动主要与保险相关联:

(1)保险合同(包括保险混合合同分拆的存款成分和嵌入衍生工具)产生的负债的账面价值与所有负债的账面价值总额相比是重大的;

(2)与保险相关联的负债的账面价值占所有负债的账面价值总额的比例大于90%的,或者保险公司不从事与保险无关联的重大活动且与保险相关联的负债的账面价值占所有负债的账面价值总额的比例小于等于90%但大于80%的。

2. 与保险相关联的负债包括:

(1)保险合同(包括混合合同分拆前的存款成分和嵌入衍生工具)产生的负债;

(2)以公允价值计量且其变动计入当期损益的非衍生投资合同负债;

(3)因保险公司发行或履行上述(1)和(2)的合同义务所产生的负债,包括用于降低上述相关合同风险的衍生工具负债、由上述合同负债产生的应纳税暂时性差异所确认的递延所得税负债,以及公司发行的、包含在其监管资本中的债务工具等。

3. 保险公司在评估其是否从事与保险无关联的重大活动时,应当仅针对其可能赚取收益和产生费用的活动,并应当考虑有关定量因素或定性因素,包括可公开获得信息,例如财务报表使用者采用的该保险公司的行业分类等信息。

(二)保险公司活动发生变化时的处理

保险公司根据其2015年12月31日的财务状况判断满足暂缓执行新金融工具相关会计准则条件的,在之后的财务报告期间,只有在公司根据本办法规定的活动发生变化时,才应当在其活动发生变化的首个年度财务报告日重新评估其活动是否仍然主要与保险相关联。保险公司重新评估后发现其不再符合暂缓执行新金融工具相关会计准则的条件的,应当自活动发生变化后的第二个年度财务报告日之后开始执行新金融工具相关会计准则,但不得晚于2021年1月1日。

保险公司根据其2015年12月31日的财务状况判断不满足暂缓执行新金

融工具相关会计准则条件的,只有在 2018 年 12 月 31 日之前且公司根据本办法规定的活动发生变化时,才允许公司重新评估其活动是否主要与保险相关联。保险公司重新评估后发现其符合暂缓执行新金融工具相关会计准则的条件的,允许按照本办法的规定暂缓执行新金融工具相关会计准则,但不得晚于 2021 年 1 月 1 日;反之,保险公司应当按照本办法的规定,执行新金融工具相关会计准则。

1. 保险公司同时发生下列情况时,表明其活动发生了变化:

(1) 该变化是由企业内部或外部因素的变化所导致并由企业高级管理人员所决定的。

(2) 该变化对企业的经营而言是重大的。

(3) 该变化能够向外部有关方面予以证明。

以上情况仅在保险公司开始或停止对其业务有重大影响的行动或者显著改变其活动规模时发生(如当企业已经获得、处置或终止业务线时),因此,在实务中,保险公司的活动发生变化的情况非常罕见。

2. 保险公司发生下列情况时,不视为其活动发生变化:

(1) 融资结构发生变化,但不影响其赚取收益和发生费用的活动。

(2) 计划出售业务线,即使公司将相关资产和负债归类为持有待售类别。出售业务线计划未来可能改变其活动并导致重新评估,但它不影响当前公司资产负债表上所确认的负债。

(三)对联营企业和合营企业统一会计政策的豁免

企业根据相关企业会计准则规定对其联营企业或合营企业采用权益法进行会计处理时,应统一联营企业或合营企业的会计政策。发生以下情形的,企业可以不进行统一会计政策的调整:

(1) 企业执行新金融工具相关会计准则,但其联营企业或合营企业暂缓执行新金融工具相关会计准则。

(2) 企业暂缓执行新金融工具相关会计准则,但联营企业或合营企业执行新金融工具相关会计准则。

企业可以对每个联营企业或合营企业单独选择是否进行统一会计政策的调整。该豁免在 2021 年 1 月 1 日后的财务报告期间不再适用。[1]

---

[1] 根据《关于严格执行企业会计准则 切实加强企业 2020 年年报工作的通知》(财会〔2021〕2 号),该豁免在联营企业或合营企业执行《企业会计准则第 25 号——保险合同》(财会〔2020〕20 号)后的财务报告期间不再适用。

保险集团合并财务报表符合本办法暂缓执行新金融工具相关会计准则条件并选择暂缓执行新金融工具相关会计准则的，其母公司可以适用本办法暂缓执行。

三、保险公司暂缓执行新金融工具相关会计准则的补充披露要求

保险公司暂缓执行新金融工具相关会计准则的，应当在其自2018年1月1日起所编制年度财务报告中补充披露相关信息，从而有助于其财务报告使用者理解其暂缓执行新金融工具相关会计准则的依据，并便于财务报告使用者将其与执行新金融工具相关会计准则的企业进行比较。

（一）保险公司符合条件并选择暂缓执行新金融工具相关会计准则的，应当披露以下信息：

1. 符合暂缓执行新金融工具相关会计准则条件的依据。

2. 保险合同（包括混合合同分拆前的存款成分和嵌入衍生工具）产生的负债的账面价值占所有负债的账面价值总额的比例小于等于90%时，除保险合同产生的负债以外的其他与保险相关联的负债的性质和账面价值。

3. 与保险相关联的负债的账面价值占所有负债的账面价值总额的比例小于等于90%但大于80%时，公司不从事与保险无关的重大活动的依据。

（二）保险公司因其活动发生变化进行重新评估后，不再符合暂缓执行新金融工具相关会计准则条件的，应当在开始执行新金融工具相关会计准则之前的每个年度财务报告期间披露以下信息：

1. 不再符合暂缓执行新金融工具相关会计准则条件的事实；

2. 活动发生变化的日期；

3. 活动发生变化的详细情况，以及该变化对财务报表影响的定性描述。

（三）保险公司因其活动发生变化重新评估后，开始符合条件并选择暂缓执行新金融工具相关会计准则的，应当披露以下信息：

1. 重新评估的理由；

2. 活动发生变化的日期；

3. 活动发生变化的详细情况，以及该变化对财务报表影响的定性描述。

（四）保险公司符合条件并选择暂缓执行新金融工具相关会计准则的，应当分别披露以下两组金融资产在财务报告日的公允价值和本期公允价值变动额：

1. 符合《企业会计准则第22号——金融工具确认和计量》规定的、在特定

日期产生的合同现金流量仅为对本金和以未偿付本金金额为基础的利息的支付的金融资产（不包括按照《企业会计准则第 22 号——金融工具确认和计量》规定的交易性金融资产和以公允价值为基础进行管理与业绩评价的金融资产）。

2. 除上述 1 之外的其他所有金融资产，包括：

（1）在特定日期产生的合同现金流量不是仅为对本金和以未偿付本金金额为基础的利息的支付的金融资产。

（2）符合《企业会计准则第 22 号——金融工具确认和计量》规定的交易性金融资产。

（3）以公允价值为基础进行管理和业绩评价的金融资产。

保险公司在披露上述金融资产的公允价值信息时，对于按照《企业会计准则第 37 号——金融工具列报》的规定，账面价值与公允价值差异很小的金融资产（如短期应收账款），可将其账面价值视为公允价值的合理近似值。同时，公司应当考虑披露的必要详细程度，以使财务报表使用者能够理解金融资产的特征。

（五）保险公司应当披露（四）1 中所述金融资产的信用风险敞口信息，包括重大信用风险集中度。保险公司至少应当在财务报告日披露该类金融资产的以下信息：

1. 按信用风险等级划分的该类金融资产的账面价值（对于以摊余成本计量的金融资产应当披露其减值准备调整之前的账面余额）。

2. 在报告期末不具有较低信用风险的金融资产，其公允价值和账面价值（对于以摊余成本计量的金融资产应当披露其减值准备调整之前的账面余额）。

（六）保险公司应当披露尚未在合并财务报表中体现的与集团内某个主体相关的任何公开可用的关于执行新金融工具相关会计准则的信息。例如，企业集团内某个子公司的个别财务报表执行了新金融工具相关会计准则。

（七）企业对其联营企业或合营企业采用权益法进行会计处理时选择不进行统一会计政策调整的，应当披露该事实。

（八）企业执行新金融工具相关会计准则，但其联营企业或合营企业暂缓执行新金融工具相关会计准则的，企业在其合并财务报表附注中应当补充披露以下信息：

1. 对企业具有重要性的每个联营企业或合营企业的有关上述（一）至（六）的披露内容。所披露的金额应当为反映企业采用权益法进行调整后的联营企业或合营企业财务报表中的金额，而不是企业在这些金额中的份额。

2. 对企业不具有重要性的所有联营企业和合营企业的有关上述（一）至（六）的披露内容中的汇总定量信息。所披露的金额应当为反映企业采用权益法进行调整后企业在联营企业或合营企业中所占份额。同时，企业应当将联营企业和合营企业的金额分开披露。

知识产权相关会计信息披露规定

(财会〔2018〕30号　2018年11月5日)

为加强企业知识产权管理，规范企业知识产权相关会计信息披露，根据相关企业会计准则，制定本规定。

一、适用范围

本规定适用于企业按照《企业会计准则第6号——无形资产》规定确认为无形资产的知识产权和企业拥有或控制的、预期会给企业带来经济利益的，但由于不满足《企业会计准则第6号——无形资产》确认条件而未确认为无形资产的知识产权（以下简称"未作为无形资产确认的知识产权"）的相关会计信息披露。

二、披露要求

企业应当根据下列要求，在会计报表附注中对知识产权相关会计信息进行披露：

（一）企业应当按照类别对确认为无形资产的知识产权（以下简称"无形资产"）相关会计信息进行披露，具体披露格式如下：

项目	专利权	商标权	著作权	其他	合计
一、账面原值					
1. 期初余额					
2. 本期增加金额					
购置					
内部研发					
企业合并增加					
其他增加					

续表

项目	专利权	商标权	著作权	其他	合计
3. 本期减少金额					
处置					
失效且终止确认的部分					
其他					
二、累计摊销					
1. 期初余额					
2. 本期增加金额					
计提					
3. 本期减少金额					
处置					
失效且终止确认的部分					
其他					
4. 期末余额					
三、减值准备					
1. 期初余额					
2. 本期增加金额					
3. 本期减少金额					
4. 期末余额					
四、账面价值					
1. 期末账面价值					
2. 期初账面价值					

为给财务报表使用者提供更相关的信息，企业可以根据自身情况将无形资产的类别进行合并或者拆分。

（二）对于使用寿命有限的无形资产，企业应当披露其使用寿命的估计情况及摊销方法；对于使用寿命不确定的无形资产，企业应当披露其账面价值及使用寿命不确定的判断依据。

（三）企业应当按照《企业会计准则第28号——会计政策、会计估计变更和差错更正》的规定，披露对无形资产的摊销期、摊销方法或残值的变更内容、原因以及对当期和未来期间的影响数。

（四）企业应当单独披露对企业财务报表具有重要影响的单项无形资产的内容、账面价值和剩余摊销期限。

（五）企业应当披露所有权或使用权受到限制的无形资产账面价值、当期摊销额等情况。

（六）企业可以根据实际情况，自愿披露下列知识产权（含未作为无形资产确认的知识产权）相关信息：

1. 知识产权的应用情况，包括知识产权的产品应用、作价出资、转让许可等情况；

2. 重大交易事项中涉及的知识产权对该交易事项的影响及风险分析，重大交易事项包括但不限于企业的经营活动、投融资活动、质押融资、关联方及关联交易、承诺事项、或有事项、债务重组、资产置换、专利交叉许可等；

3. 处于申请状态的知识产权的开始资本化时间、申请状态等信息；

4. 知识产权权利失效的（包括失效后不继续确认的知识产权和继续确认的知识产权），披露其失效事由、账面原值及累计摊销、失效部分的会计处理，以及知识产权失效对企业的影响及风险分析；

5. 企业认为有必要披露的其他知识产权相关信息。

三、实施与衔接

本规定自 2019 年 1 月 1 日起施行。企业应当采用未来适用法应用本规定。

永续债相关会计处理的规定

(财会〔2019〕2号 2019年1月28日)

为进一步明确永续债的会计处理,根据《企业会计准则第22号——金融工具确认和计量》(以下简称"第22号准则")、《企业会计准则第37号——金融工具列报》(以下简称"第37号准则")等相关企业会计准则规定,现对永续债相关会计处理规定如下。

一、关于总体要求

已执行2017年修订的第22号准则(财会〔2017〕7号)和第37号准则(财会〔2017〕14号)(以下统称"新金融工具准则")的企业,应当按照新金融工具准则和本规定,对永续债进行会计处理。

仍执行2006年印发的第22号准则(财会〔2006〕3号)和2014年修订的第37号准则(财会〔2014〕23号)(以下统称"原金融工具准则")的企业,应当按照原金融工具准则和本规定,对永续债进行会计处理。

本规定适用于执行企业会计准则的企业依照国家相关规定在境内外发行的永续债和其他类似工具。

二、关于永续债发行方会计分类应当考虑的因素

永续债发行方在确定永续债的会计分类是权益工具还是金融负债(以下简称会计分类)时,应当根据第37号准则规定同时考虑下列因素:

(一)关于到期日。

永续债发行方在确定永续债会计分类时,应当以合同到期日等条款内含的经济实质为基础,谨慎判断是否能无条件地避免交付现金或其他金融资产的合同义务。当永续债合同其他条款未导致发行方承担交付现金或其他金融资产的合同义务时,发行方应当区分下列情况处理:

1. 永续债合同明确规定无固定到期日且持有方在任何情况下均无权要求

发行方赎回该永续债或清算的，通常表明发行方没有交付现金或其他金融资产的合同义务。

2. 永续债合同未规定固定到期日且同时规定了未来赎回时间（即"初始期限"）的：

（1）当该初始期限仅约定为发行方清算日时，通常表明发行方没有交付现金或其他金融资产的合同义务。但清算确定将会发生且不受发行方控制，或者清算发生与否取决于该永续债持有方的，发行方仍具有交付现金或其他金融资产的合同义务。

（2）当该初始期限不是发行方清算日且发行方能自主决定是否赎回永续债时，发行方应当谨慎分析自身是否能无条件地自主决定不行使赎回权。如不能，通常表明发行方有交付现金或其他金融资产的合同义务。

（二）关于清偿顺序。

永续债发行方在确定永续债会计分类时，应当考虑合同中关于清偿顺序的条款。当永续债合同其他条款未导致发行方承担交付现金或其他金融资产的合同义务时，发行方应当区分下列情况处理：

1. 合同规定发行方清算时永续债劣后于发行方发行的普通债券和其他债务的，通常表明发行方没有交付现金或其他金融资产的合同义务。

2. 合同规定发行方清算时永续债与发行方发行的普通债券和其他债务处于相同清偿顺序的，应当审慎考虑此清偿顺序是否会导致持有方对发行方承担交付现金或其他金融资产合同义务的预期，并据此确定其会计分类。

（三）关于利率跳升和间接义务。

永续债发行方在确定永续债会计分类时，应当考虑第37号准则第十条规定的"间接义务"。永续债合同规定没有固定到期日、同时规定了未来赎回时间、发行方有权自主决定未来是否赎回且如果发行方决定不赎回则永续债票息率上浮（即"利率跳升"或"票息递增"）的，发行方应当结合所处实际环境考虑该利率跳升条款是否构成交付现金或其他金融资产的合同义务。如果跳升次数有限、有最高票息限制（即"封顶"）且封顶利率未超过同期同行业同类型工具平均的利率水平，或者跳升总幅度较小且封顶利率未超过同期同行业同类型工具平均的利率水平，可能不构成间接义务；如果永续债合同条款虽然规定了票息封顶，但该封顶票息水平超过同期同行业同类型工具平均的利率水平，通常构成间接义务。

三、关于永续债持有方会计分类的要求

除符合《企业会计准则第 2 号——长期股权投资》（财会〔2014〕14 号）规定适用该准则的外，永续债持有方应当区分下列情况对永续债进行会计处理：

（一）持有方已执行新金融工具准则。

持有方在判断持有的永续债是否属于权益工具投资时，应当遵循第 22 号准则和第 37 号准则的相关规定。对于属于权益工具投资的永续债，持有方应当按照第 22 号准则的规定将其分类为以公允价值计量且其变动计入当期损益的金融资产，或在符合条件时对非交易性权益工具投资初始指定为以公允价值计量且其变动计入其他综合收益。对于不属于权益工具投资的永续债，持有方应当按照该准则规定将其分类为以摊余成本计量的金融资产，以公允价值计量且其变动计入其他综合收益的金融资产，或以公允价值计量且其变动计入当期损益的金融资产。在判断永续债的合同现金流量特征时，持有方必须严格遵循第 22 号准则第十六条至第十九条的规定，谨慎考虑永续债中包含的选择权。

（二）持有方暂未执行新金融工具准则。

持有方在判断持有的永续债属于权益工具投资还是债务工具投资时，应当遵循第 22 号准则和第 37 号准则的相关规定，通常应当与发行方对该永续债的会计分类原则保持一致。对于属于权益工具投资的永续债，持有方应当按照第 22 号准则的规定将其分类为以公允价值计量且其变动计入当期损益的金融资产，或可供出售金融资产（权益工具投资）等，符合第 22 号准则有关规定的还应当分拆相关的嵌入衍生工具。对于属于债务工具投资的永续债，持有方应当按照第 22 号准则规定将其分类为以公允价值计量且其变动计入当期损益的金融资产，或可供出售金融资产（债务工具投资）。

四、生效日期

本规定自发布之日起施行。

碳排放权交易有关会计处理暂行规定

(财会〔2019〕22号 2019年12月16日)

为配合我国碳排放权交易的开展，规范碳排放权交易相关的会计处理，根据《中华人民共和国会计法》和企业会计准则等相关规定，现对碳排放权交易业务的有关会计处理规定如下：

一、适用范围

本规定适用于按照《碳排放权交易管理暂行办法》等有关规定开展碳排放权交易业务的重点排放单位中的相关企业（以下简称重点排放企业）。重点排放企业开展碳排放权交易应当按照本规定进行会计处理。

二、会计处理原则

重点排放企业通过购入方式取得碳排放配额的，应当在购买日将取得的碳排放配额确认为碳排放权资产，并按照成本进行计量。

重点排放企业通过政府免费分配等方式无偿取得碳排放配额的，不作账务处理。

三、会计科目设置

重点排放企业应当设置"1489 碳排放权资产"科目，核算通过购入方式取得的碳排放配额。

四、账务处理

（一）重点排放企业购入碳排放配额的，按照购买日实际支付或应付的价款（包括交易手续费等相关税费），借记"碳排放权资产"科目，贷记"银行存款""其他应付款"等科目。

重点排放企业无偿取得碳排放配额的，不作账务处理。

（二）重点排放企业使用购入的碳排放配额履约（履行减排义务）的，按照所使用配额的账面余额，借记"营业外支出"科目，贷记"碳排放权资产"科目。

重点排放企业使用无偿取得的碳排放配额履约的，不作账务处理。

（三）重点排放企业出售碳排放配额，应当根据配额取得来源的不同，分别以下情况进行账务处理：

1. 重点排放企业出售购入的碳排放配额的，按照出售日实际收到或应收的价款（扣除交易手续费等相关税费），借记"银行存款""其他应收款"等科目，按照出售配额的账面余额，贷记"碳排放权资产"科目，按其差额，贷记"营业外收入"科目或借记"营业外支出"科目。

2. 重点排放企业出售无偿取得的碳排放配额的，按照出售日实际收到或应收的价款（扣除交易手续费等相关税费），借记"银行存款""其他应收款"等科目，贷记"营业外收入"科目。

（四）重点排放企业自愿注销购入的碳排放配额的，按照注销配额的账面余额，借记"营业外支出"科目，贷记"碳排放权资产"科目。

重点排放企业自愿注销无偿取得的碳排放配额的，不作账务处理。

五、财务报表列示和披露

（一）"碳排放权资产"科目的借方余额在资产负债表中的"其他流动资产"项目列示。

（二）重点排放企业应当在财务报表附注中披露下列信息：

1. 列示在资产负债表"其他流动资产"项目中的碳排放配额的期末账面价值，列示在利润表"营业外收入"项目和"营业外支出"项目中碳排放配额交易的相关金额。

2. 与碳排放权交易相关的信息，包括参与减排机制的特征、碳排放战略、节能减排措施等。

3. 碳排放配额的具体来源，包括配额取得方式、取得年度、用途、结转原因等。

4. 节能减排或超额排放情况，包括免费分配取得的碳排放配额与同期实际排放量有关数据的对比情况、节能减排或超额排放的原因等。

5. 碳排放配额变动情况，具体披露格式如下：

项目	本年度 数量（单位：吨）	本年度 金额（单位：元）	上年度 数量（单位：吨）	上年度 金额（单位：元）
1. 本期期初碳排放配额				
2. 本期增加的碳排放配额				
（1）免费分配取得的配额				
（2）购入取得的配额				
（3）其他方式增加的配额				
3. 本期减少的碳排放配额				
（1）履约使用的配额				
（2）出售的配额				
（3）其他方式减少的配额				
4. 本期期末碳排放配额				

六、附则

（一）重点排放企业的国家核证自愿减排量相关交易，参照本规定进行会计处理，在"碳排放权资产"科目下设置明细科目进行核算。

（二）本规定自 2020 年 1 月 1 日起施行，重点排放企业应当采用未来适用法应用本规定。

新冠肺炎疫情相关租金减让会计处理规定[①]

(财会〔2020〕10 号 2020 年 6 月 19 日)

为规范新冠肺炎疫情相关租金减让的会计处理，根据《企业会计准则——基本准则》《企业会计准则第 21 号——租赁》等，制定本规定。

一、适用范围和基本原则

由新冠肺炎疫情直接引发的、承租人与出租人就现有租赁合同达成的租金减免、延期支付等租金减让，同时满足下列条件的，企业可以按照《企业会计准则第 21 号——租赁》进行会计处理，也可以选择采用本规定的简化方法：

（一）减让后的租赁对价较减让前减少或基本不变，其中，租赁对价未折现或按减让前折现率折现均可；

（二）减让仅针对 2021 年 6 月 30 日[②]前的应付租赁付款额，2021 年 6 月 30 日后应付租赁付款额增加不影响满足该条件，2021 年 6 月 30 日后应付租赁付款额减少不满足该条件；

（三）综合考虑定性和定量因素后认定租赁的其他条款和条件无重大变化。

企业选择采用简化方法的，不需要评估是否发生租赁变更，也不需要重新评估租赁分类。企业应当将该选择一致地应用于类似租赁合同，不得随意变更。

租金减让导致租赁对价基本不变但支付时点延迟的，包括在减免一定期间租金的同时等量调增后续租赁期间租金，或者在减免一定期间租金的同时将租赁期延长不超过减免期的期间并收取等量租金等情形，应当视为延期支付租金进行会计处理。

[①] 在境内外同时上市的企业以及在境外上市并采用国际财务报告准则或企业会计准则编制财务报表的企业作为出租人不适用本规定。

[②] 2021 年 3 月 31 日，国际会计准则理事会对《国际财务报告准则第 16 号——租赁》进行修订，将新冠肺炎疫情相关租金减让适用简化方法的租金减让期间延长至 2022 年 6 月 30 日。财政部初步考虑同样延长适用期间，将在征求意见后正式发布。

租金减让导致租赁对价减少且支付时点延迟的,包括在减免一定期间租金的同时减量调增后续租赁期间租金,或者在减免一定期间租金的同时将租赁期延长不超过减免期的期间并收取减量租金等情形,应当视为租金减免和延期支付租金的组合进行会计处理。

二、确认和计量

(一)执行《企业会计准则第21号——租赁》(财会〔2006〕3号)的企业。

1. 承租人会计处理。

对于经营租赁,承租人应当继续按照与减让前一致的方法将原合同租金计入相关资产成本或费用。发生租金减免的,承租人应当将减免的租金作为或有租金,在减免期间冲减"制造费用""管理费用""销售费用"等科目;延期支付租金的,承租人应当在原支付期间将应支付的租金确认为应付款项,在实际支付时冲减前期确认的应付款项。

对于融资租赁,承租人应当继续按照与减让前一致的折现率将未确认融资费用确认为当期融资费用,继续按照与减让前一致的方法对融资租入资产进行计提折旧等后续计量。发生租金减免的,承租人应当将减免的租金作为或有租金,在达成减让协议等解除原租金支付义务时,冲减"制造费用""管理费用""销售费用"等科目,并相应调整长期应付款,按照减让前折现率折现计入当期损益的,还应调整未确认融资费用;延期支付租金的,承租人应当在实际支付时冲减前期确认的长期应付款。

2. 出租人会计处理。

对于经营租赁,出租人应当继续按照与减让前一致的方法将原合同租金确认为租赁收入。发生租金减免的,出租人应当将减免的租金作为或有租金,在减免期间冲减租赁收入;延期收取租金的,出租人应当在原收取期间将应收取的租金确认为应收款项,并在实际收到时冲减前期确认的应收款项。

对于融资租赁,出租人应当继续按照与减让前一致的租赁内含利率将未实现融资收益确认为租赁收入。发生租金减免的,出租人应当将减免的租金作为或有租金,在达成减让协议等放弃原租金收取权利时,冲减原确认的租赁收入,不足冲减的部分计入投资收益,同时相应调整长期应收款,按照减让前折现率折现计入当期损益的,还应调整未实现融资收益;延期收取租金的,出租人应当在实际收到时冲减前期确认的长期应收款。

（二）执行《企业会计准则第21号——租赁》（财会〔2018〕35号）的企业。

1. 承租人会计处理。

承租人应当继续按照与减让前一致的折现率计算租赁负债的利息费用并计入当期损益，继续按照与减让前一致的方法对使用权资产进行计提折旧等后续计量。发生租金减免的，承租人应当将减免的租金作为可变租赁付款额，在达成减让协议等解除原租金支付义务时，按未折现或减让前折现率折现金额冲减相关资产成本或费用，同时相应调整租赁负债；延期支付租金的，承租人应当在实际支付时冲减前期确认的租赁负债。

对于按照准则第三十二条采用简化处理的短期租赁和低价值资产租赁，承租人应当继续按照与减让前一致的方法将原合同租金计入相关资产成本或费用。发生租金减免的，承租人应当将减免的租金作为可变租赁付款额，在减免期间冲减相关资产成本或费用；延期支付租金的，承租人应当在原支付期间将应支付的租金确认为应付款项，在实际支付时冲减前期确认的应付款项。

2. 出租人会计处理。

对于经营租赁，出租人应当继续按照与减让前一致的方法将原合同租金确认为租赁收入。发生租金减免的，出租人应当将减免的租金作为可变租赁付款额，在减免期间冲减租赁收入；延期收取租金的，出租人应当在原收取期间将应收取的租金确认为应收款项，并在实际收到时冲减前期确认的应收款项。

对于融资租赁，出租人应当继续按照与减让前一致的折现率计算利息并确认为租赁收入。发生租金减免的，出租人应当将减免的租金作为可变租赁付款额，在达成减让协议等放弃原租金收取权利时，按未折现或减让前折现率折现金额冲减原确认的租赁收入，不足冲减的部分计入投资收益，同时相应调整应收融资租赁款；延期收取租金的，出租人应当在实际收到时冲减前期确认的应收融资租赁款。

三、披露

企业按照本规定采用简化方法的，应当披露下列信息：

（一）是否对属于适用范围的租金减让全部采用简化方法。如果不是，还应当披露采用简化方法处理的租赁合同的性质。

（二）采用简化方法处理的相关租金减让对当期损益的影响金额。

企业首次执行本规定，无需按照《企业会计准则第 28 号——会计政策、会计估计变更和差错更正》第十五条的规定披露当期和各个列报前期财务报表中受影响的项目名称和调整金额。

四、附则

本规定自发布之日起施行。企业按照本规定采用简化方法的，可以对 2020 年 1 月 1 日至本规定施行日之间发生的相关租金减让根据本规定进行调整。

关于进一步贯彻落实新金融工具相关会计准则的通知

(财会〔2020〕22号 2020年12月30日)

各省、自治区、直辖市、计划单列市财政厅（局），新疆生产建设兵团财政局，财政部各地监管局，各银保监局：

自财政部 2017 年修订发布《企业会计准则第 22 号——金融工具确认和计量》（财会〔2017〕7 号）、《企业会计准则第 23 号——金融资产转移》（财会〔2017〕8 号）、《企业会计准则第 24 号——套期会计》（财会〔2017〕9 号）和《企业会计准则第 37 号——金融工具列报》（财会〔2017〕14 号）（以下简称新金融工具相关会计准则）以来，新金融工具相关会计准则陆续在境内外上市企业平稳实施。为进一步加强对企业实施新金融工具相关会计准则的指导，现就有关问题通知如下：

一、关于尚未执行新金融工具相关会计准则的企业

执行企业会计准则的非上市企业应当自 2021 年 1 月 1 日起执行新金融工具相关会计准则，但下列除外：

（一）适用《商业银行资本管理办法（试行）》（银监会令 2012 年 1 号）的非上市企业，执行新金融工具相关会计准则确有困难的，可以推迟至 2022 年 1 月 1 日起执行。企业推迟执行的，应当在 2021 年 4 月 30 日前向财政部会计司和银保监会财务会计部报备相关情况并说明原因，并在其 2020 和 2021 年度财务会计报告中披露推迟执行的情况及原因。

（二）适用《关于规范金融机构资产管理业务的指导意见》（银发〔2018〕106 号）的资产管理产品，执行新金融工具相关会计准则的日期可以推迟至 2022 年 1 月 1 日。

（三）符合《财政部关于保险公司执行新金融工具相关会计准则有关过渡办法的通知》（财会〔2017〕20 号）中关于暂缓执行新金融工具相关会计准

则条件的保险公司，执行新金融工具相关会计准则的日期允许暂缓至执行《企业会计准则第 25 号——保险合同》（财会〔2020〕20 号）的日期。

二、关于执行新金融工具相关会计准则的企业

（一）监管资本过渡安排。

自 2021 年 1 月 1 日及以后执行新金融工具相关会计准则的非上市的银行业金融机构，在执行新金融工具相关会计准则的前五年，可以根据自身资本承受能力采用下列监管资本过渡安排：

1. 非上市银行可以将首次执行日因采用预期信用损失法增提贷款损失准备导致的核心一级资本减少额（即增提的贷款损失准备剔除递延所得税影响并扣减当日原准则下"贷款损失准备缺口"后的金额，以下简称调整基数）按照一定比例加回核心一级资本。其中，第一年和第二年按照调整基数的100%加回，第三年按照调整基数的 75% 加回，第四年按照调整基数的 50% 加回，第五年按照调整基数的 25% 加回。

已加回核心一级资本的贷款损失准备，不得纳入同期"超额贷款损失准备"计入二级资本，不得在同期信用风险加权资产计算中用于扣减相应资产账面价值。已加回核心一级资本的贷款损失准备所对应的递延所得税资产，不得用于计算同期信用风险加权资产。已加回核心一级资本的贷款损失准备及其对应的递延所得税资产，不得在同期杠杆率计算时纳入"调整后的表内外资产余额"。同期其他监管资本指标也应考虑上述资本加回的影响。

非上市银行首次执行日因采用预期信用损失法增提的其他信用减值准备，可以参照贷款损失准备采用上述资本加回政策。

2. 非上市的其他银行业金融机构，可以参照非上市银行采用上述资本加回政策。

3. 非上市的银行业金融机构采用上述资本加回政策的，应当在过渡期内定期向银保监会及其派出机构报告采用资本加回的情况、原因、资本加回前后监管指标的变化及其他影响，并在财务会计报告中披露前述情况、原因及影响。

对于 2021 年 1 月 1 日前已执行新金融工具相关会计准则的银行业金融机构，根据需要有关政策另行研究制定，财政部将牵头做好新金融工具相关会计准则实施情况的分析研判。

（二）预期信用损失法的应用。

执行新金融工具相关会计准则的企业应当完善相关治理机制和管理措施，

加强对准则实施过程的流程控制和动态管理，完善信用风险评估方法。企业在新冠肺炎疫情下应用预期信用损失法，应当重点关注下列问题：

1. 在无须付出不必要的额外成本或努力的前提下，企业应用的预期信用损失法应当反映有关过去事项、当前状况以及未来经济状况预测的合理且有依据的信息。在评估未来经济状况时，既要考虑疫情的影响，也要考虑政府等采取的各类支持性政策。

2. 企业应当加强对预期信用损失法下使用模型的管理，定期对模型进行重检并根据具体情况进行必要的修正。考虑疫情引发的不确定性，应当适当调整模型及其假设和参数。在确定反映疫情影响下经济状况变化的多种宏观经济情景及其权重时，应当恰当运用估计和判断，包括适时调整经济下行情景的权重、考虑政府支持性政策对借款人违约概率及相关金融资产违约损失率的影响等。无法或难以及时通过适当调整模型及其假设和参数反映疫情潜在影响的，企业可以通过管理层"叠加"进行正向或负向调整。企业应当规范管理层"叠加"的运用和审批。

3. 因借款人或客户所在的区域和行业等受疫情影响程度不同，可能导致贷款、应收款项等金融资产的风险特征发生变化，企业应当考虑这些变化对评估信用风险对应相关金融资产所在组别的影响，必要时应当根据相关金融资产的共同风险特征重新划分组别。

4. 银行等金融机构因疫情原因提供临时性延期还款便利的，应当根据延期还款的具体条款和借款人的还款能力等分析判断相关金融资产的信用风险是否自初始确认后已显著增加。例如，银行针对某类贷款的所有借款人提供延期还款便利的，应当进一步分析借款人的信用状况和还款能力等，既应当充分关注并及时识别此类借款人信用风险是否显著增加，也不应当仅因其享有延期还款便利而将所有该类贷款认定为信用风险自初始确认后已显著增加。再如，银行针对某类贷款的延期还款便利仅限于满足特定条件的对象的，应当评估这些特定条件是否表明贷款信用风险自初始确认后已显著增加。

5. 企业应当按照企业会计准则的要求披露确定预期信用损失所采用的估计技术、关键假设和参数等相关信息，并重点披露各经济情景中所使用的关键宏观经济参数的具体数值、管理层"叠加"调整的影响、对政府等提供的支持性政策的考虑等。

三、组织实施

贯彻实施新金融工具相关会计准则是落实党中央和国务院关于防范化解重

大金融风险要求的重要举措，有利于全面揭示企业信用风险、夯实信贷资产质量，有利于强化金融监管、支持实体经济发展，有利于加大宏观经济政策逆周期调节力度，助力做好"六稳"工作和落实"六保"任务。

各地监管局和地方各级财政部门应当充分认识加强新金融工具相关会计准则贯彻实施的重要意义，强化对本地区实施新金融工具相关会计准则的组织领导和监管。财政部将组织开展专题调研或调查，加强对重点银行业金融机构和会计师事务所的督促指导，重点关注预期信用损失法等实施问题，确保新金融工具相关会计准则的有效实施，不断提高企业会计信息质量。财政部将根据准则实施情况择机组织开展专项检查。

银保监会及其派出机构应当加强与财政部门的沟通协调，采取措施持续提升银行业保险业金融机构实施新金融工具相关会计准则的效果，有效发挥准则在揭示风险、强化风险管理方面的积极作用，更好服务实体经济发展。

执行中有任何问题，请及时反馈财政部和银保监会。

财政部　银保监会
2020 年 12 月 30 日